Martin List
Umweltschutz in zwei Meeren

Martin List

Umweltschutz in zwei Meeren

Vergleich der internationalen
Zusammenarbeit zum
Schutz der Meeresumwelt
in Nord- und Ostsee

tuduv Studie

tuduv-Studien

Reihe Politikwissenschaften
Band 50

Die Deutsche Bibliothek - CIP-Einheitsaufnahme

List, Martin:
Umweltschutz in zwei Meeren : Vergleiche der internationalen Zusammenarbeit zum Schutz der Meeres-
welt in Nord- unbd Ostsee / Martin List. - München :
tuduv-Verl.-Ges., 1991
   (tuduv-Studien : Reihe Politikwissenschaften ;
   Bd. 50)
   Zugl.: Tübingen, Univ. Diss.
   ISBN 3-88073-410-0

NE: tuduv-Studien / Reihe Politikwissenschaften

© 1991 by tuduv-Verlagsgesellschaft mbH, 8 München 34, Postfach 340163
Gabelsbergerstraße 15, 8000 München 2, Tel. 089/2809095

Gesamtherstellung: Fotodruck Frank GmbH, 8000 München 2
Printed in Germany

i

Inhaltsverzeichnis

iii

... my preferred companions are those who are too well informed to believe that everything is really OK, too stable to feel that it is all hopeless, too intelligent to believe in the "quick fix", and too modest to be certain that they have all the answers.

Lincoln P. Bloomfield (1974, 13)

v

Vorwort

Die vorliegende Arbeit stellt eine leicht überarbeitete Fassung meiner Dissertation dar, die im Herbst 1990 von der Fakultät für Sozial- und Verhaltenswissenschaften der Universität Tübingen angenommen wurde.

Die Überarbeitung umfaßte neben der Korrektur von Schreibfehlern sowie stilistischen Änderungen einige - allerdings sparsame - inhaltliche Ergänzungen, die mir aufgrund neuester Literatur und vor allem der inzwischen geänderten realen politischen Lage geboten erschienen. Letzteres betrifft insbesondere die Vereinigung der beiden deutschen Staaten, welche zwischen dem Abschluß der Dissertation und der vorliegenden Überarbeitung erfolgte. Sie hat die Zahl der Beteiligten am Regime zum Schutz der Meeresumwelt der Ostsee vermindert, nicht jedoch auch schon die Umweltprobleme auf dem Gebiet der ehemaligen DDR (die im Gegenteil jetzt erst richtig deutlich werden). Der Text wurde entsprechend angepaßt, die kurze Behandlung der Meeresumweltschutzpolitik der DDR jedoch als nunmehr historischer Fall beibehalten.

Einige wenige Ergänzungen führen die Beschreibung der Regime und der nationalen Meeresumweltschutzpolitiken an die jüngste Gegenwart heran. Im wesentlichen ist der geschilderte Stand jedoch der vom Herbst 1990.

Wie in der Einleitung der Arbeit festgestellt wird, verdanke ich die Anregung zur Beschäftigung mit ihrer Thematik dem Tübinger Projekt über Regime in den Ost-West-Beziehungen. Dem Leiter des Projekts, Prof. Volker Rittberger, der auch die Dissertation betreut hat, möchte ich dafür danken, daß er mich auf diese Spur gesetzt und bei der Ausführung der Forschungsarbeit unterstützt hat. Letzteres gilt auch für die Deutsche Forschungsgemeinschaft, die mit dem Tübinger Projekt auch meine Forschungsarbeit gefördert hat. Weiterer Dank für etliche Anregungen und fruchtbare Diskussionen gilt den Tübinger Kolleginnen und Kollegen Ekkehard Beller, Helmut Breitmeier, Manfred Efinger, Katja Marx, Peter Mayer, Martin Mendler, Kaj-Uwe Schrogl, Gudrun Schwarzer und Michael Zürn. Hartwig Hummel hat mich an entscheidender Stelle im Ringen mit der PC-Technik unterstützt, Petra Nickisch bei der technischen Erstellung der Druckvorlage geholfen.

Namentlich ungenannt bleiben an dieser Stelle die zahlreichen Personen, die sich mir als Interviewpartner zur Verfügung gestellt haben oder sonst mit Rat und Tat zum Gelingen der Arbeit beigetragen haben. Es ist klar, daß ohne ihre Hilfe die Arbeit nicht entstanden wäre, auch wenn, wie immer, der Autor allein für sie verantwortlich ist.

1. Einleitung

1.1. Verortung des Themas

Die vorliegende Arbeit ist - meines Wissens - in der westdeutschen Politikwissenschaft ein erster Versuch, sich eingehender mit der Thematik Meeresumweltschutz als Gegenstand internationaler Politik zu beschäftigen.[1] Das Thema hat zwar in der Bundesrepublik - vor allem im "Algensommer" 1988 - für manche Schlagzeile gesorgt, die journalistische Berichterstattung folgt jedoch sehr dem Konjunkturzyklus der öffentlichen Aufmerksamkeit.[2] Neben Journalisten[3] haben sich auch engagierte Umweltschützer[4] und in jüngster Zeit vermehrt Naturwissenschaftler zu diesem Thema geäußert.[5] Was bisher fehlt und den vorliegenden Versuch rechtfertigt, ist eine Arbeit, die die Thematik bewußt in einen fachlich-politikwissenschaftlichen Kontext einbettet.

Tatsächlich ist dies der ursprüngliche Anlaß zur vorliegenden Arbeit gewesen, die aus der Mitarbeit des Verfassers an dem in Tübingen am Institut für Politikwissenschaft durchgeführten Projekt über "Internationale Regime in den Ost-West-Beziehungen" hervorgegengen ist. Im Rahmen dieses Projekts war eine Fallstudie über die Errichtung des Regimes zum Schutz der Meeresumwelt der Ostsee als ein Beispiel für ein "Ost-West-Regime" entstanden.[6]

Die drei politikwissenschaftlichen Forschungsgebiete, zu denen die vorliegende Arbeit einen Beitrag zu leisten hofft, sind damit benannt:
- die Analyse der Ost-West-Beziehungen;
- die Analyse internationaler Regime;
- die Analyse von (internationaler) Umweltpolitik.

---

1   Es existieren bereits einige Kurzdarstellungen zum Thema Meeresumweltschutz sowohl von politikwissenschaftlicher Seite (Efinger/Zürn 1989, darin die Skizze eines Nordsee-Ostsee-Vergleichs auf den Seiten 227ff.; Prittwitz 1989, über die Ostsee: 225ff.; Strübel 1988, über Nord- und Ostsee: 23ff.; ders. 1989, über Nordsee: 258ff. und Ostsee: 262ff.; ausführlicher - am Beispiel Schutz des Mittelmeeres - die Magisterarbeit von Reinhardt 1989) wie aus völkerrechtlicher Perspektive (zu nennen sind vor allem die Beiträge von Hohmann 1989a und b).

2   Dies ist keine billige Journalistenschelte, vielmehr der Hinweis darauf, daß Journalismus und akademische Wissenschaft unter anderen "Verwertungsbedingungen" arbeiten; im Zweifelsfall ist das erstere das "atemlosere" Metier.

3   Güntheroth 1986.

4   Kleinhans 1988 und jüngst MacGarvin 1991.

5   Buchwald 1990; Lozán u.a. 1990; diese beiden Publikationen stellen auch für die Schilderung der Problemlage in der vorliegenden Arbeit eine wesentliche Quelle dar.

6   Das Projekt wurde vorgestellt in Efinger/Rittberger/Zürn 1988, erste Ergebnisse wurden publiziert in Rittberger (Hrsg.) 1990; darin auch die erste kurze Darstellung des Ostsee-Regimes vom Verfasser (List 1990).

Abbildung 1-1 faßt dies graphisch zusammen.

Abbildung 1-1:   Verortung des Themas der Arbeit

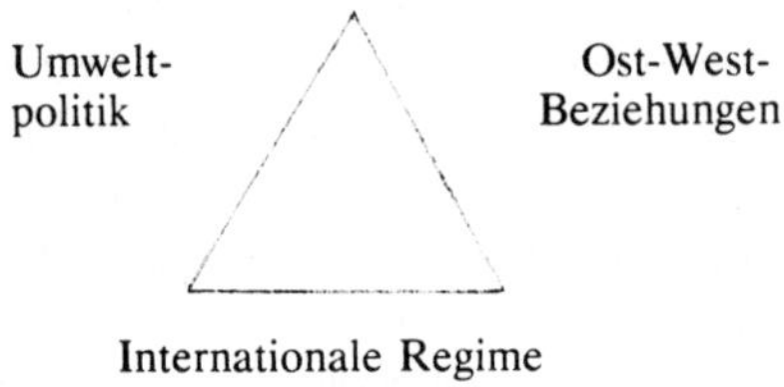

Umwelt-   Ost-West-
politik   Beziehungen

Internationale Regime

Gegenüber dem Ausgangspunkt im Tübinger Projekt hat sich allerdings eine leichte Schwerpunktverschiebung ergeben, welche in dem gleichseitigen Dreieck der Abbildung 1-1 nicht zum Ausdruck kommt. Der Beitrag zur Analyse der Ost-West-Beziehungen ist aus verschiedenen Gründen eher in den Hintergrund getreten:
- Die eine oder andere Lehre, die aus der Analyse des Ostsee-Regimes[7] für dieses Segment der internationalen Politik gezogen werden konnte, ist durch den aktuellen Gang der Ereignisse in Osteuropa und der Sowjetunion nur noch von historischem Interesse;[8]
- im Gefolge dieser Ereignisse wird zwar auch die Möglichkeit zu politikwissenschaftlicher Policy-Analyse in diesen Ländern entstehen, weshalb es von großem Interesse sein wird, in einigen Jahren den Auswirkungen des Systemwandels in diesen Ländern auf die Umweltpolitik nachzugehen; momentan ist es dazu jedoch noch zu früh, es lassen sich allenfalls erste Anzeichen deuten, was unten denn auch versucht werden soll;
- schließlich sind gegenwärtig die (nicht zuletzt postalischen) Verbindungen wie auch die sprachliche Kompetenz des Autors zu wenig entwickelt, um eine eingehende Erschließung von Primärquellen über die (Meeres-)Umweltschutzpolitik dieser Staaten zu ermöglichen.[9] Im Hinblick auf die DDR, für die die beiden genannten Einschränkungen

---

7   Die Kurzbezeichnung "Ostsee-Regime" (und analog "Nordsee-Regime") wird hier wie im weiteren statt der präziseren, jedoch auf die Dauer ermüdenden Formel "Regime zum Schutz der Meeresumwelt der Ostsee (Nordsee)" verwendet. Letztere Formel ist präziser, da es sowohl für das geographische Gebiet der Ostsee als auch der Nordsee neben den Umweltschutz-Regimen auch noch andere internationale Institutionen mit (zumindest potentiellem) Regime-Charakter gibt, etwa im Bereich der Nutzung der Fischbestände.

8   Zur generellen Frage, ob und wie nach dem Ende des Realsozialismus "Ost-West-Beziehungen" noch ein (eigenständiger) Gegenstand der Disziplin der Internationalen Beziehungen sein können vgl. demnächst Efinger/List (i.V.).

9   Die anfänglich beabsichtigte nähere Berücksichtigung Polens scheiterte daran wie auch an der begrenzten Reise- und Arbeitskapazität des Verfassers.

am wenigsten gelten, besteht "die Gefahr", daß der (hier interessierende) wechselseitige Einfluß zwischen den *internationalen* Regimen zum Schutz von Nord- und Ostsee einerseits und der *nationalen* Umweltpolitik andererseits durch deren Umwandlung in eine gesamtdeutsche Umweltpolitik überlagert wird und damit ein (mit anderen ehemals realsozialistischen Staaten) unvergleichbarer Fall sui generis entsteht.[10]

Der erhoffte Beitrag zur Analyse internationaler Regime ist durch diese Entwicklungen weniger betroffen, schon deshalb, weil er wesentlich mehr einen Beitrag zu einem fachgebundenen Diskurs darstellt als zu einer in breiter Öffentlichkeit geführten Diskussion. Mit anderen Worten: Die einschlägigen Teile der Arbeit sind zweifellos die "akademischsten" - wenn auch deshalb hoffentlich nicht uninteressant.

Eine öffentliche Diskussion besteht natürlich, zumal in der Bundesrepublik, für den dritten Bereich, den der Umweltpolitik, der in der vorliegenden Arbeit an Gewicht gewonnen hat. Auch hier jedoch ist die Arbeit als Beitrag zur politikwissenschaftlichen *Analyse* gedacht. Es sind also weder unmittelbare Empfehlungen im Sinne politikberatender Policy-Forschung zu erwarten, noch soll hier erneut ein Plädoyer "für die sterbenden Meere" gehalten werden. Beides ist kurz zu erläutern:
- Politikberatende Policy-Forschung war nicht die primäre Absicht der vorliegenden Arbeit; zu ihren Voraussetzungen würde jedoch - unter anderem - ein wesentlich tieferer Einblick in die alltägliche Praxis der Akteure in Politik und Verwaltung gehören, als er einem jungen Wissenschaftler in der Bundesrepublik sowohl aufgrund der Trennung von administrativer Praxis und akademischer Ausbildung[11] als auch aufgrund gesetzlicher Restriktionen im Zugang zu aktuellen Vorgängen[12] gewährt wird.
- Was das hinter der Themenwahl stehende Engagement des Verfassers anbelangt, so liegen meine Sympathien sehr auf der Seite derer, die etwas für den in der Tat notwendigen Schutz der Meere tun wollen. Ich habe allerdings nicht versucht, dies in jeder Formulierung der Arbeit zum Ausdruck zu bringen. Darüber hinaus, das *habe* ich im folgenden zum Ausdruck zu bringen versucht, bin ich auch im Umweltschutzbereich sehr von der Notwendigkeit eines Pluralismus der Ansätze überzeugt. Mit anderen Worten: Es gibt viele sinnvolle Wege, sich für den Erhalt der Meeresumwelt einzuset-

---

10 Zumindest für das Politikfeld Umweltschutz scheint mir diese methodische "Gefahr" allerdings die einzige zu sein, die mit der Entstehung einer gesamtdeutschen Politik verbunden ist.

11 Ein Punkt, auf den hier nicht näher eingegangen werden kann; gleichwohl scheint mir die Isolation von Praxis und Wissenschaft hierzulande - etwa im Vergleich zu den USA - als unvorteilhaft stark. Darauf hat jüngst auch Krieger 1990, 313f. hingewiesen.

12 Der Antrag auf Einsicht in die Akten beim Bundesumweltministerium in Bonn wurde unter Hinweis auf die in der Gemeinsamen Geschäftsordnung der Bundesministerien festgelegte Sperrfrist abgelehnt.

zen; eine akademische Qualifizierungsarbeit ist jedoch sicher einer der weniger bedeutsamen.[13]

Die Verortung des Themas im fachlichen Kontext der Politikwissenschaft ist damit dargelegt. Als nächstes sollen einige zum Teil schon gefallene grundlegende Begriffe der Arbeit näher bestimmt werden.

1.2. Grundlegende Begriffe

Zwei der grundlegenden Begriffe, die noch dazu miteinander in Verbindung stehen, wurden bereits erwähnt: "Problemfeld" und "internationales Regime".

"*Problemfeld*" ist der Versuch, den angelsächsischen Terminus "issue area" ins Deutsche zu übertragen und hat sich weitgehend durchgesetzt.[14] Dies war auch der Grund, hier an diesem Begriff festzuhalten, obwohl "Sachgebiet" als durchaus attraktive Alternative erscheint.[15] Er bezeichnet ein von den Akteuren[16] (und in zweiter Instanz von den Analytikern) als zusammengehörig empfundenes *konkretes* Gebiet, das Gegenstand politischer Auseinandersetzung und Beschlußfassung ist. Die Betonung auf "konkret" dient der Abgrenzung von den Übergeordneten *Politikfeldern*, dem deutschen Äquivalent für "policy area". Internationale Umweltpolitik wäre ein Beispiel für ein Politikfeld (neben anderen wie Sicherheitspolitik, internationale Wirtschafts- oder Sozialpolitik), Schutz der Meeresumwelt der Nordsee ist ein konkretes Problemfeld. Im Einzelfall mag

---

13   Mehrfach wurden mir in der Zeit der Vorbereitung dieser Arbeit von akademisch "unverbildeten" Gesprächspartnern skeptische Fragen gestellt nach dem Beitrag meiner Arbeit "zur Rettung der Meere" bzw. ob die Arbeit noch vor deren "endgültigem Tod" fertig werden würde. Ich sah mich von Anfang an in letzterem Punkt zu mehr Hoffnung berechtigt als in ersterem.

14   Vgl. etwa das didaktisch orientierte Projekt des Deutschen Instituts für Fernstudien (DIFF 1988a) sowie darin den Beitrag von Rittberger/Wolf 1988. In letzterem wird allerdings eine von der im folgenden getroffenen leicht abweichende Unterscheidung zwischen Politikfeld und Problemfeld getroffen. Sie wird nicht als der Unterschied von allgemein versus konkret bestimmt, sondern dahingehend, "daß für die Konstituierung eines grenzüberschreitenden Problemzusammenhangs (Problemfeldes) als internationales Politikfeld vorausgesetzt ist, daß er zum Gegenstand zwischenstaatlich bzw. zwischengesellschaftlich verbindlicher Kollektiventscheidungen wird (...)" (ebd., 62). Speziell zur Umweltpolitik als internationales Problemfeld vgl. DIFF 1988b.

15   Es würde nicht nur eventuelle Schwierigkeiten im Verhältnis von "Problem" zu "Konflikt" lösen, sondern der Begriff der Sache umfaßt beide in "issue" enthaltenen Konnotationen: die der inhaltlichen Zusammengehörigkeit (ein Sachgebiet umfaßt alles, was "zur Sache" gehört) wie die der möglicherweise streitigen Natur des Gegenstandes (Sache im Sinne von "causa", geläufig aus der Gerichtssprache, wo "eine Sache zum Aufruf kommt").

16   Die Subjektivität in der Grenzziehung von Problemfeldern kommt zum Beispiel bei Keohane, einem der Mitbegründer der Regimeanalyse, zum Ausdruck, wenn er schreibt (1984, 61): "Since issue-areas depend on actors' perceptions and behavior rather than on inherent qualities of the subject-matters, their boundaries change gradually over time."

es Zuordnungsprobleme geben, aber die prinzipielle Unterscheidung von Politikfeld und Problemfeld sollte deutlich geworden sein und wird als eine nützliche im folgenden beibehalten. So wird (gleichsam als Teilbereich des Gesamtpolitikfeldes "internationaler Umweltschutz") vom Politikfeld "Meeresumweltschutz" die Rede sein, das (neben anderen) die konkreten Problemfelder "Schutz der Meeresumwelt in Nord- und Ostsee" umfaßt.

Es bleibt die Frage, was ein Problemfeld konkret bestimmt bzw. ausmacht. Das angeführte Beispiel könnte nahelegen, die konkrete Bestimmung in der geographischen Begrenzung (Schutz der Nordsee) zu sehen. Obwohl dies nicht völlig verkehrt ist, ist eine geographische Begrenzung weder immer gegeben,[17] noch ist sie ausreichend (Schutz der Nordsee). Die dem Problemfeld zugrundeliegende "Sache" ist ebenso wichtig, und bei ihr kann es sich sowohl um ein Problem (einen Problemkomplex) wie um Konflikte handeln - oder um eine Kombination von beidem.

Damit sind zwei weitere grundlegende Begriffe genannt: "Problem" (im spezifischen Sinne) und "Konflikt". Sie gehören zweifellos zu den viel benutzten Grundbegriffen nicht nur der vorliegenden Arbeit, sondern der Politik- und Sozialwissenschaft generell. Es soll hier nicht mehr Energie in ihre Definition gesteckt werden, als unbedingt notwendig ist. Festzuhalten ist nur kurz folgendes: Ein Problem ist eine als negativ zu bewertende Soll/Ist-Differenz. Das Ausmaß dieser Differenz wird als Problemdruck wahrgenommen. Akteure befinden sich angesichts eines Problems in einer Problemlage. Letztere wird für die Gruppe der Nordsee- und Ostseestaaten jeweils als kollektiver Ausgangspunkt bei der Analyse der Regime in Teil 2 und Teil 3 der Arbeit beschrieben. Umweltprobleme haben also einen "objektiven" Kern, der auf ökologischen Zusammenhängen beruht. Diese sind naturwissenschaftlich zu untersuchen, zum Beispiel von der (Meeres-)Ökologie. Die Frage, wie mit solchen Umweltproblemen umgegangen werden soll,[18] führt häufig dazu, daß die Akteure unvereinbare Positionen einnehmen, also zu Konflikten.[19] Sie sind sozial- und politikwissenschaftlicher Analyse zugänglich, denn sie gehören in den Bereich der, wenn man so will, politischen Ökologie.

---

17   Ein denkbares Problemfeld wäre die internationale Kooperation in Fragen der Sicherheit gentechnischer Forschung (vgl. Russell 1988) - ohne geographische Begrenzung von der Sache her.

18   Auch die Existenz eines Umweltproblems kann bereits umstritten sein und somit zum Politikum werden - ein in der internationalen Umweltpolitik durchaus häufiger Fall.

19   Konflikte werden somit "objektivistisch" verstanden, die Existenz eines Konfliktes ist von der Attitüde der beteiligten Akteure wie von ihrem Konfliktverhalten zu unterscheiden. Insofern wird hier dem Ansatz des Tübinger Projekts gefolgt, auf dessen eingehendere Darlegung zum Konfliktverständnis hier verwiesen sei (Efinger/Rittberger/Zürn 1988, 42ff.).

Nach dieser begrifflichen Vorarbeit ist auf den Zusammenhang von "Problemfeld" und "internationales Regime" zurückzukommen. Dieser Zusammenhang besteht auf der konzeptuellen Ebene, insofern ein *internationales Regime* als die Gesamtheit der Verhaltensvorschriften und der ihnen entsprechenden Verhaltensweisen in einem bestimmten internationalen Problemfeld definiert werden kann.[20] Auch zu dieser Definition sind einige Bemerkungen angebracht.

Zunächst ist es wichtig, daß ein internationales Regime gemäß diesem Verständnis gleichsam zwei Aspekte hat: normative Verhaltensvorschriften und tatsächliches Verhalten, das diesen Vorschriften entspricht bzw. von ihnen geleitet wird.[21] Erst dadurch wird ein Regime nämlich zu mehr als "Buchstaben auf Papier" - sofern ein *formelles* Regime gegeben ist, das auf vertraglichen Grundlagen beruht -, erst dadurch wird es zu einer *sozialen Institution*, wie es dem hier zugrundegelegten Verständnis des Begriffs entspricht.[22] Institution ist jedoch nicht gleichzusetzen mit Organisation. Im Unterschied zu letzterer kommt einem Regime weder Rechtspersönlichkeit zu, noch sind ihm sozialwissenschaftlich-analytisch Handlungen zuzuschreiben. Im Rahmen eines Regimes kann (muß aber nicht) eine formelle Organisation bestehen, und diese handelt dann,[23] nicht jedoch das Regime als solches.

Zweitens wird demjenigen, der mit der Regime-Diskussion vertraut ist, auffallen, daß die angeführte Definition keine funktionale Bestimmung von Regimen enthält. Dies geschieht bewußt.[24] Welche "Funktion" Regime erfüllen ist letztlich eine empirische Frage. Auch ist aus der Akteursperspektive durchaus mit unterschiedlichen Erwartungen bezüglich der Leistungen und Resultate des Funktionierens eines konkreten Regimes zu rechnen,[25] was die Bestimmung einer für alle gültigen "Funktion" erschweren kann.

---

20   Wiederum erfolgt diese Definition in Anlehnung an das Tübinger Projekt, das seinerseits auf die "Standard"-Definition von Krasner (1983, 2) zurückgreift.

21   Diese letzte Unterscheidung (entsprechen versus geleitet von) ist subtil, theoretisch berechtigt, jedoch praktisch kaum zu erfassen: dies würde eine Analyse der *Motivation* staatlichen Handelns erfordern.

22   Anthony Giddens hat diesen Gedanken der Doppelnatur sozialer Institutionen sehr treffend (aber leider nicht übersetzbar) erfaßt, wenn er von sozialen Strukturen - und soziale Institutionen sind solche Strukturen - sagt, eine ihrer Existenzweisen sei "as instantiated in action" (Giddens 1984, 377).

23   In jenem üblichen Sinne, in dem man in den Sozialwissenschaften von den Handlungen kollektiver Akteure spricht, auch wenn stricto sensu nur Individuen handeln.

24   Anders dagegen das Tübinger Projekt, daß Regime auch funktional als Mechanismen der friedlichen Konfliktbearbeitung definiert, vgl. Efinger/Rittberger/Zürn 1988, 63ff.

25   Insbesondere ist der gleichsam strategische (im nicht-militärischen und auch nicht zwangsläufig verwerflichen Sinne dieses Wortes) Gebrauch bestehender Regime bzw. die Beteiligung aus strategischen Gründen an einem Regime denkbar. Ein Regime kann dann tatsächlich zu einer Form des (friedlichen) Konfliktaustrags werden.

Schließlich ist es seit Krasner üblich geworden, vier Elemente eines Regimes zu unterscheiden: Prinzipien, Normen, Regeln und (Entscheidungs-)Prozeduren.[26] Da sie sich zur deskriptiven Identifizierung von Regimen als nützlich erwiesen haben und auch im folgenden zur Anwendung kommen werden, seien sie abschließend hier kurz erläutert.

Drei der Elemente lassen sich relativ umstandslos auf einer Skala von allgemeinen (Prinzipien) zu konkreten (Regeln) Verhaltensvorschriften unterbringen, wobei die Normen eine mittlere Position einnehmen.[27] Die "Prozeduren" sind etwas schwieriger einzuordnen. Zum einen kann es sich bei ihnen sowohl um Verfahrensvorschriften wie auch um eingeschliffene Verfahrensweisen, die aufgrund andauernder Übung quasi-normativen Charakter gewinnen, handeln. Zum andern, das wird an der Wiedergabe als *Verfahrens*vorschriften bzw. -weisen schon deutlich, ist es sinnvoll, sie nicht auf Verfahren der Entscheidungsfindung ("decision making") zu beschränken. Damit sind die vier Elemente eines Regimes eingeführt, und die Präsentation der wesentlichen Grundbegriffe der Arbeit ist abgeschlossen. Es können nunmehr die Ausgangsfragen und zugrundeliegenden Hypothesen der Untersuchung dargelegt werden.

1.3. Ausgangsfragen und Hypothesen

In der Verortung des Themas dieser Arbeit wurde ein Beitrag zu drei politikwissen-schaftlichen Forschungsgebieten in Aussicht gestellt: Analyse der Ost-West-Beziehungen, Analyse internationaler Regime und Umweltpolitikanalyse.[28] Dementsprechend ergeben sich die Ausgangsfragen und -hypothesen der Arbeit aus diesen drei fachlichen Zusammenhängen bzw. aus Kombinationen von ihnen.

Die erste Ausgangsfrage der Arbeit entstammt dem Forschungszusammenhang der Analyse der Ost-West-Beziehungen, und zwar in Verbindung mit der Regimeanalyse. Sie läßt sich formulieren als die Frage, ob bei der Entstehung von internationalen Regimen dem gesellschaftssystemaren Kontext - Ost-West- versus West-West-Beziehungen[29] -

---

26   Vgl. die Standarddefinition in Krasner 1983, 2.

27   Die Kritik Kratochwils an diesem Vorgehen (1989, 57), dies laufe auf eine begriffliche Verarmung der drei unterschiedenen Konzepte hinaus, erscheint mir nicht gewichtig genug, den pragmatischen Nutzen der Unterscheidung aufzugeben, zumal er selbst keinen überzeugenden Gegenvorschlag unterbreitet.

28   Vgl. oben Abschnitt 1.1.

29   Kontext in diesem Sinne entspricht also den von Senghaas (1973) unterschiedenen Konfliktformationen im internationalen System, zu denen neben den beiden genannten der Vollständigkeit halber auch noch der Nord-Süd- und der Süd-Süd-Kontext hinzugefügt werden muß, wobei ersterer ggf. in einen "Nord-West-Süd"- und einen "Nord-Ost-Süd"-Kontext aufzulösen wäre. Die im Wort "Konfliktformation" mit-schwingende Dominanz von Konflikt als Beziehungsmuster wird durch den neutraleren

generell erklärungsmäßige Priorität vor dem jeweiligen Problemfeld zukommt, oder ob dies nicht der Fall (oder gar umgekehrt) ist. Die zu überprüfende Hypothese lautet dementsprechend:

H1:   Für die Entstehung internationaler Regime ist generell der gesellschaftssystemare Kontext wichtiger als die Eigenschaften des Problemfelds. In den Ost-West-Beziehungen sind Regime schwieriger zu errichten als in Beziehungen zwischen westlichen Staaten.

Die Überprüfung dieser Hypothese ist im Rahmen der vorliegenden Arbeit möglich, da zwei Regime betrachtet werden, die sich auf hinreichend ähnliche Problemfelder beziehen (nämlich solche des regionalen Meeresumweltschutzes), zugleich aber in einem jeweils verschiedenen gesellschaftssystemaren Kontext entstanden sind (Ost-West-Beziehungen im Falle des Ostsee-Regimes, West-West-Beziehungen im Falle des Nordsee-Regimes). Die Hypothese wird somit im Rahmen eines Vergleichs der beiden Regimeentstehungsprozesse überprüft.

Eine zweite Frage kombiniert den Ost-West-Vergleich mit Fragen der Umweltpolitikanalyse, geht dabei allerdings von der Ebene der *Beziehungen* auf die der nationalen Eigenschaften und Politiken herab. Es ist die Frage nach der Bedeutung des gesellschaftlichen, wirtschaftlichen und politischen Systems für die Umweltpolitik, die aus dem Forschungszusammenhang der vergleichenden Umweltpolitikforschung stammt. Die entsprechende Hypothese läßt sich als "gesellschaftssystemare Nullhypothese" wie folgt formulieren:

H2:   Die Gesellschaften des liberal-demokratisch-kapitalistischen Typs und die des realsozialistischen Typs unterscheiden sich nicht wesentlich in ihrem umweltpolitischen Verhalten.

Die Hypothese wirft eine Reihe von Problemen auf. Das qualifizierende Attribut "wesentlich" bringt in der Beurteilung der Hypothese einen interpretativen Spielraum für den Analytiker mit sich. Diese Gewichtung von Unterschieden taucht allerdings bereits bei der Autorin auf, die die gesellschaftssystemare Nullhypothese im deutschen Sprachraum am prominentesten (und, wie ich geneigt bin hinzuzufügen, in für die Anregung der Diskussion verdienstvoller Weise) vertreten hat, bei Renate Damus.[30] Zweitens wird die Frage hier nicht umfassend quantitativ, sondern für eine Reihe von Staaten aus Ost und West eher qualitativ beantwortet. Damit stellt sich die Frage, ob die betrachteten Staaten jeweils für "ihr" System als ganzes repräsentativ sind.

Ausdruck "Kontext" zunächst vermieden.

30   Damus 1986. Ungeachtet des Titels, der die Systemkonkurrenz zur Legende erklärt, kommt Damus nicht umhin, doch - in ihren Augen allerdings sekundäre - Unterschiede zwischen beiden Systemen festzustellen (ebd. 158ff. und 184ff.). Jänicke (1977) ging in theoretischen Überlegungen über die Nullhypothese "zugunsten" des *Ostens* hinaus, indem er Vorteile der realsozialistischen Systeme bei der Umweltplanung zusammenstellte; allerdings schränkte er im Untertitel gleich ein, daß es sich dabei um *ungenutzte* Möglichkeiten eines Systems handele.

Die dritte Schwierigkeit besteht im Zusammenhang der vorliegenden Arbeit in der bereits erwähnten knappen Faktengrundlage über die realsozialistische (Meeres-) Umweltpolitik und ihrer Veränderung nach dem jüngst erfolgten Systemwandel. Von einem strikten Test der Hypothese wird daher nicht gesprochen werden können, jedoch sollen die vorhandenen Informationen im Sinne eines Ost-West-Vergleichs zur Beantwortung der mit ihr verbundenen Frage zusammengefaßt werden.

Aus dem Forschungszusammenhang der Analyse internationaler Regime kommt eine Reihe von Hypothesen über deren Entstehung, die anhand der beiden behandelten Umweltschutz-Regime überprüft werden sollen. Sie lassen sich unter den vier Rubriken systemische Hypothesen, interessenbasierte Hypothesen, normativ-institutionelle Hypothesen und problemstrukturelle Hypothesen zusammenfassen.

Um mit dem letzten Hypothesentyp zu beginnen, so erscheint die vorliegende Arbeit zunächst wenig geeignet, problemstrukturelle Hypothesen zu überprüfen. Diese beziehen sich nämlich auf Eigenschaften der das jeweilige Problemfeld konstituierenden "Sache", und die beiden Problemfelder Schutz der Meeresumwelt der Ostsee und der Nordsee waren ja gerade aufgrund ihrer sachlichen Ähnlichkeit ausgewählt worden. Gleichwohl bestehen auch Unterschiede zwischen beiden Fällen. Einer besteht in den verschiedenen ozeanographischen Bedingungen beider Meere und kann ganz knapp mit den Stichwörtern halb-geschlossenes (Ostsee) versus offenes Meer (Nordsee) umrissen werden. Dieser sachliche Unterschied ist zunächst sehr auf die behandelten Fälle zugeschnitten und betrifft ein eher natürliches als soziales Faktum. Das sollte im Politikfeld der (internationalen) Umweltpolitik jedoch nicht verwundern: Natürliche Gegebenheiten sind hier ohne Zweifel häufig von politischer Bedeutung. Um nur ein weiteres Beispiel zu nennen, das für das gesamte hier behandelte Gebiet (im geographischen wie im übertragenen Sinne) von Bedeutung ist, kann das Verhältnis von Küstenlänge zu Landfläche genannt werden, das für Europa als ganzes relativ hoch ist, mit der hydrologischen Konsequenz, daß der Wasserabfluß ins Meer relativ rasch erfolgt.[31] Der erwähnte natürliche Unterschied zwischen Nord- und Ostsee läßt sich jedoch in seinen Folgewirkungen auch noch abstrakter fassen und gibt dann Anlaß zu folgender Hypothese:

H3: Umweltpolitik allgemein und internationale Umweltpolitik im besonderen folgt dem Problemdruck. Dieser erreichte aufgrund der natürlichen Gegebenheiten in der Ostsee früher ein kritisches Ausmaß als in der Nordsee; Regimeerrichtung war daher im Bereich der Ostsee früher wahrscheinlich als im Bereich der Nordsee.

---

31 Kinnear/Rhode 1987, 20, Anm.1.

Die Hypothese mag banal erscheinen, fügt sich jedoch gut in das Bild, daß die bisherige Umweltpolitikanalyse von der Rolle des Problemdrucks gewonnen hat.[32] Die Schwierigkeit mit der Variable "Problemdruck" besteht allerdings darin, daß sie als die *Wahrnehmung* einer bestimmten ökologischen Situation definiert wurde, nicht als diese selbst.[33] Deshalb ist die Konstruktion einer allen Akteuren einer Staatengruppe gemeinsamen "objektiven" Problemlage zunächst ein Hilfsmittel des Analytikers. Genaugenommen kommt es auf die Wahrnehmung ökologischer Zustände durch die jeweiligen Entscheidungsträger an, ein subjektives Phänomen. Dies verweist auf die zweite der oben angeführten Hypothesengruppen, die interessenbasierten. Interessen sind immer subjektiv, auch wenn sie als "objektive Interessen" operationalisiert werden (was insbesondere bei kollektiven Akteuren wie Staaten sinnvoll erscheint).

Die interessenbasierten Hypothesen können zwei Formen annehmen: Sie können sich auf die abhängige Variable "umweltaußenpolitisches Verhalten eines einzelnen Staates" beziehen, oder auf die (systemische, das heißt in dem Ergebnis der Interaktion mehrerer nationaler Akteure bestehende) abhängige Variable "Regimeentstehung". Im ersten Fall wird Bezug genommen auf die individuelle umweltpolitische Situation eines Landes und diese wird zum Prädiktor seines umwelt(außen)politischen Verhaltens. Im zweiten Fall wird die Konstellation der Interessen aller beteiligten Akteure oder, mit anderen Worten,[34] die Situationsstruktur zu charakterisieren versucht und als Prädiktor für die Entstehung von Regimen verwendet.

Die Typologisierung der individuellen umweltpolitischen Situation anhand der drei Faktoren Ausmaß der Selbstschädigung, Ausmaß der Schädigung anderer und Ausmaß der Schädigung *durch* andere mit den entsprechenden Ausprägungen "hoch" und "niedrig" führt zur Unterscheidung von acht verschiedenen individuellen Situationen (vgl. Abbildung 1-2). Ihnen lassen sich folgende der jeweiligen Situation entsprechende Interessen an internationaler umweltpolitischer Kooperation, etwa in Form eines internationalen Regimes, zuordnen:

---

32 Jänicke und Mönch (1988, 389f.) resümieren: "Umweltpolitik ist nirgendwo in der Welt als schöne Idee entstanden. Sie ist durchgängig das Produkt unübersehbarer, meist sich zuspitzender Umweltbelastungen." Prittwitz (1990) hat diesem "Problemdruck-Ansatz" zur Erklärung von Umweltpolitik seinen Kapazitätenansatz gegenübergestellt, dabei jedoch die Ausschließlichkeit der m.E. eher komplementären Ansätze überbetont. Immerhin räumt auch er ein (ebd., 234): "Wird umweltpolitischer Druck 'von unten' als politische Äußerungsform zunehmender objektiver Umweltbelastung interpretiert, so ergibt sich ein Übergang zur ... Belastungs-Reaktions-Hypothese."

33 Vgl. oben Abschnitt 1.2. Jänicke/Mönch weisen ebenfalls auf dieses "Problem" mit dem Problemdruck hin (1988, 390).

34 Der Ausdruck "Situationsstruktur" wurde im Rahmen des Tübinger Projektes entwickelt, um eine Charakterisierung der Interessenkonstellation in spieltheoretischen Begriffen zu bezeichnen; vgl. zum situationsstrukturellen Ansatz z.B. Efinger/Zürn 1989.

Abbildung 1-2:   8-Felder-Tafel individueller umweltpolitischer Situationen

Selbst-schädigung	Schädigung durch andere	Schädigung anderer	
		niedrig	hoch
niedrig	niedrig	(1) keinerlei Schäding (umw.pol. ideal, aber uninteressant)	(2) reine Fremdschädigung (Externalisierung)
	hoch	(3) Opfer	(4) wechselseitige Schädigung
hoch	niedrig	(5) reine Selbstschädigung ("Harakiri")	(6) Selbstschädigung und Fremdschädigung ("Kamikaze")
	hoch	(7) Selbstschädigung und Opfer	(8) wechselseitige und Selbstschädigung

Unnötig ist die Beteiligung an internationaler umweltpolitischer Kooperation für einen Staat in Situation 1 (in der gar kein Schaden entsteht, somit auch kein umweltpolitischer Handlungsbedarf besteht) und 5 (den selbst verursachten Schaden können andere nicht beheben).

Unwahrscheinlich ist sie in Situation 2 (ceteris paribus, das heißt ohne linkage und dergleichen).

Sehr naheliegend wäre sie für einen Staat, der sich in Situation 3 oder 7 befindet. Es ist aber nicht wahrscheinlich, daß die erwünschte Kooperation zustandekommt, da der Wunsch einseitig nur vom Opfer kommt.

Möglich ist sie in Situation 6 im Sinne eines "Mitnahmeeffekts",[35] wenn Reduktion der Eigenschädigung auch eine solche der Fremdschädigung zur Folge hat.

Wahrscheinlich ist sie jedoch nur in den Situationen 4 und 8, welche Reziprozität (aufgrund ökologischer *Inter*dependenz) implizieren. Der Unterschied beider Situationen besteht in der (theoretischen) Möglichkeit der "Vergeltung". Sie ist in Situation 8 aufgrund der damit einhergehenden Selbstschädigung nicht glaubhaft. Allerdings ist eine "Verschmutzung aus Vergeltung" wenig wahrscheinlich. Eher wird dann erst gar keine Regimeerrichtung erfolgen, was aber auf den Fortbestand wechselseitiger Schädigung hinausliefe.

Die in diesen zunächst abstrakten Überlegungen steckenden Hypothesen lassen sich zu folgender Generalhypothese über die individuelle umweltpolitische Situation verdichten:

H4:   Die individuelle umweltpolitische Situation ist ein geeigneter Prädiktor für das umwelt(außen)politische Verhalten eines Staates, da erstere letzteres wesentlich mitbestimmt.

Ihre Überprüfung wird in der Zuordnung der behandelten Staaten zu einer der denkbaren individuellen umweltpolitischen Situationen und dem Vergleich ihres tatsächlichen mit dem erwarteten Verhalten bestehen. Hierzu wird allerdings aufgrund der verfügbaren, der objektiven Bestimmung der individuellen Situation zugrundezulegenden naturwissenschaftlichen Daten eine Reduktion der Acht-Felder-Tafel auf eine Vier-Felder-Tafel erforderlich sein, die nicht mehr den Anteil der jeweils von einem Akteur sich selbst zugefügten Schädigung ausweist, sondern nur seine Beteiligung an der Meeresverschmutzung und seine Betroffenheit durch sie registriert.

Analog wird die situationsstrukturelle Erklärung der Regimeentstehung in einem Vergleich der realen Situation mit idealtypisch unterschiedenen "Spielsituationen"[36] bestehen, derer sich drei benennen lassen: reine Koordinationsspiele, Dilemma-Spiele und Rambo-Spiele. Erstere zeichnen sich dadurch aus, daß die Handlungsalternativen für die Akteure an sich gleichermaßen akzeptabel sind, solange man sich auf eine gemeinsam gewählte einigen kann. Das klassische Beispiel ist die Wahl von Links- oder Rechtsverkehr. Die ursprüngliche Wahl ist beliebig (die Umstellung allerdings kostenträchtig!), vorausgesetzt alle Fahrer treffen dieselbe Entscheidung. Dilemma-Spiele dagegen enthalten einen Anreiz, von der kooperativen Lösung abzuweichen, da

---

35   Man spricht vom Mitnahmeeffekt, wenn Firmen ohnehin geplante Investitionen zurückstellen, um später von staatlichen Subventionen für derartige Investitionen zu profitieren. Sie lassen sich also für etwas "belohnen", was ihrem Eigeninteresse entspricht. Hierin liegt die Parallele zum erwähnten Fall der Beteiligung an internationaler Umweltkooperation.

36   Der Begriff wird hier im technischen (spieltheoretischen) Sinne des Wortes verwendet. Durch diese Verwendung des terminus technicus "Spiel" wird die Ernsthaftigkeit der zugrundeliegenden realen Lage nicht bestritten.

bei fortbestehendem kooperativen Verhalten der anderen Trittbrettfahren möglich wird. Verhalten sich jedoch auch die anderen in Vorwegnahme dieses möglichen Ergebnisses nicht-kooperativ, ist der Gesamtnutzen für alle geringer, als er bei allseitiger Kooperation sein könnte. Die bekannteste Form des Dilemma-Spiels ist das sogenannte Gefangenendilemma, bei dem Nichtkooperation für beide Seiten die dominante Strategie ist (aus Furcht, selbst zum Opfer des Trittbrettfahrens des anderen zu werden). Ein Rambo-Spiel schließlich liegt dann vor, wenn eine Seite immer besser dasteht, wenn sie sich unkooperativ verhält, unabhängig davon, ob die andere Seite kooperiert oder nicht. Ein typisches Beispiel ist die Oberlieger/Unterlieger-Situation bei Fließgewässern. Der egoistische Oberlieger hat kein Interesse daran, das Gewässer nicht zu verschmutzen, ganz unabhängig davon, ob der Unterlieger es ihm gleichtut oder sich um Gewässerreinhaltung bemüht. Die aufgrund dieser Spieltypen-Unterscheidung mögliche situationsstrukturelle Gesamthypothese lautet somit:

H5:   Die Wahrscheinlichkeit der Regimeentstehung nimmt in der Reihenfolge Koordinationsspiel, Dilemma-Spiel und Rambo-Spiel ab.

Es verbleiben noch zwei Gruppen von Hypothesen. Unter den systemischen nimmt in der Analyse internationaler Regime die sogenannte Hegemonie-These eine prominente Rolle ein. Ursprünglich am Beispiel wirtschaftspolitischer internationaler Regime entwickelt,[37] besagt sie verallgemeinert:

H6:   Das Vorhandensein eines Hegemons ist die notwendige Voraussetzung für die Entstehung eines Regimes.

Die Schwierigkeit der Hypothese liegt einerseits darin, zu bestimmen, was eine hegemoniale Stellung ausmacht. Zum andern läßt sich fragen, ob diese sich auf das internationale System als ganzes bezieht oder auf jenen Ausschnitt, den die potentiellen Regimeteilnehmer davon bilden. Da sich die Hypothese als wenig einschlägig erweisen wird, erscheint es nicht sinnvoll, an dieser Stelle größere intellektuelle Energien zu investieren.

Aus dem Kontext der Integrationsanalyse läßt sich eine weitere systemische Hypothese ableiten. Sie bezieht sich eindeutig auf das (Teil-)System, das die potentiellen Regimeteilnehmer bilden. Gemäß dieser Hypothese ist ein reiches Beziehungsgefüge (eine hohe Transaktionsdichte) zwischen den Teilnehmern an einem Prozeß politischer Integration einen Faktor, der die Integration fördert. Abgewandelt für die Frage der Regimeentstehung läßt sich die Hypothese wie folgt formulieren:

H7:   Das Vorhandensein einer hohen Transaktionsdichte zwischen den potentiellen Teilnehmern eines Regimes fördert dessen Entstehung.

---

37   Vgl. Kindleberger 1973; die Hegemoniethese wird dargestellt in Keohane 1984, 31ff. und kritisiert von Snidal 1985.

Als Indikator für die Transaktionsdichte wird in dieser Arbeit wegen der relativ einfachen Verfügbarkeit der Daten vor allem die Handelsverflechtung der betreffenden Staaten herangezogen.

Schließlich sind die normativ-institutionellen Hypothesen anzusprechen. Sie betreffen die förderliche Wirkung auf die Entstehung von Regimen, die von bestehenden Institutionen und/oder normativen Vorgaben ausgehen. Es lassen sich folgende Hypothesen aufstellen:

H8: Bestehende internationale Organisationen und/oder Institutionen können *als Foren* für Regimebildungsprozesse diese erleichtern.

H9: Vorhandene internationale Verhaltensvorschriften können *aufgrund ihres Modellcharakters* die Herausbildung von Regimen erleichtern.

Vor allem durch die letztgenannte Hypothese wird eine "autokatalytische" Wirkung von Regimen als möglich impliziert.

Schließlich kann eine besondere institutionelle Hypothese über die Wirksamkeit *trans*nationaler Kontaktnetze formuliert werden, welche das Entstehen gemeinsamen Wissens als Voraussetzung einer geteilten Definition der Situation (etwa in Form der geteilten Wahrnehmung von Problemdruck) fördern.

H10: Transnationale Kontakte zwischen Wissenschaftlern können durch die Herausbildung geteilten Wissens als Grundlage für die Regimeentstehung einen Beitrag zu dieser leisten.

Durch diese Formulierung wird die jüngst vor allem durch die Arbeit von Peter M. Haas angeregte Diskussion über "epistemic communities"[38] teilweise aufgenommen; den von ihm entwickelten Gedanken könnte man allerdings auch in anderer Form als rein kognitive Hypothese ("Geteiltes Wissen ist eine notwendige Voraussetzung für Regimeentstehung") formulieren.

Damit ist das in der vorliegenden Arbeit zur Überprüfung anstehende Hypothesen-Set benannt. Über diese hinaus gibt es jedoch drei weitere Fragenkomplexe, zu denen die vorliegende Arbeit einen Beitrag leisten möchte.

Erstens wurde von Analytikern internationaler Regime immer wieder die Berücksichtigung der binnengesellschaftlichen und nationalen Politikprozesse bei der Erklärung der Entstehung von Regimen gefordert.[39] Die Entstehung von Regimen erschöpft sich jedoch gemäß dem Regime-Verständnis dieser Arbeit nicht darin, daß staatliche Akteure internationale Verhaltensvorschriften akzeptieren. Vielmehr ist staatliches Umsetzungshandeln (in Form innerstaatlicher Normsetzung, der Kontrolle, daß gesellschaftliche Akteure diese Normen befolgen, und schließlich in Form staatlicher Eigenleistun-

---

38   Haas 1989.

39   So etwa an prominenter Stelle von Haggard und Simmons 1987.

gen in Erfüllung internationaler Verpflichtungen, etwa durch den Bau von Kläranlagen) eine weitere Voraussetzung dafür, daß von einem Regime gesprochen werden kann. In der vorliegenden Arbeit soll der Versuch gemacht werden, diesen dornigen Weg der Analyse der nationalstaatlich-gesellschaftlichen Voraussetzungen von Regimeentstehung zu beschreiten. Dies geschieht, indem der politische Kontext für Meeresumweltschutzpolitik sowie das Implementationsverhalten in drei Staaten: der Bundesrepublik, Großbritannien und Schweden eingehender untersucht wird. Dabei sind bestimmte Beschränkungen von vornherein einzuräumen. Untersuchung des politischen Kontexts und des Implementationsverhaltens kann nicht heißen, allen möglicherweise relevanten Faktoren nachzugehen, die das umwelt(außen)politische Verhalten des jeweiligen Staates beeinflussen. Dies würde auf die vollständige Untersuchung (mehrerer) nationaler (zumindest Meeres-)Umweltpolitiken hinauslaufen. Eine solche vergleichende Policy-Analyse wäre zwar wünschenswert, kann hier jedoch nicht geleistet werden. Der Beitrag der vorliegenden Arbeit zur vergleichenden Umweltpolitikanalyse ist somit begrenzt. Sie wird nur insoweit betrieben, wie dies zur Abrundung der Regime-Analyse nötig ist. Ebenfalls nicht geleistet wird die Untersuchung des Einflusses von privaten Interessen auf Einzelentscheidungen im Rahmen der Regime bzw. auf deren Entstehen. Hierzu fehlen mir vor allem die für den konkreten Fall belegbaren Informationen. Investigativer Journalismus mag hier im Einzelfall weiter führen als politikwissenschaftliche Analyse.

Gleichwohl, dies ist der zweite zu erwähnende Fragenkomplex, hoffe ich mit der vorgelegten Analyse zumindest einen deskriptiven Beitrag zum besseren Verständnis dessen zu leisten, was Czempiel als "internationalisierende Politik" bezeichnet hat. Er versteht darunter, "daß infolge der zunehmenden wechselseitigen Abhängigkeit (Interdependenz) immer mehr Bereiche, die früher zur 'Innenpolitik' zählten, in den Einzugbereich der internationalen Politik geraten, also 'internationalisiert' werden."[40] Das Funktionieren internationaler Regime gerade im Umweltbereich ist hierfür ein gutes Beispiel. Wenn dies tatsächlich ein immer häufiger werdendes Phänomen ist, lohnt es sich, das Verständnis dieses Phänomens am konkreten Einzelfall zu vertiefen. Dieser Einzelfall wird (bzw. die beiden Einzelfälle: Nordsee- und Ostsee-Regime werden) dabei gleichsam aus der Makroperspektive des Wandels im Bereich der Politik ("the realm of politics") schlechthin durch partielle Aufhebung der klassischen Trennung von Innen- und Außenpolitik betrachtet.

---

40   Czempiel 1985, 64. Nicht ganz klar ist mir, warum Czempiel das Präsenspartizip ("internationalisierend")dem Perfektpartizip("internationalisiert")vorzieht. Internationalisierend kann doch nur die jeweils von einzelnen Akteuren betriebene Politik sein. Soll aber auch ein neuer *Zustand* im "Reich der Politik" beschrieben werden, so erscheint mir der Ausdruck "internationalisierte Politik" zutreffender.

Eine weitere und hier als letzte anzuführende Makroperspektive ergibt sich aus umweltpolitischer oder besser humanökologischer Sicht. Danach haben die hochindustrialisierten Länder - alle Ost- und Nordseeanrainerstaaten zählen zu dieser Gruppe - aufgrund des rapiden und extensiven Wachstums vor allem in der Zeit seit dem Zweiten Weltkrieg in der seit dem Anbruch der Industriellen Revolution andauernden "modernen Hochenergiephase"[41] einen Punkt erreicht, an dem ein Weiterwirtschaften nach diesem Muster ökologisch unverträglich und langfristig selbstzerstörerisch ist. Diese Gesellschaften befinden sich somit humanökologisch gesehen "bei Strafe des Untergangs" im Übergang, nämlich zu einer ökologisch vertretbaren Wirtschafts- oder, weiter gefaßt, Lebensweise. So betrachtet wird die Dimension des Vorgangs deutlich und es wird einsehbar, daß hier ein gesamtgesellschaftlicher Lernvorgang (mit bisher noch ungewissem Ausgang) abläuft. Boyden hat dessen prinzipiellen Ablauf skizziert (vgl. Abbildung 1-3).[42] Dieses Schema muß jedoch um die internationale Dimension erweitert werden. Die Herausbildung neuer internationaler Institutionen, ein Beispiel für wie Mechanismus zum Lernen auf internationalem Niveau, ist *ein* Teilaspekt dieser internationalen Dimension der ökologischen Modernisierung der Industriegesellschaften.

Zumindest mit den beiden letzten angedeuteten Makroperspektiven wird der engere Bereich der hypothesenerzeugenden und -überprüfenden Politikwissenschaft verlassen. Es ist jedoch sicher nicht zum Schaden der Disziplin, wenn sie auch für ihren engeren Fragehorizont überschreitende große Perspektiven gedanklichen Raum hat, und im abschließenden Teil dieser Arbeit wird daher auf sie zurückzukommen sein. Im Rahmen dieser Einleitung bleibt nur noch das weitere Vorgehen der Arbeit zu erläutern.

---

41   Der Ausdruck "moderne Hochenergiephase" stammt von Boyden 1987. Er bezeichnet ein viertes Stadium in der Entwicklung der menschlichen Zivilisation nach der "Urphase" des Sammler- und Jägerstadiums, der frühagrarischen Phase (nach der neolithischen Revolution) und der früh-urbanen Phase (seit Gründung der ersten Städte im nahen Osten). Weniger wichtig als die genaue Phaseneinteilung (andere Einteilungen oder auch nur Benennungen verwenden z.B. Prittwitz 1986 und Immler 1989, Kapitel 4) ist die Feststellung: "the outstanding characteristics of ecological phase four, the high-energy phase, are such that it cannot last indefinitely." (Boyden 1987, 5)

42   Auf die Arbeit von Boyden 1987 sei mit Nachdruck hingewiesen, da sie in den einleitenden Kapiteln und in einem Anhang ein wohlüberlegtes humanökologisches Begriffssystem entwickelt.

Abbildung 1-3:   Typischer Verlauf der kulturellen Anpassung angesichts unerwünsch-
                   ter biologischer Auswirkungen sozialen Handelns

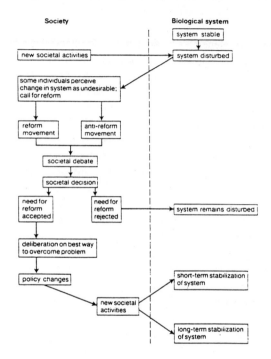

Quelle: Boyden 1987, 30.

1.4. Vorgehen der Arbeit

1.4.1. Quellenlage und Methodik

Auf dünnem Eis muß man schnell laufen.

russisches Sprichwort

Das zitierte Sprichwort, das mir in der Phase der Vorbereitung dieser Arbeit bekannt
wurde, paßt sehr gut zur Materiallage in dem hier behandelten Politikfeld, sind die
Probleme der Informationsbeschaffung bei der Analyse internationaler Umweltpolitik
doch erheblich.

Für die *Darstellung und Analyse der behandelten Regime* konnte ich mich, vor allem im Ostsee-Fall, auf die im Rahmen des Regimes von der Helsinki-Kommission veröffentlichten Sach- und Arbeitsberichte stützen; in geringerem Umfang gilt dies für den Nordsee-Fall. Die einschlägigen Dokumente sind im Literaturverzeichnis als Primärquellen aufgelistet. Generell gilt, daß nur zur Veröffentlichung bestimmte Quellen benutzt werden konnten. Einsicht in interne Materialien habe ich auf internationaler Ebene nicht zu erlangen versucht.[43] Auf nationaler Ebene wurde sie mir, wie bereits erwähnt, in Bonn verwehrt.[44] Die Natur und das Ausmaß der dadurch entgangenen Information sind allerdings schwer einzuschätzen. Viele der internen Aufzeichungen enthalten zweifellos Information über Detaildiskussionen, die für ein Gesamtbild des Funktionierens der Regime zwar letztlich nötig ist (insbesondere was die Stellungnahme einzelner Länder zu bestimmten Fragen betrifft), andererseits aufgrund der sehr speziellen Natur vieler der besprochenen Fragen nur schwer für eine allgemeine Darstellung fruchtbar zu machen wäre.

Die Sekundärliteratur zu Fragen des Meeresumweltschutz ist vorwiegend naturwissenschaftlicher Herkunft (die im Literaturverzeichnis aufgenommenen Titel stellen nur einen Bruchteil dar; die aufgeführten Überblicksdarstellungen[45] enthalten umfangreiche Verweise auf die naturwissenschaftliche Spezialliteratur). Ein weiteres Kontingent stammt aus der Feder von Völkerrechtlern und/oder "schreibenden Praktikern", politikwissenschaftliche Arbeiten sind die Minderheit.

Diese insgesamt eher knappe Informationsgrundlage habe ich durch zahlreiche Interviews zu ergänzen versucht. Sie wurden mit Praktikern auf nationaler Ebene in der Bundesrepublik, Großbritannien und Schweden geführt sowie auf der internationalen Ebene mit Bediensteten der einschlägigen Organisationen (vgl. die Auflistung im

---

43   Ein entsprechender Antrag einer norwegischen Kollegin beim Sekretariat der Oslo- und Pariskommissionen in London wurde abgelehnt unter Hinweis auf das 1980 beschlossene "Anonymitätsprinzip", gemäß dem namentliche Nennung von Mitgliedstaaten in Dokumenten nur auf ausdrücklichen Wunsch erfolgt (vgl. Saetevik 1988, 3).

44   Vgl. oben Anm.12. Dies steht in Kontrast sowohl zum Verhalten der norwegischen Behörden, deren Aufzeichnungen über Kommissionssitzungen im Rahmen des Pariser Abkommens Sunneva Saetevik einsehen konnte (Saetevik 1988, 3), als auch der schwedischen Behörden. Dort, im staatlichen Umweltamt (SNV), wäre man bereit gewesen, sogar mir als Ausländer Einblick in die entsprechenden Dokumente zu gewähren. Deren schiere Fülle wie meine begrenzte Aufenthaltsdauer ließen dies als unpraktikables Unterfangen erscheinen.

45   Für meereskundliche Fragen allgemein: Barnes/Hughes 1988, Ott 1988; zur Meeresverschmutzung allgemein: Clark 1986, Gerlach 1981; speziell zur Nordsee: Buchwald 1990, Lozán u.a. (Hrsg.) 1990, RSU 1980; speziell zur Ostsee: Magaard/ Rheinheimer (Hrsg.) 1974, Voipio (Hrsg.) 1981 sowie für den Ostseeraum Newig/Theede (Hrsg.) 1985.

Quellenverzeichnis).[46] Die Form der Interviews war die nicht-standardisierte Befragung; es wurden keine Tonaufzeichnungen, sondern Kurzprotokolle, zum Teil aus dem Gedächtnis, angefertigt. Da Faktenangaben nach Möglichkeit durch schriftliche Quellen zu bestätigen versucht wurden, dürfte zumindest für diese Angaben die Fehlerrate erträglich geblieben sein. Einschätzungen werden, soweit sie zitiert werden, als solche ausgewiesen. Nützliche Hintergrundsgespräche wurden auch mit Kollegen in England und Schweden geführt.

Die Interviews dienten auch für diejenigen Teile der Arbeit, die sich mit dem *nationalen politischen Kontext* für Meeresumweltschutzpolitik befassen, als wesentliche Quelle. Auch hier erwies sich, daß viele erwünschte Informationen nicht einfach abrufbar verfügbar waren. Die kurzen Aufenthalte in Schweden und Großbritannien mußten auch genutzt werden, um einen Überblick über die jeweiligen administrativen Systeme zu gewinnen. Es ist jedoch zweifellos so, daß eine Fülle von nützlichem "Hintergrundswissen" nur demjenigen zur Verfügung steht, der sich im jeweiligen Land längere Zeit aufgehalten hat. Ich bin mir der Existenz von Wissenslücken in diesem Bereich bewußt, wenn auch naturgemäß nicht ihres vollen Ausmaßes. Zur Erfassung des politischen Kontexts wurden drei Teilaspekte ausgewält: die mit Meeresumweltschutz befaßten staatlichen Institutionen, die Haltung der politischen Parteien zu diesem Thema sowie schließlich die Rolle von public interest groups in diesem Bereich. Dies entspricht einem eher traditionellen Herangehen an den politischen Entscheidungsprozeß ("the politics of policy"), was allerdings nicht bedeutet, daß die hierzu erforderlichen Informationen leicht verfügbar wären. Auch hier muß vielmehr auf einer teilweise heterogenen Faktengrundlage gearbeitet werden.

Schließlich wurde ein Gutteil der Informationen, welche in die Teile der Arbeit einfließen, die sich mit der jeweiligen *nationalen Implementation in Sachen Meeresumweltschutzpolitik* befassen, vor Ort in schriftlicher und/oder mündlicher Form gesammelt. Methodisch gesehen war es für die Implementationsanalyse notwendig, den in der Tat gewaltigen Komplex "Meeresumweltschutz" auf ein handhabbares, aber auch aussagekräftiges Format zu reduzieren. Meeresumweltschutz als solcher, dies wurde mir schnell klar, ist nicht auf unmittelbare Fragen der maritimen (zur See erfolgenden) Verschmutzung bzw. deren Verhinderung einzuschränken. Diverse landseitige Aktivitäten sind mindestens ebenso bedeutsam. Dies wird deutlich an der großen Rolle, die der

46   Ein Teil der hierfür notwendigen Reisen konnte im Rahmen des Tübinger Projekts durchgeführt werden und wurde von der Deutschen Forschungsgemeinschaft mitfinanziert. Ihr sei dafür an dieser Stelle gedankt.

Schadstoffeintrag auf dem Luftwege für den Zustand der marinen Umwelt hat,[47] aber auch daran, daß letztlich die meisten Flüsse ins Meer fließen.

Da (grenzüberschreitende) Luftverschmutzung sowohl in sich eine komplexe Materie ist als auch in der westdeutschen Politikwissenschaft bereits gesondert behandelt worden ist,[48] wurde sie hier nicht ausgewählt.[49] Dagegen wurde als erste der *fünf Detailfragen, die im Rahmen der Untersuchung der Implementationspolitik näher betrachtet werden*, die (Bekämpfung der) *Einleitung über Flüsse* ausgewählt. Sie steht hier stellvertretend für die landseitige Meeresverschmutzung. Auch die Flußverschmutzung ist in sich eine komplexe Materie, die selbst zum Thema einer eigenständigen Arbeit gemacht werden könnte. Besser als durch viele Worte werden die Zusammenhänge mit dem Schutz der Meeresumwelt durch ein graphisches Modell veranschaulicht, das M. Neddens angefertigt hat (Abbildung 1-4). Angesichts der vielfältigen Zusammenhänge wird die Darstellung zum Punkt Flußverschmutzung eher impressionistisch denn umfassend ausfallen können.

Als zweite Detailfrage wurde als Beispiel für zur See erfolgende Verschmutzung der Komplex *Dumping und Verbrennung auf See* ausgewählt, wobei unter Dumping das Einbringen von Abfällen (feste oder flüssige Stoffe, Industrierückstände oder Klärschlamm) zu verstehen ist.

Die ursprünglich als weiterer Komplex ins Auge gefaßte Problematik der *Verschmutzung von Schiffen aus* erwies sich als einerseits sehr technisch und andererseits als quantitativ, was die Eintragsmenge anbelangt, relativ unbedeutend.[50] Der Komplex wurde daher im

---

47   Der Anteil der Luftverschmutzung an der Schadstoffzufuhr in die Nord- und Ostsee ist für einige Stoffgruppen beträchtlich. Dies gilt etwa für Stickstoff, für den der Zwischenbericht der 3.INK über den Zustand der Nordsee (3.INK 1990a, 49) eine jährliche Eintragsmenge von zwischen 326.000 und 614.000 t angibt (im Vergleich zu rund 1,2 Mio. t, die durch die Flüsse eingetragen werden). Auch bei Cadmium wurde der atmosphärische Eintrag in die Nordsee jüngst auf 70 v.H. geschätzt, wobei der Cadmiumgehalt der Schwebstoffe in der früher als weniger belastet geltenden nördlichen Nordsee höhere Werte erreichte als in der küstennahen südlichen Nordsee (laut einem dpa-Bericht über die Tagung der Fachgruppe Wasserchemie in der Gesellschaft deutscher Chemiker vom 21.-23.5.1990; Reutlinger Generalanzeiger v. 23.5.1990, 29).

48   Zum Beispiel in der umwelt(außen)politischen Pionierarbeit von Prittwitz 1984 sowie im Rahmen des Tübinger Projekts in der Fallstudie von Schwarzer 1990.

49   Einen kurzen Überblick über den Beitrag des atmosphärischen Eintrags zur Belastung der Nordsee und die bisherige Behandlung dieses Problems gibt Davidson 1990.

50   Es war hier zunächst an die Verschmutzung durch den "normalen" Schiffsbetrieb gedacht, nicht an Katastrophen wie Tankerhavarien. Letztere sind zwar spektakulär und für die unmittelbar betroffenen Regionen mit schweren Schäden verbunden. Quantitativ ist jedoch der chronische Öleintrag durch den normalen Schiffsverkehr (und das mittlerweile verbotene "Waschen der Tanks auf See") wohl bedeutsamer.

Abbildung 1-4:   Funktionales Modell der Wassergütewirtschaft

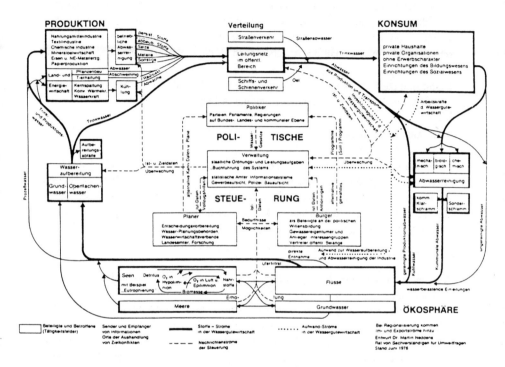

Quelle: M. Neddens, aus: Buchwald/Engelhardt 1978, Bd.2, 60.

wesentlichen auf die handhabbare Frage nach dem Vorhandensein und den Benutzungs-bedingungen von Auffanganlagen reduziert. Daneben wird die Ratifikation des einschlägigen MARPOL-Abkommens und seiner Anlagen zum Indikator gemacht. Dies ist nicht unproblematisch, insofern es sich dabei streng genommen noch nicht um die Durchführung einer Politik (Implementation), sondern nur um die Übernahme einer rechtlichen Verpflichtung zu dieser Politik handelt. Gleichwohl sagt dies natürlich etwas über die umweltpolitische Handlungsbereitschaft aus.

Eine weitere Detailfrage stellt die *Überwachung des Seeverkehrs von Luft aus* dar. Überwacht wird dabei die Einhaltung der international (zum Beispiel im Rahmen des MARPOL-Abkommens) vereinbarten Bestimmungen zum Schutz der Meeresumwelt vor

Verschmutzung durch den Schiffsbetrieb. Durch Auswahl dieser Detailfrage sollte die Kontrolle als Teilaspekt der Implementation Berücksichtigung finden.[51] Schließlich wurde versucht, den Aspekt der *wissenschaftlichen Erkenntnisgewinnung* als Grundlage sinnvollen Handelns im Politikfeld Meeresumweltschutz zu berücksichtigen. Dabei erwies sich wiederum eine einheitliche und vergleichbare Datengrundlage als schwer beschaffbar, so daß die Angaben auch zu diesem Punkt eher impressionistisch ausfallen werden.

Damit sind die Bemerkungen zur Quellenlage und Methodik der Arbeit abgeschlossen, und es kann abschließend die Gliederung der Arbeit skizziert werden.

1.4.2. Aufbau der Arbeit

Nach dieser Einleitung wird im Teil 2 der Arbeit das Problemfeld Schutz der Meeresumwelt der Nordsee behandelt und in Teil 3 das des Schutzes der Meeresumwelt der Ostsee. Beide Teile sind soweit möglich nach einem einheitlichen Schema gegliedert, was die vergleichende Auswertung in Teil 4 erleichtern soll. Schlußfolgerungen für die drei politikwissenschaftlichen Forschungszusammenhänge, zu denen die Arbeit einen Beitrag zu erbringen versucht, werden in Teil 5 gezogen.

Die beiden Hauptteile 2 und 3 geben jeweils zunächst eine kurze Darstellung der Problemlage in Nord- bzw. Ostsee. Dem folgt jeweils die Identifizierung des entsprechenden Regimes, gegliedert nach den von Krasner übernommenen Elementen Prinzipien, Normen, Regeln und Prozeduren, die Erklärung der Entstehung des Regimes unter Heranziehung der oben aufgeführten Faktorenbündel,[52] sowie einige Bemerkungen über die (Aus-)Wirkungen des Regimes. In Teil 2 folgt dem aus gegebenem Anlaß zunächst ein Exkurs über die supranationale Meeresschutzpolitik der EG, seinerseits gefolgt von den beiden ersten Länderfallstudien über die Bundesrepublik und Großbritannien.

Die Länderfallstudien sind in sich wieder nach folgendem Schema gegliedert: einem einführenden Abschnitt mit Basisinformationen wirtschaftlicher, geographischer und ökologischer Natur folgt jeweils die Darstellung des politischen Kontextes und der natio-

---

51   An dieser Stelle ist eine terminologische Anmerkung angebracht. Im Politikfeld des marinen Umweltschutzes ist zwischen zwei Bedeutungen von "Überwachung" zu unterscheiden. Zum einen ist Überwachung - wie an dieser Stelle - im Sinne von (Regeleinhaltungs-)Kontrolle zu verstehen (englisch "surveillance"), die nach Möglichkeit der Identifikation von Regelverletzern dienen soll. Diesem Zweck dient etwa auch die Kontrolle der Öltagebücher der Schiffe. Davon zu unterscheiden ist die Überwachung des Zustands des Meeres (englisch als "monitoring" bezeichnet). Sie dient nicht der Identifizierung von Regelverletzern, sondern allenfalls (und eher langfristig) der Überprüfung der ökologischen Wirksamkeit der vereinbarten Maßnahmen.

52   Vgl. oben Abschnitt 1.3.

nalen Implementation. Ein kurzer Exkurs über die Meeresumweltschutzpolitik auf regionaler (Landes-)Ebene am Beispiel Schleswig-Holsteins ergänzt die Fallstudie über die Bundesrepublik.

Teil 3 ist analog zu Teil 2 gegliedert und umfaßt auch die dritte Länderfallstudie über Schweden, deren Aufbau dem der vorangegangenen Länderstudien entspricht. Ein weiterer Exkurs in Teil 3 faßt die verfügbare Information über die Meeresumweltschutzpolitik der (vormals) realsozialistischen Ostseeanrainerstaaten zusammen.

Teil 4 gliedert sich entsprechend den beiden in der Arbeit angelegten Vergleichsachsen in zwei Abschnitte. Der erste ist dem Vergleich der beiden Regime gewidmet, der zweite dem der nationalen Meeresumweltschutzpolitiken.

Teil 5 faßt wie erwähnt die Schlußfolgerungen fachlicher und inhaltlicher Art zusammen. Am Ende der Arbeit steht der Nachweis der Quellen und der verwendeten Literatur.

2. Schutz der Meeresumwelt der Nordsee

Das vorliegende zweite Kapitel skizziert zunächst die Problemlage im Bereich der Nordsee (2.1.). Sodann wird das internationale Regime zum Schutz der Nordsee identifiziert und analysiert (2.2.). Nach einem Exkurs über die supranationale Meeresschutzpolitik der EG (2.3.) werden schließlich zwei Fallstudien über die nationale Meeresschutzpolitik in der Bundesrepublik Deutschland (2.4.) und in Großbritannien (2.5.) präsentiert. Insgesamt soll dadurch ein mehrere politische Ebenen umfassendes Bild der Entscheidungs- und Umsetzungsmechanismen im Problemfeld Schutz der Meeresumwelt der Nordsee gezeichnet werden.

2.1. Die Problemlage im Bereich der Nordsee

Die Nordsee ist ein relativ flaches Randmeer des Atlantischen Ozeans. Sie wird begrenzt durch die Landmassen der britischen Hauptinsel, der Nordwestküste des europäischen Kontinents und die Südwestküste der skandinavischen Halbinsel. Anrainerstaaten der Nordsee mit Rechtsanspruch auf Teile ihres Gebietes sind daher die acht Staaten Großbritannien, Frankreich, Belgien, die Niederlande, die Bundesrepublik Deutschland, Dänemark, Schweden und Norwegen (Vgl. Abbildung 2-1). Zwischen ihren Küsten erstreckt sich die Nordsee über eine Gesamtfläche von 525.000 km^2 und umfaßt bei einer mittleren Tiefe von circa 80 m ein Wasservolumen von rund 43.000 km^3.

Diese Wassermasse steht mit dem Atlantik in Verbindung über den Ärmelkanal und die Straße von Dover im Südwesten und ist im Norden gegenüber ihm offen. Eine natürliche Grenze besteht hier nicht.[1] An der Südflanke des Skaggerak steht die Nordsee in Verbindung mit der Ostsee, von der sie Wassermassen mit geringerem Salzgehalt übernimmt. Schließlich wird der Wasserhaushalt der Nordsee noch durch den Austausch mit der Atmosphäre (Niederschläge und Verdunstung) sowie durch den Wassereintrag durch die Flüsse bestimmt. Vereinfacht läßt sich ein Flußdiagramm der Nordsee daher wie in Abbildung 2-2 wiedergegeben darstellen.

---

1   Die Anrainerstaaten haben sich im Rahmen der Nordseekonferenz auf die Festlegung geeinigt, die Westgrenze der Nordsee bei 5° westlicher Länge und die Nordgrenze bei 62° nördlicher Breite zu ziehen (vgl. Abbildung 2-3).

Abbildung 2-1: Die Nordsee - ihre Lage und die Grenzen der Gebietsansprüche (Festlandsockelgrenzen)

Quelle: Georg Westermann Verlag

Quelle: RSU 1980, 1.

Abbildung 2-2: Vereinfachtes Flußdiagramm der Nordsee

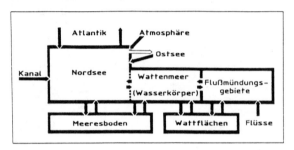

Quelle: Buchwald 1990, 24.

Obwohl die Flüsse nur etwa ein halbes Prozent zum Gesamtwassereintrag beisteuern, ist ihr Anteil an der Schadstofffracht erheblich und vor allem für die Ökologie der Flußmündungsgebiete (Ästuare) von großer Bedeutung. Diese stellen einen der drei Teilbereiche der Nordsee dar, die sich aus ökologisch-umweltpolitischer Sicht unterscheiden lassen.[2] Daneben sind der Küstenbereich und die Hohe See als Teilbereiche mit spezifischer Problemlage anzusehen. Wie aus Tabelle 2-1 ersichtlich wird, sind vor allem die Ästuare und der Küstenbereich durch Verschmutzung unmittelbar betroffen. Hieraus folgt jedoch nicht, daß die zentrale und nördliche Nordsee als völlig unbelastet gelten kann. Die Aussage des bundesdeutschen Rats von Sachverständigen für Umweltfragen (RSU) aus dem Jahr 1980, wonach sich diese Teile der Nordsee "noch in einem weitgehend natürlichen Zustand" befinden,[3] sollte daher nicht als Unbedenklichkeitsbescheinigung verstanden werden und bedarf im Lichte neuester Erkenntnisse möglicherweise der Revision.[4]

---

2   Eine Reihe anderer Einteilungen des Gesamtraums der Nordsee sind aus ökologischen Gesichtspunkten möglich und auch gebräuchlich. So wird etwa einerseits zwischen den Lebensbereichen des Pelagial (freier Wasserkörper) und des Benthal (Meeresboden) unterschieden, andererseits werden Lebensräume nach der Wassertiefe gegliedert. Für die Nordsee gilt, daß ihre Lebensräume nahezu gänzlich dem wiederum untergliederbaren Litoral angehören, das heißt zwischen Festland und Tiefsee (etwa 200 m Meerestiefe) liegen.

3   RSU 1980, 444.

4   So schreibt jüngst Buchwald (1990, 427), seinerzeit selbst Mitglied des RSU: "Auch die lange als nahezu unbelastet geltenden zentralen und nördlichen Regionen der Nordsee sind nachweislich vor allem mit Schwermetallen und Chlorkohlenwasserstoffen belastet."

Tabelle 2-1:   Belastungsfaktoren der Nordsee nach Emissions- und Immissionsbereichen

	Emissionen				Immissionen		
	I.	II.	III.	IV.	a	b	c
	Stoff-eintrag durch Flüsse	Ein-leitungen von der Küste aus	Ein-leitungen in die Hohe See	Stoff-eintrag aus der Atmosphäre	Astuarien	Küsten-bereich	Hohe See
1. leicht abbaubare Stoffe	(+)	+	(+)	−	+ +	+	(−)
2. Pflanzennährstoffe	+	+	(+)	+	+ +	+ +	(−)
3. Sink- und Schwebstoffe	+	+	+	−	+	+	−
4. bakterielle Verunreinigungen	+	+	(−)	−	(+)	(+)	−
5. Rohöl und Ölprodukte	+	+	+	−	+	+	+
6. Schwermetalle	+	+	(+)	+	+	+	+
7. schwer abbaubare Stoffe	+	(+)	?	+	+ +	+	+
8. radioaktive Verunreinigungen	(+)	(+)	−	+	?	?	−
9. Abwärme (s. Kap. 5.9)	+	+	(−)	−	(+)	(+)	−

Emissionen
+   i. a. vorhanden
−   i. a. z. Z. keine wesentlichen Emissionen nachweisbar
( )   mit Einschränkungen
?   keine Untersuchung bekannt

Immissionen
+ +   i. a. starke Auswirkungen
+   i. a. geringe Auswirkungen
−   i. a. keine Auswirkungen
( )   mit Einschränkungen
?   keine Untersuchung bekannt

Quelle: RSU 1980, 82.

Aus praktisch-umweltpolitischer wie auch aus analytisch-politikwissenschaftlicher Sicht ist nun interessant, welchen Anteil an dieser Belastung der Nordsee die verschiedenen Eintragswege zum einen und die Anrainerstaaten zum andern haben. Über den absoluten und relativen *Anteil der verschiedenen Eintragswege* für einige der wichtigsten Schadstoffe bzw. Schadstoffgruppen informieren die Daten in Tabelle 2-2, die für die 2. Internationale Nordseeschutzkonferenz (INK) von der wissenschaftlich-technischen Arbeitsgruppe (WTAG) zusammengestellt wurden und damit quasi offiziellen Charakter haben. Deutlich wird der hohe Anteil der Flüsse und der Atmosphäre, bei Metallen auch der Verklappung von Baggergut.

Für die in Tabelle 2-2 nicht erfaßten Erdölkohlenwasserstoffe müssen nach Angaben der WTAG ebenfalls die Flüsse und Abschwemmungen vom Festland (16-46.000 t/a) sowie die Atmosphäre (7-15.000 t/a) als Hauptquellen gelten, daneben die Offshore-Öl- und Gasförderung (29.000 t/a), der Küstenschlamm (3-15.000 t/a) und der Klärschlamm (1-

10.000 t/a).[5] Die legale Öl-Einleitung von Schiffen wurde auf 1-2.000 t/a veranschlagt, eine Schätzung der *illegal* auf diese Weise in die Nordsee gelangenden Ölmengen wurde nicht vorgenommen.

Betrachtet man nunmehr den *Anteil einzelner Anrainerstaaten* am Gesamteintrag, so kann anhand vorliegender Zahlen folgendes gesagt werden. Die größten Flußwassermengen geben in dieser Reihenfolge die Niederlande, Großbritannien und die Bundesrepublik in die Nordsee ab. Dem entspricht auch für die meisten Schadstoffgruppen die Reihenfolge der mit dem Flußwasser in die Nordsee verbrachten Mengen an Schadstoffen.[6] Französische Flüsse münden gar nicht in die Nordsee (sondern in den Atlantik bzw. das Mittelmeer), Norwegen, Schweden, Dänemark und Belgien geben in dieser Reihenfolge Flußwassermengen in die Nordsee ab, die zwischen circa 75 und 2 v.H. der Menge aus der Bundesrepublik ausmachen. Dementsprechend ist ihr Verschmutzungsanteil niedriger. Allerdings gilt es, auch wenn es hier nicht um Schuldzuweisungen, sondern um die Darlegung von Fakten geht, zu beachten, daß die Spitzenstellung der Niederlande beim Schadstoffeintrag über die Flüsse nicht allein hausgemacht ist; vielmehr steckt dahinter die geballte Verschmutzungskraft aller Rheinanlieger. Ähnliches gilt auch für andere grenzüberschreitende Flußläufe, etwa im Falle von DDR und Bundesrepublik für die Elbe.

---

5   2. INK 1987a, 18.

6   Angaben ebd., 15.

Tabelle 2-2A: Absoluter (t/a) Anteil verschiedener Quellen am Schadstoffeintrag in die Nordsee

Quelle	Stickstoff max.	min.	Phosphor max.	min.	Cd max.	min.	Hg max.	min.
Flüsse	1.000.000	—	76.000	—	52	46	21	20
Direkte Einleitungen	95.000	—	25.000	—	20	20	5	5
Atmosphäre	400.000³	—	unbek.	—	240	45	30	10
Verklappen								
Baggergut	unbek.	—	unbek.	—	20	—	17	—
Klärschlamm	11.700	10.000	2.800	2.200	3	—	0.6	—
Industrieabfälle³	unbek.	—	unbek.	—	0,3	—	0,2	—
Verbrennung auf See⁴	unbek.	—	unbek.	—	0.1	—	Tr⁶	—
INSGESAMT (gerundet)	1.500.000	—	100.000	—	335	135	75	50

Quelle	Cu max.	min.	Pb max.	min.	Zn max.	min.	Cr max.	min.	Ni max.	min.
Flüsse	1.330	1.290	980	920	7.370	7.360	630	590	270	240
Direkte Einleitungen	315	—	170	—	1.170	—	490	—	115	—
Atmosphäre	1.600	400	7.400	2.600	11.000	4.900	900	300	950	300
Verklappen										
Baggergut	1.000	—	2.000	—	8.000	—	2.500	—	700	—
Klärschlamm	100	—	100	—	220	—	40	—	15	—
Industrieabfälle	160	—	200	—	450	—	350	—	70	—
Verbrennung auf See	3	—	2	—	12	—	1,7	—	3	—
INSGESAMT (gerundet)	4.500	3.000	11.000	6.000	28.000	22.000	5.000	4.200	2.100	1.450

Quelle	As max.	min.	HCH max.	min.	Drine max.	min.	DDT max.	min.	PCB max.	min.
Flüsse	360	320	3	3	0,1	—	0,1	—	3	3
Direkte Einleitungen	220	—	0	—	unbek.	—	0	—	0	—
Atmosphäre	120	40	unbek.	—	unbek.	—	unbek.	—	unbek.	—
Verklappen										
Baggergut	200	--	unbek.	—	unbek.	—	unbek.	—	unbek.	—
Klärschlamm	Tr	—	unbek.	—	unbek.	—	unbek.	—	unbek.	—
Industrieabfälle	40	—	unbek.	—	unbek.	—	unbek.	—	unbek.	—
Verbrennung auf See	0,1	—	unbek.	—	unbek.	—	unbek.	—	unbek.	—
INSGESAMT (gerundet)	950	820	3	3	0,1	—	0,1	0	0	3

Wenn die Schätzung der Schadstoffbelastung als ein Bereich von Werten vorliegt, wurde sie in der Tabelle als Höchstwert (max.) und Mindestwert (min.) ausgedrückt. Wenn nur ein Belastungswert vorliegt, wurde er in die Höchstwertspalte eingesetzt, und in der Mindestwertspalte erscheint ein „-". Wenn keine Werte vorliegen, erscheinen „unbekannt" in der Höchstwertspalte und „-" in der Mindestwertspalte. Der Gesamtwert der Höchstwertspalte ist die Summe der Werte in dieser Spalte. Der Gesamtwert der Mindestwertspalte ist die Summe der Mindestwerte zuzüglich der Höchstwerte in den Fällen, wenn keine Mindestwerte bekannt sind. Es ist zu beachten, daß alle Eintragswerte mit der möglichen Ausnahme des Verklappens erheblichen Unsicherheitsfaktoren unterliegen, die variieren und schwer zu quantifizieren sind.
1. Die in dieser Tabelle benutzten Zahlen sind die gerundeten Gesamtzahlen aus den Tabellen 2B, 2D und 2E.
2. In diesen Gesamtzahlen sind nicht die Mengen enthalten, die aus dem Nordatlantik, dem Armelkanal und der Ostsee in die Nordsee gelangen.
3. Auf der vierten Sitzung der Arbeitsgruppe für Eintrag aus der Atmosphäre der Pariser Kommission vorgetragene Schätzung.
4. Betrifft verbranntes und aus dem Schornstein ausgetretenes Material, d.h. die höchstmögliche in die See gelangende Menge.
5. Flüssigkeiten und Feststoffe.
6. Tr - Trace - Spuren.
7. Die Daten stammen aus verschiedenen Jahren, hauptsächlich aber von 1983-1986.

Quelle: 2. INK 1987a, 9.

Tabelle 2-2B: Relativer Anteil (in v.H.) verschiedener Quellen am Schadstoffeintrag in die Nordsee

Quelle	Stickstoff max.	min.	Phosphor max.	min.	Cd max.	min.	Hg max.	min.
Flüsse	67	67	75	75	15	34	28	40
Direkte Einleitungen	6	6	23	23	6	15	8	
Atmosphäre	26	26	unbek.	—	72	34	40	20
Verklappen								
Baggergut	unbek.	—	unbek.	—	6	15	23	30
Klarschlamm	1	1	2	2	1	2	1	1
Industrieabfälle	unbek.	—	unbek.	—	0	0	0	0
Verbrennung auf See	unbek.	—	unbek.	—	0	0	0	0

Quelle	Cu max.	min.	Pb max.	min.	Zn max.	min.	Cr max.	min.	Ni max.	min.
Flüsse	30	40	10	15	26	34	14	14	13	17
Direkte Einleitungen	7	10	2	3	4	5	10	11	5	8
Atmosphäre	35	12	67	43	40	22	18	7	45	21
Verklappen										
Baggergut	22	30	18	34	28	36	50	59	33	48
Klarschlamm	2	3	1	2	1	1	1	1	1	1
Industrieabfälle	4	5	2	3	1	2	7	8	3	5
Verbrennung auf See	0	0	0	0	0	0	0	0	0	0

Quelle	As max.	min.	HCH max.	min.	Drine max.	min.	DDT max.	min.	PCB max.	min.
Flüsse	38	39	99	99	100	—	99,7	—	99,7	—
Direkte Einleitungen	23	27	1	1	unbek.	—	0,3	—	0,3	—
Atmosphäre	13	5	unbek.	—	unbek.	—	unbek.	—	unbek.	—
Verklappen										
Baggergut	21	25	unbek.	—	unbek.	—	unbek.	—	unbek.	—
Klarschlamm	0	0	unbek.	—	unbek.	—	unbek.	—	unbek.	—
Industrieabfälle	5	5	unbek.	—	unbek.	—	unbek.	—	unbek.	—
Verbrennung auf See	0	0	unbek.	—	unbek.	—	unbek.	—	unbek.	—

Quelle: 2. INK 1987a, 10.

Schließlich ergibt sich aus Tabelle 2-3 noch ein weiteres Bild über den Anteil der einzelnen Anrainerstaaten an der Gesamtbelastung der Nordsee durch Dumping und Verbrennung auf See. Wiederum wird der große Anteil der Bundesrepublik, Großbritanniens und der Niederlande deutlich, daneben aber auch die Bedeutung Belgiens. Einige Staaten nehmen eine Sonderrolle insofern ein, als sie bestimmte Eintragswege als einzige beschreiten (Großbritannien) bzw. nicht beschreiten (Norwegen, Schweden).

Tabelle 2-3: Abfallbeseitigung in der Nordsee nach Abfalltyp und Herkunftsland (in
1.000 t/a), Stand 1985

Flüssige Industrieabfälle

| Belgien | 617,749 | Niederlande | 1,514 |
| BRD | 1.270,520 | Großbritannien | 242,394 |

Feste Industrieabfälle

| Großbritannien | 1.658,0 |

Klärschlamm

Großbritannien 5.009 (gerundet)

Baggergut aus Häfen und vom Meeresboden

Belgien	28.256	Schweden	0
Dänemark	713	Niederlande	18.690
BRD	3.632	Norwegen	0
Frankreich	5.472	Großbritannien	8.444

Verbrennung auf See

Belgien	12,808	Norwegen	3,105
BRD	58,178	Schweden	0
Frankreich	10,024	Großbritannien	2,244
Niederlande	2,761		

Quelle: 2.INK (WTAG) 1987, 18.

Für die *Betroffenheit der Anrainerstaaten* durch die Verschmutzung der Nordsee sind
neben den Eintragsmengen auch die Bewegung der Wassermassen sowie ihre
Erneuerungsrate von Bedeutung. Was erstere anbelangt, so herrscht in der Nordsee
insgesamt eine Zirkulationsrichtung der Oberflächenströmung im Gegenuhrzeigersinn
vor (vgl. Abbildung 2-3). Dem entspricht weitgehend auch die Transportportrichtung für
im Wasser gelöste Schadstoffe. Abbildung 2-4 gibt hierzu für drei der großen in die
Nordsee mündenden Flüsse die Ergebnisse von Simulationsberechnungen des Instituts
für Meereskunde der Universität Hamburg wieder. Daraus werden erste Befunde
ersichtlich, die für die Bestimmung der individuellen umweltpolitischen Situation der
in dieser Arbeit ausgewählten Länder von Bedeutung sind. Großbritannien ist in der
"glücklichen Lage", daß im Wasser gelöste Schadstoffe im wesentlichen von seiner

Ostküste wegtransportiert werden. Sie breiten sich dabei in der südlichen Nordsee aus und erreichen sowohl die für die Fischerei wichtige Doggerbank als auch das Skagerrak, nicht jedoch die innere Deutsche Bucht. Diese "verdankt" ihren Status als höchst belastetes Gebiet der Nordsee vielmehr dem Eintrag aus den in sie mündenden Flüssen (Elbe und Weser), zum Teil auch den transportierten Einträgen aus Rhein und Maas. Die Einträge dieser vier Flüsse belasten dann weiter vor allem die Westküste Jütlands, und schließlich im Skagerrak die schwedische Westküste. Hier, im Skagerrak, werden neben der Deutschen Bucht die höchsten Schadstoffdichten erreicht.

Betrachtet man schließlich noch anhand von Abbildung 2-5 die mittlere Austauschzeit der Wasssermassen der Nordsee, so wird die besondere Betroffenheit der Bundesrepublik bekräftigt: die Verweildauer der Wassmassen in der inneren Deutschen Bucht beträgt bis zu drei Jahren. Aber auch das Skagerrak liegt mit einer Verweildauer von zwei bis zweieinhalb Jahren bei einem recht hohen Wert. Hinzu kommt, daß das Skagerrak möglicherweise aufgrund von Sedimentationsprozessen als Endlager für einen Gutteil der Schadstofffracht fungiert.

Versucht man diese Angaben im Sinne der Feststellung der individuellen umweltpolitischen Situation der acht Nordseeanrainerstaaten zusammenzufassen, so ergibt sich folgendes Bild:

Belgien:
Obwohl es die geringste Flußwassermenge in die Nordsee abgibt, ist es über die Verklappung von flüssigen Industrieabfällen, von Baggergut sowie durch Seeverbrennung an der Belastung der Nordsee maßgeblich beteiligt; andererseits ist es aufgrund der Strömungsverhältnisse auch von der von anderen verursachten Schadstofffracht mitbetroffen;

Bundesrepublik Deutschland:
ihre Lage ist insgesamt der Belgiens vergleichbar, allerdings ist ihr absoluter Beitrag zur Belastung der Nordsee höher, dafür aber auch der Grad ihrer Betroffenheit durch diese, vor allem aufgrund der sensiblen und hochverschmutzten Deutschen Bucht;

Dänemark:
sein Flußwasserbeitrag ist der zweitniedrigste, und auch die anderen aufgeführten Eintragswege werden von Dänemark nur in geringem Umfang beschritten; zwar werden die in der Nordsee
gelösten Schadstoffe auch längs seiner Westküste transportiert, die Sensibilität und die Austauschzeiten sind aber geringer als für die Deutsche Bucht;

Frankreich:
keine Flüsse münden in die Nordsee, jedoch ist Frankreich an Verbrennung und Verklappung beteiligt; daneben belastet es durch seine Wiederaufarbeitungsanlage in La Hague die Nordsee mit Radioaktivität; vom Schadstofftransport durch Strömung ist Frankreich kaum negativ betroffen;

Abbildung 2-3:   Oberflächenströmung der Nordsee

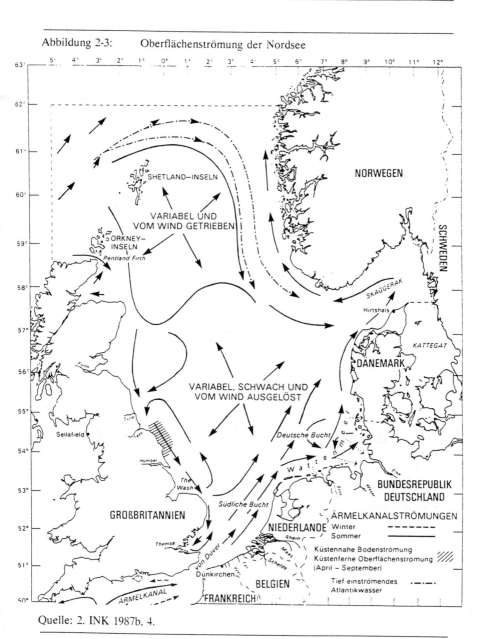

Quelle: 2. INK 1987b, 4.

Abbildung 2-4:   Schadstofftransport in der Nordsee aus Humber (a), Rhein/Maas
                      (b) und Elbe (c)

(a) Humber:

52 Tage nach Einleitung   *104 Tage nach Einleitung*   *155 Tage nach Einleitung*

(b) Rhein/Maas:

52 Tage nach Einleitung   *104 Tage nach Einleitung*   *155 Tage nach Einleitung*

(c) Elbe:

52 Tage nach Einleitung   *104 Tage nach Einleitung*   *155 Tage nach Einleitung*

Quelle: Buchwald 1990, 407, 408 und 409.

Großbritannien:
an nahezu allen Verschmutzungsarten hat Großbritannien einen erheblichen Anteil, für einige Belastungsarten zeichnet es allein verantwortlich; aufgrund der Strömungsverhältnisse profitiert Großbritannien von einer weiträumigen Ausbreitung der von ihm eingeleiteten Schadstoffe;

Niederlande:
der Beitrag der Niederlande zur Belastung der Nordsee ist vor allem bei der Verklappung von Baggergut erheblich; sein Anteil an der über Flußwasser eingetragenen Schadstoffmenge ist jedoch - aufgrund der Weiterleitung bereits im Rhein enthaltener Mengen - geringer, als die angeführten Zahlen zu belegen scheinen; vom Schadstofftransport aufgrund der Nordseeströmung sind die Niederlande mit am stärksten betroffen;

Abbildung 2-5:   Mittlere Austauschzeit der Wassermassen der Nordsee

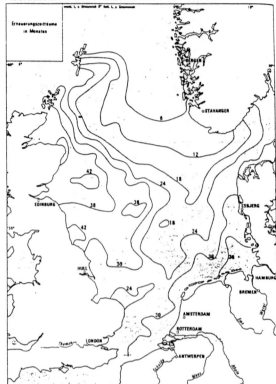

Quelle: Buchwald 1990, 38.

Norwegen:
sein Beitrag zur Nordseebelastung ist eher gering, obwohl Seeverbrennung in einem
gewissen Maße erfolgt und Norwegen als bedeutender Nordseeölproduzent auch an der
Verschmutzung durch Off-Shore-Erdöl einen Anteil hat; von den Strömungen der
Nordsee ist Norwegen nur noch wenig betroffen, obwohl Teile der Schadstofffracht über
die tiefe Norwegische Rinne die Nordsee verlassen; soweit das Skagerrak Endlagerfunk-
tion hat, ist Norwegen dadurch mitbetroffen;

Schweden:
als "peripherer Anrainer" ist Schweden weder an der Belastung der Nordsee wesentlich
beteiligt noch absolut stark von ihr betroffen.

Stellt man diese anhand "objektiver" Indikatoren vorgenommene Bestimmung der individuellen umweltpolitischen Situation der acht Nordseeanrainer in Form einer Vierfeldertafel mit den beiden Dimensionen "Beteiligung an" und "Betroffenheit von der Nordseeverschmutzung" dar, so ergibt sich der in Abbildung 2-6 wiedergegebene Befund. Er stimmt relativ gut mit dem Ergebnis überein, das Sunneva Saetevik bei vergleichbarer Fragestellung aufgrund von subjektiven Indikatoren gewonnen hat (Befragung nationaler Experten staatlicher und nichtstaatlicher Stellen).[7] Jedenfalls wird der in Abbildung 2-6 resümierte Befund, zusammen mit den kurz skizzierten natürlichen Gegebenheiten des Nordseeraums, als Informationsgrundlage für den weiteren Gang der Untersuchung dienen.

Abbildung 2-6:   Zweidimensionale Charakterisierung der individuellen umweltpoliti-
                schen Situation der Nordseestaaten aufgrund objektiver Indikatoren

Betroffenheit von Nordsee-Verschmutzung	Beteiligung an der Nordseeverschmutzung hoch .... niedrig	
niedrig	GB F	N, S
		DK
hoch	BRD,B,NL	

---

7   Dabei gilt es folgende Unterschiede zu berücksichtigen: "affectedness" bezieht sich in ihrer Umfrage auf die *generelle* Betroffenheit durch Umweltverschmutzung, nicht nur aufgrund von Meeresverschmutzung (Saetevik 1988, 52); sie betrachtet das *Netto*-Ergebnis der Schadstoff-Import-Export-Bilanz anstelle des hier herangezogenen Anteils an der Gesamtverschmutzung. Ihr zu Abbildung 2-6 analoges Schaubild (ebd., 53) sieht daher wie folgt aus:

		Ratio of exchange	
		Net exporter 50–50 Net importer	
General affectedness	Low	F	S. N DK
		UK	
	High	FRG	B
			NL

2.2. Das internationale Regime zum Schutz der Meeresumwelt der Nordsee

In diesem Abschnitt wird die erste Regimeanalyse im Rahmen der vorliegenden Arbeit vorgenommen. Nach einer kurzen Darstellung der Entwicklung des Problemfelds (2.2.1.) wird das internationale Regime zum Schutz der Meeresumwelt der Nordsee, kurz das Nordsee-Regime, identifiziert (2.2.2.) und anhand der in der Einleitung präsentierten Hypothesen seine Entstehung zu erklären versucht (2.2.3.). Den Abschluß bilden einige Bemerkungen zu den Wirkungen des Regimes (2.2.4.).

2.2.1. Entwicklung des Problemfelds

Während die Nutzung der Meere als Nahrungsquelle wie als Transportweg durch den Menschen bis in die Anfänge der Menschheitsgeschichte zurückreicht, ist der bewußte Schutz des Lebensraums Meer erst in diesem Jahrhundert zu einem Thema geworden. So fand auf Einladung der US-Regierung 1926 in Washington eine erste internationale Expertenkonferenz zu Fragen der Ölverschmutzung statt, kam jedoch über den Entwurf einer Konvention nicht hinaus. Die USA selbst verloren nach der erfolgreichen Durchsetzung ihres nationalen Oil Pollution Act von 1924 weitgehend ihr Interesse an einem internationalen Abkommen, amerikanische und britische Unterhändler verließen die Konferenz. Versuche der britischen Regierung, während der 1930er Jahre im Rahmen des Völkerbundes die Frage erneut zu behandeln, führten zwar 1935 erneut zu einem Vertragsentwurf, waren aber letztlich doch zu halbherzig, um zum Erfolg zu führen.[8] Das Gros der internationalen Vereinbarungen zu Fragen des Seerechts und der Meeresverschmutzung stammt daher aus der Zeit nach dem Zweiten Weltkrieg. Der Grund hierfür liegt zweifellos auch darin, daß erst mit dem Erreichen einer gewissen Stufe der technisch-industriellen Entwicklung sich die Folgen der menschlichen Wirtschaftsweise auf das marine Milieu über lokale Auswirkungen hinaus bemerkbar machten. Die Entwicklung des Massentransports, insbesondere von Erdöl über die Weltmeere im Zusammenhang mit der rapiden wirtschaftlichen Entwicklung vor allem der westlichen Industrieländer nach 1950[9] und die Entwicklung der Hochsee- und Fernfischereitechnologie, die eine Befischung der Bestände über ihre Regenerations-fähigkeit hinaus möglich gemacht hat, sind nur zwei Beispiele hierfür.

---

8   Vgl. hierzu Pritchard 1987, 15ff.

9   Zwischen den Weltkriegen lag die Tragfähigkeit von Tankern noch meist zwischen 16.000 und 18.000 t, eine Zahl, die sich während der fünfziger Jahre bereits verdoppelte und nach Schließung des Suezkanals in den 70er Jahren für die größten Tanker die 500.000 t-Marke überschritt (Angaben nach: Meyers Großes Taschenlexikon, Bd.21, Mannheim 1981). Nach Grolin (1985, 4) wuchs zwischen 1953 und 1978 die weltweite Handelsflotte auf mehr als das Doppelte (von 31.797 auf 69.020 Schiffe), ihre Tonnage auf mehr als das Vierfache (von 93,4 Mio. BRT auf 406 Mio. BRT), die Menge des transportierten Öls jedoch auf über das Sechsfache (von 295 Mio. t auf 1.871 Mio t).

Es ist deshalb nicht verwunderlich, daß die ersten internationalen Vereinbarungen, die Aussagen zum Thema Meeresumweltschutz enthalten, in Zusammenhang mit den beiden Hauptnutzungsarten der Meere: Schiffahrt und Fischfang stehen und dabei vor allem den Schutz der "lebenden Resourcen" sowie die Ölverschmutzung betreffen. Dies gilt zum Beispiel für das erste internationale Abkommen über Meeresverschmutzung überhaupt, das Internationale Übereinkommen zur Verhütung der Verschmutzung der See durch Öl von 1954 (kurz OILPOL genannt), dem alle Nordseeanrainerstaaten beigetreten waren, als es 1983 nach Inkrafttreten des MARPOL-Abkommenms durch dieses abgelöst wurde.[10] Der Aspekt des Schutzes der "lebenden Schätze" des Meeres wurde in den Genfer Seerechtsabkommen von 1958 betont. Explizit geschieht dies im "Genfer Übereinkommen über die Fischerei und die Erhaltung der lebenden Schätze der Hohen See", das bereits von der "Gefahr des Raubbaus" an diesen Schätzen spricht und in Art.1 die Pflicht eines jeden Staates anerkennt, "von sich aus oder im Zusammen-wirken mit anderen Staaten hinsichtlich seiner Staatsangehörigen die erforderlichen Maßnahmen zur Erhaltung der lebenden Schätze der Hohen See zu treffen."[11] Das ebenfalls aus dem Jahr 1958 stammende "Genfer Übereinkommen über die Hohe See" fordert in Art.24 von den Staaten Vorschriften, "um die Verschmutzung der See infolge des Ablassens von Öl aus Schiffen oder Rohrleitungen" zu verhindern und in Art.25 bereits "Maßnahmen, um die Verseuchung der See durch das Versenken radioaktiver Abfälle zu verhüten".[12] Schließlich spricht das "Genfer Übereinkommen über den Festlandsockel" in Art.5 davon, daß Erforschung und Ausbeutung dieses Sockels "den Fischfang und die Erhaltung des lebenden Reichtums des Meeres nicht unbillig behindern" dürfen.[13] Deutlich wird hierbei, wie in dieser ersten Phase der Schutz des Meeres noch recht eng an seine Nutzung geknüpft wird, ein Aspekt der zwar auch später nicht gänzlich verschwinden wird,[14] der aber durch eine stärkere Berücksichtigung des Gesamtzusammenhangs des Ökosystems Meer ergänzt wird (werden muß).[15]

---

10   Näheres zum MARPOL-Abkommen sogleich in diesem Abschnitt, vgl. auch Übersicht 2-1.

11   Zitiert nach Randelzhofer 1987.

12   Zitiert nach ebd.

13   Text ebd.

14   Noch verschwinden sollte: In der Mobilisierung von Nutzerinteressen gegen Verschmut-zerinteressen steckt immer auch ein Potential für das Vorantreiben von Meeresumwelt-schutzpolitik.

15   Auch Timagenis (1980, 4ff.) stellt eine thematische Ausweitung bei der internationalen Behandlung von Fragen der Meeresverschmutzung fest. Er unterscheidet zwei Phasen in der Zeit nach dem Zweiten Weltkrieg: In der Periode von 1954 bis 1971 "environmental concern was limited to oil pollution." In der Phase seit 1972, "(e)nvironmental con-ventions are not limited to oil or radioactive pollution only, but cover all the range of pollutants."

Als die eigentliche Hoch-Zeit der Begründung internationaler Kooperation im Bereich Meeresumweltschutz müssen jedoch die späten sechziger und frühen siebziger Jahre angesehen werden. In dieser Zeit wird auch der Schutz der Nordsee erstmals zum Problemfeld internationaler Politik. Große marine Umweltkatastrophen wie etwa die Havarie der "Torrey Canyon" im Jahre 1967 vor der Küste Cornwalls hatten das Bewußtsein für die Notwendigkeit von Maßnahmen in diesem Bereich geschärft.[16] Der Internationale Rat für die Erforschung der Meere (ICES) berichtete 1968 über die in die Nordsee eingebrachten Mengen an Abfall. Die ersten Bemühungen bezüglich des internationalen Schutzes der Meeresumwelt der Nordsee befassten sich denn auch mit der Zusammenarbeit bei der Bekämpfung von Ölverschmutzungen der Nordsee. Dies jedenfalls war der Titel des ersten, 1969 zwischen den Nordseeanrainern geschlossenen Abkommens zum Schutz dieses Meeres, des sog. *Bonner Abkommens*, das 1983 durch ein zweites (noch nicht in Kraft getretenes) Bonner Abkommen thematisch auf die Bekämpfung der Verschmutzung der Nordsee durch Öl *und andere Schadstoffe* ausgeweitet worden ist.

In den frühen siebziger Jahren folgten dann weitere Abkommen zum Schutz der Meere, sowohl auf globaler wie auf regionaler Ebene. 1971 alarmierte eine Meldung des Londoner "Observer" über die geplante Verklappung von Chemieabfällen aus mehreren westeuropäischen Häfen durch eine Privatfirma die norwegische Regierung. Der nordische Außenministerrat beschloß daraufhin, alle Anrainer des Nordostatlantiks zu einer Konferenz einzuladen. Noch während der Vorbereitungstreffen zu dieser Konferenz machte die Irrfahrt der mit Chemieabfällen beladenen "Stella Maris" Schlagzeilen und erhitzte die Gemüter in mehreren Staaten, die sich die Verklappung vor ihrer Haustüre verbaten.[17] Der Druck der Ereignisse erhöhte die Kompromißbereitschaft der Delegierten, und auf einer weiteren Konferenz in Den Haag im September 1971 wurden die Grundlagen für eine internationale Regelung des Dumping gelegt. Sie wurden dann 1972 von 13 Nordostatlantikstaaten, darunter alle Nordseestaaten, als *Osloer Abkommen* zur Verhütung der Meeresverschmutzung durch das Einbringen durch Schiffe und Luftfahrzeuge angenommen, dessen Geltungsgebiet somit die Nordsee umfaßt, jedoch noch weit darüber hinausreicht (Abbildung 2-7).[18] Noch im selben Jahr

---

16   Wie der Fall des am 24.3.1989 vor der Südküste Alaskas auf ein Riff aufgelaufenen Tankers "Exxon Valdez" zeigt, ist die Tankerproblematik auch nach Abschluß zahlreicher internationaler Abkommen mit, dem Anspruch nach, weltweiter Geltung noch immer von trauriger Aktualität.

17   Vgl. den Bericht über die Entstehung des Oslo-Abkommens von C. van der Burgt, in: OSPARCOM 1984, 1-4.

18   Fundstelle des Osloer Abkommens: BGBl. 1977 II, 169 sowie auch Edom/Rapsch/Veh 1986, 261ff.

wurde im wesentlichen zum gleichen Zweck ein weltweites Abkommen über das Einbringen von Abfällen und anderen Stoffen geschlossen, das Londoner Dumping-Abkommen (LDC). Der wesentliche inhaltliche Unterschied zum Osloer Abkommen besteht darin, daß die LDC auch das Einbringen radioaktiver Abfälle regelt. Alle Nordseestaaten sowie 56 weitere Staaten sind der LDC beigetreten.

Abbildung 2-7:   Geltungsbereich der Abkommen von Oslo (1972) und Paris (1974)

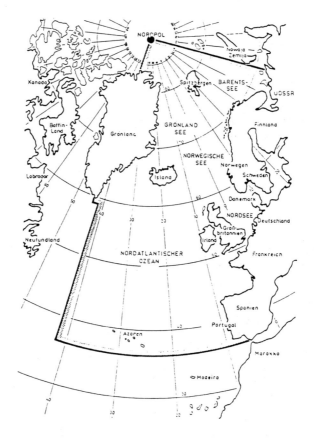

Quelle: Edom/Rapsch/Veh 1986, 41.

Der Abschluß beider Abkommen ist auch im Zusammenhang mit der vom 5. bis 16.6.1972 in Stockholm abgehaltenen Umweltkonferenz der Vereinten Nationen zu sehen. Die von ihr verabschiedete Prinzipienerklärung enthält als siebenten Grundsatz folgende Aufforderung:

> "Die Staaten sollten alle denkbaren Schritte unternehmen, um die Verschmutzung der Meere durch Stoffe zu verhindern, die Gefahren für die menschliche Gesundheit mit sich bringen, den lebenden Hilfsquellen und dem Meere Schaden zufügen, die Annehmlichkeiten des Lebens beeinträchtigen oder andere Formen einer rechtmäßigen Nutzung des Meeres stören können."[19]

Zweifellos kommt dieser Erklärung nur eine sehr schwache Bindungswirkung zu, kenntlich auch daran, daß nur davon die Rede ist, was die Staaten - man ist geneigt einzufügen: eigentlich -tun *sollten*. Immerhin war damit aber erstmals von einem weltweiten Forum der Schutz der Meeresumwelt als internationale Aufgabe thematisiert worden.[20]

Im darauffolgenden Jahr wurde als weiteres wichtiges weltweites Abkommen das sog. *MARPOL-Abkommen* zur Verhütung der Meeresverschmutzung durch Schiffe ausgehandelt. Abgeschlossen wurde es jedoch erst in der erweiterten Fassung eines Protokolls von 1978, weshalb das Abkommen auch häufig als MARPOL 73/78 abgekürzt wird. Es beschäftigt sich mit der durch den Betrieb von Schiffen bedingten Verschmutzung und enthält hierzu in fünf Anlagen detaillierte Vorschriften. Insgesamt 57 Staaten, darunter alle Nordseestaaten, haben das Abkommen mittlerweile unterzeichnet, das 1983 in Kraft getreten ist.

Schließlich wurde 1974 wiederum mit regionaler Geltung von den Nordostatlantikanrainern das *Pariser Abkommen* zur Verhütung der Verschmutzung vom Lande aus abgeschlossen, für dasselbe Gebiet wie das Osloer Abkommen.[21] Ihm traten auch

---

19   Zitiert nach Archiv der Gegenwart, 42, 1972, 17199 ff., hier: 17200; Fundstelle des englischen Originaltextes: ILM 11, 1972, 1416-18. Der der Erklärung beigefügte "Aktionsplan für die menschliche Umwelt" enthielt neun Empfehlungen bezüglich der Meeresverschmutzung (Empfehlungen 86-94, ebd. 1454-1457).

20   Zum Beitrag der Stockholmer Konferenz zum Meeresumweltschutz vgl. auch Böhme 1972; zum weiteren Beitrag der Vereinten Nationen zur Prinzipienbildung im Politikfeld Umweltschutz allgemein: Dicke 1985; schließlich zum konkreten Beitrag der Vereinten Nationen zum Meeresschutz über das vom UNEP getragene "Regional Seas Programme" Hohmann 1989a und Gebremedhin 1989.

21   Genaugenommen war bis Ende 1989 das Geltungsgebiet der beiden Abkommen nur seewärts identisch. Landwärts gilt das Pariser Abkommen (über das Geltungsgebiet des Osloer Abkommens hinaus) bis zur Süßwassergrenze, umfaßt also die Küstengewässer sowie die Flußmündungen bis zur Süßwassergrenze. Im Dezember 1989 wurde das Osloer Abkommen dahingehend ergänzt, daß es künftig ebenfalls für die internen Gewässer der beteiligten Staaten gilt (OSPARCOM 1990, 18). Offizielle Fundstelle für den Text des Pariser Abkommens ist das BGBl. 1981 II, 871; es ist auch abgedruckt in Edom/Rapsch/Veh 1986, 305ff.

dieselben Staaten bei (mit Ausnahme Finnlands, das nur Beobachter ist) sowie zusätzlich die EG. Auch dieses Abkommen umfaßt somit das Gebiet der Nordsee, und alle
Nordseeanrainer sind Vertragsparteien.

Nach Inkrafttreten der beiden regionalen Abkommen nahmen die Oslo-Kommission
(1974) und die Paris-Kommission (1978) ihre Arbeit auf (drei Vorbereitungstreffen bzw.
vier Zusammenkünfte der Interim-Kommission waren jeweils vorausgegangen). Die
Arbeit der Kommissionen machte zwar einige Fortschritte,[22] sowohl in der wissenschaftlichen Erfassung des Zustands des Nordostatlantiks wie in der Erarbeitung von Regeln
zum Schutz der Meeresumwelt in diesem Gebiet, die von technischen und wissenschaftlichen Arbeitsgruppen vorbereitet und von den jährlich einmal auf der Ebene
leitender Fachbeamter tagenden Kommissionen als Beschlüsse oder Empfehlungen
verabschiedet wurden. Insgesamt war die hierbei erreichte Geschwindigkeit jedoch
gering, was nicht zuletzt an den recht heterogenen natürlichen und gesellschaftlich-
wirtschaftlichen Gegebenheiten im Bereich der einzelnen Teilnehmerstaaten lag (die
relativ flache Nordsee mit ihren sensiblen ökologischen Teilsystemen macht, um ein
Beispiel zu geben, andere Entscheidungen erforderlich als die Tiefen des Atlantiks vor
der Küste Portugals). Diese geographische "Überreichweite" im Geltungsbereich von
Osloer und Pariser Abkommen (mit den angedeuteten Konsequenzen für ihre
Arbeitsweise) ist es denn auch, die ungeachtet der von beiden Kommissionen geleiste-
ten Vorarbeiten die Einrichtung der Internationalen Nordseeschutzkonferenz (INK) als
"Kameltreiber für die Kommissionen"[23] wie als politisches Beschlußorgan auf höchster
Ebene speziell für den Bereich der Nordsee sinnvoll erscheinen ließ. Mit deren
erstmaligem, auf Anregung der Bundesrepublik erfolgtem Zusammentreten im Jahre
1984 soll denn auch der Beginn des Nordsee-Regimes angenommen werden, das im
folgenden Abschnitt eingehender identifiziert wird. Da jedoch bei der Identifikation des
Nordsee-Regimes auf die erwähnten Abkommen zurückgegriffen werden muß, seien sie
abschließend nebst einem "Fahrplan" der Nordseeschutzkonferenzen in einer Übersicht
zusammengestellt (Übersicht 2-1).

---

22   Vgl. hierzu OSPARCOM 1984 und 1990 sowie Hayward 1990.

23   So die plastische Beschreibung, die in einem Interview im gemeinsamen Sekretariat der
      Kommissionen (OSPARCOM) in London von dem dortigen Gesprächspartner verwendet
      wurde.

Übersicht 2-1:   Wichtige internationale Abkommen zum Umweltschutz im Bereich
                   der Nordsee und Fahrplan der Nordseeschutzkonferenzen

Bonn-Abkommen:
Offizieller Titel: Übereinkommen zur Zusammenarbeit bei der Bekämpfung von
  Ölverschmutzungen der Nordsee
Annahme: 9.6.1969
In Kraft seit: 9.8.1969
Unterzeichner: B, DK, BRD, F, GB, N, NL, S und EG
Geltungsgebiet: Nordsee
Ergänzt: durch Bonner Abkommen vom 13.9.1983 (noch nicht in Kraft) erweitert auf
  Bekämpfung von Verschmutzung durch andere Schadstoffe

Oslo-Abkommen:
Offizieller Titel: Internationales Übereinkommen zur Verhütung der Meeresverschmut-
  zung durch das Einbringen durch Schiffe und Luftfahrzeuge
Annahme: 15.2.1972
In Kraft seit: 6.4.1974
Unterzeichner: B, DK, BRD, E, F, GB, IRL, IS, N, NL, P, S, SF
Geltungsgebiet: Nordostatlantik (vgl. Abbildung 2-7)
Ergänzt: durch Protokoll vom 2.3.1983 um die Regelungsmaterie Verbrennung von
  Abfällen und anderen Stoffen auf See
Organisation: Oslo-Kommission (OSCOM, jährliche Tagung); gemeinsames Sekretariat
  mit Paris-Kommission (OSPARCOM); gemeinsam mit Paris-Kommission: Group
  of Chairmen and Vice-Chairmen (CVC); Standing Advisory Committee for
  Scientific Advice (SACSA); permanente und ad-hoc-Arbeitsgruppen; gemeinsam
  mit Paris-Kommission: Joint Monitoring Programme (JMP)
Output: Entscheidungen und Empfehlungen (2/3-Mehrheit oder einstimmig), de facto
  wird Konsens angestrebt

Paris-Abkommen:
Offizieller Titel: Internationales Übereinkommen zur Verhütung der Meeresverschmut-
  zung vom Lande aus
Annahme: 4.6.1974
In Kraft seit: 6.5.1978
Unterzeichner: B, DK, BRD, E, F, GB, IRL, IS, N, NL, P, S sowie die EG
Geltungsgebiet: Nordostatlantik (vgl. Abbildung 2-7)
Ergänzt: durch Protokoll vom 26.3.1986 um die Regelungsmaterie atmosphärische
  Verschmutzung
Organisation: Paris-Kommission (PARCOM, jährliche Tagung); gemeinsames Sekretariat
  mit Oslo-Kommission (OSPARCOM); gemeinsam mit OSCOM: CVC, JMP;
  Technical Working Group (TWG); permanente und ad-hoc-Arbeitsgruppen
Output: Entscheidungen und Empfehlungen (2/3-Mehrheit oder einstimmig), de facto
  wird Konsens angestrebt; Programme und Maßnahmen (einstimmig, auch mit 3/4-
  Mehrheit, dabei aber nur für die zustimmenden Parteien bindend)

MARPOL-Abkommen:
Offizieller Titel: Internationales Übereinkommen zur Verhütung der Meeresverschmutzung durch Schiffe
Annahme: 2.11.1973, in der Fassung des Protokolls: 17.2.1978
In Kraft seit: 2.10.1983
Unterzeichner: 57 Staaten, darunter alle Nordseestaaten
Geltungsgebiet: weltweit
Ergänzt: in der Fassung des Protokolls von 1978 inkraftgetreten
Organisation: Marine Environment Protection Committee (MEPC) tritt ca. alle neun
   Monate als Entscheidungsgremium zusammen; Sekretariatsfunktion von IMO
   wahrgenommen
Anlagen: Fünf Anlagen enthalten spezielle Vorschriften zu
   I: Einleitung von Öl (i.Kr. 2.10.1983) - Ausweisung von Sondergebieten möglich
   (für Ostsee erfolgt)
   II: Transport schädlicher flüssiger Stoffe als Massengut (i.Kr. 6.4.1987) -
   Ausweisung von Sondergebieten möglich (für Ostsee erfolgt) - wird kontinuierlich revidiert
   III: Transport von Schadstoffen in verpackter Form (noch nicht i.Kr., Inkrafttreten
   wird für 1990 erwartet)
   IV: Entsorgung von Schiffsabwasser (noch nicht i.Kr.)
   V: Schiffsmüll, insbesondere Plastik und nichtabbaubares Material (i.Kr.
   31.12.1988) - Ausweisung von Sondergebieten möglich (für Ostsee erfolgt und für
   Nordsee beschlossen - voraussichtich ab Februar 1991)

Fahrplan der *Internationalen Nordseeschutzkonferenzen*

1. INK: Bremen, 31.10./1.11.1984
Teilnehmer: Acht Nordseestaaten und EG
Beobachter: übrige Vertragsparteien der Oslo- und Parisabkommen, übrige EG-
   Mitglieder, mehrere einschlägige internationale Organisationen
Ergebnis: Ministererklärung

2. INK: London, 24./25.11.1987
Teilnehmer: wie 1. INK
Beobachter: wie 1. INK
Ergebnis: Ministererklärung, Einsetzung der North Sea Task Force (NSTF) zur
   Erstellung eines Berichts über den Qualitätszustand der Nordsee (bis 1993)

3. INK: Den Haag, 7./8.3.1990
Teilnehmer: wie 1. INK
Beobachter: wie 1. INK, zusätzlich Tschechoslowakei, DDR; Internationale Rheinschutzkommission
Ergebnis: Ministererklärung

1993: geplant: wissenschaftliches Symposium und Treffen einer Arbeitsgruppe auf
   Ministerebene zur Diskussion des Berichts über den Qualitätszustand der Nordsee

4. INK: geplant in Kopenhagen, 1995

2.2.2. Identifizierung des Regimes

Es gehört zu den Besonderheiten des Nordsee-Regimes, wie es hier identifiziert wird, daß es sich als ein kompliziertes Geflecht aus völkerrechtlich verbindlichen Verpflichtungen, politischen Erklärungen[24] und von beiden geleiteten internationalen wie nationalen Aktivitäten darstellt. Zudem gilt ein Teil der Verpflichtungen über den Kreis der acht Nordseeanrainerstaaten als Teilnehmer am Nordsee-Regime hinaus auch für andere Staaten, und die politischen Erklärungen werden teilweise von Nicht-Mitgliedern des Regimes mitgetragen (so von der Schweiz). Dies alles macht die genaue Identifizierung des Regimes leicht kompliziert. Um sie dennoch übersichtlich zu gestalten, wird hier, wie in der Einleitung erwähnt,[25] die auf Krasner zurückgehende Unterscheidung von vier Elementen herangezogen. Sie geben die Gliederung für diesen Abschnitt vor und ermöglichen so im weiteren Verlauf der Arbeit auch den Vergleich zur analog gegliederten Darstellung des Ostsee-Regimes. Der darüber hinaus zur Identifizierung des Regimes notwendige Nachweis von Implementationsverhalten erfolgt exemplarisch im Rahmen der Fallstudien über einzelne Länder.[26]

2.2.2.1. Prinzipien

Prinzipien sind das erste, höchstrangige normative Element von Regimen, über das auf seiten der Akteure konvergierende Erwartungen bestehen.[27] Dabei ist das Konvergieren durchaus nicht nur als Zustand, sondern als Prozeß zu verstehen, was sich gerade am *zentralen Prinzip des Nordsee-Regimes* sehr deutlich zeigen läßt. Es ist das *Vorsorgeprinzip* (auf Englisch, der hauptsächlichen Arbeitssprache im Rahmen des Nordsee-Regimes,[28] als "precautionary principle" wiedergegeben).

Nach Ansicht eines deutschen beobachtenden Teilnehmers wurde dieses Prinzip bereits in der Ministererklärung der 1. INK "ausdrücklich anerkannt".[29] Tatsächlich findet sich nur in der Präambel der Erklärung der Satz:

---

24   Diese Erklärungen sind als solche nicht rechtsverbindlich, vgl. van der Mensbrugghe 1990.

25   Vgl. Abschnitt 1.2.

26   Vgl. für das Nordsee-Regime Abschnitt 2.4.3., 2.5.3. und 3.3.3., analog für die Implementation des Ostsee-Regimes Abschnitt 3.3.3. und 3.4., sowie für beide Regime vergleichend Abschnitt 4.2.2.

27   Vgl. Krasner 1983, 2: "Regimes can be defined as implicit or explicit principles, norms, rules, and decision-making procedures *around which actors' expectations converge* in a given area of international relations." (meine Hervorhebung, ML)

28   Im Rahmen der OSPARCOM sind Englisch und Französisch gleichberechtigt, die Ministererklärungen der INKen werden auf Englisch, Französisch und Deutsch veröffentlicht.

29   Ehlers 1985, 103.

"Sie (Die Minister der Nordseestaaten) sind sich einig, zur Reinhaltung der Nordsee frühzeitige Vorsorgemaßnahmen zu treffen ..."[30] Der Gehalt des Vorsorgeprinzips, der sowohl auf internationaler wie auf nationaler Ebene durchaus noch nicht endgültig bestimmt scheint,[31] begann sich für das Nordsee-Regime bereits abzuzeichnen mit der im eigentlichen Text der Erklärung enthaltenen Feststellung der Minister, sie handelten

"(i)m Bewußtsein, daß Schäden in der Meeresumwelt nicht rückgängig gemacht oder nur mit beträchtlichen Mitteln sowie in großen Zeiträumen behoben werden können und daß die Anrainerstaaten und die EWG daher *nicht warten sollen, bis schädliche Wirkungen für die Meeresumwelt nachgewiesen werden, bevor sie handeln*".[32]

Dieses Bekenntnis zu einem Verzicht auf definitiven wissenschaftlichen Nachweis einer schädigenden Wirkung als Voraussetzung für das Ergreifen von Maßnahmen ist ein wesentlicher Aspekt des Vorsorgeprinzips im Rahmen des Nordsee-Regimes. Es ist in mehrfacher Hinsicht von Bedeutung:

Zum einen ist der Begriff "Meeresverschmutzung" (marine pollution) im internationalen Zusammenhang abweichend vom alltäglichen Sprachgebrauch *so definiert,* daß er eine schädigende Wirkung voraussetzt. So lautet die von der Intergovernmental Oceanographic Commission gegebene und von der Group of Experts on the Scientific Aspects of Marine Pollution (GESAMP), des gleichsam weltweit "obersten Wissenschaftlergremiums" für Meeresverschmutzungsfragen der Vereinten Nationen,[33] übernommene Definition:

"Meeresverschmutzung ist die direkte oder indirekte Einleitung durch Menschen von Substanzen oder Energie in den marinen Bereich (einschließlich Ästuarien), *die einen schädlichen Effekt* auf die lebenden Organismen *haben* oder für die menschliche Gesundheit gefährlich sind oder die marine Nutzung einschließlich der Fischerei behindern oder die Qualität des Meerwassers einschränken oder die Erholungsmöglichkeiten verringern."[34]

---

30 1. INK 1984, 3 (englisch: "to take timely *preventive* measures", meine Herv., ML).

31 Vgl. dazu Gündling 1990 und Zimmermann 1990.

32 1. INK 1984, 12, Absatz A 7. An dieser Stelle wird zugleich deutlich, wie aus bestimmten faktischen Auffassungen normative Vorgaben abgeleitet werden, die sich zu Prinzipien verdichten. Krasner (1983, 2) hatte dies in seiner Definition dadurch zu fassen versucht, daß er Prinzipien definierte als "beliefs of fact, causation, and rectitude".

33 GESAMP besteht aus dreizehn Wissenschaftlern und Vertretern von IMO, FAO, UNESCO und WMO. Für eine sozialwissenschaftliche Analyse der Arbeit von GESAMP vgl. McLaren 1989; kritisch zur Meeresverschmutzungsdefinition von GESAMP, zur von diesem Gremium verwendeten Sprache sowie zur "Expertokratie" in Sachen Meeresverschmutzung allgemein: Gourlay 1988, 1ff.

34 Zitiert nach RSU 1980, 59, meine Herv., ML.

Danach heißt also Bekämpfung der Verschmutzung nicht notwendigerweise Unterbindung jeglicher Einleitung, solange die eingeleiteten Mengen nicht nachweisbar zu Schäden führen (und somit als "Kontamination", nicht aber als Verschmutzung gelten). Zum zweiten ist der Verzicht auf definitiven wissenschaftlichen Nachweis einer Schädigung bedeutsam, da dieser Nachweis häufig nur schwer (oder in langwierigen Untersuchungen) zu führen ist, insbesondere wenn die marine Ökotoxikologie sich dabei nicht auf Versuche unter Laborbedingungen allein verläßt, sondern Studien über die (zuweilen interaktiven) Wirkungen von Schadstoffen vor Ort anstrebt. Dies führt nämlich, dritter wichtiger Punkt, dazu, daß das Insistieren auf weiteren, "definitiven" wissenschaftlichen Nachweisen zu einer naheliegenden Strategie zur Verzögerung unliebsamer Beschlüsse wird.

Neben dem Aspekt des Verzichts auf solche "definitiven Nachweise" enthält die Ministererklärung noch *zwei weitere Hinweise auf* das, was man als *Gehalt des Vorsorgeprinzips* im Rahmen des Nordsee-Regimes bezeichnen könnte. In Absatz B 7 erklären die Minister "ihre feste Entschlossenheit, den Anfall von Abfällen bei Produktion und Verbrauch *soweit wie möglich zu vermeiden* oder wenigstens zu verringern".[35] Auch wenn der Nachsatz die Skepsis der Minister selbst bezüglich der Erreichbarkeit präventiver Abfallvermeidung zum Ausdruck bringt, liegt in diesem Gedanken ein Aspekt des Vorsorgeprinzips, den man mit dem Slogan formulieren könnte: Vorbeugen ist besser als Entsorgen. Zugleich wird damit (an)erkannt, daß Meeresumweltschutz weit über marine Fragen hinaus- und in die Produktions- und Konsumtionsmuster hochindustrialisierter Gesellschaften eingreifen muß. Dies kommt schließlich auch in den allerdings leicht kryptischen Bemerkungen zur Erforschung und Entwicklung umweltfreundlicher Technologien und Produkte zum Ausdruck, die in Absatz I der Erklärung enthalten sind.[36]

Die Ministererklärung der 2. INK brachte in Sachen Vorsorgeprinzip zwei Neuerungen. In Absatz VII "akzeptieren" die Minister,

> "daß für den Schutz der Nordsee vor möglichen schädlichen Auswirkungen der gefährlichsten Stoffe *eine vorbeugende Vorgehensweise* notwendig ist, die Maßnahmen *zur Kontrolle* des Eintrags derartiger Stoffe erfordern *könnte, bereits bevor ein eindeutiger wissenschaftlicher Beweis für einen Kausalzusammenhang erbracht worden ist*".[37]

Was hieran neben der Bestätigung des Aspekts "Verzicht auf definitive wissenschaftliche Nachweise" auffällt, ist dreierlei. Erstens wird wieder nicht direkt vom Vorsorgeprinzip

---

35   1. INK 1984, 17, Herv. von mir, ML.

36   Ebd., 29; Näheres dazu vgl. unten Abschnitt 2.2.2.2.

37   2. INK 1987c, 55, Herv. von mir, ML.

gesprochen, sondern von einer "vorbeugenden Vorgehensweise" (englisch: "a precautionary approach"). Diese wird hier bezogen auf die "gefährlichsten" Stoffe, ein Superlativ, der sich allerdings nicht auf eine eindeutig definierte Gruppe von Stoffen bezieht.[38] Deren Eintrag soll, zweitens, "kontrolliert" werden (für die gefährlichen Stoffe der "schwarzen Listen" gilt ansonsten ein Verbot der Einleitung, das heißt ihr Eintrag soll "eliminiert" werden). Schließlich "könnte" (muß aber nicht?) die "vorbeugende Vorgehensweise" Maßnahmen erforderlich machen. Diese Passage läßt deutlich das - mangels Einsicht in die internen Dokumente nicht nachvollziehbare - Ringen um Kompromisse noch erkennen, ein Phänomen das sich bei der Textanalyse der Ministererklärungen des öfteren einstellt.

Die zweite Neuerung in Sachen Vorsorgeprinzip findet sich in Absatz XVI 1 der Erklärung. Im Zusammenhang mit der Reduzierung der Schadstoffeinleitung durch Flüsse wird hier "das Prizip der Vorsorgemaßnahmen" erwähnt.[39] Damit kommt die Formulierung im Wortlaut dem "Vorsorgeprinzip" bereits sehr nahe. Auch wird an dieser Stelle nochmals - wie bereits in Absatz C 8 der Ministererklärung der 1. INK - die Anwendung des Standes der Technik ("best available technology", BAT), also der besten verfügbaren Technologie "oder anderer geeigneter Maßnahmen" zur Verminderung der Emissionen vereinbart. Diese Anforderung - BAT - ist eine weitere Ausprägung des Vorsorgeprinzips im Rahmen des Nordsee-Regimes. Sie wird allerdings nicht nur durch den Nachsatz ("oder anderer ..."), sondern generell für alle Ministererklärungen dadurch eingeschränkt, daß "die Begriffe 'beste verfügbare technische Mittel' oder 'beste verfügbare Technologie' die wirtschaftliche Verfügbarkeit dieser Mittel einschließen.[40] Hierdurch wird einer im Zweifelsfall eher "laschen" Interpretation der Anforderung Tür und Tor geöffnet.

Obwohl also auch in der Ministererklärung der 2. INK noch keine absolute Eindeutigkeit bezüglich des Gehalts des Vorsorgeprinzips zum Ausdruck kommt, hat die Paris-Kommission (PARCOM) unter Bezug auf die angeführten Passagen 1989 in ihren Empfehlungen 89/1 "On the Principle of Precautionary Action" sowie 89/2 "On the Best Available Technology" die Anwendung dieses Prinzips bzw. der daraus abgeleiteten technischen Anforderung für das gesamte Konventionsgebiet des Pariser Abkommens

---

38 Der Begriff der "most dangerous substances" taucht im Zusammenhang mit der Erarbeitung einer nationalen "roten" Liste von gefährlichen Stoffen in Großbritannien auf (Vennekens-Capkova 1990, 154); vgl. zu dieser roten Liste auch unten Abschnitt 2.5.3.1.

39 2. INK 1987c, 58 (englisch: "the principle of precautionary action").

40 So die Definition im Anhang zur Ministererklärung der 1. INK (1984, 33; Herv. von mir, ML) und inhaltlich identisch Fußnoten zum Text der Ministererklärung der 2. INK (1987c, 56) und der 3. INK (1990c, 4).

übernommen.[41] Die Emission schwer abbaubarer, giftiger und zu Bioakkumulation neigender Stoffe (wie die ausführliche Bezeichnung der "Schadstoffe" lautet) soll unter Anwendung von BAT oder anderer geeigneter Maßnahmen reduziert werden. Die Empfehlung 89/2 gibt nicht nur eine allgemeine Definition des Begriffs "BAT" - welche konkreten Anforderungen darunter jeweils zu verstehen sind, wird von Arbeitsgruppen im Rahmen der PARCOM für einzelne Industriebranchen ermittelt -, sondern erweitert das Ziel der unter Einsatz von BAT getroffenen Programme und Maßnahmen auch darauf, "to *prevent* pollution in the Convention waters" (im Gegensatz zu vorherigen Bestimmungen, die nur von einer Verminderung des Anstiegs der Verschmutzung sprachen). Allerdings wird auch hier "economic feasibility" zu einem Kriterium von "availability" gemacht.[42]

Erst in der Ministererklärung der 3. INK fällt schließlich ausdrücklich der Begriff "Vorsorgeprinzip", und zwar nicht nur an prominenter Stelle in der Präambel der Erklärung, sondern auch im Rahmen der Feststellung, die Teilnehmerstaaten

"will *continue* to apply the precautionary principle, that is to take action to avoid potentially damaging impacts of substances that are persistent, toxic and liable to bioaccumulate even where there is no scientific evidence to prove a causal link between emissions and effects".[43]

Der Eindruck eines sich langsam herausbildenden Prinzips, bezüglich dessen die Erwartungen der Akteure konvergieren, wird hierdurch verstärkt, ja der Gebrauch des Verbs "continue" erweckt die Vorstellung, daß das Vorsorgeprinzip schon länger zum gemeinsam akzeptierten Konsens gehört. Zumindest für den Aspekt des Verzichts auf definitive wissenschaftliche Nachweise scheint das zuzutreffen. Andererseits bleibt diese jüngste Formulierung auch insofern früheren Deutungen des Prinzips treu, als nur von der Vermeidung von Schäden, nicht der Beseitigung des Eintrags bestimmter Stoffe die Rede ist (in Übereinstimmung mit dem oben zur Definition des Begriffs "Meeresverschmutzung" Gesagten).

Zusammenfassend kann man also feststellen, daß sich ein normativer Konsens über das Vorsorgeprinzip im Kreis der Teilnehmer des Nordsee-Regimes herausgebildet hat, der folgende Aspekte umfaßt:

---

41   PARCOM Recommendation 89/1 und 89/2 v. 22.6.1989, abgedruckt in OSPARCOM 1990, 28f.

42   Ebd., 29. Es ist nochmals zu betonen, daß das Kriterium der "wirtschaftlichen Machbarkeit" nicht absolut betrachtet unvernünftig ist, wohl aber umweltpolitisch bedenklich werden kann aufgrund des Interpretationsspielraums, den es eröffnet.

43   3. INK 1990c, 4, meine Herv., ML.

- Verzicht auf endgültigen wissenschaftlichen Nachweis eines Kausalzusammenhangs zwischen Emission und schädigender Wirkung von gefährlichen Stoffen als Voraussetzung für das Aktivwerden;

- Anwendung der besten verfügbaren Technologie zur Reduzierung der Emission solcher Stoffe an der Quelle (ohne daß BAT dadurch synonym zu "Vorsorge" würde);

- nach Möglichkeit Vermeidung des Anfalls von Abfällen bei Produktion und Verbrauch; sowie hierzu

- Förderung der Entwicklung von "low waste"-Technologien.

Dabei ist das Ausmaß, in dem ein Konsens über die Aspekte tatsächlich besteht, unterschiedlich, was sich auch in der unterschiedlichen Dichte von Normen und Regeln zu den einzelnen Aspekten niederschlägt. Allerdings ist auch einzuräumen, daß die Schwierigkeit, durch internationale Regelsetzung Fortschritte zu erreichen, in dem Maße wächst, wie die Aspekte des Vorsorgeprinzips gesamtgesellschaftliche Produktions- und Konsummuster statt maritime Aktivität im engeren Sinne (etwa Schiffahrt) betreffen.

Eine gegenüber dem Vorsorgeprinzip wesentlich weniger prominente, inhaltlich akzessorische Stellung nimmt eine weitere generelle Vorgabe ein, die - mit etwas interpretatorischem guten Willen - aus der Ministererklärung der 1. INK als *zweites Prinzip* entnommen werden kann. Es ist angedeutet in Absatz B 8 dieser Erklärung, in dem die Minister "ihre feste Entschlossenheit" erklären,

"sicherzustellen, daß ... Maßnahmen zum Schutz der Nordsee so angewandt werden, daß die Einbringung von für die Meeresumwelt potentiell schädlichen Abfällen und Klärschlämmen auch in anderen Meeresgebieten vermieden wird".[44]

Mit anderen Worten: Der Schutz der Nordsee soll nicht zu Lasten anderer Meeresgebiete erfolgen.[45] Dieses *Prinzip der Nicht-Verlagerung* ergänzt das Vorsorgeprinzip insofern, als es den einfachen Ausweg der Problemverschiebung - zumindest innerhalb desselben Umweltmediums: Meerwasser - versperrt.[46] Nicht gewährleistet wird durch dieses Prinzip allerdings, daß statt der "Entsorgung" zur See eine solche an Land erfolgt, welche unter Umständen nicht nur ihrerseits dort schädlich wirkt, sondern - etwa vermittelt über atmosphärischen Transport - eben doch wieder das Meer betrifft (Müllverbrennung an Land statt zu See ist ein Beispiel). Wiederum ist einzuräumen, daß nur das umfassend realisierte Vorsorgeprinzip im Sinne der Vermeidung von Abfällen hier tatsächlich einen Ausweg böte, daß für unvermeidbare Abfälle aber tatsächlich die

---

44   1. INK 1984, 17.

45   Rechtsverbindlich ist dieses Prinzip zum Beispiel auch in Art.7 des Paris-Abkommens formuliert.

46   Ergänzend zu der zitierten Verpflichtung enthält Absatz F 2 dieser Erklärung (ebd., 26) für die Abfallbeseitigung auf See die Aussage: Abfälle, die nicht auf See beseitigt werden dürfen, "werden statt dessen nicht direkt von Land aus oder über Flüsse beziehungsweise Flußmündungen in die Nordsee eingeleitet." Dadurch wird gleichsam auch die interne Problemverlagerung ausgeschlossen.

Notwendigkeit besteht, eine möglichst wenig umweltbelastende Möglichkeit für ihre Beseitigung (also, mit dem englischen terminus technicus, die "Best Practicable Environmental Option", BPEO) zu finden.

Zusammenfassend kann man somit sagen: Das Prinzip der Nicht-Verlagerung ist in den grundlegenden Zielformulierungen und Rechtsdokumenten des Nordsee-Regimes enthalten. Es ergänzt das Vorsorgeprinzip inhaltlich, ohne selbst Anlaß zur Setzung weiterer spezifischer Normen und Regeln zu sein. Diesen konkreteren Verhaltensvorschriften des Nordsee-Regimes gelten die folgenden beiden Abschnitte.

2.2.2.2. Normen

Der hier zur Anwendung kommende Normen-Begriff bedarf kurz der Erläuterung. Da es sich bei der vorliegenden Arbeit nicht um eine rechts-, sondern eine politikwissenschaftliche Arbeit handelt, sind Fragen der Rechtsverbindlichkeit von Verhaltensvorschriften nicht originärer Gegenstand der Untersuchung. Es wurde bereits darauf hingewiesen,[47] daß dem Nordsee-Regime sowohl völkerrechtlich verbindliche wie "nur" politisch bindende Willenserklärungen zugrunde liegen. Das Regime als ganzes, wie es hier identifiziert wird, ist schon deshalb weiter gefaßt als das, was juristisch zuweilen als "legal regime" angesprochen wird.[48] Die Tatsache, daß einer Verhaltensvorschift keine Rechtsverbindlichkeit zukommt, hindert hier also nicht, sie in den Normenbestand des Nordsee-Regimes aufzunehmen.[49]

Schwieriger umzugehen ist mit der Tatsache, daß die zentralen politischen Willenserklärungen des Nordsee-Regimes, die Ministererklärungen der Nordseeschutzkonferenzen, zum Teil nicht als Sollenssätze formuliert sind, sondern als indikativische Feststellungen oder im Stil politischer Programmsätze. Es ist dann nicht immer klar zu entscheiden, ob, und wenn ja: welche politische Bindungswirkung von den Akteuren einer Aussage zugedacht war. Auch in diesem Punkt wird hier großzügig verfahren und weitgehend unterstellt, daß Programmsätze auch tatsächlich ein (politisches) Programm zum

---

47   Oben Einleitung zu Abschnitt 2.2.2.

48   Im übrigen ist der sozialwissenschaftliche Regimebegriff auch generell weiter gefaßt, da er sich auf eine (internationale) soziale Institution bezieht, nicht nur auf einen bestimmten Normenbestand, vgl. dazu die Erläuterungen zur Begriffsbestimmung in der Einleitung, Abschnitt 1.2.

49   Für eine Reihe der in diesem Abschnitt anhand der politischen Erklärungen im Rahmen der Nordseeschutzkonferenzen identifizierten, für die Nordsee bzw. ihre Anrainerstaaten gültigen Normen bestehen parallel auch völkerrechtlich verbindliche Normen in Form der für umfassendere Meeresgebiete (Nordostatlantik oder gar alle Weltmeere) gültigen Abkommen von Oslo und Paris sowie des MARPOL-Abkommens. Auf diese völkerrechtlichen Normen wird im folgenden nicht einzeln hingewiesen.

Ausdruck bringen, an das die Akteure sich gebunden fühlen. In diesem, im Zweifelsfall eher schwachen Sinne, werden sie als Normen des Regimes identifiziert.

Nimmt man die Texte der Ministererklärungen im Rahmen des Nordsee-Regimes zusammen, so kann man insgesamt 15 Teilgebiete ausmachen, zu denen bisher Aussagen getroffen wurden. Dabei wurden in unterschiedlichem Ausmaß Verpflichtungen formuliert und im Rahmen des Regimes in konkrete Regeln umgesetzt. Es erscheint nicht sinnvoll, an dieser Stelle die zu allen 15 Punkten getroffenen Aussagen (oder gar die formulierten Regeln) aufzulisten, was für die Normen weitgehend auf eine Paraphrase der Ministererklärungen hinausliefe, für die Regeln gar den Rahmen der Arbeit völlig sprengen würde. Vielmehr soll neben der in Übersicht 2-2 gegebenen Liste der Teilgebiete hier nur beispielhaft die Ausprägung und Entwicklung des Nordsee-Regimes auch auf der Normen- (und im nächsten Abschnitt der Regel-)Ebene dargestellt werden.[50]

Übersicht 2-2:   Im Rahmen des Nordsee-Regimes behandelte Teilgebiete

1. Einleitung von Schad- und Nährstoffen (direkt und über Flüsse)
2. atmospärische Verschmutzung
3. Abfallbeseitigung auf See (Verklappung - Dumping - und Verbrennung)
4. Verschmutzung durch Schiffe
5. Überwachung von Luft aus
6. Verschmutzung durch Offshore-Einrichtungen (Bohrinseln etc.)
7. Verbesserung der wissenschaftlichen Erkenntnisgrundlage (einschließlich Monitoring)
8. radioaktive Einträge
9. Förderung umweltfreundlicher Produkte und Technologien
10. Schutz des Wattenmeeres
11. Ausdehnung der Jurisdiktion der Küstenstaaten (3. INK)
12. Bergung gesunkener Schiffe (3. INK)
13. Arten- und Lebensraumschutz (3. INK)
14. Fischbestände und -fang (3. INK)
15. Wechselseitige Information und Konsultation (3. INK)

Quelle: Zusammengestellt anhand der Texte der Ministererklärungen der 1., 2. und 3. INK.

Bezüglich der *Einleitung von Schad- und Nährstoffen* enthielt die Ministererklärung der 1. INK im wesentlichen Verweise auf die im Rahmen existierender Institutionen (EG, PARCOM) vorgesehenen Aktivitäten. Dies galt auch für die alte Streitfrage "EQO(En-

---

[50]   Die Punkte 1,3,4,5 und 7 der Liste werden in den nachfolgenden Länderfallstudien zur Überprüfung der jeweiligen nationalen Implementation herangezogen.

vironmental Quality Objectivs)-Ansatz versus einheitliche Emissionsstandards", deren Entscheidung im Lichte der Arbeit der PARCOM auf die 2. INK vertagt wurde. Diese beschloß dann in Punkt XV, daß Emissionen "normalerweise" an der Quelle begrenzt werden sollen, "und die Qualitätsziele gemäß den jüngsten wissenschaftlich erwiesenen Daten festgelegt werden",[51] was dem inzwischen international in dieser Sache "klassischen" Kompromiß (in diesem Fall zwischen Großbritannien und den übrigen Regimeteilnehmern) des "Parallelansatzes" entspricht.[52] Weitere wichtige Beschlüsse der 2. und 3. INK in Sachen Schad- und Nährstoffeinleitung sollen ob der durch sie getroffenen (relativ) konkreten Festlegungen im folgenden Abschnitt über Regeln behandelt werden.

Auch in Sachen *atmosphärische Verschmutzung* verwies die 1. INK für das Vorgehen im Detail auf die EG und die PARCOM, worin ihr die 2. INK folgte, die allgemein vereinbarte, "auf nationaler und internationaler Ebene angemessene Maßnahmen zu ergreifen", um - unter anderem -

> "Schadstoffemissionen von Schlüsselindustrien und anderen Sektoren durch entsprechende Maßnahmen zu reduzieren, einschließlich der Anwendung strenger, auf den Stand der Technik gestützter Emissionsstandards, und dies soweit durchführbar innerhalb von 4 Jahren."[53]

Die zitierte Passage macht deutlich, wie bei den politischen Willenserklärungen im Rahmen des Regimes zu Fragen, die über den engeren Bereich der marinen Verschmutzung hinausgehen, sich schnell vage Formulierungen ("Maßnahmen zu ergreifen ... um durch Maßnahmen ..."; "soweit durchführbar innerhalb von 4 Jahren") mit halbkonkreten Anforderungen (Stand der Technik, aber: wer legt diesen fest?) mischen. Gleichwohl lag damit auch für den Bereich der atmosphärischen Verschmutzung eine *generelle Reduktionsnorm* vor.

Ein allmählicher Übergang von einer *Kontrollnorm* zum mittelfristigen Verbot (durch Fristen festlegende Regeln) läßt sich für das *Einbringen und Verbrennung auf See* feststellen. Gibson und Churchill sprechen bezüglich der Festlegungen der 1. INK davon, daß "(t)his statement appears to be too wooly and imprecise to represent any kind of real undertaking with which states might be expected to comply".[54] Die Londoner Erklärung (2. INK) enthält demgegenüber konkretere Festlegungen - "at first sight", wie Gibson und Churchill einschränken -, die im folgenden Abschnitt behandelt werden sollen.

---

51   2. INK 1987c, 56.

52   Dieser Kompromiß wurde bereits zuvor im Rahmen der EG gefunden (vgl. unten Abschnitt 2.3.) sowie im Rahmen des Ostsee-Regimes (vgl. unten Abschnitt 3.2.2.3.).

53   2. INK 1987c, 59, Punkt 18 d).

54   Gibson/Churchill 1990, 58.

Zur *Verschmutzung durch Schiffe* bzw. deren Verhinderung enthält die Bremer Erklärung (1. INK) die Norm, daß geeignete Auffanganlagen im Sinne des MARPOL-Abkommens bereitgestellt werden sollen. Im Rahmen dieses Abkommens sowie der IMO wollen sich die Nordseestaaten für weitere Verbesserungen im Detail einsetzen, darunter seit der 2. INK explizit auch für die Erklärung der Nordsee zum Sondergebiet gemäß Anlage V des MARPOL-Abkommens, womit sie auf der 28. Sitzung des MEPC am 17.10.1989 auch Erfolg hatten,[55] wenngleich dieser Erfolg ein bescheidener ist angesichts der Tatsache, daß Anlage V mit der Beseitigung von "Hausmüll" von Schiffen zwar eine Belastung der Meeresumwelt der Nordsee betrifft, aber zweifellos nicht die wichtigste.

Die ganze Problematik der Regelung der Verschmutzung durch Schiffe in der Nordsee wird dadurch erschwert, daß die Nordseestaaten eine Regelungskompetenz nur für Schiffe besitzen, welche unter ihrer Flagge fahren. Fahrzeuge anderer Staaten fallen, solange sie sich in internationalen Gewässern aufhalten, nicht unter die Jurisdiktion der Küstenstaaten. Diese können zwar, wie im Rahmen der "Vereinbarung über die Hafenstaatkontrolle" (nach dem englischen Titel "Memorandum of Understanding on Port State Control" kurz MOU genannt[56]) von 1982 erfolgt, untereinander Kontrollmaß-nahmen zur Einhaltung der MARPOL-Vorschriften vereinbaren, die auch auf Schiffe anderer Flaggenstaaten Anwendung finden, solange sie im Hafen eines MOU-Staates liegen.[57] Auch können sich die Nordseestaaten im Rahmen der IMO für die Über-nahme von Pflichten gemäß MARPOL durch die übrigen Unterzeichner dieses Abkommens einsetzen. Eine Zwangsbefugnis gegenüber fremden Schiffen besteht jedoch außerhalb der nationalen Gewässer nicht. In diesem Zusammenhang ist auch der jüngst auf der 3. INK eingebrachte Vorschlag zur *Ausdehnung der Jurisdiktion der Küstenstaaten* zu sehen. In Punkt 36 formuliert die Haager Erklärung auf Anregung der niederländi-schen Seite die Absicht der Nordseestaaten, "to co-ordinate action" mit dem Ziel, eine solche Ausdehnung zu erreichen, möglicherweise durch die Errichtung einer ausschließ-lichen Wirtschaftszone (Exclusive Economic Zone, EEZ, wie sie seit der Seerechtskon-vention der Vereinten Nationen von 1982 auch Eingang ins Völkervertragsrecht gefunden hat).[58]

---

55   Vgl. IMO News Nr.1, 1990, 12: "North Sea to be made Annex V 'special area'".

56   Der Text des MOU findet sich im BGBl. 1982 II, 586ff. Zu den Unterzeichnern des MOU gehören neben den acht Nordseestaaten Finnland, Griechenland, Irland, Portugal und Spa-nien. Zur Funktionsweise des MOU als "enforcement regime" vgl. Kasoulides 1990.

57   Sebek (1990, 161) urteilt, "that the single most effective enforcement vehicle to MARPOL was to be found not in the provisions of the Convention itself, but in the Paris Memorandum of Understanding, and its inspection procedures".

58   Vgl. hierzu Jenisch 1990.

In die Kategorie der Kontrollmaßnahmen gehört auch die *Überwachung von Luft aus.*
Für sie kann man von einer *Kooperationsnorm* sprechen, da alle drei Ministererklärungen
zur weiteren Förderung der Zusammenarbeit im Rahmen des Bonner Übereinkommens
von 1969 auffordern. Die Bremer Erklärung formuliert in Punkt 9 des Anhangs hierzu
die vier Ziele: regelmäßige Beobachtung des Meeres auf Ölverschmutzung; Erkennung
des Umfangs der Verschmutzung bei Unfällen; Koordination der zur Bekämpfung eingesetzten Fahrzeuge sowie Identifizierung der Verursacher.[59]

Die *Verschmutzung durch Offshore-Einrichtungen* ist eine in sich komplexe Detailproble-
matik, die in der vorliegenden Arbeit aus Gründen der Praktikabilität nicht näher
behandelt wird. Es mag genügen festzustellen, daß bereits die 1. INK einige allgemeine
Anforderungen an den Betrieb solcher Einrichtungen formuliert hat und detaillierte
Regelungen vor allem in Rahmen der PARCOM erarbeitet werden sollen. Die Haager
Erklärung sieht die Aufstellung von nationalen Aktionsplänen zur Verminderung
bestimmter Verschmutzungsarten im Zusammenhang mit der Ölgewinnung bis 1991
vor.[60]

Dieselben pragmatischen Gründe erzwingen auch Kürze bei der Ausführung über die
Normen bezüglich der *radioaktiven Einträge.* Die Ministererklärungen sind in diesem
Punkt auch eher knapp gehalten. Vereinbart wird, "die sachdienlichen Empfehlungen der
zuständigen internationalen Organisationen zu respektieren".[61] Bemerkenswert (um nicht
zu sagen: bezeichnend) ist hierbei, daß der recht eindeutigen Feststellung der Haager
Erklärung, die Teilnehmer stimmten darin überein

> "that, in accordance with the recommendations of the competent Interntional
> Organizations the North Sea is not suitable for the dumping of radioactive waste
> nor for disposal of such waste into the seabed",[62]

eine Fußnote des Inhalts beigefügt werden mußte, daß Großbritannien nicht der
Meinung sei, "international authorities" hätten diese Entsorgungsmethode für ungeeignet
erklärt, und daher der zitierten Passage nicht zustimmen könne, obwohl es "no *present*
intention of any such disposals" habe.[63] Wieder einmal wird der Konflikt über die
erforderliche Einschränkung von Handlungsmöglichkeiten im Gewande des Streits über
wissenschaftliche Nachweise geführt.

---

59   1. INK 1984, 41, Anhang Punkt 9.

60   3. INK 1990c, 10, Punkt 28.1.

61   2. INK 1987c, 62, Punkt 39.

62   3. INK 1990c, 11, Punkt 32.

63   Ebd., meine Herv., ML.

Die *Verbesserung der wissenschaftlichen Erkenntnisgrundlage* ist nicht zuletzt aus diesem Grunde von Anfang an von den Nordseestaaten als bedeutsam erkannt worden und die Kooperation zu diesem Zweck ist als Norm formuliert.[64] Die Forschung der Nordseestaaten wird im Rahmen des gemeinsamen Monitoringprogramms der OSPARCOM sowie seit der Londoner INK durch eine spezielle North Sea Task Force koordiniert. Hierüber wird im Rahmen der Ausführungen über die Prozeduren noch Näheres zu sagen sein.[65]

Erweitert man die Perspektive von der marinen Forschung auf Fragen der *Forschung und Entwicklung im Bereich umweltfreundlicher Produkte und Produktionsverfahren*, so wird deren nationale und internationale Förderung zwar mehrfach postuliert.[66] Da die Umsetzung dieser Postulate aber kaum durch Beschlüsse der Nordseekonferenzen allein möglich ist, erfolgte hierzu keine weitere Spezifizierung. Gleichwohl wird man in den angeführten Passagen zumindest ein normatives Bekenntnis zum Programm einer Abfallvermeidungsstrategie sehen können, wie es dem Vorsorgeprinzip entspricht.

Als nicht nur sprachlich bedenklich muß allerdings in diesem Zusammenhang der kryptische Absatz I 2 der Bremer Erklärung gelten:
"Dabei können auch Untersuchungen zum Nachweis der Unschädlichkeit oder von Nutzungsmöglichkeiten bestimmter, inerter Reststoffe (z.B. aus dem Kohlebergbau) oder von Klärschlämmen, die nicht mit Stoffen belastet sind, die für die Meeresumwelt schädlich sind oder schädlich sein könnten, sowie über deren nicht besorgniserregende Auswirkungen in bestimmtem Umfang durchgeführt werden."[67]
Diese "Legalisierung defensiver Forschung" dürfte wohl wieder auf jenen Staat zurückgehen, der als einziger noch "bestimmte inerte Reststoffe" etc. in die Nordsee einbringt - Großbritannien.

Schließlich sind noch fünf weitere Detailgebiete zu nennen, auf denen aber bisher gemeinsames Vorgehen eher angeregt denn bereits unternommen worden ist. Seit der 2. INK wird die "gemeinsame Verantwortung" der Nordseestaaten für den *Schutz des Wattenmeers* betont und der jeweils beigefügte Bericht der Wattenmeerstaaten über die von ihnen vorgesehenen Maßnahmen begrüßt. Darüber hinaus werden, einer im

---

64   Etwa in der Bremer Erklärung (1. INK 1984, 30f.) in Punkt J.

65   Vgl. unten Abschnitt 2.2.2.4.

66   1. INK 1984, 29, Punkt 11 und 13; 2. INK 1987c, 58, Punkt 3(f) allgemein und ebd., 59, Punkt 18 c) speziell für die atmosphärischen Einträge; schließlich die in der Präambel der Haager Erklärung von den Nordseestaaten genannten "premises as a basis for their future work", darunter "to further development and use of non- and low-waste processes and environmentally non-hazardous products" (3. INK 1990c, 4).

67   1. INK 1984, 29.

Statement der Wattenmeerstaaten enthaltenen Forderung an die (übrigen) Nordseestaaten folgend, in der Haager Erklärung Maßnahmen *zum Schutz von Arten und Lebensräumen* im Rahmen hierüber bestehender internationaler Abkommen als "common action" genannt.[68] Hier wird die Grenze wohl selbst eines großzügigen Verständnisses vom "Normativen" zum Postulat hin erreicht, wenn nicht gar überschritten. Ebenfalls als Aufforderung zu künftiger Beachtung ist die Erwähnung der Auswirkungen von *Fischfang* (und -wirtschaft) auf die Ökologie der Nordsee und umgekehrt die Auswirkung der Verschmutzung auf diese in der Haager Erklärung zu verstehen, sowie die Aufforderung, *umweltgefährdende Wracks zu bergen.*[69] Schließlich ist die in der Haager Erklärung enthaltene Verpflichtung zur Konsultation bei der Errichtung potentiell die Meeresumwelt der Nordsee beeinträchtigender Anlagen zu erwähnen, die in Punkt 41 so formuliert wird, daß die Teilnehmer

"agree to inform and, where necessary, to consult with any state likely to be significantly affected by the construction of an installation with a significant adverse impact on the North Sea environment, where an Environmental Impact Assessment is required by either national or international law."[70]

Trotz der zahlreichen, zum Teil doppelten Qualifikationen ("where necessary"; "*significantly* affected", "*significant* adverse impact") ist diese Bestimmung interessant, weil sie das Tor zur weiteren "Internationalisierung" umweltrelevanter nationaler Entscheidungen einen Spalt weit öffnet, auch wenn sie deutlich weniger weit geht, als die in dieser Hinsicht noch immer mustergültige Nordische Umweltschutz-Konvention, die 1974 zwischen Dänemark, Finnland, Norwegen und Schweden geschlossen wurde.[71]

Versucht man abschließend, diesen Befund über den Normenbestand des Nordsee-Regimes zusammenzufassen, so läßt sich folgendes sagen:
Über den Bestand an völkerrechtlich verbindlichen Normen hinaus, der in den Abkommen zum Schutz der Meeresumwelt im Nordostatlantik (mit impliziter Gültigkeit für die Nordsee) enthalten ist, und zum Teil in enger Verzahnung mit diesem Normenbestand hat sich speziell zum Schutz der Meeresumwelt der Nordsee ein Bestand von politisch verbindlichen Normen herausgebildet.

---

68   3. INK 1990, 35, Punkte 10 und 11 der Anlage 4 (Joint Statement of the Wadden Sea States to the Third North Sea Conference) sowie ebd., 14, Punkt 39. Gemäß Punkt 39.2 soll dabei auch untersucht werden, ob an Ölverschmutzung gestorbenen und an Land gespülten See- und Küstenvögeln noch die - sit venia verbo, doch der Sarkasmus ist hier in der Tat kaum zu unterdrücken - posthume Ehre zuteil wird "as indicators for the effectiveness of the actions in this Declaration under the headings 'Pollution from Ships' and 'Pollution from offshore installations'" zu dienen.

69   3. INK 1990c, 13f., Punkte 40 und 37/38.

70   3. INK 1990c, 15.

71   Diese gewährt den einzelnen Bürgern der beteiligten Staaten ein individuelles Nachbarschaftsklagerecht über die Grenzen hinweg, vgl. Art.3 der Konvention.

Dabei kann man folgende Gruppen von Normen ausmachen:

1. *Reduktionsnormen*, welche die Pflicht zur Verminderung von Schadstoffeinträgen statuieren, bestehen vor allem für von Land ausgehende und atmosphärische Verschmutzung.

2. *Kontrollnormen*, welche (ebenfalls zum Zweck der Verringerung der Belastung der Nordsee) bestimmte Tätigkeiten internationaler Kontrolle unterwerfen, bestehen für das Verklappen und die Verbrennung von Abfällen auf See, den Betrieb von Schiffen und Offshore-Einrichtungen sowie für den Umgang mit radioaktiven Stoffen.

3. *Kooperationsnormen*, welche die Staaten zu Zusammenarbeit verpflichten, bestehen für die Überwachung (surveillance) von Luft aus sowie für die wissenschaftliche Erkenntnisgewinnung, insbesondere zum Zweck der Überwachung (Monitoring) der Meeresumwelt der Nordsee.

Diese Normen verpflichten meist nicht unmittelbar zu einem bestimmten Umsetzungshandeln, wohl aber zur gemeinsamen Erarbeitung von spezifischen Regeln, die ihrerseits solches Umsetzungshandeln vorschreiben. Der auf normative Fortentwicklung angelegte Prozeßcharakter des Regimes kommt hierin zum Ausdruck: In einem Zwei-Schritt-Verfahren wird gleichsam durch die Normen der der internationalen Beratung und Beschlußfassung zugängliche Bereich abgesteckt sowie eine Verpflichtung zur Verregelung übernommen. Im Rahmen der Normen und unter Anwendung der Prozeduren des Regimes können dann konkrete Regeln gesetzt werden.[72] Ihnen gilt der folgende Abschnitt.

2.2.2.3. Regeln

Die Regeln des Nordsee-Regimes, seine konkretesten handlungsanleitenden Vorschriften, können hier wiederum nur exemplarisch vorgestellt werden. Dabei soll zugleich auch gezeigt werden, daß Regeln, die im Rahmen des Nordsee-Regimes gültig sind, unterschiedlichen Ursprungs sein können und daher auch an diversen Stellen nach ihnen zu suchen ist.

Ein erstes Beispiel betrifft die Frage der direkten oder indirekten - über Flüsse erfolgenden - *Einleitung von Schad- und Nährstoffen.* Hier ist es die Londoner Ministererklärung selbst, die für Schadstoffe die - relativ - konkrete Vereinbarung enthält,

---

72   Nicht alle einschlägigen Normen werden im Rahmen der Prozeduren des Nordsee-Regimes gesetzt. So wird hinsichtlich der Einleitung radioaktiver Stoffe etwa auf die im Rahmen der IAEA erfolgende Regelsetzung verwiesen, was nicht nur arbeitstechnisch sinnvoll ist, sondern auch die Vernetzung internationaler Regime verdeutlicht.

"Maßnahmen zu ergreifen, um die Gesamtmenge solcher in die Meeresumwelt der Nordsee gelangenden Stoffe dringend und drastisch zu reduzieren, mit dem Ziel den Gesamteintrag aus diesen Quellen zwischen 1985 und 1995 erheblich zu verringern (in der Größenordnung von 50%)",[73]

bzw. für die Nährstoffe das Ziel formuliert,

"zwischen 1985 und 1995 in diesen Gebieten (wo Einleitungen zu Verschmutzung führen, ML) eine erhebliche Verringerung (in der Größenordnung von 50%) der Einleitungen von Phosphor und Stickstoff zu erreichen".[74]

Wiederum wird deutlich, daß auch durch die konkretesten Vorgaben keine "einklagbaren" Verpflichtungen eingegangen werden: Sollte das gesetzte Ziel nicht erreicht werden, wird niemand die Nordseestaaten juristisch belangen können.[75] Auch liegt die - zutreffende - Kritik nahe, daß der Reduktionsbeschluß "in der Größenordnung von 50%" nicht nur in der Formulierung vage ist, sondern sich auch auf eine im einzelnen gar nicht bekannte Ausgangsgröße bezieht. Dies trifft zwar zu, doch wie die Ausführungen zur Implementation in den in dieser Arbeit näher untersuchten Staaten zeigen werden,[76] ist durch diesen Beschluß zumindest ein Prozeß eingeleitet worden, die Ausgangsgröße, wo sie bisher nicht bekannt war, festzustellen, das heißt konkret: nationale Meßprogramme einzurichten oder zu verbessern. Man kann beklagen, daß erst ein INK-Beschluß die Staaten zur Erhebung dieser Daten veranlaßt hat. Andererseits zeigt sich hierin nicht nur die Effektivität der Regeln des Nordsee-Regimes. Ein bezüglich der angestrebten Reduktion noch konkreter formulierter Beschluß wäre auf mangelnder Datengrundlage kaum mehr als Augenwischerei gewesen. Ob eine Bewehrung der Zielvorgabe mit juristischem Zwang - unterstellt, sie hätte das Zustandekommen des Beschlusses nicht von Anfang an verhindert - die Erreichung des Ziels tatsächlich gefördert hätte, erscheint zumindest zweifelhaft. Doch wird auf diese Fragen der Wirksamkeit des Regimes noch zurückzukommen sein.[77]

Ein zweites Beispiel für konkrete Vorgaben im Text der Ministererklärungen betrifft das *Einbringen (Dumping) und die Verbrennung auf See.* Wiederum war es die 2. INK, die hierzu Enddaten benannt hat. Allerdings folgt der allgemeinen Vereinbarung, "die Einbringung von Schadstoffen in die Nordsee *zum frühest möglichen Zeitpunkt* einzustellen",[78] eine in sich komplizierte Passage, die nicht nur *zwei* unterschiedliche

---

73   2. INK 1987c, 58, Punkt XVI 2.

74   Ebd., 59, Punkt XVI 11.

75   Auch die Staaten untereinander hätten, mangels völkerrechtlicher Verbindlichkeit der Beschlüsse, keine juristische Handhabe gegen Parteien, welche das Ziel verfehlen.

76   Vgl. Abschnitte 2.4.3.1., 2.5.3.1. und 3.3.3.1.

77   Vgl. unten Abschnitt 2.2.4.

78   2. INK 1987c, 60, Punkt XVI 21 (a), Herv. von mir, ML.

Enddaten benennt,[79] sondern auch mit unterschiedlichen Auflagen versehene Ausnahme-
möglichkeiten zuläßt, so daß insgesamt, wie Gibson und Churchill ihre scharfsinnige
Analyse dieser Bestimmungen resümieren, "there is some difficulty in knowing precisely
what obligations concerning dumping North Sea states should implement."[80] Sie
benennen auch gleich den Grund für diese Unklarheit der Formulierung: Die erwähnten
Passagen sind wieder ein Kompromiß zwischen den (vor allem skandinavischen) Staaten,
die ein Ende des Dumping anstrebten, und Großbritannien, das davon (noch) nicht
lassen wollte. Die 3. INK brachte in dieser Frage zwar terminliche Klarheit, allerdings
zum Preis sehr langer Ausnahmefristen für Großbritannien: Alle Nordseestaaten haben
das Dumping eingestellt, Großbritannien wird jedoch erlaubt, bis "at the very latest at
the end of 1998" Klärschlämme zu verklappen. Bezüglich des Dumping von Industriemüll
hat Großbritannien "given a firm undertaking to end (it) as soon as possible and no later
than by the end of 1992, with an extension into 1993 only if absolutely necessary ...".[81]
Für das Einbringen von Baggergut werden die im Rahmen der OSCOM erstellten
Regeln ("guidelines") bis 1991 im Lichte neuester wissenschaftlicher Erkenntnisse
überarbeitet.

Was die Seeverbrennung anbelangt, so wurde das Enddatum gegenüber dem auf der 2.
INK vereinbarten (31.12.1994) auf der 3. INK auf den 31.12.1991 vorverlegt. Da ab
diesem Zeitpunkt ein *Verbot* für eine bestimmte die Meeresumwelt belastende Tätigkeit
besteht, könnte man statt von einer die Kontrollnorm konkretisierenden Regel auch von
der ersten eindeutigen Verbotsnorm des Nordsee-Regimes sprechen.

Für die Verbrennung konnte somit eine klare Vorgabe erreicht werden, während dies
im Falle des Dumping nur um den Preis des Hinausschiebens des Enddatums möglich
war. Ob derartige "ad-Kalendas-Graecas-Beschlüsse" sinnvoll sind, mag bezweifelt
werden. Umso wichtiger ist die Existenz - und Einhaltung - der Regeln darüber, *wie* das
Dumping erfolgen darf. Die OSCOM dient dabei im Rahmen der von ihr hierfür
gesetzten Richtlinien als "internationale Behörde", gegenüber der die Unschädlichkeit

---

79   Punkt XVI 21 (b) (ebd., meine Herv., ML) legt fest, daß "ab *1. Januar 1989* kein Material
      mehr in die Nordsee eingebracht werden sollte", Punkt XVI 22 spricht dagegen davon,
      "die Einbringung von Industrieabfällen in die Nordsee bis zum *31. Dezember 1989*
      schrittweise einzustellen".

80   Gibson/Churchill 1990, 60; die Analyse der Dumping-Bestimmungen findet sich ebd.,
      58ff.

81   3. INK 1990c, 8, Punkte 15 und 18.

und Unvermeidbarkeit des Dumping nachzuweisen ist.[82] Auch über die Einhaltung dieser Regeln ist mit Großbritannien jüngst gestritten worden.[83]

Die erwähnten Richtlinien der OSCOM über das Dumping sowie vergleichbare Entscheidungen und Empfehlungen der PARCOM stellen eine zweite Art der Setzung von Regeln für das Nordsee-Regime dar, binden sie doch immer *auch* die Nordseestaaten (neben den übrigen Unterzeichnern der Abkommen von Oslo und Paris). Inhaltlich erstrecken sie sich auf eine Vielzahl technischer Fragen, die in den Rahmen der vertraglich festgelegten Kompetenz der beiden Kommissionen fallen. Beispielsweise hat die PARCOM in ihrer Entscheidung 85/2 vom 31.12.1985 "Programme und Maßnahmen" zur Reduzierung des Eintrags von Cadmium beschlossen und hierzu Grenzwerte und Qualitätsziele sowie Zieldaten, bis zu welchen diese zu erfüllen sind, festgelegt.[84] Bereits erwähnt wurde auch die Festlegung der Interpretation des "Stands der Technik" für verschiedene Industriebranchen im Rahmen der Arbeitsgruppe für Industriesektoren der PARCOM.

Ein weiteres Beispiel für Regeln des Nordsee-Regimes, welche in einem über dieses hinausgehenden Rahmen gesetzt werden, sind die Bestimmungen des MARPOL-Abkommens (genauer: seiner Anlagen) zur Verschmutzung durch Schiffsbetrieb. Auch sie sind umfangreich und technisch spezifisch. Ergänzt werden sie durch die der Kontrolle der Einhaltung dienenden Regeln des MOU über Hafenstaatkontrolle, welches zwar nicht weltweit, aber doch für den Kreis seiner Unterzeichner (darunter alle Nordseestaaten) gültige detaillierte Vorschriften (in den Anlagen) enthält über Art, Umfang und Verfahren der an Bord erfolgenden Kontrolle der Einhaltung einschlägiger internationaler Abkommen über die Ausrüstung von Schiffen (darunter eben das MARPOL-Abkommen).

Während somit ein Teil der Regeln im Rahmen des Nordsee-Regimes gleichsam außerhalb von ihm entsteht und daher in den primären (Verträge und Anlagen) und sekundären (Entscheidungen und Empfehlungen) Rechtsvorschriften dieser völkerrechtlichen Instrumente zu finden ist, besteht schließlich auch für die politischen Vereinbarungen im Rahmen der Nordseeschutzkonferenzen die Möglichkeit, konkrete Vorgaben in Anhängen zu den Ministererklärungen zu machen. Hierzu ist etwa die von der 3. INK verabschiedete Prioritätenliste der Schadstoffe (bzw. Schadstoffgruppen) zu rechnen, für

---

82   Auf der Grundlage der OSCOM Entscheidung 89/1 vom 14.6.1989 hat die OSCOM hierzu eine detaillierte Berichtsform für die "Justification for the issue of permits for the dumping of industrial wastes at sea" vorgegeben (beides abgedruckt in OSPARCOM 1990, 40ff.).

83   Vgl. unten Abschnitt 2.5.3.2.

84   PARCOM, Eighth Annual Report, London 1986, 38ff.

die das eingangs dieses Abschnitts erwähnte Reduktionsziel - minus 50% bis 1995 - Gültigkeit hat,[85] sowie die ebenfalls zur Verminderung des Schadstoffeintrags beschlossenen "agreed measures" in Anhang 1 B der Haager Erklärung.[86]

Insgesamt weist das Nordsee-Regime somit für die oben genannten Normen Regeln auf, die teils rechtsverbindlich, teils politisch bindend sind. Man kann den Gehalt dieser Regeln stichwortartig mit dem Slogan "Listen, Fristen und Grenzwerte" umreißen, da dies die wichtigsten Arten von konkreten Festlegungen sind, die durch die Regeln des Nordsee-Regimes getroffen werden. Soweit es sich um politisch bindende Regeln handelt, sind sie allerdings zuweilen unpräzise formuliert bzw. legen - als Ergebnis politischer Kompromisse - großzügige Fristen fest. Schließlich kann ein Teil der von den Nordseestaaten angestrebten Regelungsziele nur in Foren erreicht werden, in welchen sie nur gemeinsam mit anderen Staaten Regeln zu setzen vermögen (IAEA, IMO, PARCOM, OSCOM). Auch dort jedoch, wo die Nordseestaaten im eigenen Kreise Regeln zu setzen vermögen, geht die Verregelung schrittweise voran. Dies verweist nochmals auf den Prozeßcharakter des Regimes und damit auf die Bedeutung der Prozeduren, denen der folgende Abschnitt gilt.

2.2.2.4. Prozeduren

Wie bereits aus den Abschnitten über die Normen und Regeln des Nordsee-Regimes deutlich geworden ist, ist auch zur Identifizierung der Prozeduren, das heißt der Verfahrensvorschriften und der eingeschliffenen Verfahrensweisen, sowohl der engere, politische Kern des Regimes wie seine vertragsrechtlich begründete "Peripherie" zu berücksichtigen.

Als internationaler Konferenz ohne rechtliche Grundlage fehlt der INK zunächst jeglicher institutioneller Unterbau. Andererseits haben sich nach nunmehr drei Konferenzen doch gewisse Verfahrensweisen herausgebildet. So werden die Konferenzen selbst durch Treffen von Arbeitsgruppen auf mittlerer bis führender Verwaltungsebene vorbereitet, wobei der Vorlauf inzwischen ein bis anderthalb Jahre beträgt. Dadurch wird vermieden, daß, wie im Falle der 1. INK, wissenschaftliches Grundlagenmaterial erst kurz vor Beginn der Konferenz zur Verfügung steht und diese sich mit der

---

85   3. INK 1990c, 19, Annex 1 A.

86   Ebd., 20. Hier wird etwa für auf Quecksilberbasis arbeitende Alkalifabriken ein bis 1996 einzuhaltender Grenzwert für Emission von Quecksilber in die Luft festgelegt.

Diskussion und Klärung von Hintergrundsmaterial befassen muß.[87] In Vorbereitung der 2. INK arbeitete eine Wissenschaftlich-technische Arbeitsgruppe (WTAG) rechtzeitig als Informationsgrundlage einen Bericht über den Qualitätszustand der Nordsee aus,[88] während eine Politische Arbeitsgruppe eine Übersicht über die Umsetzung der 1. INK zusammenstellte. Hierdurch sollte auch eine Trennung politischer von wissenschaftlichen Fragen erreicht werden, obwohl einzuräumen ist, daß die WTAG keine "reine" Wissenschaftlerversammlung darstellte, stammten doch gut die Hälfte der Teilnehmer aus den nationalen Verwaltungen, weshalb die Resultate ihrer Arbeit auch als "negotiated science" bezeichnet worden sind.[89] Als Ergebnis der 2. INK wurde dann eine spezielle Arbeitsgruppe zur Erarbeitung (bis 1993) eines weiteren Qualitätszustandsberichts eingesetzt, die sog. North Sea Task Force (NSTF).[90] Sie setzt sich aus Delegierten der Nordseestaaten, der EG-Kommission, des ICES und der OSPARCOM zusammen und wird vor allem auf die von ICES und OSPARCOM in ihren Monitoringprogrammen erhobenen Daten zurückgreifen und deren Erhebung koordinieren.

Was die Beschlußfassung anbelangt, so gibt es für die INK keine festgelegten Regeln. Als Ergebnisse internationaler politischer Konferenzen leben ihre in die Form von Ministererklärungen gekleideten Beschlüsse aber vom Konsens der sie tragenden Teilnehmerstaaten. Der oben aufgezeigte Kompromißcharakter vieler Formulierungen ist das notwendige Ergebnis dieses Verfahrens.

Anders sieht es für die auf völkerrechtlicher Grundlage operierenden Institutionen aus, die mit dem Nordsee-Regime verzahnt sind und deshalb unter der Rubrik Prozeduren des Regimes mit anzusprechen sind. Im weiteren Sinne gehören hierzu zum Beispiel auch die IMO bzw. speziell für das MARPOL-Abkommen deren MEPC. Hierauf soll jedoch an dieser Stelle nicht näher eingegangen werden. Es sei nur nochmals daran erinnert, daß sie als Foren fungieren für so bedeutende Beschlüsse wie die Ausweisung der Nordsee als Sondergebiet gemäß MARPOL, mit der Folgewirkung, daß zahlreiche detaillierte Regeln für dieses Meeresgebiet Gültigkeit erlangen. Statt dessen soll ein näherer Blick auf die regionalen, die Nordsee einschließenden Aktivitäten der OSCOM und PARCOM geworfen werden.

Beide sind als internationale Organisationen im Rahmen der ihnen zugrundeliegenden Verträge eingesetzt und in deren Rahmen sowie in dem der selbst erlassenen "Rules of

---

87   Wie es laut von Wettestad und Andresen (1990, 117f.) zitierten norwegischen Beobachtern in Bremen der Fall war.

88   2. INK 1987b.

89   Ebd., 118.

90   Zur Arbeit der NSTF vgl. Reid 1990.

Procedures" tätig. Ihr gemeinsames Sekretariat in London ist der kontinuierlich bestehende organisatorische Kern, der die Arbeit der jährlich tagenden Kommissionen organisatorisch und redaktionell vorbereitet. Die inhaltliche Vorbereitung und Hauptarbeit findet in den ständigen wissenschaftlich-technischen Ausschüssen (SACSA für die OSCOM, TWG für die PARCOM, vgl. oben Übersicht 2-1) und den von ihnen eingesetzten Arbeitsgruppen statt. Diese wiederum werden mit Vertretern der nationalen Verwaltungen beschickt, die für die jeweiligen Fragen zuständig sind. Zur Koordination ihrer Tätigkeit unterhalten beide Kommissionen neben dem permanenten Sekretariat auch die regelmäßig stattfindende Konferenz der Vorsitzenden (CVC). Schließlich unterhalten sie ein gemeinsames Monitoring-Programm (JMP), das jedoch trotz jahrelanger Bemühungen noch immer keine vollständig einheitlichen Richtlinien zur Datenerhebung durchsetzen konnte, was den Wert der Daten erheblich beeinträchtigt. Tatsächlich haben erfahrene Beobachter in bezug auf das JMP von "complete failure" gesprochen, und auch die PARCOM selbst hat jüngst erhebliche Mängel eingeräumt.[91] Auch hier kann von der INK durch die von der North Sea Task Force (NSTF) vorgegebenen Anforderungen vielleicht eine Verbesserung erreicht werden.

Wie eingangs erwähnt, war der INK gegenüber den OSPARCOM generell eine antreibende Funktion zugedacht, insbesondere sollte für eine beschleunigte Beschlußfassung in beiden Kommissionen gesorgt werden.[92] Dies gilt speziell für die mehr auf fortschreitende Regelsetzung angelegte PARCOM: Sie soll unter anderem Programme und Maßnahmen zur Verringerung oder Beseitigung der Verschmutzung des Meeres annehmen und ist insofern "more dynamic"[93] als die OSCOM, die im wesentlichen nur eine bestimmte Verschmutzungsquelle - Dumping - durch Verbote oder Auflagen reguliert, dabei jedoch wie erwähnt durch die vorherige Überprüfung der von den Staaten (konkret nurmehr Großbritannien) beabsichtigten Lizenzgewährung (im Rahmen der sog. "Prior Justification Procedure") eine Art internationaler Kontrolle ausübt. Beide Kommissionen können Entscheidungen und Empfehlungen mit 2/3-Mehrheit annehmen, die Maßnahmen und Programme der PARCOM können mit 3/4-Mehrheit für die zustimmenden Parteien bindend verabschiedet werden. De facto wird jedoch in beiden

---

91   Wettestad/Andresen 1990, 116.

92   Die Kommissionen und insbesondere ihr Sekretariat sehen sich mittlerweile den zahlreichen Anforderungen und Aufträgen der INK kaum mehr gewachsen, so daß sich die OSPARCOM in ihrem jüngsten Bericht über die Umsetzung der Beschlüsse der 2. INK zu dem Hilferuf veranlaßt sah: "They (die OSPARCOM) will need to define a modus operandi which will accomodate not only the requests of the Ministers, but also the resources attributed to the Commissions by Contracting Parties which are signatories to the Ministerial Declaration. They will wish to point out that these resources need to be adapted to the requests made to the Commissions." (OSPARCOM 1990, 2) Auf die drohende Überlastung des Sekretariats der OSPARCOM wurde auch in dem dort nach der 3. INK geführten Interview von meinem Gesprächspartner hingewiesen.

93   Hayward 1990, 91.

Kommissionen Einstimmigkeit angestrebt, und auch deshalb erscheint die intern geführte Diskussion über einen möglichen Unterschied in der Verbindlichkeit zwischen Entscheidungen und Empfehlungen als wenig fruchtbar.[94]

Als ein retardierendes Moment bei der Beschlußfassung der PARCOM hat sich die Beteiligung der EG insofern erwiesen, als die Vertreter der Kommission mehrfach Beschlüsse der PARCOM verhinderten,[95] zum Teil mit der Begründung, daß EG-interne Regelungen hierüber ausstünden. Da die EG-Position jedoch von der Regelungsbereitschaft *aller* EG-Mitglieder abhängt, die ihrerseits nicht alle an der PARCOM beteiligt (und auch nicht alle Anrainer der Nordsee) sind, kann eine Blockade der PARCOM selbst dann erfolgen, wenn alle PARCOM-Teilnehmer *außer der EG* zur Beschlußfassung bereit sind. Auch Saetevik kommt bei ihrer Untersuchung der Rolle der EG im Rahmen der PARCOM zu dem recht negativen Egebnis:

> "the EC Commission has blocked and postponed decisions; EC directives have taken effect in the Paris Commission - sometimes resulting in more lenient regulations than those in the original Paris Commission proposals. In addition, the EC has complicated the functioning of the cooperation by preventing discussions at a technical/scientific level and by interrupting the meetings of the Paris Commission."[96]

Der Versuch, von der EG-Kommission Auskunft über ihre Sicht des Verhältnisses von EG und PARCOM zu erhalten,[97] blieb bisher ohne Erfolg.

Insgesamt zeigt sich somit auf der prozeduralen Ebene erneut die Verschränkung von international-politischer, international-rechtlicher und supranationaler Aktivität. Die INK delegiert, mangels eigenen institutionellen Unterbaus, die Erarbeitung von Beschlüssen in Detailfragen wie auch das Erheben von Daten und eine gewisse Kontrollfunktion an die OSCOM und PARCOM. In geographisch noch umfassenderen Gremien wie der IMO treten die Nordseestaaten bestenfalls als - allerdings gewichtige - Interessengruppe auf. Der mit den jeweils im Rahmen dieser Foren zur Verfügung gestellten Prozeduren

---

94   Hjorth/Loftsson 1990, 13 und Anm. 15 und 16. Ein anderer Grund, warum der Unterschied *praktisch* wenig Bedeutung haben dürfte, ist darin zu sehen, daß von den völkerrechtlich vorgesehenen Möglichkeiten der Sanktionierung von Verletzungen völkerrechtlicher Pflichten im Falle der Nichtbeachtung von OSPARCOM-Entscheidungen von den übrigen Staaten aus politischen Gründen wohl kaum Gebrauch gemacht würde.

95   So wurde die Verabschiedung der oben erwähnten Entscheidung 85/2 der PARCOM über Cadmium von der EG verzögert, die Annahme bindender PARCOM-Beschlüsse über PCB wurde von ihr verhindert (Prat 1990, 108). Nach Ijlstra kann ganz generell davon gesprochen werden, "that the EC Commission's political weight results in a certain slowdown of PARCOM in cases where Community legislation lags behind PARCOM developments" (ebd.).

96   Saetevik 1988, 106f.

97   Vgl. das Schreiben des PARCOM-Vorsitzenden D. Tromp an die EG-Kommission vom 18.10.1985, abgedruckt als Anhang 5 bei Saetevik 1988, 170ff.

zu erreichende Regelungsfortschritt ist alles andere als rapide und wird zum Teil von externen Akteuren (etwa über die Beeinflußung der Position der EG) mitbestimmt. Der "Kameltreiberfunktion" der INK sind dadurch Grenzen gesetzt. Andererseits kann die INK doch zur Beschleunigung der Formulierung konkreter Regeln im Rahmen der von den Ministererklärungen vorgegebenen Normen führen und für die internationale Koordination nationaler (Meeres-)Umweltschutzpolitiken sorgen. Sie kann dies erreichen 1. durch Verbesserung ihrer eigenen Arbeitsweise (etwa Spezifikation der Anforderungen für die Datenerhebung im Rahmen der NSTF), 2. aufgrund des von ihr entwickelten politischen Impetus sowie nicht zuletzt 3. aufgrund der größeren Angriffsfläche, welche sie als politische Veranstaltung im Vergleich zu den eher im Verborgenen wirkenden internationalen Kommissionen für die nationale und transnationale Umweltlobby bietet. In dem Maße, wie die normativen Vorgaben der INK in tatsächliches Verhalten der Nordseeanrainerstaaten umgesetzt werden, kann von der Existenz eines Nordsee-Regimes im hier verwendeten Sinne gesprochen werden.

2.2.3. Erklärung der Entstehung des Regimes

Bevor der Versuch einer Erklärung der Entstehung des Nordsee-Regimes gemacht werden kann, ist eine kurze Klärung zweier Fragen nötig: Was heißt in diesem Zusammenhang "Erklärung", und was heißt "Entstehung des Regimes"?

In Beantwortung der ersten Frage soll hier nicht die Pandorabüchse der allgemeinen wissenschaftstheoretischen Diskussion über das Problem der Erklärung im allgemeinen und in den Sozialwissenschaften im besonderen geöffnet werden.[98] Es genügt festzustellen, daß angesichts von nur zwei Fällen von Regimeentstehung, welche in der vorliegenden Arbeit behandelt werden, an eine Erklärung im statistischen Sinne nicht zu denken ist. Erklären wird vielmehr heißen: anhand des dargelegten Faktenmaterials Handlungen und Entwicklungen nachvollziehbar, verständlich, zu machen, wobei auf eine gewisse Systematik und Verallgemeinerbarkeit der gewählten Erklärungshypothesen geachtet wird. Letztere wird sich dabei am ehesten aus dem Vergleich beider Fälle (und somit erst in Teil 4 der Arbeit) ergeben.

"Entstehung des Regimes" als zu erklärende abhängige Variable ist angesichts der komplexen gewählten Definition von "Regime" ebenfalls kein selbstverständlicher Begriff. Wodurch entsteht ein Regime? Welches sind die Kriterien? Die Unterzeichnung eines Vertrages ist allein sicher nicht ausreichend (zumal wenn, wie im Falle des Nordsee-

---

98   Statt vieler vgl. hierzu zum Beispiel das Stichwort "Erklärung" von Michael Küttner und Hans Lenk, in: Helmut Seiffert/Gerard Radnitzky (Hrsg.), Handlexikon zur Wissenschaftstheorie, München 1989, 68-72.

Regimes, das Regime zumindest zum Teil gar keine vertragliche Grundlage besitzt). Das Regime ist letztlich das Resultat bestimmten (umwelt-)außenpolitischen Verhaltens der beteiligten Akteure einerseits, besteht aber definitionsgemäß auch nur, wenn ein bestimmtes Ausmaß an - nationalem - Implementationsverhalten nachweisbar ist. Letztlich ist also dreierlei erklärungsbedürftig: umweltaußenpolitisches Verhalten einzelner Staaten, die aus ihm resultierende Begründung eines Komplexes von internationalen Prinzipien, Normen, Regeln und Prozeduren sowie das (nationle) Umsetzungsverhalten, das von diesen Normen und Regeln (mit-)bestimmt wird. Im Rahmen der vorliegenden Arbeit wird der zweite Punkt *im Zentrum der Erklärungsbemühungen* stehen: *das Sich-Einlassen auf einen Prozeß internationaler Verregelung im Rahmen gemeinsam akzeptierter Prinzipien und Normen und unter Anwendung vereinbarter oder gewohnheitsmäßig sich herausbildender Verfahren (Prozeduren).* Umweltaußenpolitisches Verhalten wird im Rahmen der Erklärung nur im Einzelfall behandelt, soweit es indirekt zum eigentlichen Erklärungszweck beiträgt. Nationales Implementationsverhalten wird dagegen selbst nicht erklärt, auch wenn (vor allem im Rahmen der Länderfallstudien) bei seiner Untersuchung, die der Überprüfung der Wirksamkeit der Vorgaben des Regimes dient, interne Bedingungsfaktoren mit angesprochen werden.[99]

Um in diesem Sinne die Entstehung des im vorausgegangenen Abschnitt identifizierten Nordsee-Regimes zu erklären, sollen zunächst die in der Einleitung genannten vier Gruppen von Hypothesen je für sich betrachtet werden. Anschließend wird versucht, die einzelnen Erklärungsfaktoren zu einem Gesamtbild zusammenzufügen.

2.2.3.1. Problemstrukturelle Hypothesen

Die erste Kategorie von Erklärungsfaktoren aus der Einleitung betrifft problemstrukturelle Faktoren. Da die aufgestellte Hypothese (H3) auf einen Gesamtvergleich des Problemdrucks in Nord- und Ostsee zielt, kann sie an dieser Stelle noch nicht überprüft werden. Festzuhalten ist jedoch bereits hier der *Einfluß der Variable Problemdruck allgemein auf das umweltaußenpolitische Akteursverhalten.* Er ist *positiv* und zeigt sich bei der Regimeentstehung an mehreren Stellen. Folgende Beispiele lassen sich anführen:

i.   Erwähnt wurde der Einfluß von Tankerkatastrophen, der ein Regelungsinteresse zumindest im Teilbereich Ölverschmutzung erst entstehen ließ; der Druck, der von der umherirrenden "Stella Maris" mit ihrer Dumping-Fracht (und der dadurch alarmierten Öffentlichkeit) auf die Akteure ausging, war wie erwähnt an der Entstehung des Oslo-Abkommens zumindest mit beteiligt.

---

99   Die international vergleichende Implementationsforschung im Bereich Umweltschutz ist erst dabei, sich zu entwickeln. Für einige vergleichende Analysen und theoretische Vorüberlegungen vgl. Downing/Hanf (Hrsg.) 1983.

ii.   Wie in Abschnitt 2.1. ausgeführt wurde, gehört die Bundesrepublik mit zu den am stärksten von der Nordseeverschmutzung betroffenen Staaten, nicht zuletzt aufgrund des ihrer Küste vorgelagerten besonders empfindlichen Wattenmeeres; dem entspricht, daß der Bundesrepublik eine *Initiatorrolle beim Zustandekommen* der INK - die erste, 1984 in Bremen abgehaltene, wurde von ihr einberufen - und somit des oben identifizierten Nordsee-Regimes zukam.[100]

iii.   Schließlich entspricht auch das durchgehend eher zögernde Verhalten Großbritanniens der ermittelten - geringen - Betroffenheit dieses Landes durch die Nordsee-Verschmutzung.[101]

2.2.3.2. Interessenbasierte Hypothesen

Mit den beiden zuletzt angeführten Beispielen (Initiatorrolle der Bundesrepublik, zögerndes Verhalten Großbritanniens) liegt auch bereits eine *Bestätigung der Hypothese 4* vor, welche einen starken positiven Zusammenhang zwischen der *individuellen umweltpolitischen Situation* und dem umweltaußenpolitischen Verhalten behauptet. Es zeigt sich jedoch zugleich auch, daß dieses Verhalten seinerseits sowohl regimeförderlich wie eher regimebehindernd sein kann. Um also die Entstehung des Regimes (und nicht nur das umweltaußenpolitische Verhalten einzelner Staaten) zu erklären, gilt es die Gesamtkonstellation der Interessen, mit anderen Worten: die kollektive Situation und deren Struktur zu betrachten.

Die *Situationsstruktur* wäre idealerweise in Form einer spieltheoretischen Auszahlungsmatrix zu modellieren,[102] in der n Akteuren (zum Beispiel zwei) jeweils m Handlungsalternativen (zum Beispiel ebenfalls zwei) zu Gebote stehen, woraus sich eine n-dimensionale m-mal-m-Felder-"tafel" ergäbe (im Beispiel: eine zweidimensionale Vierfeldertafel). Jedem Feld dieser Tafel wäre dann die Bewertungen des entsprechenden Ergebnisses durch die Akteure zuzuordnen (was die Kenntnis ihrer Präferenzen voraussetzt). Dem stehen im konkreten Fall zahlreiche, praktisch unüberwindbare Schwierigkeiten entgegen:

---

100   Weitere innenpolitische Aspekte dieser Initiatorrolle werden unten angesprochen, vgl. Abschnitt 2.4.2.2.

101   Auch in diesem Fall wird die Betroffenheit durch innenpolitische und gesellschaftliche Faktoren ergänzt, vgl. dazu die Länderfallstudie in Abschnitt 2.5. unten.

102   Idealerweise deshalb, weil zumindest für die einfacheren derartigen Matrizen die Spieltheorie Voraussagen über die von rational-egoistischen Akteuren getroffene Wahl der Handlungsalternative erlaubt. Zugleich ermöglicht die spieltheoretische Situationsbeschreibung als rein formale einen Vergleich von Situationsstrukturen in inhaltlich ganz unterschiedlichen Problemfeldern.

i.   die Zahl der Akteure beträgt (mindestens) acht,[103] eine Vereinfachung durch "Reduktion" der Zahl der Akteure auf zum Beispiel zwei ist nicht für alle Detailfragen des Regimes gleichermaßen möglich und gültig; dies führt zu Punkt

ii.   Welches sind die zu betrachtenden Handlungsalternativen? "Beteiligung am Regime" ist kein uniformer Akt (wie etwa: Unterzeichnung eines Vertrages), sondern besteht im Sich-Einlassen auf einen Prozeß; dabei, so kann argumentiert werden, ist es *gerade die Unbestimmtheit der Folgen*, welche den einmaligen Akt "Beteiligung an der 1. INK" bzw. den wiederholten Akt "Teilnahme an *den* INK" ermöglicht; desaggregiert man jedoch die Handlungsalternativen auf die Ebene der Einzelbeschlüsse im Rahmen des Regimes, so erhöht sich nur das dritte Problem:

iii.   die Bestimmung der Präferenzordnung; wie die Ausfühungen in Abschnitt 2.1. deutlich gemacht haben, ist die Ermittlung von "objektiven" Indikatoren für die Interessen (Präferenzstruktur) eines Staates im Politikfeld internationaler Umweltschutz keine leichte Sache; dies für eine Vielzahl von Einzelbeschlüssen tun zu wollen, kommt dem Unmöglichen sehr nahe.

Als Ergebnis dieser Überlegungen bleibt, daß eine strikt spieltheoretische Modellierung der Situationsstruktur als nicht möglich erscheint.

Greift man jedoch auf das Ergebnis der "objektiven" Ermittlung der individuellen umweltpolitischen Situation der acht Nordseestaaten zurück (Abschnitt 2.1.), so ergeben sie *zusammen betrachtet* (Abbildung 2-6, ebd.) ein Bild, das im Sinne der Situationsstruktur in systemischen Kategorien beschrieben werden kann. Die acht Nordseestaaten verteilen sich über die gesamte Vierfeldertafel dieser Abbildung. Die Situationsstruktur ist in diesem Sinne *inhomogen*. Zwei Staaten (Großbritannien und in geringerem Ausmaß Frankreich) befinden sich tendenziell gegenüber den anderen in einer Rambo-Position. Andererseits ist immerhin die Hälfte aller beteiligten Staaten stark bis mittelstark von der Verschmutzung betroffen (BRD, B, NL, DK). Für sie stellt sich die Lage als ein Dilemmaspiel dar, wobei der Anreiz des Abweichens von kooperativen Lösungen dadurch gemindert wird, daß sie sich durch Verschmutzung der Küstengewässer (insbesondere im Bereich des Wattenmeeres) selbst schädigen.

Eine streng ableitbare Voraussage über das Zustandekommen eines Regimes entsprechend spieltheoretischen Vorhersagen des von rationalen Akteuren gewählten "outcomes" ergibt sich hieraus zweifellos nicht. Andererseits macht die gegebene Beschreibung der Situationsstruktur als inhomogen und als Kombination zwischen einem Rambo- und einem Dilemmaspiel (wobei letzterer Spieltyp für die Mehrheit der Akteure die zutreffende Situationsbeschreibung darstellt) doch den Befund verständlich, daß ein

---

103   Die Lage wird kompliziert dadurch, daß der mögliche neunte Akteur, die EG, teilweise - genau: von den sechs EG-Mitgliedern unter den Nordseestaaten - nicht unabhängig ist.

im einzelnen durchaus langsam sich entwickelndes Nordsee-Regime errichtet werden konnte. Der Vergleich mit der Entstehung des Ostsee-Regimes und seiner Erklärung wird zeigen, inwiefern Hypothese 5 über den Zusammenhang zwischen Spieltyp und (Leichtigkeit der) Regimeentstehung durch diesen Befund bestätigt wird.

2.2.3.3. Systemische Hypothesen

Zwei systemische Hypothesen wurden in der Einleitung aufgestellt: über den (positiven) Zusammenhang zwischen einer asymmetrischen Machtstruktur (Hegemonie) und der Entstehung von Regimen zum einen (H6), die förderliche Rolle einer hohen Transaktionsdichte unter den beteiligten Akteuren zum andern (H7).

Die *machtstrukturelle Hypothese* kann dabei noch in eine auf das gesamte internationale System bezogene Variante und in eine nur auf das Mikrosystem der Regimeteilnehmer bezogene Variante unterteilt werden, wobei letztere Macht *problemfeldbezogen* versteht. Die gesamtsystemische Variante kann hier ohne weitere Operationalisierung der "allgemeinen Macht" verworfen werden: Die beiden Staaten, welche nach allen gebräuchlichen Machtindizes als Hegemone des internationalen Systems nach 1945 in Frage kommen, die USA und die Sowjetunion, sind an der Entstehung des Nordsee-Regimes auch indirekt nicht beteiligt. Der allgemeinen Hegemoniethese kann, soweit dies nötig ist, somit ein letzter Gnadenstoß versetzt werden.[104]

Die Frage nach der Rolle einer vorherrschenden Macht (oder gar Hegemonie) im Problemfeld selbst wirft die vorgelagerte Frage danach auf, wie Macht im Politikfeld Umweltschutz *problemfeldbezogen* operationalisiert werden kann, wenn sie im Sinne von "power over resources" und nicht im Sinne von "power over outcomes" verstanden wird.[105] Mit anderen Worten: Gibt es umweltpolitische Machtressourcen? Die Antwort scheint mir eine negative zu sein, wenn Machtressourcen in Anlehnung an Max Webers klassische Definition Mittel sind, seinen Willen auch gegen den der anderen Seite durchzusetzen. Die Verfügung über Umwelttechnologie (oder die Finanzmittel zu ihrem Kauf) stellt kein Machtmittel in diesem Sinne dar. Werden solche Mittel anderen, die sie nicht besitzen, zur Verfügung gestellt, kann wohl nicht davon gesprochen werden, daß ihnen dadurch Zwang angetan wird und sie somit Opfer von Machtausübung sind.[106]

---

104 Fairerweise ist allerdings einzuräumen, daß die allgemeine Hegemoniethese eher anhand von Fällen *globaler* denn regionaler Umweltregime zu testen wäre.

105 Dies erscheint geboten, um Tautologien der Art zu vermeiden, Staat A habe das Ergebnis im Problemfeld X bestimmt, weil er die Kontrolle über die Ergebnisse in diesem Problemfeld besitzt.

106 Daß der Besitz von Technologie und Finanzmitteln eine *allgemeine* Machtressource darstellen kann, wird damit nicht bestritten. Dies ist aber nicht der Punkt, um den es hier geht.

Allenfalls in einem negativen Sinne könnte von umweltpolitischer *Veto*macht dann gesprochen werden, wenn ein Staat an der Verschmutzung einer Region einen so hohen Anteil hat, daß ohne seine Kooperation auch die Bemühungen aller anderen zur Verringerung von Verschmutzung sinnlos werden. Dies gewährt dann allerdings nur die Macht, Regimeentstehung zu *verhindern*, nicht, wie es der Hypothese entspricht, die Macht, das Regime zu errichten bzw. zu gestalten.

Die dritte denkbare Alternative: der Einsatz allgemeiner Machtmittel zur Erreichung umweltpolitischer Ziele ist für militärische Machtmittel eher unwahrscheinlich (und zumindest für die Errichtung von Regimen vermutlich kontraproduktiv[107]), für wirtschaftliche Macht allerdings weniger.[108] Beides spielt jedoch im vorliegenden Falle bei der Errichtung des Regimes keine Rolle,[109] und *die machtstrukturelle Hypothese (H6) trägt somit zur Erklärung des Nordsee-Regimes nicht bei.*

Was die *Transaktionsdichte* anbelangt so ist sie zweifellos zwischen den acht Nordseestaaten sehr hoch. Nicht nur sind sechs von ihnen Mitglied der EG und somit der immer noch weitestgehenden internationalen Integrationsform auf freiwilliger Grundlage. Dem entspricht auch ein hohes Ausmaß an wirtschaftlicher und gesellschaftlicher Verflechtung, wie ein Blick auf Tabelle 2-4 belegt, in der als Indikator für die Handelsverflechtung die jeweils führenden Außenhandelspartner der Nordseestaaten aufgelistet sind. Über die korrelative Feststellung hinaus, daß hohe Transaktionsdichte und (Nordsee)-Regimebildung für den Kreis der Nordseestaaten zusammentreffen, ist die Herstellung einer inhaltlichen Verbindung allerdings schwierig.

---

107   Die Dysfunktionalität solchen Machteinsatzes ist für viele Interdependenztheoretiker geradezu Kennzeichen von "interdependence issues". So schreibt etwa Rosenau (1980, 41f.): "consider the likelihood of two neighboring states going to war over a question of pollutants that flow downstream or downwind across their common borders" und hält diese Wahrscheinlichkeit offenbar für gering angesichts "the very absurdity of seeking to control them (solche Situationen, ML) through the use or threat of force". Das Absurde wird leider jedoch zuweilen zur Realität, und Fälle, in denen um (Umwelt-)Ressourcen wie sauberes Trinkwasser Krieg geführt wird, sind zumindest nicht undenkbar.

108   Der Ausschluß bestimmter Produkte von (großen) Märkten mit der Begründung, sie erfüllten bestimmte Umweltschutzstandards nicht, ist nicht nur ein nichttarifäres Handelshindernis, sondern zumindest auch ein denkbares Mittel wirtschaftlichen Zwangs aus umweltpolitischen Gründen.

109   Daß *innerhalb* des Regimes ein gewisses Maß von Zwangsbefugnis ausgeübt wird durch das Festhalten von Schiffen, welche eine Gefährdung der Umwelt darstellen, im Hafen, wie es im Rahmen des MOU gelegentlich erfolgt, ist zwar ein interessanter Punkt im Rahmen der Effektivitätsprüfung, trägt jedoch nicht zur Erklärung der Entstehung des Regimes bei.

Tabelle 2-4:   Führende Handelspartner der Nordseestaaten (Anteil am Außenhandel in v.H.)

B: BRD (20%), F (15%), NL (15%)
DK: BRD (25%), GB (20%), N, S
BRD: F, GB, NL, B, S, DK, N
F: BRD (15%), B, S
GB: BRD (10%), B, S
N: BRD (16%), S (13%), GB, EG (insgesamt 54%)
NL: BRD (30%), B (und Luxemburg) (14%), F, GB, DK, S
S: BRD (15%), GB (10-12%), N, DK, NL, F, B

Quelle: Angaben nach Fischer Weltalmanach '90, Frankfurt/M. 1989.

Neben der im folgenden Abschnitt anzusprechenden Rolle der EG als Institution kommen vor allem zwei indirekte Wirkungsweisen der hohen Transaktionsdichte in Betracht:

i.   da ein Teil der Transaktionen in Form von Seeverkehr abgewickelt wird, trägt ihre hohe Dichte zum starken Seeverkehrsaufkommen in der Nordsee bei und damit auch zu einem Teil (Verschmutzung durch Schiffsbetrieb) zur ökologischen Problematik in diesem Meeresgebiet; insofern erzeugt die Transaktionsdichte Problemdruck und damit "regime demand";

ii.   da die Nordseestaaten auf vielfältigen Gebieten zusammenarbeiten, wäre die schlichte Ablehnung der Beteiligung an der INK und damit am Nordsee-Regime wohl mit einem erheblichen Prestigeverlust einhergegangen.

Im Sinne dieser beiden skizzierten Kausalstränge kann die Hypothese 7 als bestätigt gelten und trägt zur Erklärung der Regimeentstehung mit bei.

2.2.3.4. Normativ-institutionelle Hypothesen

Die beiden normativ-institutionellen Hypothesen (H8 und H9) behaupten zunächst einen allgemeinen positiven Zusammenhang zwischen bestehenden internationalen Organisationen/Institutionen und Normen einerseits und Regimeentstehung andererseits aufgrund der Funktion ersterer als Foren bzw. Regelungsmodelle für letztere. Hypothese 10 macht - als institutionelle Fassung der kognitiven Hypothese über die Rolle von "epistemic communities" - eine spezielle Aussage über die regimeförderliche Wirkung transnationaler Wissenschaftskontakte.

Was die *"Forum"-Hypothese* (H8) anbelangt, so kann sie in modifizierter Form zur Erklärung des Nordsee-Regimes beitragen. Wie bei der Identifizierung des Regimes gezeigt wurde, greift das mit den Nordseeschutzkonferenzen entstandene Regime auf bestehende institutionelle Strukturen (OSCOM, PARCOM) zurück. Da diese dadurch jedoch gleichsam "internalisiert", zum prozeduralen Bestandteil des Regimes gemacht werden, spielen diese Organisationen nicht eigentlich die von der Forum-Hypothese angesprochene Rolle einer "Geburtsstätte des Regimes". Gleichwohl kann davon gesprochen werden, daß die Existenz von OSCOM und PARCOM die Errichtung des Nordsee-Regimes erleichtert und - es sei an die der INK zugedachte "Kameltreiberfunktion" erinnert -aufgrund ihrer unzureichenden Wirksamkeit gleichsam provoziert hat.

Was die Rolle der EG als Institution anbelangt, so hat sie für das Nordsee-Regime - anders als im Falle des Mittelmeer-Regimes[110] - nicht die Rolle eines Forums oder Anregers der Regimeerrichtung gespielt, ja im Hinblick auf seine Entwicklung kann sogar von einer gewissen Bremserrolle gesprochen werden, da die EG, wie ausgeführt, die Arbeit auf der prozeduralen PARCOM-Ebene teilweise eher behindert als gefördert hat. Neben ihren internen Entscheidungsschwierigkeiten ist hierfür auch die durch die Teilnahme der EG gegebene indirekte Einflußnahme von Nicht-Nordseeanrainern verantwortlich.

Ein echtes Forum wenn nicht für die Entstehung, so doch für die Entwicklung des Nordsee-Regimes stellt schließlich die IMO bzw. deren MEPC als Beschlußgremium im Rahmen des MARPOL-Abkommens dar. Die aufgrund der Freiheit der hohen See erforderliche Zustimmung von Nicht-Nordseestaaten zu Regelungen der Schiffahrt ist nur im Rahmen dieses globalen Forums zu erzielen.

Auch die in Hypothese 9 angenommene *Modellfunktion existierender Normen* (H9) ist im Fall des Nordsee-Regimes nicht im erwarteten Sinne eines Transfers von Normenbeständen nachzuweisen. Vielmehr kann man davon sprechen, daß ein Gutteil des rechtlich fixierten Normenbestandes des Nordsee-Regimes, wie es oben identifiziert wurde, ursprünglich in Form eigenständiger (Rechts-)Regime festgelegt wurde.[111] Dabei waren die einschlägigen Abkommen (Bonn-Abkommen 1969; Oslo-Abkommen 1972, Paris-Abkommen 1974) international die ersten ihrer Art und wirkten somit eher selbst modellhaft, als daß sie auf vorhandene Modelle hätten zurückgreifen können. Das Nordsee-Regime hat diese partiellen Rechtsregime dann gleichsam unter einem Dach (und mit Gültigkeit für eine bestimmte Region, eben die Nordsee) zusammengeführt.

---

110   Vgl. Haas 1989.

111   Es erscheint nicht ausgeschlossen, diese rechtlichen Regime auch als Kern von jeweiligen partiellen (Teilaspekte der Meeresverschmutzung regelnden) Regimen in dem umfassenderen Sinne, der diesem Terminus in der vorliegenden Arbeit gegeben wurde, anzusehen. Dies soll jedoch hier nicht im einzelnen untersucht werden.

In einem jeweils leicht *modifizierten Sinne* können somit die *Hypothesen 8 und 9* als *bestätigt* gelten; zumindest *tragen* im Sinne des hinter ihnen steckenden Gedankens die *institutionelle und normative Förderung von Regimeerrichtung zur Erklärung des Nordsee-Regimes* in der beschriebenen Weise *bei*.

Empirisch wesentlich schwieriger ist die Überprüfung der *Rolle transnationaler Wissenschaftskontakte* im Sinne von Hypothese 10. Während es zweifellos richtig ist, daß ohne ein minimales geteiltes Wissen der politischen Entscheidungsträger keine gemeinsame Definition der Situation zustandekommt, die bestehende ökologische Probleme zur Kenntnis nimmt und daraus Handlungsbedarf ableitet, ist der Nachweis des Einflusses von transnationalen Wissenschaftskontakten auf die Entstehung einer solchen gemeinsamen Definition der Situation schwer zu führen. Es kann hier nur angeführt werden, daß, wie im Abschnitt über die Entwicklung des Problemfelds (2.2.1.) dargelegt wurde, bereits frühzeitig im Rahmen des ICES auch über den Umweltzustand der Nordsee geforscht wurde. Nicht zuletzt aufbauend auf den von ihm sowie im Rahmen des JMP der OSPARCOM erhobenen Daten konnte dann der nationale Bericht über "Umweltprobleme der Nordsee" vom bundesdeutschen Rat von Sachverständigen für Umweltfragen vorgelegt werden,[112] der über die Grenzen der Bundesrepublik hinaus anregend gewirkt hat, insbesondere aber mit dazu beigetragen hat, daß die Bundesregierung 1984 zur 1. INK einlud. Aufgrund dieser Indizien kann die *Hypothese 10* als *bestätigt* gelten.

2.2.3.5. Integrierte Gesamterklärung

Faßt man die einzelnen erwähnten Erklärungsfaktoren für die Entstehung des Nordsee-Regimes zu einem Gesamtbild zusammen, so kann man folgendes sagen: Bereits Ende der 1960er/Anfang der 1970er Jahre hatten die Nordseestaaten aufgrund der erkennbar gewordenen Umweltprobleme im Bereich der Nordsee und darüber hinaus des Nordostatlantiks zu Teilfragen der Meeresverschmutzung internationale Normen und Regeln vereinbart. Da sich jedoch der Zustand der Meeresumwelt auch weiterhin verschlechterte, was nicht zuletzt durch die vereinbarte wissenschaftliche Zusammenarbeit dokumentiert wurde, ergriffen die am meisten betroffenen Staaten, darunter vor allem die Bundesrepublik, die Initiative zur Intensivierung und Ausweitung der Zusammenarbeit bei gleichzeitiger Beschränkung auf das Gebiet der eigentlichen Nordsee, ohne daß hierbei allgemeine oder problemfeldspezifische Machtmittel eingesetzt worden wären. Der Einladung zur 1. INK konnten sich aber auch die weniger betroffenen und bezüglich weiterer Verregelung eher skeptischen Staaten aufgrund des drohenden Prestigeverlustes nicht entziehen. Unter Rückgriff auf die bereits bestehenden

---

112   RSU 1980.

rechtlich vereinbarten Normen, Regeln und Prozeduren konnte somit auf der Grundlage politisch verbindlicher Erklärungen ein Prozeß der Fortentwicklung dieser Vorgaben unter dem zunehmend von allen Nordseestaaten akzeptierten Vorsorgeprinzip eingeleitet und damit das Nordsee-Regime begründet werden. Hierauf konnten sich auch jene Staaten einlassen, die sich in Sachen Nordseeverschmutzung in einer Rambo-ähnlichen Situation befinden, da der weitere Verlauf der Regelsetzung immer auch von ihrer Zustimmung abhängig blieb. Gleichwohl kamen sie damit im Rahmen der Prozeduren des Regimes unter die zunehmende Kontrolle und unter den Rechtfertigungsdruck derjenigen Nordseestaaten, denen die ungeregelte Verschmutzung der Nordsee eher als ein Dilemma"spiel" mit kollektiv (wie individuell) suboptimalem Ergebnis erschien. Der *Prozeßcharakter* des Nordsee-Regimes ist somit für seine Entstehung wie für seine Wirkungen von großer Bedeutung. Diesen wird sich der folgende, letzte Abschnitt zur Analyse des Nordsee-Regimes zuwenden.

2.2.4. Wirkungen des Regimes

Auch für den Begriff der "Wirkungen des Regimes" gilt es zunächst festzustellen, was damit gemeint ist und was nicht. Es *könnte* damit zunächst die Frage angesprochen sein, ob und inwiefern die normativen Vorgaben des Regimes, insbesondere die am konkretesten gefaßten Regeln, wirksam (effektiv) in dem Sinne sind, daß sie tatsächlich das (Umsetzungs-)Verhalten der
beteiligten Akteure leiten. Dies ist eine wichtige Frage, die jedoch nach dem dieser Arbeit zugrundegelegten Verständnis von Regimen *nicht* an dieser Stelle, an der es um die Wirkungen *des* Regimes geht, zu behandeln ist. Die Wirksamkeit der Regeln des Regimes, zumindest ein Mindestausmaß an Wirksamkeit, wird vielmehr von der gegebenen Definition vorausgesetzt. Wäre diese Mindestwirksamkeit der Regeln nicht gegeben, so wäre der Verhaltensaspekt des Regimes nicht nachzuweisen, und gemäß der Definition *läge somit gar kein Regime (verstanden als internationale soziale Institution)* vor.[113] Einige Hinweise auf die Wirksamkeit der Verhaltensvorschriften des Nordsee-Regimes wurden bereits am Rande seiner Identifikation gegeben. Näher wird die Frage im Rahmen der drei Länderfallstudien untersucht werden. Im Vorgriff auf deren Ergebnis sei bereits hier gesagt, daß, soweit die Vorgaben des Regimes bestimmt genug

---

113   Hierin zeigt sich nochmals der Unterschied zu einem Rechtsregime (legal regime). Es ist zumindest nicht ausgeschlossen, von einem Rechtsregime zu sprechen, das nicht in Verhalten umgesetzt wird. Dagegen ist dieses Umsetzungsverhalten Voraussetzung dafür, von einem Regime im sozialwissenschaftlichen Sinne zu sprechen. Auch wird der Unterschied zwischen einem Regime und bloßen internationalen Verhandlungen deutlich: sofern diese nicht in konkretes Umsetzungsverhalten münden, stellen sie selbst kein Regime dar. Andererseits sind internationale Verhandlungen zweifellos (proreduraler) Bestandteil vieler internationaler Regime, insbesondere, soweit sie auf Fortentwicklung hin angelegt sind.

sind und Information zur Verfügung steht, um eine Implementationskontrolle zu ermöglichen, überwiegend von einer hinreichenden Effektivität der Regeln im Sinne ihrer verhaltens(an)leitenden Rolle gesprochen werden kann.

Von der Frage nach der Wirksamkeit der normativen Vorgaben des Regimes zu unterscheiden ist die Frage, ob die gegebene Einhaltung der Regeln des Regimes auch zur Erreichung der gesetzten Ziele führt. Dies ist die Frage nach der *Zielerreichung* durch das Regime, das heißt in diesem Fall nach seinen *Aus*wirkungen auf die Meeresökologie der Nordsee. Sie ist zweifellos die zentrale praktische Frage überhaupt, da eine negative Antwort auf sie den Wert selbst einer hoch entwickelten internationalen Institution radikal beeinträchtigen würde: internationale Regimeerrichtung ist kein Selbstzweck.

Leider verhält es sich so, daß zur Beantwortung dieser Frage nicht nur kein originär sozialwissenschaftlicher Beitrag geleistet werden kann, da es sich im wesentlichen um eine Aufgabe für die (interdisziplinäre) naturwissenschaftliche Meeres- und Umweltforschung handelt. Vielmehr fallen als Ergebnis dieser Forschung zur Zeit immer noch überwiegend Stress- und Warnsignale aus dem Bereich der Nordsee an.[114] Nicht nur von einer generellen Entwarnung also sind wir weit entfernt. Auch eine Kontrolle der Auswirkungen der INK-Beschlüsse auf den Zustand der Nordsee ist zur Zeit praktisch noch ausgeschlossen, angesicht der Tatsache, daß die ersten substanziellen Beschlüsse noch kaum drei Jahre alt sind, ein Zeitraum, der für meeresbiologische Untersuchungen nicht nur nicht ausreicht, sondern erst recht nicht die Formulierung von Trendaussagen erlaubt, wie sie für eine echte "Erfolgskontrolle" nötig wären. Auch die 3. INK spricht in ihrem Bericht über die Implementation der Beschlüsse der 2. INK nur die Erwartung aus, daß die eingegangenen Verpflichtungen "should have a profound effect on the environmental policies of North Sea Riparian States during the decade concerned (1985-95, ML) *and even longer term implications for the North Sea environment.*"[115]

Bei der Suche nach einer Antwort auf die Frage nach der Zielerreichung durch das Nordsee-Regime ist somit gegenwärtig noch der Mangel an einschlägiger Information festzustellen, sowie darüber hinaus die generelle sozialwissenschaftliche methodische Unzuständigkeit und naturwissenschaftliche methodische Schwierigkeit bei einer solchen Erfolgskontrolle im marinen Umweltschutzbereich. Das Operieren ohne unmittelbare Möglichkeit der Erfolgskontrolle (im Sinne einer Verbesserung des ökologischen

---

114   Vgl. ten Hallers/Bijlsma (Hrsg.) 1989, Lozán u.a. 1990.

115   3. INK 1990b, 6, meine Herv., ML. Der Text wurde offenbar rasch redigiert, da nicht nur von "riparian" - statt korrekt "coastal" oder "littoral states" - die Rede ist, sondern im Original auch das "for" im zweiten Satzteil fehlt.

Zustands der Nordsee) gehört zu den Rahmenbedingungen von Politik in diesem Problemfeld. Möglich erscheint es dagegen, und der für 1993 in Aussicht gestellte Qualitätszustandsbericht der Nordsee wird sicher nicht versäumen, gegebenenfalls darauf hinzuweisen, Verminderungen bestimmter Eintragsarten von Schad- und Nährstoffen in die Nordsee festzustellen. Auch hierzu werden in den Länderfallstudien erste verfügbare Angaben zitiert werden.

Neben der Frage nach der Zielerreichung *im* Problemfeld kann auch die Frage nach möglichen Auswirkungen des Nordsee-Regimes *über das gegebene Problemfeld hinaus* von Interesse sein. Dabei ist insbesondere an die mögliche Modellwirkung für andere Problemfelder desselben Politikfelds oder gar darüber hinaus zu denken. Auch insofern ist jedoch bisher wenig Wirkung des Regimes zu erkennen. Das Modell einer internationalen Zusammenarbeit zum Schutz der (Meeres-)Umwelt auf der Grundlage politisch verbindlicher Erklärungen hat bisher nicht Schule gemacht. Wo sich, wie etwa im Problemfeld Schutz der Ozonschicht,[116] ebenfalls eine Kombination von rechtsverbindlichen Vereinbarungen mit politisch bindenden Beschlüssen findet, ist dies nicht auf eine Modellwirkung des Nordsee-Regimes zurückzuführen, sondern eher Ausdruck für den international gestiegenen Bedarf an flexiblen Beschlüssen, welche zwar vielleicht formell weniger bindend, dafür aber rascher zu verabschieden sind, als dies bei völkerrechtlichen Vereinbarungen möglich wäre.

Schließlich soll hier unter dem Stichwort "Wirkungen" des Regimes nicht nur nach seinen *Auswirkungen* im Problemfeld und darüber hinaus gefragt werden. Es sollen auch noch einige allgemeine Aussagen zu seiner *Wirkungsweise* getroffen werden. Konkret wurde die Wirkungsweise des Regimes vor allem im Abschnitt über die Prozeduren beschrieben. Was läßt sich allgemein zu ihr sagen?

Das Nordsee-Regime errichtet keine Instanz mit den Staaten übergeordneter Zwangsbefugnis. Seine Wirkungsweise ist daher, allgemein betrachtet, die der "zweistufigen", das heißt zunächst prinzipiellen und dann im Rahmen der Erarbeitung

---

116   Auf der Grundlage des Wiener Übereinkommens zum Schutz der Ozonschicht vom
       22.3.1985 kam es nicht nur auf der Montrealer Folgekonferenz zur Unterzeichnung des
       Montrealer Protokolls vom 16.9.1987, sondern dort wurde auch eine politisch verbindliche
       Abschlußerklärung verabschiedet, in welcher die Teilnehmerstaaten sich in Form von
       Resolutionen zum Austausch von technischer Information und zur Erstattung von
       Datenberichten verpflichten sowie die bisherigen Nicht-Unterzeichner auffordern, dies
       nachzuholen (vgl. den Text beider Dokumente in dem Sonderdruck des Europa-Archivs
       "Die Internationalisierung des Umweltschutzes", 18 (1988), D504ff.). Durch die Beschlüsse
       der jüngsten Nachfolgekonferenz in London (Juni/Juli 1990) wurde nicht nur das
       Montrealer Protokoll verschärft, sondern auch erstmals ein Fonds für Ausgleichszahlungen
       zwischen Industrie- und Entwicklungsländern geschaffen.

gemeinsamer Regeln zunehmend konkretisierten Selbstverpflichtung der Staaten in Verbindung mit der "peer control" der Staaten untereinander.[117] Es wirkt somit

1. durch die eingangs dieses Abschnitts angesproche Effektivität der Regeln des Regimes, durch die Umsetzung von Verhaltensvorschriften in konkretes Implementationshandeln;

daneben, und in Verbindung damit, wirkt das Regime

2. dadurch, daß es für verschmutzende Aktivität einen Rechtfertigungzwang auferlegt und dabei die Beweislast umkehrt: der (potentielle) Verschmutzer muß nachweisen, daß von seinem Tun keine Gefährdung der marinen Umwelt ausgeht;

schließlich wirkt das Regime

3. durch die internationale Vermittlung von Anspruchsniveaus bezüglich dessen, was umweltverträgliches Wirtschaften bedeutet, was zum Beispiel unter dem "Stand der Technik" jeweils zu verstehen ist. Hierdurch werden den Staaten nicht nur konkrete Vorgaben gemacht, sondern es wird gleichsam an ihren (technologischen) Ehrgeiz appelliert.

Vor allem in dieser letzten Wirkungsweise ist, in Verbindung mit der verbesserten Dokumentation von Schadwirkungen, der Prozeßcharakter des Regimes begründet.

Damit ist die Analyse des Nordsee-Regimes im Rahmen der vorliegenden Arbeit im wesentlichen abgeschlossen. Die folgenden Abschnitte werden versuchen, daß gewonnene Bild durch Informationen über den Kontext für die im Rahmen des Regimes betriebene nationale Meeresumweltschutzpolitik und die durch sie erreichte Implementation zu vervollständigen. Dabei wird schwerpunktmäßig die nationale Ebene in drei Ländern berücksichtigt: in der Bundesrepublik Deutschland, in Großbritannien und - in Teil 3 der Arbeit - in Schweden. Ergänzt wird dies durch Exkurse über die Meeresumweltschutzpolitik auf der supranationalen Ebene der EG und auf der substaatlich-regionalen Ebene (am Beispiel Schleswig-Holsteins).

---

117 Da bei dieser peer control immer auch die Gefahr besteht, daß sie versagt, weil "eine Krähe der anderen kein Auge aushackt", kommt hier (transnationalen) nicht-staatlichen Organisationen ähnlich wie im Politikfeld des internationalen Menschenrechtsschutzes eine wesentliche ergänzende Aufgabe zu.

2.3. Exkurs: Meeresschutzpolitik auf supranationaler Ebene

Durch die Existenz der Europäischen Gemeinschaft und ihr Tätigwerden auf dem Gebiet des Umweltschutzes besteht im Falle der Meeresschutzpolitik für die Nordsee die Besonderheit, daß für sechs der acht Anrainerstaaten eine verbindliche Beschlußfassung auf supranationaler Ebene möglich ist, welche auch auf die Nicht-EG-Mitglieder unter den Anrainerstaaten - Norwegen und Schweden - potentiell prägenden Einfluß hat. Andererseits ist die Meeresschutzpolitik der EG nicht nur auf die Nordsee zugeschnitten, sondern richtet sich insbesondere auf den Schutz der Meeresumwelt im Mittelmeer, wo die EG im Kreis der 17 im Rahmen des sogenannten Barcelona-Abkommens[118] zusammenarbeitenden Anrainerstaaten neben den vier beteiligten EG-Mitgliedstaaten - Spanien, Frankreich, Italien und Griechenland - aus eigenem Recht tätig wird und in der Organisation dieses Mittelmeerschutzregimes[119] eine führende Rolle übernommen hat. Das Verhältnis der EG zur Nordseeschutzpolitik läßt sich somit dadurch kennzeichnen, daß 1. nicht alle Nordseeanrainer EG-Mitglieder sind, daß 2. nicht alle EG-Mitglieder Nordseeanrainer sind und daß schließlich 3. der Geltungsbereich von EG-Maßnahmen zum Meeresschutz über das Gebiet der Nordsee hinausgeht.

Umweltpolitik im allgemeinen und Meeresschutzpolitik im besonderen gehört nicht zu den in den Gründungsverträgen der EG enthaltenen originären Aufgaben der Gemeinschaft. Vielmehr wurden für die EG die frühen siebziger Jahre zur eigentlichen Entstehungsphase einer gemeinschaftlichen Umweltpolitik, wobei auch in diesem Fall der Anstoß von der Stockholmer Weltumweltkonferenz der Vereinten Nationen von 1972 ausging. Auf ihrem Gipfeltreffen in Paris vom 19. bis 21. Oktober desselben Jahres beschlossen die Staats- und Regierungschefs der damals neun Mitgliedstaaten der EG, daß im Laufe des Jahres 1973 ein Umweltaktionsprogramm für die Gemeinschaft ausgearbeitet werden solle. Es wurde dann tatsächlich am 22. November 1973 vom Rat der EG angenommen und umfaßte die Jahre 1973 bis 1976.[120] Bereits in diesem ersten Umweltprogramm wurde die Meeresverschmutzung als eine der ernstesten aller Formen von Verschmutzung anerkannt, und im zur Zeit gültigen vierten Umweltprogramm der

---

118   ABl. EG Nr. L 240 v. 19.9.1977 (auch: Edom/Rapsch/Veh 1986, 373ff.). Das Abkommen
        ist seit 12.2.1978 in Kraft.

119   Die internationale Zusammenarbeit zum Schutz der Meeresumwelt des Mittelmeeres
        untersucht aus regimeanalytischer Perspektive Haas 1989; vgl. auch Reinhardt 1989.

120   ABl. EG Nr. C 112 v. 20.12.1973. Genaugenommen wurde dieses erste wie auch alle
        folgenden Umweltprogramme der EG durch "Entschließung des Rates der Europäischen
        Gemeinschaft und der im Rat vereinigten Vertreter der Regierungen der Mitgliedstaaten"
        angenommen, wobei durch den letzten Halbsatz zum Ausdruck kommt, daß die
        Umweltpolitik noch nicht als dem Kompetenzbereich supranationaler Beschlußfassung
        durch die EG zugehörig betrachtet wurde.

EG ist davon die Rede, "daß die Meeresverschmutzung in zunehmendem Maße in den Vordergrund der Betrachtung rückt."[121]

Während somit ab 1973 ein politischer Rahmen für das Tätigwerden der Gemeinschaft auf dem Gebiet der Umweltpolitik vorlag, war die rechtliche Grundlage hierfür lange Zeit sehr eng. Aufgrund einer fehlenden Kompetenzzuweisung in den Gründungsverträgen der EG konnte sie umweltpolitisch nahezu ausschließlich auf der Basis der Artikel 100 und 235 des Vertrags zur Gründung der Europäischen Wirtschaftsgemeinschaft (EWGV) operieren, welche gleichsam als Auffangnormen der EG die Kompetenz erteilen, solche Vorschriften zu erlassen, die zur Rechtsangleichung in den Mitgliedstaaten bzw. zur Verwirklichung der Ziele der EWG erforderlich sind. Einstimmigkeit war in jedem Fall die notwendige Voraussetzung für Beschlüsse auf der Grundlage dieser Artikel. An dieser Voraussetzung hat sich auch durch die jüngst in Form des in der Einheitlichen Europäischen Akte (EEA) enthaltenen Titels VII erfolgte Aufnahme der Umweltpolitik in die Bestimmungen der EG-Verträge nichts geändert.[122] Gleichwohl wurden bis heute mehr als 100 Beschlüsse auf dieser Grundlage gefällt, die zumeist die Form einer Richtlinie annahmen, das heißt eines Rechtsakts, der für alle Mitgliedstaaten der EG in der Zielsetzung verbindlich ist, ihnen jedoch in der Wahl der Mittel zur Umsetzung relativ freie Hand läßt. Wasserschutzpolitik wurde dabei mit über 25 Richtlinien und Entscheidungen sogar zum primären Aktionsfeld der EG-Umweltpolitik.[123]

Ausgangspunkt der EG-Wasserschutzpolitik war zunächst die Festlegung von Qualitätszielen für Wasser, das für bestimmte Verwendungszwecke vorgesehen ist. Es ergingen 1975 eine Richtlinie über die Qualität von zur Trinkwassergewinnung vorgesehenen Oberflächengewässer;

1975 eine Richtlinie über die Qualität von Badegewässern;

1978 eine Richtlinie über die Qualität des Wassers für Süßwasserfische;

---

121   (4.) Aktionsprogramm der EG für den Umweltschutz (1987-1992), angenommen am 19.10.1987, ABl. EG Nr. C 328 v. 7.12.1987, hier S.23. Die vorausgegangenen Verlängerungen und Ergänzungen des Umweltaktionsprogramms von 1973, das heißt das 2. und 3. Aktionsprogramm der EG für die Jahre 1977-1981 bzw. 1982-1986 wurden am 17.5.1977 (ABl. EG Nr. C 139 v. 13.6.1977) bzw. am 17.2.1983 (ABl. EG Nr. C 46 v. 17.2.1983) angenommen.

122   Der neu eingefügte Art. 130 S EWGV besagt, daß der Rat in umweltpolitischen Fragen mit Einstimmigkeit beschließt (und zwar auf Vorschlag der Kommission und nach Konsultation des Europäischen Parlaments und des Wirtschafts- und Sozialausschusses). Zu den rechtlichen Voraussetzungen der EG-Umweltpolitik nach Inkrafttreten der Einheitlichen Europäischen Akte vgl. den Kommentar zu diesem von DeRuyt 1987, 213ff.

123   "Water pollution policy is the oldest and the most complete sector of Community Environment Policy", stellen Johnson/ Corcelle (1989, 25) fest. Dort findet sich auch eine detailliertere Beschreibung der im folgenden erwähnten EG-Richtlinien auf dem Gebiet der Wasserqualität.

1979 eine Richtlinie über die Qualität des Wassers für Schalentiere; sowie
1980 eine Richtlinie über die Qualitätsanforderungen an Trinkwasser.[124]

Ein zweiter Ansatzpunkt der Wasserschutzpolitik der Gemeinschaft war die Festlegung
von Standards für die Einleitung von Schadstoffen in die Gewässer der Gemeinschaft.
Hierzu erging am 4.5.1976 die grundlegende Richtlinie 76/464 EWG, die seither als
Rahmenrichtline für eine Reihe von Tochterrichtlinien auf diesem Gebiet fungiert.[125]
Nicht nur aus diesem Grund ist die Richtlinie 76/464 jedoch von besonderem Interesse
für die Frage der Meeresschutzpolitik der EG.

Zunächst ist interessant, daß die EG-Kommission ihren Richtlinienvorschlag vom 21.
Oktober 1974 unter anderem aus dem Anlaß heraus vorlegte, daß die Erarbeitung dreier
internationaler Abkommen über Wasserverschmutzung, darunter das Pariser Abkommen
zur Verhütung der Meeresverschmutzung vom Lande aus, bevorstand mit der möglichen
Folge einer Ungleichheit der rechtlichen Anforderungen in einzelnen Mitgliedstaaten.[126]
Supranationaler Verregelungsbedarf kann somit aus internationlem Verregelungs-
bestreben resultieren, was den engen Zusammenhang beider verdeutlicht.

Europarechtlich hatte die Verabschiedung der Rahmenrichtlinie die Konsequenz, daß
die EG damit zum erstenmal auch auf dem Gebiet des Meeresschutzes - die Meeresgebiete der Mitgliedstaaten sind Teil der "Gewässser der Gemeinschaft" - tätig geworden
war und somit in Zukunft auf diesem Gebiet, zumindest was die Einleitung vom Lande
aus betrifft, auch die Kompetenz der Außenvertretung ihrer Mitglieder beanspruchen
konnte.[127]

---

124   Die Trinkwasserrichtlinie vom 15.7.1980 (ABl. EG Nr. L 229 v. 30.8.1980), die ab 1985
       einzuhaltende Grenzwerte für Nitrate und Pestizide enthält, wurde in der Bundesrepublik
       erst 1986 in der Trinkwasser-Verordnung in nationales Recht umgesetzt. Da auch
       weiterhin 10 bis 20 Prozent der 6300 Wasserversorgungsunternehmen in der Bundesrepu-
       blik die Grenzwerte nicht einhalten können, wird mit großzügiger Vergabe von
       Ausnahmegenehmigungen weiteroperiert. Die EG-Kommission hat deshalb jüngst
       angekündigt, daß sie wegen der unvollständigen und nicht einwandfreien Umsetzung der
       Richtlinie in bundesdeutsches Recht gegen die Bundesregierung vor dem Europäischen
       Gerichtshof vorgehen werde.

125   Richtlinie des Rates vom 4.5.1976 betreffend die Verschmutzung infolge der Ableitung
       bestimmter gefährlicher Stoffe in die Gewässer der Gemeinschaft, ABl. EG Nr. L 129 v.
       18.5.1976.

126   So die Begründung, welche die Kommission selbst in den einleitenden Erwägungen zu der
       Richtlinie gegeben hat. Die beiden anderen Abkommen waren die (Straßburger)
       Konvention zum Schutz internationaler Wasserläufe vor Verschmutzung sowie das
       Abkommen zum Schutz des Rheins gegen die chemische Verunreinigung.

127   Die Auswirkungen auf die Ratifizierung des Helsinki-Abkommens zum Schutz der Ostsee
       werden unten besprochen, vgl. Abschnitt 3.2.1.

Was die Positionsdifferenzen zwischen den beteiligten Akteuren anbelangt, so trat in den Beratungen des Umweltministerrats über den im Oktober 1974 unterbreiteten Kommissionsvorschlag für die Rahmenrichtlinie innerhalb der EG erstmals jener Konflikt zutage, der seit den ersten Bemühungen um internationalen Gewässerschutz immer wieder auf der Tagesordnung steht, nämlich die Frage, ob Emissionsstandards oder Immisionsstandards (Umweltqualitätsziele, Environmental Quality Objectives, daher kurz EQOs) anzuwenden seien. Im konkreten Fall stand Großbritannien mit seinem Beharren auf einem EQO-Ansatz allen übrigen Mitgliedstaaten gegenüber, die sich für Emissionsstandards aussprachen, wie sie auch die Kommission vorgeschlagen hatte. Angesichts der erforderlichen Einstimmigkeit sowie des Beharrens der Briten auf ihrem Standpunkt konnte auch in diesem Fall nur der Kompromiß des "Parallelansatzes" herauskommen, der zwar von Emissionsgrenzwerten als Regel ausgeht, zugleich aber die ausnahmsweise Anwendung von Qualitätszielen vorsieht, wenn der betreffende Staat nachweisen kann, daß im gesamten von der Ableitung betroffenen Gebiet diese Ziele eingehalten werden.

Gemäß der Kriterien Toxizität, Langlebigkeit und Bioakkumulation unterscheidet die Richtlinie zwei Listen von Stoffen (bzw. Stoffgruppen). Die Verschmutzung durch Stoffe der Liste I (auch "schwarze Liste" genannt) soll "beseitigt", das heißt die negativen Effekte einer Einleitung - nicht notwendigerweise diese selbst - letztlich auf Null reduziert werden, die Verschmutzung durch Liste II-Stoffe ("graue Liste") ist nur "zu verringern". In beiden Fällen darf eine Einleitung nur mit vorheriger Genehmigung erfolgen, die für Liste I-Stoffe zeitlich begrenzt (aber erneuerbar) ist. Die Festlegung der Grenzwerte, welche nationale Emissionsnormen einhalten müssen, erfolgt für Liste I-Stoffe durch die Kommission "unter Berücksichtigung der besten verfügbaren technischen Hilfsmittel".[128] Für Liste II-Stoffe haben die Mitgliedstaaten Programme zur Festlegung von Qualitätszielen für die Gewässer aufzustellen, auf deren Grundlage dann Emissionsnormen für diese Stoffe zu berechnen sind. Wie diese komplizierte Drei-Schritt-Formulierung (Programme für Ziele zur Berechnung ...) bereits erahnen (und befürchten) ließ, erfolgte die praktische Umsetzung in den Mitgliedstaaten bisher nur schleppend. Soweit der Kommission überhaupt nationale Programme vorgelegt wurden, waren diese wie im Fall der von der Kommission seit 1982 angemahnten Programme für Chrom "for the most part incomplete and imprecise as far as the quality objectives set and timetable envisaged were concerned".[129] Dies veranlaßte die Kommission im Januar 1986, erstmals selbst einen Richtlinienvorschlag für eine Substanz der grauen Liste zu

---

128   Hierbei hat die Kommission laut Johnson/Corcelle (1989, 68) zu verstehen gegeben, daß sie, was die "Verfügbarkeit" anbelangt, über den Wortlaut der Richtlinie hinaus auch die *wirtschaftliche* Verfügbarkeit berücksichtigen werde, eine zwar nicht prinzipiell unvernünftige Ankündigung, gleichwohl ein aus ökologischer Sicht neuralgischer Punkt aller Grenzwert-Politik.

129   Johnson/Corcelle 1989, 91.

unterbreiten mit Qualitätszielen für Chrom. Der Vorschlag ist bisher vom Rat noch nicht angenommen worden.

Angenommen wurden dagegen eine Reihe von Tochterrichtlinien für einzelne Stoffe der schwarzen Liste, so für Aldrin, Dieldrin und Endrin, für Quecksilber aus der Chlor-Alkali-Elektrolyse-Industrie sowie aus anderen Industrien, für Cadmium, HCH, und andere. Insbesondere wurde im Juni 1986 die Richtlinie 86/280/EWG angenommen,[130] die neben konkreten Grenzwerten für drei weitere Stoffe der schwarzen Liste *allgemeine Anwendungsbedingungen* für die Rahmenrichtlinie in einem Anhang enthält und zwar für die Festlegung von Grenzwerten für Emissionsnormen, von Qualitätszielen sowie bezüglich der Referenzmeßverfahren. Hierdurch soll die Erarbeitung weiterer stoff- und/oder industriespezifischer Richtlinien vereinfacht werden. Gleichwohl hat die Kommission hier noch ein großes Arbeitsprogramm vor sich angesichts der Tatsache, daß nach einer Ratsentschließung von 1983 insgesamt 129 Stoffe auf der schwarzen Liste stehen. Sie stellen übrigens bereits eine Auswahl dar, die nach dem Kriterium der produzierten Menge unter den in ursprünglichen Studien der Kommission aufgelisteten 1500 (!) Substanzen, die eigentlich aufgrund ihrer Giftigkeit auf die schwarze Liste gehörten, getroffen wurde.

Neben dem stoffspezifischen Ansatz hat die Kommission auch einen industriespezifischen Ansatz verfolgt. Sie ist damit bisher allerdings gescheitert im Falle der Papier- und Zellstoffindustrie, für die aufgrund prinzipieller und konkurrenzbedingter Positionsdifferenzen bisher keine Einigung über Grenzwerte erreicht werden konnte. Nicht sehr viel erfolgreicher war sie im Falle der Titandioxid-Industrie. Diese verließ sich bei ihrer Entsorgung jahrelang auf die "natürliche Aufnahmefähigkeit" des Meeres, indem sie ihre Rückstände, darunter die berühmte - um nicht zu sagen: berüchtigte - Dünnsäure auf hoher See verklappen ließ. Die erste Richtlinie für diese Industrie[131] beschränkte sich jedoch darauf, eine Genehmigung für diese Einleitungen sowie die ökologische Überwachung der Einleitungsgebiete zu verlangen. Nicht übernommen wurde der Kommissionsvorschlag einer schrittweisen Reduzierung der Einleitungen. Es folgten 1982 eine Richtlinie bezüglich der Überwachung der Einleitung sowie 1983 ein Vorschlag der Kommission für eine Richtlinie zur Vereinheitlichung der nationalen Reduktionsprogramme, der wiederum eine Reaktion auf verspätete und unzureichende nationale Vorschläge für Reduktionsprogramme war. Obwohl die Kommission jetzt bereits die unterschiedlichen Produktionsverfahren und die Art der Gewässer, in die eingeleitet wird, berücksichtigt, Teilziele und Ausnahmegenehmigungen bei technischen Schwierig-

---

130   Richtlinie des Rates vom 12.6.1986 betreffend Grenzwerte und Qualitätsziele für die Ableitung bestimmter gefährlicher Stoffe im Sinne der Liste I im Anhang der Richtlinie 76/464/EWG, ABL. EG Nr. L 181 v. 4.7.1986.

131   ABl. EG Nr. L 54 v. 25.2.1978.

keiten vorsieht, konnte noch keine Einigung über den Vorschlag erzielt werden. Keinen Erfolg hatte die Kommission auch mit ihrem Vorschlag, die Richtlinie als Beitrag zur Angleichung der Rechtslage in den Mitgliedstaaten anzusehen und gemäß Art. 100 A, das heißt potentiell mit qualifiziertem Mehrheitsbeschluß, zu verabschieden. Immerhin einigte sich der Umweltrat 1988 darauf, daß bis Ende 1989 die Verklappung (dumping) eingestellt werden soll, jedoch mit der möglichen Verlängerung der Frist für ein "endgültiges Verbot" bis 1992. Insgesamt läßt dies weitere Verklappung befürchten als Ergebnis der "Verwässerung" der Bestimmungen über sie.

Neben diesen Maßnahmen gegen die landseitige Verschmutzung der Meere hat die EG sich auf dreierlei Arten der Meeresumweltschutzproblematik angenommen: durch Teilnahme an *internationaler* Zusammenarbeit,[132] durch Richtlinienvorschläge der Kommission bezüglich der Verklappung (dumping) auf See und durch Maßnahmen auf dem Gebiet der Verschmutzung der Meere durch Kohlenwasserstoffe.[133]

Ein erster Vorschlag der Kommission für eine Richtlinie über das Einbringen von Abfällen auf See stammt bereits aus dem Jahr 1976. Er ist jedoch in jahrelangen Diskussionen versandet und wurde 1985 durch einen neuen Vorschlag ersetzt,[134] der die im Rahmen internationaler Abkommen inzwischen erfolgte Entwicklung von Normen und Regeln auf diesem Gebiet EG-weit zu vereinheitlichen sucht. Zu diesem Zweck ist wieder ein Zwei-Listen-Verfahren (schwarz und grau) vorgesehen, das je nach Gefährlichkeit das Verbot bzw. die Kontrolle der Einleitung (dumping) von Abfällen auf See (nicht erfaßt sind dabei allerdings radioaktive Stoffe) sowie ihrer Verbrennung auf See vorsieht. Die Erlaubnis für Verbrennung auf See soll nur erteilt werden, wenn keine Möglichkeit zur Entsorgung an Land besteht. Ab 1990 sollen die Mitgliedstaaten Enddaten für jegliche Verbrennung auf See benennen. Da die vorgeschlagene Richtlinie bisher vom Rat nicht verabschiedet worden ist, wird auch diese großzügig bemessene Frist nicht eingehalten werden können.

132　Vgl. dazu oben Abschnitt 2.2.2., insbesondere Unterabschnitt 2.2.2.4.

133　Zu erwähnen ist ferner der im März 1989 unterbreitete Richtlinienvorschlag (Abl. EG Nr. C 54 v. 3.3.1989) über den Schutz der Gewässer vor Nitratverschmutzung aus diffusen Quellen, der vor allem auf Einträge aus der Landwirtschaft und aus kommunalen Klärwerken zielt. Er sieht die Ausweisung "empfindlicher Zonen" vor, die von der Überdüngung am meisten bedroht sind und für die deshalb besondere Maßnahmen zu treffen sind. Außer Betracht bleibt in der vorliegenden Arbeit der indirekte Beitrag zum Meeresumweltschutz, den Maßnahmen der EG gegen die Luftverschmutzung leisten. Angesichts des erheblichen Anteils der Schadstoffeinträge über den Luftweg an der Gesamtbelastung der Meere ist diese Beschränkung eher arbeitspraktisch denn sachlich gerechtfertigt.

134　Vorschlag für eine Richtlinie des Rates über das Einbringen von Abfällen ins Meer, von der Kommission dem Rat vorgelegt am 13.8.1985, ABl. EG Nr. C 245 v. 26.9.1985.

Was schließlich die Verschmutzung des Meeres durch Kohlenwasserstoffe anbelangt, so verbirgt sich dahinter die doppelte Gefährdung der marinen Umwelt durch die Nebenfolgen der Gewinnung von Öl aus dem Meeresuntergrund zum einen, durch Tankerunglücke zum andern. Seit einem ersten Entwurf der Kommission für eine Ratsentschließung aus dem Jahre 1977, der eine Reaktion auf den Unfall der Bohrplattform Bravo-Ekofisk vom 22. April desselben Jahres darstellte, hat sich die EG hier um den Aufbau von nationalen Katastrophenplänen, deren Vereinheitlichung und Koordinierung sowie um die Errichtung eines zentralen Informationssystems bemüht. Es bedurfte jedoch erst weiterer Studien der Kommission sowie des Tankerunglücks der Amoco Cadiz (16.3.1978; dabei flossen über 1,6 Mio Barrel Öl vor der französischen Atlantikküste ins Meer), bevor erste Schritte in diese Richtung unternommen wurden. So wurde 1980 ein Beratungsausschuß für Meeresverschmutzung durch Kohlenwasserstoffe, bestehend aus Regierungsexperten, eingerichtet. 1981 folgte auf Vorschlag der Kommission ein zentrales Informationssystem, das Angaben über in der Gemeinschaft vorhandene Bekämpfungsmittel, eine Liste der nationalen Notfallpläne sowie ein Kompendium von Eigenschaften und Bekämpfungsmöglichkeiten von Kohlenwasserstoffen enthält. Nicht angelegt wurde eine Liste aller Öltanker der Gemeinschaft, obwohl die Kommission dies vorgeschlagen hatte. Dieses System wurde 1986 auf andere gefährliche Stoffe als Öl ausgedehnt. Der Vorschlag der Kommission, durch Erlaß einer Richtlinie Vorgaben für die nationalen Bekämpfungspläne zu machen, 1983 unterbreitet, ist bisher ohne Erfolg geblieben.

Insgesamt kann man sich angesichts dieser Bilanz der bisherigen Aktivität der EG auf dem Gebiet des Meeresumweltschutzes[135] des Eindrucks nicht erwehren, daß zwischen dem Problembewußtsein, wie es in den konkreten Vorschlägen der Kommission und auch in den allgemeinen Äußerungen zur Relevanz des (Meeres-)Umweltschutz etwa in den Umweltprogrammen der Gemeinschaft zum Ausdruck kommt, und dem bisherigen Erfolg gemeinschaftlicher Beschlußfassung und erst recht deren nationaler Umsetzung eine bedauerlich große Lücke klafft.[136] Die EG hat bisher den potentiellen Vorteil verbindlicher Beschlußfassung auf supranationaler Ebene nicht wirklich nutzen können, da de facto bei Weitergeltung des Einstimmigkeitsprinzips auch in der Gemeinschaft die Gefahr groß ist, daß der langsamste Mitgliedstaat das Tempo bestimmt bzw. allfällige Kompromisse auf der Basis des kleinsten gemeinsamen Nenners geschlossen werden. Das Tempo der Beschlußfassung ist besonders angesichts des Berges an Regelungsbedarf

---

135 Es sei nochmals angemerkt, daß auf die ausgeprägtere Tätigkeit der EG in Sachen Schutz des Mittelmeeres, die im Rahmen des internationalen Barcelona-Abkommens wie des Mittelmeer-Aktionsplans (MEDSPA) der Gemeinschaft erfolgt, hier nicht eingegangen werden konnte.

136 Zur Frage der Einwirkungsmöglichkeit der EG auf nationales Umweltrecht sowie ihres Einflusses auf das erreichte Umweltschutzniveau vgl. die vorzügliche generelle Übersicht von Schwartze 1989.

- es sei nur nochmals an die 129 Stoffe der schwarzen Liste der Richtlinie 76/464/EWG erinnert - wenig ermutigend. Der Vorschlag auf der Frankfurter Umweltkonferenz vom Juni 1988, auf der die Minister der Mitgliedstaaten, nationale Beamte und Vertreter der EG-Kommission zusammenkamen, für die einstimmig auf die schwarze Liste gesetzten Stoffe wenigstens über die Grenzwerte mit qualifizierter Mehrheit zu beschließen, wie es Art. 130 S EWGV ermöglicht, fand zwar wegen der damit erreichbaren Beschleunigung des Verfahrens viel Zuspruch, aber selbst nicht die erforderliche einstimmige Unterstützung.[137]

Darüber hinaus hat die Kommission selbst erkannt, daß ihr bisheriges Vorgehen noch zu sehr auf die Regelung von Einzelfragen - einzelne Stoffe, einzelne Branchen - konzentriert war.[138] Dagegen ist die potentielle Chance einer Berücksichtigung umweltpolitischer Gesichtspunkte in den materiellen Politiken der Gemeinschaft auf anderen Sachgebieten, etwa der Agrar- oder der Verkehrspolitik, bisher zu wenig genutzt worden. Nachdem im neu eingefügten Artikel 130 R EWGV die Erfordernisse des Umweltschutzes als integraler Bestandteil der übrigen Politiken der Gemeinschaft anerkannt worden sind, muß die Zukunft zeigen, ob die EG tatsächlich zu einer solchen in größeren Zusammenhängen denkenden Umweltpolitik, wie sie gerade auch für den Schutz der Meeresumwelt erforderlich ist, in der Lage sein wird. Der Fortbestand des Einstimmigkeitsgebots wie auch der Unterschiede in der nationalen Bereitschaft, die für den Schutz der Umwelt erforderlichen Mittel bereitzustellen, wird jedoch wohl dafür sorgen, daß die umweltpolitischen Bäume der EG nicht in den Himmel wachsen.

Hat somit die EG ihr supranationales Spezifikum: den Erlaß unmittelbar gültiger Vorschriften des Gemeinschaftsrechts bisher im Politikfeld (Meeres-)Umweltschutz nicht wirklich nutzen können, so gilt dies auch für ihre zweite Besonderheit im Vergleich zu weniger engen internationalen Kooperationsformen wie etwa Regimen: die Existenz einer (seit 1979) direkt gewählten Volksvertretung. Das Europäische Parlament (EP) ist aufgrund seiner nach wie vor nicht an Maßstäbe nationaler Parlamente heranreichenden Kompetenzen im Politikfeld Meeresumweltschutz im wesentlichen ein Ort der

---

137 Es bestätigt sich somit die Einschätzung DeRuyts (1987, 218) bezüglich dieser neuen Bestimmung des Art. 130 S EWGV: "Cette disposition ne change pas grand-chose à la situation actuelle (d.h. vor Inkrafttreten der EEA, ML), puisque rien n'a jamais empêché le Conseil, dans un acte adopté a l'unanimité, de prévoir dans cet acte que les mesures d'application seront prises à la majorité qualifiée."

138 Im vierten Aktionsprogramm für den Umweltschutz wird das Fehlen eines übergreifenden Umweltpolitikansatzes unter anderem mit den Worten festgestellt, man habe bisher dazu tendiert, "sich auf Umweltschutzprobleme zu konzentrieren, wie sie in den verschiedenen Medien auftauchen: Luft, Wasser und Boden haben dabei die wichtigste Rolle gespielt. (...) Im großen und ganzen wurden eher sektorbezogene Maßnahmen getroffen (...) Unvermeidbare Folge (davon) ist, daß, wenn Normen in einem Bereich verschärft werden, der Druck in einem anderen Bereich zunehmen kann." (ABl. EG Nr.C 328/18 v. 7.12.1987)

"Bewußtseinsbildung", nicht der konkreten Entscheidungen. So hat es zwar im Vorfeld
zur 1. INK im Januar 1984 eine Entschließung zum Schutz der Nordsee verabschiedet,
in dem erstmals ein umfassender Ansatz für dieses Problemfeld gefordert wurde,[139] und
im Anschluß an jede der drei Nordseekonferenzen wurden über die Thematik debattiert
und jeweils Entschließungen verabschiedet. Die jüngste, im Anschluß an die 3. INK am
6.4.1990 verabschiedete enthält dabei die Forderung an die Kommission der EG, bis
Ende des Jahres ein eigenes Aktionsprogramm zum Schutz der Nordsee auszuarbeiten
und "umgehend Initiativen zum Schutz der Nordsee zu ergreifen."[140] Auch für diese
Entschließung gilt jedoch wohl, was Prat bereits für die vorausgegangenen festgestellt
hat: "Concrete effects of these resolutions are limited, however, given the characteristics
of community procedure and the competences of the European Parliament."[141]

Es bleibt abschließend ein ganz anderer Weg zu erwähnen, auf dem die EG einen
Beitrag zum Schutz der Meeresumwelt leisten kann, und zwar sowohl in der Nord- als
auch in der Ostsee. Gemeint ist die finanzielle Unterstützung von Umweltschutzmaß-
nahmen in den Staaten Osteuropas. Die EG plant eine Reformhilfe für die DDR, die
CSFR, Bulgarien, Rumänien und Jugoslawien in Höhe von 200 Mio. ECU (rund 400
Mio. DM). Laut Presseberichten will der Umweltkommissar der EG, Ripa di Meana,
sich dafür einsetzen, daß mindestens ein Drittel dieser Gelder für Investitionen in den
Umweltschutz ausgegeben wird. Darüber hinaus wolle er erreichen, daß die EG sich an
drei geplanten Regionalprogrammen für Donau, Elbe und Oder finanziell beteiligt.[142]
Ein solcher Beitrag der EG erscheint angesichts der umweltpolitischen Lage in den
Staaten Osteuropas[143] ebenso sinnvoll wie nötig.

---

139   Vgl. ABl. EG Nr. C 46 v. 20.2.1984.

140   Vgl. den Bericht über die Debatte in: Generaldirektion Information und Öffentlichkeitsar-
       beit des EP/Zentrale Presseabteilung (Hrsg.), Tagungswoche vom 2.-6.4.1990, 56-58, das
       Zitat: 58.

141   Prat 1990, 103.

142   Vgl. den Bericht über die erste gemeinsame Umweltkonferenz der EG und der Staaten
       Osteuropas vom 16.6.1990 in Dublin in: Reutlinger Generalanzeiger 18.6.1990, 2.

143   Dazu unten Abschnitt 3.4.

2.4. Meeresschutzpolitik: Der Fall Bundesrepublik Deutschland

Die Bundesrepublik gehört, insbesondere durch das "meerumschlungene" Schleswig-Holstein, zu den Anrainern sowohl der Ostsee als auch der Nordsee, wenn sie auch in beiden Meeren nur relativ geringe Seegebiete beanspruchen kann. Dennoch kommt ihr auch in Fragen des Meeresumweltschutzes eine bedeutende Rolle zu, geht doch mit ihrer wirtschaftlichen Potenz einerseits ein erhebliches ökologisches Schädigungspotential einher und andererseits ein relativ großes umweltpolitisches Handlungsvermögen (das heißt sie verfügt über erhebliche umweltpolitische "Kapazität").

Bei der Beschreibung der Problemlage im Bereich der Nordsee wurde bereits eine kurze Charakterisierung der Bundesrepublik anhand der Kriterien "Beteiligung an" und "Betroffenheit von der Nordseeverschmutzung" vorgenommen. Diese objektiv-ökologische Zuordnung erfolgte vor dem Hintergrund einer Reihe von Merkmalen, welche die Bundesrepublik in wirtschaftlicher, geographischer, demographischer und ökologischer Hinsicht aufweist. Sie alle (und möglicherweise weitere Faktoren) bilden auch den Hintergrund für die nationale Umweltpolitik im allgemeinen und Meeresumweltpolitik im besonderen. Eine systematische Zusammenstellung aller einschlägigen Faktoren mit Bezug auf die Problematik des Meeresumweltschutzes in Nord- und Ostsee steht noch aus.[144] Die nachfolgenden Angaben sind kein wirklicher Ersatz für eine solche, wohl nur interdisziplinär zu erstellende, ökologisch orientierte Bestandsaufnahme, sollen jedoch zumindest einige grundlegende Fakten zusammenstellen, die im Zusammenhang der hier behandelten Thematik von Bedeutung sind.[145]

2.4.1. Basisinformation

In der Bundesrepublik verteilt sich (Angaben für 1988) eine Bevölkerung von rund 60 Mio. Einwohnern auf eine Landfläche von rund 108.000 km^2, was eine international vergleichsweise hohe Bevölkerungsdichte von 244,4 Personen pro km^2 ergibt. 85,5 v.H. dieser Bevölkerung leben in Städten.[146]

Auf das gänzlich zum Einzugsgebiet von Nord- und Ostsee gehörende Schleswig-Holstein entfallen (1987) rund 2,6 Mio. Einwohner, der Rest des Bundesgebietes gehört

---

144 Das Sondergutachten des Rats von Sachverständigen für Umweltfragen über "Umweltprobleme der Nordsee" (RSU 1980) war ein erster wichtiger Schritt zu einer solchen Gesamtschau zumindest für dieses Meer, seine Datenbasis ist jedoch mittlerweile recht alt (teilweise späte 70er Jahre).

145 Vergleichbare Angaben werden, soweit möglich, unten für die beiden anderen behandelten Staaten wiedergegeben, vgl. die Abschnitte 2.5.1. (Großbritannien) und 3.3.1. (Schweden).

146 Angaben nach Britannica World Data Annual 1989, Chicago 1989, 603.

zum Einzugsgebiet der Nordsee, soweit er über die großen Flußsysteme von Weser, Ems, und Rhein (samt seinen Nebenflüssen) entwässert. Dies schließt nur einige südöstlichen Teile des Bundesgebiets (in Baden-Württemberg und Bayern) aus, die über die Donau mit dem Schwarzen Meer verbunden sind.

Die Bundesrepublik ist eine der führenden Industrienationen der Welt und erreichte 1986 ein Bruttosozialprodukt von 12.080 US-Dollar pro Kopf, was im internationalen Vergleich der 9. Stelle entsprach. Im selben Jahr übertrafen die Exporte die Importe wertmäßig um rund 53,6 Milliarden DM.[147] Dies spiegelt nicht nur die starke wirtschaftliche Stellung des "Exportweltmeisters" Bundesrepublik sowie ihre Abhängigkeit vom Exportgeschäft wider. Es bedeutet umgekehrt in ökologischer Hinsicht, daß die Bundesrepublik sich auch einen Gutteil der ökologischen Folgewirkungen der Produktion von Waren aufbürdet, welche nicht im Land selbst verbraucht werden. Straßenfahrzeuge, Maschinen und chemische Erzeugnisse (Seetransport![148]) führten dabei die Liste der Exportgüter an mit einem Anteil an der Gesamtausfuhr (1988) von 18,1 v.H., 15,4 v.H. bzw. 13,8 v.H..[149]

Bei der Erzeugung elektrischer Energie entfielen 1986 auf fossile Brennstoffe 66,5 v.H., nur 4,1 v.H. auf Wasserkraft und 29,4 v.H. auf die Kernenergie. Insgesamt wurden 318 Mio. t Kohle, 56,7 Mio m^3 Erdgas und 831 Mio. Barrel Öl (1987) verbraucht,[150] was für das Jahr 1886 einen Gesamtenergieverbrauch von 4.719 kg Öleinheiten pro Kopf der Bevölkerung ergab.[151] Damit befindet sich die Bundesrepublik in der humanökologischen Phaseneinteilung deutlich in der Hochenergiephase.[152]

---

147   Angaben nach ebd. 603f. bzw. Fischer Weltalmanach '90, Frankfurt/M. 1989, Sp.140.

148   Der RSU stellt hierzu (1980, 134) unter anderem fest: "Über das Transportaufkommen von Chemikalien liegen keine vergleichbaren Schätzungen und Hochrechnungen vor. Sie sind auch gegenwärtig nicht zu erstellen, da Statistiken, die das Transport- und Umschlagvolumen erfassen, Chemalientransporte nur in groben Sammelbegriffen erheben und nach anderen Gesichtspunkten geordnet sind"; des weiteren wird festgestellt, "daß die Entsorgung von (mit Wasser verunreinigten) Restchemikalienladungen durch Entsorgungsschuten zeitaufwendig und teuer und das Ablassen ins Meer bei zahlreichen Chemikalien - anders als bei Öl - unauffällig möglich ist. Durch Unfall verlorene Chemikalienladungen werden in der Regel nicht geborgen, da die Kosten der Bergung den Wert des geborgenen Gutes meist übersteigen."

149   Quelle: Fischer WA '90, Sp.893.

150   World Data Annual 1989, 808f.

151   Fischer WA '90, Sp.140.

152   Dies zeigt der Vergleich: Indien etwa kam 1986 auf einen Energieverbrauch von nur 208 kg ÖE pro Kopf; die USA mit ihrem notorischen "Energiehunger" rangierten ganz oben mit (ebenfalls 1986) 7.193 ÖE pro Einwohner (Angaben nach Fischer WA '90, Sp. 288 bzw. Sp.563).

Die Handelsflotte der Bundesrepublik umfaßte 1987 1.414 Schiffe (über 100 BRT). Insgesamt wurden 1986 202.366 t Fisch an Land gebracht. Dabei waren (1987) die Nordsee mit 50,4 v.H. und die Ostsee mit 14,3 v.H. der Anlandemenge die beiden wichtigsten Fanggebiete.[153]

Das bundesdeutsche Küstenmeer hat in der Ostsee eine Breite von 3 sm. Wie die übrigen Anrainer beansprucht die BRD den Festlandsockel sowie die Fischereizone bis zur Mittellinie, was ihr insgesamt einen Anteil an der Gesamtfläche der Ostsee von ca. 3 v.H. verschafft. Für die Nordsee hat die Bundesrepublik bereits 1976 eine Fischereizonenerklärung (200 sm) abgegeben, die genauen Zonengrenzen sind jedoch bisher nicht abgestimmt. Die Festlegung der Festlandsockelgrenzen in der Nordsee hat für die BRD ein eigenartig geformtes Gebiet ("Entenschnabel") ergeben, innerhalb dessen sie für die sogenannte "Küstenmeerbox" im Bereich der Deutschen Bucht ein 12 sm breites Küstenmeer beansprucht.[154]

Zum Küstenmeer der Bundesrepublik im Bereich der Nordsee gehört auch das ökologisch besonders sensible Wattenmeer. Es ist dies der zwischen der Grenze zum Meerwasser mit erhöhtem Salzgehalt (die einige Kilometer seewärts der Friesischen Inseln verläuft) und den Festlandsdeichen gelegene Flachmeerbereich mit den dazugehörigen (ost- und nordfriesischen) Inseln, der sich an der Küste der Niederlande (westfriesische Inseln) und Dänemarks fortsetzt. Aufgrund seiner einmaligen ökologischen Bedingungen ist das Wattenmeer Lebensraum und "Kinderstube" zahlreicher Arten und für deren Existenz unverzichtbar.[155] Zugleich ist das Watt aufgrund der Nähe zum Land und der von ihm ausgehenden Schadstoffmengen besonders belastet. Auch kommt es hier, obwohl sowohl Schleswig-Holstein (1985) als auch Niedersachsen (mit Wirkung vom 1.1.1986) jeweils Nationalparke in ihren Abschnitten des Wattenmeeres ausgewiesen haben, zu vielfachen Nutzungskonflikten.[156] Die besondere Betroffenheit der Bundesrepublik von der Nordseeverschmutzung durch die Gefahr für das Wattenmeer gilt es hervorzuheben.

2.4.2. Der politische Kontext der Meeresumweltschutzpolitik

Die im Abschnitt "Basisinformation" gemachten Angaben dienten zur Charakterisierung des ökologischen, demographischen, wirtschaftlichen und geographischen Kontextes der Meeresumweltpolitik in der Bundesrepublik. Dies war von der Sache her geboten, auch

---

153   World Data Annual 1989, 603 bzw. Fischer WA '90, Sp.800.

154   Jenisch 1987, 368 bzw. 1989, 88f.

155   Zur Ökologie des Wattenmeeres vgl. etwa Buchwald 1990, 84ff.

156   Zur Problematik der Nutzungskonflikte und den Nationalparken vgl. ebd., 184ff. und 195ff.

wenn dazu die Fachgrenzen der Politikwissenschaft überschritten werden mußten. Dagegen sollen in diesem Abschnitt diejenigen Faktoren beschrieben werden, die zum Standardgegenstand politikwissenschaftlicher Analyse gehören und zusammen das bilden, was hier der *politische* Kontext der Meeresumweltschutzpolitik genannt wird. Insbesondere soll es um die damit befaßten staatlichen Institutionen, die Einstellung der im Parlament vertretenen politischen Parteien sowie die Rolle der Umweltschutzverbände gehen. Neben den als *public interest groups* agierenden Umweltverbänden nehmen selbstverständlich auch eine Vielzahl von *private intest groups* Einfluß auf einzelne Entscheidungen, die der Meeresumweltschutzpolitik zuzurechnen sind oder diese indirekt betreffen. Es war jedoch, wie in der Einleitung bereits festgestellt wurde, nicht möglich, den Einfluß derartiger Interessengruppen auf die Meeresumweltpolitik generell zu erfassen. Auch eine Analyse anhand ausgewählter Einzelfälle (etwa der Betreiberfirmen von Verbrennungsschiffen auf die Politik in Sachen Abfallbeseitigung - Verbrennung - auf See) konnte nicht geleistet werden. Zum Teil wäre hierzu auch eine weit über die spezielle Frage des Meersumweltschutzes hinaus in den Bereich der allgemeinen Umweltpolitik reichende Analyse (umwelt-)innenpolitischer Entscheidungsprozesse nötig, etwa bezüglich des Zustandekommens und der Novellierung des Abwasserabgabengesetzes. Auf den Bedarf an solchen, auch komparativen Studien als Unterfutter für die Analyse internationaler Umweltregime wird zurückzukommen sein.

2.4.2.1. Staatliche Institutionen

Als eigenständiges Politikfeld geht Umweltpolitik im allgemeinen und Meeresumweltpolitik im besonderen in der Bundesrepublik wie in den meisten westlichen Industrieländern auf die späten 1960er und frühen 1970er Jahre zurück.[157] Seit dieser Zeit fiel Umweltpolitik in die Kompetenz des Innenministeriums. Erst im Jahre 1986 wurde ein eigenständiges "Bundesministerium für Umwelt, Naturschutz und Reaktorsicherheit" (BMU) eingerichtet.[158] Mit seinen (1987) 518 Planstellen, die zu gut einem Drittel aus dem Innenministerium übernommen wurden,[159] blieb es ein relativ kleines Ministerium, innerhalb dessen ein Referat speziell für Meeresumweltschutz und wasserwirtschaftliche Übereinkommen zuständig ist. Das BMU ist heute somit im Bereich der Meeresumweltschutzpolitik federführend, stützt sich aber vor allem in Fragen des Seeverkehrs und im Überwachungsbereich auf die Tätigkeit des Deutschen Hydrographischen Instituts (DHI), Hamburg, einer dem Bundesverkehrsministerium nachgeordneten Bundesoberbehörde. Dem BMU selbst nachgeordnet ist das Umweltbundesamt (UBA), Berlin, das vor allem auf der Ebene von Arbeitsgruppen und ständigen Ausschüssen mit

---

157   Zur Umweltpolitik in der Bundesrepublik allgemein vgl. Hartkopf/Bohne 1983, E.Müller
       1986 und 1989 sowie Weidner 1989.

158   Zum BMU und seiner Entstehung vgl. Weidner 1989, 18ff. und Pehle 1988.

159   Vgl. Pehle 1988, 262.

Experten bei den Beratungen im Rahmen der Regime zum Schutz von Nord- und Ostsee vertreten ist. Ansonsten sind für diese Vertretung nach außen die leitenden Beamten des BMU oder sogar der Minister selbst zuständig. Nach innen stützt sich das BMU, dem föderalen Aufbau der Bundesrepublik folgend, auch in Sachen Gewässer- und Meeresschutz vor allem auf die einschlägigen Ministerien der Länder und deren nachgeordnete Behörden. Für die hierfür erforderliche Koordination bestehen mehrere fachspezifische Länder- und Bund-Länder-Ausschüsse[160] wie etwa die Länderarbeitsgemeinschaft Wasser (LAWA), die Länderarbeitsgemeinschaft Naturschutz (LANA), der Bund-Länder-Arbeitskreis Umweltchemikalien (BLAU) sowie der Bund-Länder-Ausschuß Nord- und Ostsee (BLANO), welch letzterer bei Bedarf, faktisch ca. alle zwei Monate, zusammentritt.[161] Schließlich wurde auf parlamentarischer Ebene 1986 im Gefolge der Gründung des BMU auch ein eigener Umweltausschuß des Deutschen Bundestags eingerichtet, wobei die personelle Überlappung mit dem bis dahin für Umweltfragen zuständigen Innenausschuß (12 der 23 Mitglieder des Umweltausschusses waren auch Mitglieder im Innenausschuß, drei weitere im Landwirtschaftsausschuß) für Kontinuität in der parlamentarischen Behandlung von Umweltfragen sorgte.[162] Der Umweltausschuß hat den Schutz der Nordsee am 5. Oktober 1987 zum Thema einer ganztägigen Anhörung gemacht, auf der Fachleute und Verbändevertreter mit mündlichen und schriftlichen Stellungnahmen präsent waren.[163]

2.4.2.2. Parteien

Unter dem Stichwort "Parteien" geht es in diesem Abschnitt um die Einstellung der im Parlament vertretenen Parteien zum Thema (Meeres-)Umweltschutz, also um parteiliche Programmatik. Dagegen erfolgt an dieser Stelle nicht ein Vergleich von realen Politiken zwischen parteipolitisch unterschiedlich zusammengesetzten Regierungen auf Bundes- und/oder Länderebene.[164]

---

160   Zum System der Bund-Länder-Politikverflechtung im Politikfeld Umweltschutz vgl. Posse 1986, speziell für den Bereich Gewässergütepolitik ebd. 109ff.

161   Mündliche Mitteilung im BMU.

162   Angaben nach Pehle 1988, 264.

163   Die Anhörung ist dokumentiert in Deutscher Bundestag, Referat Öffentlichkeitsarbeit (Hrsg.) 1987.

164   Einige Information über die Meeresumweltschutzpolitik der konservativ-liberalen Bundesregierung und einer sozialdemokratischen Landesregierung wird in den Abschnitten 2.4.3. und 2.4.4. dargelegt. Auch dort geht es jedoch nicht um einen Vergleich von Parteipolitiken, der aus zwei Gründen unangemessen wäre: der unterschiedlichen Kompetenzzuweisung an Bund und Länder zum einen sowie der teilweisen Interdependenz ihrer Politiken zum andern. Der diachrone Vergleich der Umweltpolitik sozial-liberaler und konservativliberaler Bundesregierungen wird ebenfalls hier nicht angestrebt, vgl. dazu die Beiträge von E. Müller 1989 und Weidner 1989. Zu Recht verweist letzterer darauf, daß der simple diachrone Vergleich aufgrund der gewandelten Umstände qualifiziert werden muß, was ihn zu dem Ergebnis führt, daß

Die offizielle Etablierung der Umweltpolitik als Gegenstand der Regierungspolitik erfolgte in der Bundesrepublik mit Beginn der sozial-liberalen Koalition. 1969 wurde der Umweltschutz ins Regierungsprogramm aufgenommen, am 29. September 1971 das erste Umweltprogramm der Regierung verabschiedet. Im selben Jahr wurde als beratendes Organ auch der Rat von Sachverständigen für Umweltfragen (RSU) eingesetzt und legte die FDP als erste Partei ein Umweltprogramm vor. Hierin folgte ihr die CDU ein Jahr später, die SPD im Jahre 1975 und schließlich die CSU mit umweltpolitischen Aussagen in ihrem Grundsatzprogramm von 1976. Parallel dazu und den Meinungsbildungsprozeß der Parteien vorantreibend entstand eine breite Bürgerinitiativbewegung, die sich schwerpunktmäßig mit umweltpolitischen Themen befaßte, was sich 1972 in der Gründung des Bundesverbands Bürgerinitiativen Umweltschutz (BBU) niederschlug. Alle Parteien waren in Sachen Umweltpolitik einem internen Gegendruck von Interessengruppen ausgesetzt, welche durch Maßnahmen zum Umweltschutz Arbeitsplätze (so zunächst die Anhänger der Gewerkschaften) oder ihr Gewerbe (Vertreter aus Industrie und Landwirtschaft) in Gefahr sahen. Die hereinbrechende Wirtschaftskrise verstärkte diesen Gegendruck und führte ab 1974 zu einer "Eiszeit der Umweltpolitik",[165] unter der Führung eines Kanzlers, der mehr mit den Problemen der Weltökonomie als der Ökologie befaßt war. Immerhin fiel in diese Phase jedoch in Sachen Nordseeschutz der Auftrag des (liberalen) Innenministers an den RSU zur Erstellung eines Gutachtens über die Umweltprobleme dieses Meeres sowie die Unterzeichnung und schließliche Ratifizierung des Helsinki-Abkommens zum Schutz der Ostsee. Als das Gutachten des RSU im Juni 1980 vorgelegt wurde, hatte sich durch die Bildung von auf die Umweltpolitik konzentrierten grünen und alternativen Listen auf Landesebene als Vorläufer der 1980 auf Bundesebene gegründeten Grünen und ihrer ersten Wahlerfolge auf Landesebene[166] der politische Druck auf die "Altparteien" in Sachen Umweltpolitik deutlich verstärkt, was sich in einer zweiten Welle von Umweltprogrammen dieser Parteien niederschlug (CDU Dezember 1979, CSU April 1980, FDP Mai 1981, SPD im selben Monat).

Die aufgrund des Gutachtens des RSU im Innenministerium geplante Einberufung einer internationalen Konferenz zum Schutz der Nordsee erfolgte dann nicht mehr unter der

---

"man im Vergleich (der konservativ-liberalen Bundesregierung) mit der vorherigen (sozial-liberalen) Regierung vielleicht weniger von größeren Leistungen sprechen (kann), allenfalls von größeren erzielten Effekten." (ebd., 26; Ergänzungen von mir, ML)

165   E. Müller 1989, 8.

166   3,9 v.H. der Stimmen für die Grüne Liste bei den Landtagswahlen 1978 in Niedersachsen; 6,5 v.H. 1979 und damit Einzug in die Bürgerschaft in Bremen; 5,3 v.H. der Stimmen und damit Einzug in den Landtag 1980 in Baden-Württemberg. Auf Bundesebene schafften die Grünen den Sprung ins Parlament erst 1983 mit 5,6 v.H. der Stimmen (alle Angaben nach Mintzel/Oberreuter (Hrsg.) 1990, 379ff.).

Ägide der sozialliberalen Koalition, sondern war eine der ersten Taten des neuen konservativen Innenministers: "Er, der zuvor kaum Engagement für den Umweltschutz gezeigt hatte, erkannte relativ schnell, wie populär und wählerwirksam Maßnahmen zugunsten des Umweltschutzes inzwischen geworden waren."[167] Das bedeutet allerdings *nicht*, daß die Nordseeschutzkonferenz als Wählerwerbungsveranstaltung ausreichend qualifiziert wäre. Sie als solche abzutun hieße, einen Ausschnitt der Entstehungsbedingungen mit der Gesamtheit der Wirkungen zu verwechseln, ein zuweilen naheliegender, dennoch insgesamt falscher Schluß.[168] Nahegelegt wird er durch das Faktum, daß Umweltschutz, und speziell Meeresumweltschutz, in der Tat von allen Parteien im Laufe der 80er Jahre als "stimmenträchtig" erkannt wurde, was sowohl in der Wahlwerbung als auch in symbolischem Handeln zum Ausdruck kam. So versicherte die SPD im Europawahlkampf 1989 auf breitseitigen bunten Anzeigen, "auch die Nordsee würde SPD wählen",[169] während die konservativ-liberale Regierung im Jahr darauf auf einer ebenfalls großen und bunten Briefmarke (auch sich selbst?) aufforderte: "Schützt die Nordsee".

Betrachtet man die parlamentarische Behandlung des Themas Meeresumweltschutz, so zeigt sich eine ähnliche Entwicklung. Noch bis 1972 wurden die legislative Behandlung des Themas sowie die (vereinzelten) Anfragen von Abgeordneten des Bundestags dazu im Sachregister der Bundestagsprotokolle als Unterpunkt "Seewasserstraßen" der Rubrik "Verkehrswesen" aufgeführt, erst in diesem Jahr taucht "Meeresverschmutzung" als eigenständige Rubrik auf. Eingehendere Debatten wurden seither vor allem in Verbindung mit der Vorlage des Gutachtens des RSU 1980 sowie im Vorfeld und im Gefolge der Nordseeschutzkonferenzen geführt. Schließlich gab der "Algensommer" des Jahres 1988 Anlaß zu umfangreicherer parlamentarischer Diskussion, in Verbindung mit dem vom Umweltminister für die Regierung vorgelegten "10-Punkte-Programm zum Schutz der Nord- und Ostsee".

Dieses 10-Punkte-Programm kann stellvertretend für die Haltung der regierenden konservativen und liberalen Parteien herangezogen werden.[170] Es sieht die Begrenzung

---

167   Weidner 1989, 16.

168   Darüber hinaus ist die Tatsache, daß umweltpolitische Schritte aus wahltaktischen Gründen unternommen werden nicht nur nicht "verwerflich", sondern gerade einer der zentralen "Lernmechanismen" pluralistischer politischer Systeme. Daß dies noch nicht die Wirksamkeit der jeweiligen Maßnahmen garantiert, ist richtig, jedoch ist ebensowenig ihre Unwirksamkeit bereits damit gegeben, daß wahltaktische Überlegungen mit zu ihrem Zustandekommen beigetragen haben.

169   Die Anzeige erschien zum Beispiel im Zeit-Magazin Nr.13, 24.3.1989, 58/59. Angesichts der eher beschränkten Kompetenzen des Europaparlaments erscheint es - um im Bilde zu bleiben - durchaus als fraglich, ob die Nordsee sich an einer solchen Wahl überhaupt beteiligen würde.

170   Der 10-Punkte-Plan ist abgedruckt in: Umwelt Nr.7, 1988, 270ff.

der Phosphat- und Stickstoffeinträge aus kommunalen Kläranlagen sowie aus industriellen Anlagen durch Verschärfung der Grenzwerte vor, eine Abwasserabgabe für Phosphor und Stickstoff, die Begrenzung des Eintrags gefährlicher Stoffe durch entsprechende Verordnungen nach dem Stand der Technik für industrielle Abwässer, die Beendigung von Dünnsäureverklappung und Verbrennung auf See, ein Gewässerrandstreifenprogramm sowie die Förderung von Meeresforschung und von internationaler Abstimmung. Dieses Programm, das inzwischen zum Teil bereits umgesetzt wurde,[171] wurde von der parlamentarischen Opposition wie auch von Kommentatoren zum Teil kritisch aufgenommen.[172] Bemängelt wurde vor allem, und nicht ganz zu unrecht, daß wiederum nur kurzfristige, tendeziell eher entsorgende ("end-of-pipe") denn vorsorgende Maßnahmen vorgesehen seien. Zieht man jedoch zum Vergleich die Entschließungsanträge der SPD und der Grünen zur Debatte vor der 3. INK heran, so fällt auf, daß nur die Grünen wesentlich weiter gehende Forderungen erheben.[173] Die SPD fordert neben einem kurzfristigen Verbot gefährlicher Stoffe, der beschleunigten Modernisierung der kommunalen Kläranlagen und "klare(r) Rahmenbedingungen für eine umweltverträgliche Landwirtschaft" (ohne nähere Spezifizierung) ein Ende der Verklappung auch von Klärschlämmen, die Erklärung der Nordsee zum Sondergebiet gemäß den Anlagen I und II des MARPOL-Abkommens (und, falls dies nicht erreicht würde, daß "die 3. INK von der Bundesregierung als gescheitert erklärt werden" soll), sowie den Benutzerzwang für Auffanganlagen in Häfen bei Umlegung der Kosten auf die allgemeinen Hafengebühren. Umfangreicher und weitergehend ist der Antrag der Grünen, die kritisieren, die Regierung habe "es versäumt, die Substitution umweltschädlicher Produkte und Produktionsverfahren zu fördern und gesetzlich vorzuschreiben." Sie sprechen sich unter anderem dafür aus, das Vorsorgeprinzip nicht durch die Klausel der "wirtschaftlichen Verfügbarkeit" einzuschränken, daß insgesamt und für einzelne Betriebe ein Verschlechterungsverbot ("stand-still-Prinzip") der Emissionen zur Anwendung kommt und daß eine "flächendeckende Ökologisierung der Landwirtschaft" in Angriff genommen wird (wozu unter anderem die Besteuerung der Mineraldünger sowie ein Verbot von Pestiziden, die im Grundwasser gefunden wurden, gefordert wird).

Insgesamt entsteht der Eindruck, daß die inhaltlichen Differenzen in einem unguten Verhältnis stehen zu den verbalen Differenzen, wie sie auch in den Bundestagsdebatten vom 16. Februar und vom 14. März 1990 zur Vorbereitung bzw. über die Ergebnisse der

---

171   Vgl. unten Abschnitt 2.4.3. Dies war auch deshalb möglich, weil das Programm nicht völlig neue Maßnahmen aus dem Stand vorschlug, sondern zu einem Gutteil bereits in Angriff genommene Maßnahmen auflistete.

172   Vgl. Hohmann 1989b, 547.

173   Die Entschließungsanträge liegen vor als Bundestags(BT)-Drucksache 11/6456 vom 14.2.1990 (SPD) bzw. 11/6491 vom 15.2.1990 (Die Grünen).

3. INK wieder aufgebaut wurden.[174] Der SPD-Abgeordnete Lennartz hat insofern mit seiner - allerdings ironisch gemeinten - Feststellung recht, daß "trotz heftigen Streits und emotionaler Wallungen in den Grundzügen Übereinstimmung zwischen allen Fraktionen gegeben" ist,[175] und sein Kollege Harries aus der CDU/CSU-Fraktion brachte dies in der der 3. INK vorausgegangenen Debatte auf den Punkt: "Aber das Rollenspiel muß wohl sein, muß durchgehalten werden. Da macht es keinen Unterschied, ob man nun die Bänke der Opposition drückt oder nicht."[176] Die Debatten, die aufgrund des Zwangs zur parteipolitischen Profilierung im Stil der parteipolitischen Polarisierung geführt werden, können nicht darüber hinwegtäuschen, daß die entscheidenen Differenzen in Sachen (Meeres-)Umweltschutz - mit Ausnahme allenfalls der ihrem Ursprung nach eine umweltpolitische Einzweck-Partei darstellenden Grünen - nicht zwischen den Parteien bestehen, sondern innerhalb dieser zwischen den Anhängern einer ökologischen Modernisierung und den Skeptikern oder gar Gegnern einer solchen Politik bzw. ihr entsprechender konkreter Beschlüsse. Für die Gemeinsamkeit "wenigstens unter den Umweltpolitikern", die "notwendig" sei, "damit wir international gemeinsam vorankommen", warb daher auch der Umweltminister.[177] Sie zeigte sich im übrigen nicht nur in der von allen Seiten zum Ausdruck gebrachten Enttäuschung über die inhaltlichen Ergebnisse der 3. INK, sondern auch in der prinzipiellen Einigkeit darüber, daß internationale Zusammenarbeit,[178] insbesondere mit den Staaten Osteuropas, zum Schutz der Meere unabdingbar ist.

2.4.2.3. Umweltschutzverbände

In der Bundesrepublik besteht ein breites Umfeld von Verbänden, die sich allgemein für den Natur- und Umweltschutz einsetzten, darunter auch für den Schutz der Meere, oder speziell den Meeresumweltschutz zu ihrem Anliegen gemacht haben. Zur erstgenannten

---

174 Aus diesen Debatten, die - wie auch etliche der übrigen zum Thema Meeresumweltschutz geführten - vom Stil her zweifellos nicht zu den Sternstunden des Parlamentarismus gehören, wird im folgenden zitiert nach den Protokollen des Deutschen Bundestags, 11. Wahlperiode, 198. bzw. 201. Sitzung, unter Angabe der jeweiligen Seitenzahl.

175 Daß sie zumindest auch ironisch gemeint war, zeigt sich darin, daß er Einigkeit vor allem in der - regierungskritischen - Feststellung sieht, "daß der Nordsee mit dem, was zur Zeit läuft, wohl nicht zu helfen ist." (a.a.O., 15561)

176 A.a.O., 15260.

177 A.a.O., 15265.

178 Die von dem Abgeordneten Lennartz (SPD) geäußerte Kritik an der INK, "durch solche Art von Konferenzen" seien politisch Jahre vergeudet worden, kann nicht überzeugen, zumal wenn er hinzufügt: "In diesen Jahren hätte man zu verbindlichen Regelungen auf EG-Ebene kommen können." Dies erscheint angesichts des in der EG ebenfalls herrschenden Einstimmigkeitsgebots und der Beteiligung Großbritanniens als kaum realistische Alternative. In der Schelte Großbritanniens als Bremser von Beschlüssen und "Schmutzfink Europas" (Funke, FDP, a.a.O., 15568) besteht übrigens eine weitere überparteiliche Einigkeit in den Debatten, obwohl andererseits betont wird, daß "Fingerzeigen" kein Ersatz für eigenes Handeln sein darf.

Gruppe sind die großen und teilweise traditionellen Verbände wie der Deutsche Naturschutzring, der Deutsche Bund für Vogelschutz, der Bund für Umwelt- und Naturschutz Deutschland, der World Wildlife Fund Deutschland zu nennen, aber auch der BBU und natürlich Greenpeace. Sie alle haben speziell mit Meeresschutzfragen befaßte Mitarbeiter oder Arbeitskreise und haben sich regelmäßig zu Fragen des Meeresumweltschutz zu Wort gemeldet.

Neben diesen Verbänden mit bundesweitem Hintergrund haben sich auch speziell aus den Küstenregionen stammende Organisationen gebildet wie etwa die Schutzgemeinschaft Deutsche Nordseeküste, die 1973 von Wissenschaftlern, interessierten Bürgern und Vertretern kommunaler Gebietskörperschaften gegründet wurde und heute alle Küstenkreise an der Nordsee umfaßt sowie zahlreiche Städte und Gemeinden, Verbände und Vereine, Lehr- und Forschungsinstitute sowie Einzelpersonen.
Speziell die Inselgemeinden der niederländischen, deutschen und dänischen Wattenmeerinseln haben sich mehrfach zu internationalen Konferenzen getroffen, auf denen Aktions- und Forderungskataloge verabschiedet wurden.[179]
Schließlich fand im Vorfeld der 1. INK in Bremen 1984 eine als Gegenkonferenz gedachte Aktionskonferenz Nordsee (AKN) statt, die sich seit 1985 als ein speziell mit Nordseeschutzfragen befaßter Verein konstituiert hat. Mitglieder sind Einzelpersonen, die jedoch aufgrund von Mehrfachmitgliedschaft ein informelles Netzwerk mit einer Vielzahl weiterer Umweltschutzorganisationen und Bürgerinitiativen bilden. Die AKN hat jeweils im Vorfeld zu den Nordseeschutzkonferenzen eigene Tagungen veranstaltet und im Mai 1989 zusammen mit einer Reihe weiterer Verbände das auch von den Medien beachtete "Nordseetribunal" abgehalten, auf dem symbolisch die Meeresverschmutzer auf der Anklagebank saßen. Die "Radikalität" dieser Veranstaltung führte allerdings nicht nur dazu, daß die aufgestellten Stühle für die Angeklagten (neben Bundes- und Landesregierungen und Parlamenten zahlreiche Behörden und Firmen, aber auch "Frau und Herr Jedermann") leer blieben, sondern auch zur Distanzierung eher etablierter Organisationen wie des World Wildlife Fund und des Deutschen Gewerkschaftsbunds.[180] Neben solchen spektakulären Aktionen wirkt die AKN vor allem im Bereich der umweltpolitischen Bewußtseinsbildung mit Broschüren und Informationsmaterial sowie durch die Veröffentlichung ihrer Forderungen, etwa in der Form des Nordsee-Memorandums.[181] Darin werden nach Sachgebieten gegliedert Forderungen aufgestellt, die vom Konkreten bis zum Grundsätzlichen reichen, da für die AKN gilt:

---

179   Alle Angaben nach den eigenen Informationen der Verbände, die im Materialienteil der
       Ergebnisniederschrift der Verbändeanhörung vom 29.6.1987 zur Vorbereitung der 2. INK
       (erstellt vom BMU, Bonn 1987) enthalten sind.

180   Vgl. den Bericht über das Nordsee-Tribunal im Kurier am Sonntag (Bremen) vom
       9.4.1989, abgedruckt in der AKN-Zeitschrift Waterkant Nr.1-2/1989.

181   AKN (Hrsg.), Das Nordsee-Memorandum, 3. überarbeitete u. aktualisierte Auflage,
       Bremen 1989.

"Eine 'andere' Nordseepolitik hieße auch, die Wirtschafts-, Energie-, Landwirtschafts-, Verkehrs- und Umweltpolitik insgesamt zu ändern." Diese würde erst bei Durchführung einer auf dem umfassend verstandenen Vorsorgeprinzip aufbauenden "integrierten Strukturplanung und einer sozialverträglichen Umweltpolitik" erreichbar. Die AKN sieht jedoch auch, daß "wir auf keinen der kleinen Schritte verzichten dürfen, die heute möglich sind. Denn gesellschaftlicher Konsens für ein Mehr an Veränderungen ist heute noch nicht erkennbar."[182] Bei aller Radikalität, die die AKN auch im internationalen Kreis des Zusammenschlusses der Nordseeschutzverbände, der Federation Seas at Risk, auszeichnet, ist sie insofern doch realistisch.

Die Befürchtung, durch zu enge Kontakte mit dem BMU nicht nur in die Vorbereitung der INK einbezogen, sondern für die offizielle Politik vereinnahmt zu werden, war wohl auch ein Grund dafür, warum die AKN im Unterschied zu den anderen oben genannten Verbänden den bisherigen Einladungen aus dem BMU nur mit Skepsis gefolgt ist. Wie erwähnt fand die 1. ANK gerade aufgrund der Absage der damals noch von Innenminister Zimmermann ausgesprochenen Einladung zu einer Verbändeanhörung im Vorfeld der 1. INK statt. An der entsprechenden Veranstaltung zur Vorbereitung der 2. INK nahm die AKN dann zusammen mit den übrigen oben aufgeführten Verbänden (sowie den Vertretern von weiteren kommunalen und privatwirtschaftlichen Verbänden sowie der Gewerkschaften) teil, ebenso an der öffentlichen Anhörung des Umweltausschusses des Bundestags.[183] Auch wurde das Abhalten der 2. AKN am 15./16. Mai 1987 in Bremen aus Mitteln des BMU mit 10.000 DM unterstützt.[184] Im Vorfeld der 3. INK jedoch kam der AKN das Gesprächsangebot von Umweltminister Töpfer zu spät - die AKN sah die wesentlichen Beschlüsse der 3. INK als bereits durch die internationalen Vorabkontakte der Regierungen festgelegt an - und erschien ihr als nicht weitgehend genug (der geforderte Beraterstatus bei den verbleibenden Vorbereitungssitzungen wurde nicht gewährt), weshalb sie im Unterschied zu den übrigen Umweltschutzverbänden nicht teilnahm.[185] Die beiderseitigen Probleme mit dem umweltpolitischen "Korporatismus im Kleinen" werden hieran deutlich.

Gleichwohl wird man zusammenfassend von einem aktiven gesellschaftlichen Umfeld von "public interest groups" für die bundesdeutsche Meeresumweltschutzpolitik sprechen dürfen, dem sich noch eine Reihe von Vereinen beigesellen, welche ein *privates* Interesse am Schutz der Meeresumwelt vertreten. Neben der Fischwirtschaft, die im Rahmen der "Aktion seeklar" Informations- und Forschungsarbeit finanziert, und der Touristikbranche

---

182　Alle Zitate ebd., 24.

183　Vgl. die schriftliche Stellungnahme des AKN-Vorsitzenden P. Willers in Deutscher Bundestag, Referat Öffentlichkeitsarbeit (Hrsg.) 1987, 571-599.

184　Vgl. BT-Drucksache 11/878 vom 2.10.1987, 23.

185　Aufgrund eines Gesprächs mit dem Vorsitzenden der AKN in Bremen, 23.4.1990.

der Nordseeküstenregion, die zum Beispiel hinter dem vom schleswig-holsteinischen Fremdenverkehrsverband organisierten "ersten deutschen Urlauber-Parlament" stand,[186] ist hier als Grenzfall zwischen öffentlichen und privaten Interessen auch die einschlägige Forschergemeinschaft zu nennen, die sich in der Deutschen Gesellschaft für Meeresforschung (DGM, rund 400 Mitglieder) und im Dachverband des Deutschen Komitees für Meeresforschung und Meerestechnik organisiert hat. Die DGM hat 1988 auf ihrer Mitgliederversammlung ein Statement verabschiedet, in dem unter anderem festgestellt wird:

> "Die wissenschaftliche Auseinandersetzung über Detailfragen ... darf nicht zum Anlaß genommen werden, das sofortige politische Handeln immer wieder zu vertagen. (...) Forschung ist weiterhin notwendig, aber erste durchgreifende Maßnahmen müssen sofort vollzogen werden. Eine völlige Erfassung von Ökosystemen wie der Nord- und Ostsee wird ohnehin in absehbarer Zeit nicht möglich sein. (...) Die aktuellen Ereignisse in der Nordsee zeigen, daß die Belastbarkeit dieses Meeres erreicht, ja vielleicht schon überschritten ist. (...) Es bedarf deshalb einer sofortigen und grundlegenden Änderung in der Politik mit dem Ziel, einen baldigen Einleitungsstop und eine Konzentrierung der Kräfte auf die Entwicklung umweltschonender Technologien zu erreichen."[187]

Zusammengenommen vermag dieses Umfeld nicht nur Druck auf die Regierung auszuüben, sondern es dient innerhalb des Kabinetts dem Umweltminister auch als Stütze zur Vertretung seiner Positionen gegenüber anderen Ressorts.[188]

Das *Resümee* dieser Ausführungen zum politischen Kontext der Meeresumweltschutzpolitik in der Bundesrepublik läßt sich wie folgt formulieren:

Auf der Ebene *staatlicher Institutionen* ist die relativ späte Gründung eines eigenständigen Umweltministeriums selbst Ausdruck der gesteigerten Bedeutung umweltpolitischer Themen. Diese wurden jedoch schon seit Anfang der siebziger Jahre aufgegriffen, auch durch die Schaffung administrativer Kapazität. So wurde der Rat von Sachverständigen von Umweltfragen bereits 1971 eingesetzt, und sein Gutachten über "Umweltprobleme der Nordsee" hat nicht nur zur Initiatorrolle der Bundesrepublik in Sachen INK beigetragen, sondern auch international die Meeresschutzpolitik angeregt. Für die Koordination zwischen Bund und Ländern bestehen in der föderalen Bundesrepublik zahlreichen Gremien, die von den beteiligten Beamten als relativ gut funktionierend eingeschätzt werden. Darüber hinaus bietet die Länderebene - wie im Vorgriff auf den nachfolgenden Abschnitt 2.4.4. festgestellt werden kann - zusätzliche Möglichkeiten für eigenständiges Handeln zum Schutz der Meere.

---

186   Vgl. den Bericht über diese wohl auch PR-Interessen dienende Veranstaltung in: Die Zeit Nr.51, 16.12.1988, 18.

187   Zitiert nach einer Anzeige der DGM in Lozán u.a. 1990, 251.

188   So die im Gespräch mitgeteilte Sicht im BMU.

Bei den *Parteien* ist die wahltaktische, aber auch inhaltliche Bedeutung des Meeresumweltschutz inzwischen allgemein anerkannt. Die verbalen Differenzen *zwischen* ihnen verdecken die inhaltlich bedeutsameren Differenzen *innerhalb* der Parteien, wenn es um konkrete Beschlüsse für den (Meeres-)Umweltschutz geht. Auch ist der angesichts der Größe der Aufgabe erfreuliche überparteiliche Konsens solange problematisch, wie er auf eher kurzfristige und nachsorgende Maßnahmen beschränkt bleibt. Die über den engeren Bereich des Schutzes der Meeresumwelt hinausgehende langfristige ökologische Umgestaltung der Konsum- und Produktionsweisen, die Voraussetzung auch für einen wirksamen Schutz der Meeresumwelt ist, darf dabei nicht vergessen werden. Die Grünen stellen hier noch immer einen nützlichen Stachel im Fleisch der "Altparteien" dar.

Schließlich ist im Bereich der umweltpolitisch engagierten *Verbände* eine breite Vielfalt anzutreffen, die von etablierten Naturschutzverbänden über aktionistische "Allzweckumweltverbände" wie Greenpeace bis hin zur speziell in Verbindung mit den Nordseeschutzkonferenzen entstandenen AKN reicht. Die von der konservativ-liberalen Regierung gesuchte Einbeziehung der Verbände in den Prozeß der Meerespolitik wird erschwert durch die Furcht vor Vereinnahmung einerseits, den Mangel an *echter*, auch informationeller Beteiligung im Umweltbereich andererseits.

2.4.3. Implementation

Wie im einleitenden Abschnitt über die Methodik der vorliegenden Arbeit ausgeführt wurde,[189] soll die Implementation, das heißt die praktisch-politische Umsetzung der international vereinbarten Beschlüsse in Sachen Meeresumweltschutz für jeden der drei näher betrachteten Staaten anhand von fünf Detailpunkten untersucht werden. Aufgrund der verfügbaren zusammengestellten Information wird dann in Teil 4 der Arbeit ein Vergleich angestellt werden.

2.4.3.1. Einleitung über Flüsse

Wie im Abschnitt über die Problemlage im Bereich der Nordsee bereits gesagt wurde,[190] ist der Eintrag über die Flüsse für den Zustand dieses Meeres von entscheidender Bedeutung. Das gleiche gilt insgesamt auch für die Ostsee, wenngleich der bundesdeutsche Anteil an den über Flüsse (im wesentlichen die Trave) eingetragenen Schad- und Nährstoffmengen hier geringer ist, da die Bundesrepublik überwiegend in die Nordsee entwässert (Rhein, Elbe, Weser, Ems und Eider).

---

189   Vgl. oben Abschnitt 1.4.1.

190   Vgl. oben Abschnitt 2.1.

Für zumindest zwei der großen bundesdeutschen Flußsysteme, die in die Nordsee münden: Rhein und Elbe, ist zudem wichtig, daß ihr Lauf Staatsgrenzen überquert bzw. ihnen folgt und daher ein mehr (Elbe) oder weniger (Rhein) großer Teil ihrer Schmutzfracht von anderen Staaten eingebracht wird. Während auf diesen *internationalen* Problemhintergrund im Falle des Rheins frühzeitig durch Einrichtung der Internationalen Kommission zum Schutz des Rheins (IKSR) reagiert wurde, ist im für die Elbe wichtigen deutsch-deutschen Verhältnis lange Zeit die Zusammenarbeit an formellen Fragen (des Grenzverlaufs) gescheitert und erst im Gefolge des Systemwandels der DDR zum Gegenstand von Vereinbarungen geworden.[191] Schließlich hatte das erste internationale Abkommen des wiederhergestellten ganzen Deutschland, das am 8.10.1990 mit der Tschechoslowakei abgeschlossen wurde, die Errichtung einer Internationalen Kommission zum Schutz der Elbe mit Sitz in Magdeburg zum Gegenstand.[192]

Die IKSR wurde dagegen bereits 1950 in Basel gegründet, durch die 1965 in Kraft getretene Berner Konvention von 1963 wurde ihr Aufgabegebiet neu definiert und erweitert. Neben der Bundesrepublik zählen zu den Mitgliedern Luxemburg sowie die Rheinanlieger Frankreich, die Niederlande, die Schweiz und seit 1976 auch die EG. Im selben Jahr wurden auch die beiden Übereinkommen gegen chemische Verunreinigung und gegen die durch Chloride geschlossen.[193] Die Kommission überwacht durch ein gemeinsames Monitoringprogramm laufend die Wasserqualität und verabschiedet Empfehlungen zu ihrer Verbesserung. Bezüglich der Arbeit der IKSR kam der RSU in seinem Nordseegutachten 1980 zu der Feststellung: "Die Willensbildung in der Rheinschutzkommission verläuft allerdings nicht so zügig, wie dies zum Schutz der Meeresumwelt notwendig erscheint."[194] Inzwischen hat die IKSR, "angeregt" wohl nicht zuletzt durch die Brandkatastrophe in einem Basler Chemiewerk mit der anschließenden Verunreinigung des Flusses, ein "Aktionsprogramm Rhein" vorgelegt, das in drei Stufen bis zum Jahr 2000 die Umweltsituation des Rheins wesentlich verbessern soll.[195] Angestrebt wird die Wiederansiedlung von höheren Fischarten (etwa Lachsen) und die

---

191   Nach Abbruch der deutsch-deutschen Gespräche über die Sanierung der Elbe im Jahr 1983 durch die DDR, die zuerst die Frage des genauen Grenzverlaufs im Bereich der Unterelbe geklärt sehen wollte, erklärte sie sich im Januar 1989 zur Wiederaufnahme der Gespräche bereit (vgl. Frankfurter Rundschau vom 28.1.1989). Am 6./7. Februar 1990 fanden dann zweiseitige Gespräche unter Beteiligung auch der Tschechoslowakei in Bonn statt, die auf die Errichtung einer gemeinsamen Elbeschutz-Kommission zielten.

192   Vgl. die Meldung im Reutlinger Generalanzeiger vom 9.10.1990, S.17.

193   Angaben nach Ruloff 1986, 197f.

194   RSU 1980, 447. Auf der 9. Rheinministerkonferenz vom 11. Oktober 1988 stellten die versammelten Minister selbst fest, "daß die Beschluß- und Annahmeverfahren vornehmlich im Rahmen des Chemieübereinkommens beschleunigt werden müssen." (Kommuniqué der 9. Rheinministerkonferenz, Bonn 1988, 12)

195   Zum Beitrag des Aktionsprogramms zum Schutz der Nordsee vgl. Nollkaemper 1990.

Entlastung der Sedimente von Schadstoffen. Als drittes Ziel wird wörtlich formuliert: "die Nutzung des Rheinwassers für die Trinkwasserversorgung muß weiterhin möglich sein"[196] - man ist geneigt, von verräterischer Bescheidenheit in der Zielformulierung zu sprechen. Als zu konkretisierende weitere Ziele gelten die Reduzierung der ständigen Einleitungen, der störfallbedingten Belastung sowie die Verbesserung der hydrologischen und morphologischen Verhältnisse. Die erste Phase der Ausarbeitung und Konkretisierung des Programms war 1989 abgeschlossen, gegenwärtig befindet sich die IKSR in der bis 1995 dauernden Phase 2 der Durchführung der vorgesehenen Maßnahmen. Auf der 3. INK war die IKSR als Beobachter vertreten, die Rheinministerkonferenz von 1988 sah in den Maßnahmen des Aktionsprogramms ein "Beispiel für alle Einzugsgebiete von Flüssen, die in die Nordsee münden," aber auch, "daß weitere Maßnahmen zum Schutz der Nordsee, die nicht durch das Aktionsprogramm 'Rhein' erfaßt werden, erforderlich sind."[197]

Während diese internationale Kooperation in Sachen Flußreinhaltung somit eine sachlich gebotene Voraussetzung für den wirksamen Schutz der Meeresumwelt (und damit gleichsam einen Fall von ökologisch bedingter Verknüpfung - "nesting" - von Regimen[198]) darstellt, soll hier die nationale Umsetzung der Beschlüsse im Rahmen des Nordseeregimes im Vordergrund stehen.

In diesem Zusammenhang ist vor allem der Beschluß der 2. INK zu erwähnen, die Einleitung von Schad- und Nährstoffen über die Flüsse bis 1995 um die Hälfte zu verringern. Die Bundesrepublik hat hierzu gemeinsam mit den Niederlanden als Vorschlag eine Liste von 40 Stoffen bzw. Stoffgruppen vorgelegt, laut de Jong "mainly the result of political negotiations";[199] die von der 3. INK jüngst verabschiedete Liste umfaßt 36 Posten. Die Datenerhebung zur Festlegung der Ausgangsbasis im Jahr 1985 erfolgte in Kooperation mit den Ländern (bzw. der LAWA), da sie als ausführende Organe die entsprechenden Daten sammeln. 30 Arbeitsgruppen waren 1988/89 damit beschäftigt, im Rahmen des Wasserhaushaltsgesetzes (WHG) für einzelne Industriebranchen die dem "Stand der Technik" entsprechenden Anforderungen für die Einleitung von Abwässern, die gefährliche Stoffe enthalten, zu definieren. Weitere Maßnahmen zur Reduzierung des Schadstoffeintrags aus der Landwirtschaft waren bereits getroffen (etwa in der neuen Pflanzenschutz-Anwendungsverordnung vom 27. Juli 1988).[200]

---

196   Aktionsprogramm "Rhein", ausgearbeitet von der IKSR, Straßburg 1987, 3.

197   Kommuniqué der 9. Rheinministerkonferenz, Bonn 1988, 14.

198   Eine frühe Darstellung der Kooperation im Rahmen der IKSR aus regimeanalytischer Sicht bei Mingst 1981.

199   de Jong 1989, 85.

200   Hierzu, mit weiteren Angaben im Detail, BT-Drucksache 11/3847 vom 17.1.1989, 4ff.

Was die Festlegung von Standards für die Einleitung in die Gewässer, darunter auch Flüsse, anbelangt, so verfolgt die Bundesrepublik im Rahmen des WHG eine Strategie von einheitlichen Emissionsnormen. Grundsätzlich sind dabei die "allgemein anerkannten Regeln der Technik" als Mindeststandard zu beachten. Für gefährliche Stoffe gemäß der schwarzen und grauen Listen der EG-Gewässerschutzrichtlinie von 1976[201] gilt nach §7a WHG die striktere Anforderung, daß Einleitungen dem "Stand der Technik" entsprechen müssen. Dieser erhält seine Legaldefinition im Bundesimmissionsschutzgesetz (BImSchG),[202] wo er als "Entwicklungsstand fortschrittlicher Verfahren, Einrichtungen oder Betriebsweisen, der die praktische Eignung einer Maßnahme zur Begrenzung von Emissionen gesichert erscheinen läßt", bestimmt wird. Damit wird nach Ansicht des Bundesverfassungsgerichts "der rechtliche Maßstab für das Erlaubte oder Gebotene an die Front der technischen Entwicklung verlagert."[203] Ein strikterer Standard findet sich nur noch im bundesdeutschen Atomrecht, wo die Vorsorge so weit reicht, daß der "Stand von Wissenschaft und Technik" zugrundegelegt werden muß mit der möglichen Folge, daß die Genehmigung zu versagen ist, wenn nach neuesten wissenschaftlichen Erkenntnissen nötige Maßnahmen technisch noch nicht zu realisieren sind. Vor einer Verschärfung der Standards im Gewässerschutz in diesem Sinne, wie sie etwa Hohmann vorschlägt,[204] sollte sicher erst das bisher vorgesehene Maß an Strenge der technischen Anforderungen durch Festlegung in entsprechenden Verwaltungsvorschriften ausgeschöpft werden. Wie im vorausgegangenen Absatz festgestellt wurde, ist diese Arbeit noch nicht abgeschlossen.

Geht man von der Ebene der Umsetzung in Gesetze und Vorschriften auf die Ebene der Umsetzung "in Taten" herab, so bietet es sich aufgrund der verfügbaren (vergleichbaren) Daten an, als letzten Punkt zum Thema Flußverschmutzung die Anschlußrate der Wohnbevölkerung an Kläranlagen zu betrachten. Die Bundesrepublik brachte es hierbei 1985 auf 86,5 v.H., 79 v.H. der Wohnbevölkerung waren an Anlagen mit sekundärer und/oder tertiärer Reinigung angeschlossen.[205] Der nunmehr in der Bundesrepublik vorgesehene weitere Ausbau der dritten Reinigungsstufe (insbesondere, um Nährstoffe wie Stickstoff und Phosphat aus dem Abwasser herauszufiltern) wird nach Schätzungen der Abwassertechnischen Vereinigung bis 1992 rund 20 Milliarden DM kosten.[206]

---

201   Vgl. zu dieser Richtlinie oben Abschnitt 2.3.

202   §3 Abs.6 S.1 BImSchG.

203   Hoppe/Beckmann 1989, 370 unter Hinweis auf den Beschluß des BVerfG vom 8.8.1978.

204   Hohmann 1989b.

205   Quelle: OECD 1989, 57. Die Zusammenfassung in die Gruppe "sekundär und/oder tertiäre Reinigungsstufe" ist an und für sich ungünstig (abgesehen von Definitionsfragen, was genau jeweils darunter zu verstehen ist), ergibt sich aber aus der Art, in der die Daten von der OECD dargeboten werden, die keine Aufschlüsselung erlaubt.

206   Laut einer dpa-Meldung im Reutlinger Generalanzeiger vom 5.5.1988, 2.

2.4.3.2. Dumping und Verbrennung auf See

Nachdem die 2. INK übereingekommen war, daß "ab 1. Januar 1989 kein Material mehr in die Nordsee eingebracht werden sollte",[207] hat die Bundesrepublik mit der Inbetriebnahme einer Dünnsäure-Rückgewinnungsanlage in Duisburg die technischen Voraussetzungen geschaffen, mit Ablauf des Jahres 1989 auch diesen letzten, jahrelang publizitätsträchtigen Beitrag zur "Verklappung" einzustellen (und damit das von der 2. INK speziell für das Einbringen von Industrieabfällen gesetzte Enddatum 31.Dezember 1989 gerade noch zu erfüllen). Andere Formen des Einbringens waren von der Bundesrepublik bereits früher beendet worden.

Das für die Verbrennung auf See von der 2. INK gesetzte Enddatum war der 31. Dezember 1994 (die 3. INK hat dieses Datum auf Ende 1991 vorverlegt). Im erwähnten 10-Punkte-Programm des Umweltministers war hierzu ein Stufenplan zur schrittweisen Verringerung der bundesdeutschen Seeverbrennung und ihrer Beendigung zu dem erstgenannten Termin enthalten. Aufgrund des massiven Drucks der Öffentlichkeit[208] wie der Weigerung der belgischen Regierung, das Verschiffen bundesdeutschen Giftmülls über Antwerpen weiter zuzulassen,[209] wurde inzwischen allerdings das Enddatum auf Dezember 1991 vorverlegt. Der damit drohende Müll-Notstand kommt auch darin zum Ausdruck, daß diese Ankündigung mit der der Notwendigkeit des Baus von mindestens zehn Müllverbrennungsanlagen an Land verbunden wurde. Hierin wurde der CDU-Umweltminister Töpfer von seinem sozialdemokratischen Amtskollegen aus Nordrhein-Westfalen unterstützt, der formulierte: Wer Nein sage zur Verbrennung auf See, müsse automatisch Ja sagen zur Entsorgung des unvermeidbaren Giftmülls an Land.[210] Die Probleme einer auf nachträgliche "Entsorgung" setzenden Umweltpolitik werden hier deutlich.

---

207   2. INK 1987c, 60. Allerdings folgt der einschränkende Halbsatz: "außer wenn keine anderen praktischen Möglichkeiten zur Beseitigung auf dem Festland bestehen ...".

208   Er umfaßte unter anderem eine Strafanzeige der Umweltorganisation Greenpeace gegen 97 Firmen wegen illegaler, weil die erlaubten Mengen überschreitender Müllverbrennung, ein Vorwurf, dessen sachliche Richtigkeit das DHI einräumen mußte, wenngleich es verlautbaren ließ, daß es sich "um bekannte Stoffe gehandelt (habe), deren Verbrennung die Umwelt nicht gefährde" (Reutlinger Generalanzeiger 9.11.1989, 33).

209   Auch Emden als vorgesehener Ausweich-Umschlagplatz mußte nach Bürgerprotesten fallengelassen werden, vgl. Bericht im Reutlinger Generalanzeiger vom 23.11.1989.

210   Vgl. ebd.

2.4.3.3. Verschmutzung von Schiffen aus

Wie in der Einleitung ausgeführt, sollen unter diesem Stichwort zwei Punkte behandelt werden: Ratifikation des MARPOL-Abkommens und Verfügbarkeit von Auffanganlagen für Öl und ölige Rückstände.

Die Bundesrepublik gehört zu den Signatarstaaten des MARPOL-Abkommens (in der Fassung des Protokolls von 1978) und hat dieses am 21.1.1982 samt allen Anlagen ratifiziert.[211] Im Rahmen der INK hat sich die Bundesregierung für die Erklärung der Nordsee zum Sondergebiet im Sinne der Anlagen I (Öl), II (Chemikalien als Massengüter) und V (Schiffsmüll) des MARPOL-Abkommens eingesetzt, hat damit aber erst jüngst für Anlage V Erfolg gehabt.[212]

Über die Verfügbarkeit von Auffanganlagen bestehen offenbar unterschiedliche Ansichten. Während Kunig noch davon spricht, daß diese Anlagen "nur in unzureichendem Maße vorhanden seien",[213] erteilte die Bundesregierung im Rahmen der 3. INK die Auskunft: "Eine ausreichende Menge von Auffanganlagen für Abfälle und Abwässer (MARPOL Anhänge I, II und V) steht gegenwärtig in allen Küstenhäfen der Bundesrepublik Deutschland zur Verfügung."[214] Wie immer dies zu beurteilen sein mag, was die Kosten der Benutzung anbelangt, so haben sich die Umweltminister des Bundes und der Küstenländer im Mai 1988 in einem Verwaltungsabkommen auf die vorerst kostenlose Entsorgung der Schiffe von Öl- und Chemikalienrückständen geeinigt. Für eine Pilotphase von zunächst drei Jahren übernimmt hierbei der Bund bis zu 50 v.H. der anfallenden Kosten (bzw. maximal 6,75 Mio. DM).[215] Eine Auswertung der in dieser Phase gewonnen Erfahrungen soll ergeben, wie auch künftig die Entsorgung kostenlos oder mit vertretbaren Gebühren vorgenommen werden kann.

211   Quelle: IMO 1989.

212   Vgl. oben Abschnitt 2.2.2.2.

213   Kunig 1986, 266. Es folgt dort der Nachsatz: "Über die vorhandenen Kapazitäten und vor allem die gegenwärtige Nutzung bestehen allerdings gegenwärtig keine klaren Erkenntnisse" sowie der Hinweis auf die von der Bundesregierung in einer Antwort auf eine Kleine Anfrage der Fraktion der Grünen gemachten Angaben in der BT-Drucksache 10/1106 vom 28.3.1984. Sie enthält eine Karte, die alle Auffanganlagen verzeichnet.

214   In der am Rande der 3. INK verteilten Broschüre "No more waste over board", o.O., o.J. (1990), meine Übersetzung.

215   Vgl. die BT-Drucksache 11/3847 vom 17.1.1989, 14.

2.4.3.4. Überwachung von Luft aus

Zur Überwachung der Meere von Luft aus und zur Erkennung von Ölverschmutzungen stehen in der Bundesrepublik seit 1986 zwei Flugzeuge zur Verfügung.[216] Bund und Küstenländer teilten sich je zur Hälfte die Kosten für deren Sensorenausrüstung (rund 10 Mio. DM). International kooperiert die Bundesrepublik bei der Überwachung von Luft aus vor allem mit den Niederlanden und Dänemark, mit denen hierüber bilaterale Abkommen bestehen, sowie multilateral im Rahmen des Bonner Übereinkommens zur Bekämpfung der Ölverschmutzung der Nordsee von 1969. Über die national absolvierten Flugstunden und die dadurch entdeckten Verschmutzungsfälle informiert Tabelle 2-5.

Tabelle 2-5: Überwachung des Meeres von Luft aus in der Bundesrepublik

	1986	1987	1988 (1.Halbjahr)
Anzahl der Flugstunden	478	532	298
festgestellte Gewässer-verunreinigungen	119	138	58
identifizierte Verursacher	9	7	11

Quelle: BT-Drucksache 11/3847 vom 17.1.1989, 17.

Wie die Ergebnisse zeigen, ist die Identifizierung der Verursacher nach wie vor schwierig. Darüber hinaus kommen die in der Bundesrepublik im internationalen Vergleich recht strengen Strafvorschriften nur selten, und meist in Form von Geldstrafen, zur Anwendung. Überdies bemißt sich bei Geldstrafen der Tagessatz nach dem Monatseinkommen des Verurteilten (allenfalls der Kapitän, nicht die Schiffseigner), was häufig genug zu vergleichsweise geringen Strafen führt.[217] Angesichts des Rückgangs der pro Flugstunde im Mittel festgestellten Ölverschmutzungen von (1983) 1,6 auf (erstes Halbjahr 1988) 0,2 sieht die Bundesregierung dennoch ihre Erwartungen bezüglich der abschreckenden Wirkung des Luftüberwachungssystems als "in vollem Umfang bestätigt" an.

---

216   Die folgenden Angaben nach BT-Drucksache 11/3847 vom 17.1.1989, 16ff.

217   Vgl. zur Frage der Ahndung illegaler Ölverschmutzungen auf See Kunig 1986, 269.

2.4.3.5. Verbesserung des wissenschaftlichen Erkenntnisstandes

Bereits in seinem "Gesamtprogramm Meeresforschung und Meerestechnik 1976-1979" hatte das Bundesforschungsministerium der Reinhaltung des Meeres einen "bedeutenden Platz" eingeräumt.[218] Als Ziel der Forschungarbeiten wurde unter anderem genannt, "die Lebewesen des Meeres zu schützen und ein stabiles ökologisches Gleichgewicht aufrecht zu erhalten". Auch im jüngsten Programm "Umweltforschung und Umwelttechnologie 1989-1994" des BMFT wird als ein Schwerpunkt gesetzt: "Schutz der Funktion des Bodens, der Gewässer und des Meeres".[219]

Was die Unterstützung von Forschungseinrichtungen anbelangt, so unterhält das BMFT die Biologische Anstalt Helgoland und fördert zusammen mit den Ländern Schleswig-Holstein, Bremen und Hessen das Institut für Meereskunde in Kiel, das Institut für Meeresforschung in Bremerhaven und das Institut für Meeresgeologie und -biologie in Wilhelmshaven.[220]

Ebenfalls vom BMFT finanziert wurden zwei dreijährige Forschungsprojekte über "Zirkulation und Schadstoffumsatz in der Nordsee" ("ZISCH") und "Biogeochemie und Verteilung von Schwebstoffen in der Nordsee und ihr Bezug zur Fischereibiologie" ("TOSCH"), an denen 45 Wissenschaftler unter Federführung der Universität Hamburg beteiligt waren.[221] Der Großraum Hamburg soll in Zukunft durch die Zusammenfassung bestehender Institute zu einem Zentrum für marine und atmosphärische Wissenschaften ausgebaut werden.[222] Dort ist auch als zentrale Überwachungs- und Datensammelstelle (seit 1987 in Form der "MUDAB", das heißt Meeresumwelt-Datenbank) das Deutsche Hydrographische Institut ansässig, welches bei der Entwicklung von Analysetechniken international führend mitwirkt.

In der Bundesrepublik gibt es insgesamt 36 Forschungsschiffe, davon vier für die Fischereiforschung, 13 Spezialforschungsschiffe und 19 für andere Forschungsaufgaben. Speziell für die multidisziplinäre Meeresforschung und ökologisch ausgerichtete

---

218   BMFT (Hrsg.), Gesamtprogramm Meeresforschung und Meerestechnik 1976-1979, Bonn 1976, 31.

219   Vgl. BMFT-Journal Nr.5/1989, 11.

220   BMFT (Hrsg.), Bundesbericht Forschung 1988, Bonn 1988, 126.

221   Vgl. die Abschlußbericht-Broschüre der Projekte ZISCH und TOSCH: Jürgen Sündermann, Institut für Meereskunde Universität Hamburg (Hrsg.), Die Nordsee. Wasseraustausch und Schadstoffbelastung, Hamburg 1989.

222   Bundesbericht Forschung, a.a.O.

Meeresüberwachung ausgerüstet ist das jüngst, im Mai 1990, der Biologischen Anstalt Helgoland übergebene Forschungsschiff "Heincke".[223]

Was schließlich die finanziellen Aufwendungen für die Meeresforschung anbelangt, so gab der Bund hierfür (ohne Meerestechnik und Polarforschung) 1988 rund 215 Mio. DM aus. Speziell für die Erforschung von Nord- und Ostsee werden circa 45 Mio. DM jährlich zur Verfügung gestellt, davon etwa 16 Mio. für die ökologische Untersuchung des Wattenmeeres.[224]

Damit ist die Darstellung der bundesdeutschen Implementation in ihren fünf Punkten abgeschlossen. Auf eine zusammenfassende Bewertung wird hier zugunsten des in Kapitel 4 erfolgenden Vergleichs verzichtet.

---

223   Angaben nach BMFT-Journal Nr.2, 1990, 9.

224   Angaben nach BT-Drucksache 11/3847, 18.

2.4.4. Exkurs: Meeresumweltpolitik auf Bundesländerebene: Der Fall Schleswig-Holstein

Bereits an mehreren Stellen wurde im Rahmen der Ausführungen zur Implementation der Meeresschutzpolitik in der Bundesrepublik auf die Beteiligung der Länder verwiesen. Entsprechend der grundgesetzlich festgelegten Kompetenzverteilung sind die Länder auch im (Meeres-)Umweltschutzbereich die wesentlichen ausführenden Organe für Bundesgesetze. Die Rolle der Bundesländer beschränkt sich jedoch nicht auf die Ausführung von Bundesgesetzen.

Sie sind einerseits über die erwähnten Bund-Länder-Ausschüsse und allgemein über Kontakte auf Beamtenebene in den Prozeß der Vorbereitung der bundesdeutschen Positionen im Rahmen der Verhandlungsforen der Regime zum Schutz von Nord- und Ostsee beteiligt.

Andererseits haben die Umweltminister der Küstenländer selbst als Beobachter etwa an den Nordseekonferenzen teilgenommen. Allerdings waren auf der jüngsten 3. INK nicht alle Küsten-Bundesländer durch ihre jeweiligen Umweltminister vertreten,[225] und von den anwesenden Ministern reisten zwei angesichts der für sie unbefriedigenden Ergebnisse vorzeitig ab.[226]

Schließlich besteht für die Bundesländer ein Spielraum für eigenverantwortliche Beiträge zum Schutz der Meeresumwelt, bei denen die finanzielle Beteiligung des Bundes allerdings nicht aus-, sondern dem Bestreben der Länder nach möglichst eingeschlossen ist. Um dieses Thema wenigstens illustrativ anzureißen und dabei gegenüber der inter- und supranationalen wie der nationalen politischen Ebene noch eine dritte, regionale Ebene ins Spiel zu bringen,[227] wurde hier als einziger Doppelanrainer von Nord- und Ostsee das Land Schleswig-Holstein ausgewählt. Ein weiterer Grund liegt darin, daß mit dem Antritt der neuen Landesregierung 1988 ein parteiloser Fachmann für meeresbiologische Fragen zum Minister für Natur und Umwelt bestellt wurde, mit dessen Namen sich einige Hoffnungen auf Innovationen in der Umweltpolitik des Landes verbanden.

---

225   Hamburgs Umweltsenator Kuhbier hatte bereits im Vorfeld angekündigt, daß er aufgrund der "unzureichenden Beschlußvorlagen" nicht teilzunehmen gedenke. Er hatte unter anderem eine Erklärung der Nordseeminister gefordert, daß die Nordsee nicht zusätzlich durch radioaktive Stoffe aus den Wiederaufarbeitungsanlagen von La Hague und Sellafield belastet werden dürfe im Zusammenhang mit der Aufarbeitung abgebrannter Brennelemente aus der Bundesrepublik, nachdem von der heimische Aufarbeitung in Wackersdorf Abstand genommen wurde; vgl. die Meldung: Hamburg rügt Nordseetreffen, in: Frankfurter Rundschau vom 6.3.1990, 1.

226   So der schleswig-holsteinische Umweltminister und die Bremer Senatorin, vgl. den Bericht von Ulrich Stock: Das Nordsee-Ritual, in: Die Zeit Nr.12 vom 16.3.1990, 97.

227   Auf die Einbeziehung der vierten und letzten politischen Ebene, der der Kommunalpolitik, wird hier verzichtet, ungeachtet ihrer Bedeutung für die konkrete Umsetzung umweltpolitischer Entscheidungen (etwa in Fragen der häufig kommunalen Kläranlagen, der kommunalen Müllentsorgung u.a.m.).

In Schleswig-Holstein verteilt sich eine Bevölkerung von rund 2,6 Mio. Einwohnern auf eine Fläche von 15.728 km², was dieses Land mit rund 163 Einwohner pro km² zu einem der eher dünn besiedelten der Bundesrepublik macht. Die Großstädte des Landes (Kiel, Schleswig und Flensburg mit zusammen rund 400.000 Einwohnern) liegen unmittelbar an der Ostsee, der weit größere Teil des Landes jedoch entwässert in die Nordsee. Von dieser gehört ein Drittel des Wattenmeeres zu Schleswig-Holstein. Rund drei Viertel des Landes sind landwirtschaftlich genutzt, auch wenn die Landwirtschaft nur einen kleinen Teil des Bruttoinlandsproduktes (BIP) ausmacht. Dieses lag 1988 bei 73 Milliarden DM und entsprach damit etwa nur 3,5 v.H. des Bundes-BIP (bei einem Anteil an der Bundesbevölkerung von 4,17 v.H.).[228] Als vom wirtschaftlichen Strukturwandel der vergangenen Jahre besonders betroffenes Land hat Schleswig-Holstein trotz einer Zunahme der Beschäftigtenzahl zwischen 1970 und 1987 um 16,2 v.H. noch immer mit einer eher hohen Arbeitslosigkeit (8,9 v.H. im Mai 1989, was etwa dem Bundesdurchschnitt entsprach) sowie als Staat mit starken Haushaltsproblemen zu kämpfen.[229] Dies sind nur einige der Rahmenbedingungen, unter denen schleswig-holsteinische Meeresschutzpolitik zu operieren hat. Für die Zwecke der hier beabsichtigten Skizze müssen diese Angaben genügen.

In seiner Regierungserklärung vom September 1988 wies der neue Umweltminister Heydemann darauf hin, daß Globalaussagen über die Meere für die konkreten Verhältnisse vor Schleswig-Holsteins Küste wenig aussagekräftig sind, und räumte auch den erheblichen Eigenanteil des Landes an der Verschmutzung seiner Küstengewässer ein: 70 bis 80 v.H. des Nährstoffeintrags vor der Nordseeküste entstamme dem Land selbst, und in der Ostsee liege der Anteil ähnlich hoch.[230] Bereits im Juni 1988 hatten die Umweltminister der Küstenländer mit einem Zehn-Punkte-Programm über Sofortmaßnahmen zur Rettung der Ökosysteme von Nord- und Ostsee auf die aktuelle Krisensituation des "Algensommers" (und des Robbensterbens) reagiert. Darin wurde unter anderem gefordert: die Verbesserung aller Kläranlagen, die Nachrüstung der industriellen Altanlagen entsprechend der TA Luft, Umstellung der wasserrechtlichen Erlaubnisse für Einleitungen entsprechend dem "Stand der Technik", sofortiges Beenden der Verklappung und Verbrennung auf hoher See durch die Küstenländer.[231] Inzwischen hat das Land Schleswig-Holstein eine Reihe weiterer Maßnahmen in Angriff genommen. Sie sollen hier nicht mit dem Bestreben auf Vollständigkeit präsentiert werden, sondern

---

228   Angaben nach Fischer Weltalmanach '90, 1989, Sp.169f.

229   Quelle: ebd., Sp.189f. und 194.

230   Presse und Informationsstelle der schleswig-holsteinischen Landesregierung (Hrsg.), Die Situation in der Nord- und Ostsee sowie Maßnahmen zu ihrem Schutz. Regierungserklärung des Ministers für Natur und Umwelt Prof. Dr. Berndt Heydemann, gehalten vor dem Schleswig-Holsteinischen Landtag am 7. September 1988, Kiel 1988, 4 (im folgenden zitiert als Heydemann 1988).

231   Zitiert nach den Angaben bei Hohmann 1989b, 548.

- soweit möglich - im Hinblick auf die fünf in dieser Arbeit zur Frage der Implementation ausgewählten Einzelkomplexe.

Was die *Einleitung über Flüsse* anbelangt, so hat Schleswig-Holstein im Rahmen eines Sofortprogramms damit begonnen, alle größeren Kläranlagen des Landes mit einer chemischen Fällung zur Verminderung der Phosphateinträge auszurüsten. 20 Anlagen sind hiervon betroffen, 18 sind bereits entsprechend ausgestattet.[232] Hierzu waren Gesamtinvestitionen von 26 Mio. DM nötig, von denen das Land 9 Mio. bereitstellte. Darüber hinaus soll in einer weiteren Ausbaustufe auch die weitgehende Stickstoffelimination und eine Umstellung von chemischer auf biologische Phosphorelimination (zur Verminderung des Einsatzes von Fällmitteln sowie des Anfalls an Schlamm) erreicht werden. Hierfür sind bis 1995 Kosten in Höhe von 450 Mio. DM veranschlagt. Gleichwohl betonte der Umweltminister, daß diese *nach*sorgende Technik keine Dauerlösung darstellt:

> "Auch Klärwerkstechniken sind alles Übergangstechniken. (...) Wenn wir dieses Programm nicht durch ein Konzept ... der Düngerreduzierung ... ergänzen und damit das ökologische Extensivierungsprogramm an Klärwerksmaßnahmen koppeln, nehmen wir nur eine Verlagerung der Nährstoffe von dorther in die Luft vor, und von dort können sie woanders wieder in den Boden gelangen."[233]

Die Extensivierung der landwirtschaftlichen Nutzung war denn auch ein Programm, das bereits von der Vorgängerregierung seit 1985 betrieben wurde. Mittlerweile konnte die davon erfaßte Fläche auf 25.000 ha (entsprechend etwa 2 v.H. der gesamten landwirtschaftlich genutzten Fläche) ausgedehnt werden. Die im Vergleich zur Intensivbewirtschaftung verminderten Erträge sowie die von den Landwirten auf den durch freiwillige Verträge gebundenen Flächen von ihnen erbrachten Leistungen für den Naturschutz werden dabei durch Ausgleichszahlungen vergütet. Dadurch soll vor allem der flächenhafte Eintrag von Schad- und Nährstoffen aus der Landwirtschaft vermindert werden. Demselben Zweck dient auch die jüngst erlassene Gülleverordnung sowie das Uferrandstreifenprogramm.[234] In seinem Rahmen sollen Landwirte gegen Entschädigung auf die Bewirtschaftung von 10 bis 20 m breiten Streifen längs ausgewählter Gewässer verzichten; durch den dadurch ermöglichten natürlichen Bewuchs können bis zu 80 v.H. des Oberflächeneintrags von Phosphaten und Nitraten verhindert werden. Die Anwendung auf einer Gewässerstrecke von rund 2.000 km wird angestrebt, was einer Fläche von etwa 4.000 ha entsprechen würde. Hierfür sind jährlich 900.000 DM im Landeshaushalt vorgesehen.

---

232   BT-Drucksache 11/3847, 32f.

233   Heydemann 1988, 11.

234   Hierzu Pressemitteilung der Landesregierung vom 2. Februar 1989: Landesweites Uferrandstreifenprogramm zum Schutz der Binnengewässer und von Nord- und Ostsee sowie BT-Drucksache 11/3847, 33.

In Sachen *Dumping und Verbrennung auf See* hat sich die Landesregierung wie erwähnt für einen Verzicht Schleswig-Holsteins ausgesprochen und darüber hinaus für ein bundesweites Beenden dieser Praxis plädiert. Wie oben erwähnt werden beide Ziele demnächst erreicht sein.

Zur Bekämpfung der *Verschmutzung von Schiffen aus* beteiligt sich das Land im Rahmen des erwähnten Drei-Jahres-Pilotprojekts zusammen mit dem Bund mit je der Hälfte an den Kosten für die erforderlichen Auffanganlagen. Die Infrastruktur ist in Schleswig-Holstein hierfür "fast vollständig vorhanden."[235]

Schließlich beteiligt sich die Landesregierung an der Finanzierung der universitären und außeruniversitären Einrichtungen der Meeres(schutz)forschung in Schleswig-Holstein.[236] Zur Koordination dieser Förderung wird derzeit ein wissenschaftlicher Beirat "Meeresschutzforschung" eingerichtet.

Insgesamt zeigt das Beispiel, daß auch auf Länderebene bei entsprechendem Einsatz und Unterstützung durch die wesentlichen politischen Kräfte[237] durchaus einiges für den Meeresumweltschutz getan werden kann.[238]

---

235   Heydemann 1988, 15.

236   Heydemann 1988, 18 betont: "Ich sage noch einmal: 'Meeresschutzforschung' ist etwas anderes als Meeresforschung."

237   In der zitierten Regierungserklärung warb der Umweltminister mehrfach für eine Unterstützung seines Programms auch durch die Opposition.

238   Einen Überblick über die von den übrigen Bundesländern, auch den Nicht-Küstenländern, ergriffenen Maßnahmen zum Schutz der Meeresumwelt enthält der bereits mehrfach zitierte Anhang zur BT-Drucksache 11/3847.

2.5. Meeresumweltschutzpolitik: Der Fall Großbritannien

Großbritannien nimmt aufgrund seiner Insellage unter den Nordseestaaten schon rein geographisch eine besondere Stellung ein. Anders als in den kontinentalen Festlandstaaten ist auf den britischen Inseln praktisch kein Ort viel weiter als 100 km vom Meer entfernt. Wie bereits für die Bundesrepublik sollen auch für Großbritannien zunächst einige für die Umwelt(politik) relevante grundlegende Fakten benannt werden.

2.5.1. Basisinformation

Die Bevölkerung von England, Schottland und Wales, also die Bewohner der britischen Hauptinsel, zusammen 55,2 Mio. Menschen, verteilen sich auf eine Fläche von circa 230.000 km^2, was eine Dichte von rund 240 Personen pro km^2 ergibt. Der Prozentsatz der städtischen Bevölkerung im gesamten Vereinigten Königreich lag 1985 bei 91,5 v.H.[239]

Die Wasserscheide auf der britischen Insel verläuft von Nord nach Süd, wobei der nach Osten, also in die Nordsee entwässernde Teil des Landes rund zwei Drittel der Fläche umfaßt, insbesondere die großen Flußsysteme von Forth, Tyne, Ouse und Trent (die in den Humber zusammenfließen), Great Ouse mit Mündung in die Wash-Bucht und schließlich die Themse.

Großbritannien ist die älteste und, mit einem BSP pro Kopf von (1986) 8.920 US-Dollar, immer noch eine bedeutende Industrienation, auch wenn diese Wirtschaftsleistung international nur noch zum 22. Platz reichte. Maschinen, Metallwaren und Fahrzeuge machen zusammen 50 v.H. des Exports aus, daneben sind auch für Großbritannien chemische Produkte (rund 13 v.H.) bedeutsam. Schließlich gewinnt Großbritannien aus der Nordsee Erdöl, das zusammen mit Erdölprodukten immerhin rund 10 v.H. des Exports ausmacht.[240]

Die Erzeugung elektrischer Energie beruhte 1986 zu 78,8 v.H. auf fossilen Brennstoffen, nur 1,4 v.H. trug die Wasserkraft bei und die Kernkraft erreichte nahezu 20 v.H. Insgesamt wurden (1986) rund 112 Mio. t Kohle, 62,5 Milliarden m^3 Erdgas sowie (1987) 561 Mio. Barrel Öl (bei einer Produktion von 884 Mio. Barrel) verbraucht. Im Jahre 1985 bedeutete dies einen Pro-Kopf-Energieverbrauch von 3.603 kg Öleinheiten.[241]

---

239   Berechnet nach bzw. entnommen aus: Britannica World Data Annual 1989, Chicago 1989, 722.

240   Angaben nach ebd., 723 und Fischer Weltalmanach '90, Frankfurt/M. 1989, Sp.270.

241   Angaben nach World Data Annual 1989, 810f. und Fischer WA '90, Sp.270.

Mit einer Zahl von (1987) 2.165 Schiffen (über 100 BRT) ist die britische Handelsflotte international noch immer eine der großen. Die Fischanlandemenge betrug im selben Jahr 716.900 t.[242]

1987 hat Großbritannien sein Küstenmeer im Bereich der Nordsee auf 12 sm ausgeweitet. Bereits zehn Jahre zuvor war im Rahmen der EG eine Fischereizone von 200 sm im Nordostatlantik und in der Nordsee erklärt worden.[243] Aufgrund seiner langen Ostküste fällt Großbritannien von allen Anrainern der größte Flächenanteil an der Nordsee zu.

2.5.2. Der politische Kontext der Meeresumweltschutzpolitik

Auch für Großbritannien soll der politische Kontext der Meeresumweltschutzpolitik unter den drei Rubriken staatliche Institutionen, Parteien und Umweltschutzverbände skizziert werden.

2.5.2.1. Staatliche Institutionen

Wenn hier über die staatlichen Institutionen im Bereich britischer Meeresumweltschutzpolitik berichtet wird, so muß eine Einschränkung gleich vorweggeschickt werden. Genau genommen wird nur über die Institutionen Englands gesprochen. Schottland (und in geringerem Maße auch Wales) genießt in vielen Verwaltungsangelegenheiten, darunter zum Beispiel auch die für die hier behandelte Thematik einschlägigen Bereiche Umweltschutz, Landwirtschaft und Fischerei, ein gewisses Maß an Eigenständigkeit aufgrund der sog. "Devolution"-Politik. Eine einheitliche britische Position in Meeresumweltschutzfragen beruht somit auf einer internen Vorababstimmung der zuständigen schottischen, walisischen und englischen Behörden. Nur auf letztere wird im folgenden eingegangen.

Ein "Umwelt"-Ministerium (Department of the Environment, DOE) besteht in Großbritannien seit 1970.[244] Mit seinen 6.000 zentralen Beamten und einem Personal von nochmals mehreren Tausend im ganzen Land zählt es zu den ganz großen Ministerien. Der frühe Zeitpunkt der Entstehung wie die Größe des Ministeriums mögen überraschen. Von beidem auf einen besonders hohen Stellenwert des Umweltschutzes zu schließen wäre aber aus zwei Gründen verfehlt. Zum einen hat das englische Wort "environment" traditionell eine Reihe anderer Konnotationen als der streng ökologi-

---

242   World Data Annual 1989, 723.

243   Jenisch 1989, 88f.

244   Einen allgemeinen Überblick über Institutionen, Politik und Probleme im Umweltschutz in Großbritannien gibt Forster 1989.

sche Umweltbegriff.[245] Laut Collins English Dictionary bezeichnet es zunächst "external conditions or surroundings, esp. those in which people live or work."[246] Es entspricht also teilweise eher dem deutschen "Umgebung" bzw. den Zusammensetzungen wie "Arbeitsumwelt".[247] Zum anderen, und dementsprechend, nimmt das DOE, das aus der Fusion der Ministerien (Departments) für Transport, für Works and Housing sowie für Local Government entstand, neben dem eigentlichen Umweltschutz eine Vielzahl von Aufgaben in diesen Bereichen wahr.[248] Das DOE ist somit eine Art "Superministerium", das Umwelt-, Bau- und Gemeindeverwaltungsministerium unter einem Dach zusammen-faßt. Der gegenwärtige Umweltminister, Chris Patten, wurde daher in jüngster Zeit vorwiegend durch die Verteidigung der in sein Ressort fallenden Kopfsteuer (poll tax) in Anspruch genommen, und sein Ministerium ist unter anderem zuständig für den Unterhalt der königlichen Schlösser.[249] Die von seiten der Umweltschutzverbände seit Jahren erhobene Forderung nach einem eigenständigen Umweltministerium im eigentlichen Sinne fand bisher, und in Zeiten einer auf Einschränkung des "Staats-apparats" fixierten Regierung erst recht, kein Gehör.

Die im engeren Sinne umweltpolitische ("grüne") Abteilung des DOE fungiert als Hauptkoordinationsinstanz in Sachen (Meeres)-Umweltpolitik. Koordination ist erforderlich nicht nur wegen der erwähnten "Devolution" von Kompetenzen an Schottland und Wales, sondern auch im Verhältnis zu den weiteren beteiligten nationalen Ministerien. Für Fragen der Meeresverschmutzung durch Seeverkehr (und somit für Verhandlungen im Rahmen der IMO) ist dies das Verkehrsministerium (Department of Transport, DTp), dessen Marine Pollution Control Unit auch die Aufgaben im Bereich der Überwachung des Seeverkehrs von der Luft aus (auf die Einhaltung von Umweltschutzbestimmungen hin) übernimmt. Die Verantwortung für die Erteilung von Lizenzen für das Einbringen von Abfällen auf See liegt dagegen beim Ministerium für Landwirtschaft, Fischerei und Ernährung (Ministry of Agriculture, Fisheries and Food, MAFF). Das Ausmaß, in dem diese Koordination gelingt, wird von Teilnehmern und Beobachtern unterschiedlich beurteilt.

---

245   Ich verdanke diesen Hinweis Sonja Boehmer-Christiansen, die in einem interessanten Beitrag den deutsch-britischen "Sprachproblemen" im Umweltschutzbereich nachgegan-gen ist und dabei zu dem Schluß kommt: "Pollution control is one area in European relations where conceptual differences between English and German speakers have most probably contributed to some of the problems experienced in the achievement of common policies." (1987, 2)

246   Collins English Dictionary, London/Glasgow 1979, 489, Stichwort "environment".

247   In gewissem Sinne kommt dieses weite Verständnis von "environment" schon wieder neueren Überlegungen aus dem Bereich der interdisziplinären Humanökologie nahe (vgl. dazu z.B. die Beiträge in Glaeser (Hrsg.) 1989).

248   Punnett 1989. Die Abteilung Verkehr wurde aus dem DOE später wieder ausgegliedert und bildet heute das eigenständige Verkehrsministerium.

249   Ebd., 288.

Unterhalb der Ebene der Ministerien sind zwei Einrichtungen zu nennen: Her Majesty's Inspectorate of Pollution (HMIP), das als zentrale Inspektionsinstanz im Umweltbereich unmittelbar dem DOE zugeordnet ist, sowie die neugegründete unabhängige National Rivers Authority (NRA) als spezielle Kontrollinstanz für die Reinhaltung der Flüsse.[250]

2.5.2.2. Parteien

Meeresumweltpolitik war lange Zeit kein gewichtiges Thema für die britischen Parteien und wurde daher auch nur in geringem Umfang Gegenstand parlamentarischer Beratung.[251] Auch in Verbindung mit den ersten beiden Nordseekonferenzen fanden keine größeren Parlamentsdebatten zum Thema Nordseeschutz statt, von Anfragen einzelner Abgeordneter abgesehen, unter denen sich jedoch kritische Fragen der Opposition mit solchen mischten, die in der eher unkritischen Absicht gestellt wurden, dem jeweiligen Minister Gelegenheit zu geben, seine (positive) Sicht der Dinge darzulegen. Erst in jüngster Zeit scheint sich das Gewicht umweltpolitischer Themen in der parlamentarischen und parteipolitischen Debatte zu erhöhen, was sich auch in einer gewissen "Bekehrung" der Regierung Thatcher zu "grünen" Themen widerspiegelt. Dies zeigt sich allerdings bisher mehr in Sachen der atmosphärischen denn der marinen Verschmutzung, etwa an der Gastgeberrolle für eine internationale Konferenz zum Thema Schutz der Ozonschicht im März 1989 (sowie erneut im Juli 1990), aber auch daran, daß die konservative Regierung im Dezember 1989 den Entwurf eines umfassenden Umweltschutzgesetzes (Environmental Protection Bill, EPB) vorgelegt hat, der auf dem Ansatz des "integrierten Umweltschutzes" (integrated pollution control) beruht. Dabei sollen die Emissionen von Schadstoffen in alle Umweltmedien berücksichtigt werden, was durchaus im Sinne eines umfassend verstandenen Vorsorgeprinzips liegen würde. Allerdings verdankt sich dieser "ganzheitliche", alle Umweltmedien umfassende Ansatz nicht nur höherer ökologischer Einsicht, sondern auch dem Bestreben nach Verwaltungsvereinfachung im Umweltbereich auf seiten der Regierung. Gewichtiger jedoch ist, daß auch in der EPB bezüglich der angestrebten technischen Standards BAT zu BATNEEC ergänzt wird, was für "Best Available Technology Not Entailing Excessive Cost" steht. Dies erscheint angesichts der Tatsache, daß BAT international schon dahingehend qualifiziert wurde, daß es ökonomische Verfügbarkeit

---

250   Zur NRA vgl. unten Abschnitt 2.5.3.1.

251   Eine Sichtung des Official Record der Parlamentary Debates des House of Commons (Hansard) seit Anfang der 1980er Jahre ergab nur ganz vereinzelte Diskussionen über Nordseeschutzfragen. Dies wurde mir in mehreren Interviews mit britischen Beobachtern der umweltpolitischen Debatte im Lande bestätigt.

mit einschließe,[252] nicht nur redundant, sondern läßt eine weitere Verringerung des damit erhobenen Anspruchs befürchten.

Im Zusammenhang mit der Beratung der EPB kam es jüngst im Unterhaus auch zu einem längeren Austausch über die Nordseeschutzpolitik, wobei die Positionen der Parlamentsparteien deutlich wurden. Die Social and Liberal Democrats (SLD) hatten einen Ergänzungsantrag zur EPB eingebracht, wonach in einem neuen Abschnitt nicht nur der Umweltminister zur Aufstellung eines nationalen Plans zur Verringerung des Eintrags gefährlicher Substanzen in die Nordsee verpflichtet werden sollte. Darüber hinaus wurde eine Reihe von konkreten - und gegenüber den Beschlüssen der 3. INK vorgezogenen - Enddaten für das Einbringen auf See gefordert: für Klärschlamm der 1. Januar 1993 (statt 1998), für Flugasche und Industrieabfälle der 1. Januar 1991 (statt Ende 1992 oder gar 1993), sowie eine vollständige Beendigung der Einleitung gefährlicher Stoffe ("zero discharges") bis zum 1. Januar 2000.[253] Als Sprecher der SLD bezeichnete der Abgeordnete S. Hughes die bisherige Politik der Regierung in Sachen Verklappung als "'out of sight, out of mind' disposal solution"[254], sprach von möglichen anderen Beseitigungsalternativen (ohne sie konkret zu benennen) und schließlich davon, daß Firmen wie ICI durchaus mit strengen Anforderungen in Sachen Abfallbeseitigung zurecht kommen könnten, vorausgesetzt, diese würden auch gestellt. Vertreter der regierenden Konservativen hielten dagegen, die vorgesehenen kurzen Fristen seien nicht praktikabel. Als Alternativen kämen nur die Beseitigung auf Müllkippen an Land in Frage - "but we are desperately short of landfill sites" - oder der Bau von Verbrennungsanlagen, der jedoch "costly and politically sensitive" sei.[255] Darüber hinaus sprach sich der parlamentarische Unterstaatssekretär für Umweltfragen, D. Heathcoat-Amory, gegen "an arbitrary revision of the time scales negotiated and agreed upon at The Hague conference" aus.[256] Der Labour-Abgeordnete Morley schließlich sagte für seine Partei, daß sie "give their broad support to the principles put forward by the Liberal Democrats." Er schloß sich jedoch seinem konservativen Kollegen insofern an, daß "(o)ne cannot simply switch off industrial effluent tomorrow. That cannot be done because of the impact it would have on the industries involved and jobs."[257] Der Vorschlag der SLD sei also im großen und ganzen zu begrüßen, "but we believe that

---

252   Vgl. oben Abschnitt 2.2.2.1.

253   Vgl. den Text des Ergänzungsantrags sowie die Niederschrift der Debatte im House of Commons vom 2. Mai 1990 im Hansard, 1080-1099.

254   Ebd., 1084.

255   So der Abgeordnete der Konservativen T. Devlin, ebd. 1091.

256   Ebd., 1095.

257   Ebd., 1093.

some of the deadlines are not very realistic."[258] Der Antrag der SLD wurde schließlich mit 28 zu 178 Stimmen abgelehnt.[259]

An diesem Ausschnitt aus einer parlamentarischen Debatte werden die prinzipiellen Positionen der Parteien in Sachen Meeresumweltschutz deutlich: Einerseits die konservative Regierungspartei, die mit den (auf der 3. INK) erreichten Beschlüssen sehr zufrieden ist (und, von ihrem Standpunkt betrachtet, wohl auch sein kann) und es darüber hinaus leid ist, das von ihr regierte Land als "the dirty man of Europe" angeprangert zu sehen.[260] Andererseits eine Opposition, die im Falle der SLD prinzipiell vernünftige Forderungen ohne Konkretisierung ihrer Verwirklichungsmöglichkeiten umso leichter erheben kann, als sie wohl kaum in die Lage kommen wird, diese auch in Regierungsverantwortung umsetzen zu müssen, sowie eine Labour Party, die zwar "im Prinzip" für Umweltschutz ist, jedoch nicht, wenn dadurch die Industrie und damit Arbeitsplätze in Gefahr geraten.

Betrachtet man neben den Parlamentsparteien auch noch die im Parlament nicht vertretenen Grünen, so ist ihre schwache Stellung Symptom wie auch teilweiser Grund der bisher relativ geringen Bedeutung umweltpolitischer Themen in Großbritannien. Die britische Green Party ist zwar eine der ältesten in Westeuropa - sie wurde 1973 gegründet, nahm ihren jetzigen Namen allerdings erst 1985 an.[261] Das geringe Gewicht dieser Partei ist jedoch nicht nur dem britischen Mehrheitswahlsystem anzulasten, das es für dritte Parteien notorisch schwierig macht, einen "Fuß auf die politische Bühne" zu bekommen. Es hat auch mit der teilweise sehr radikalen politischen Programmatik - Byrne charakterisiert sie insgesamt als "visionary and idealistic"[262] - dieser Partei zu tun (Dezentralisierung, NATO-Austritt, langfristige Verringerung der Bevölkerung), die bei den eher pragmatischen Briten bisher bei Wahlen zum Unterhaus nur wenig Anklang zu finden vermochte. Der Druck auf die beiden großen Parteien, Labour und die Konservativen, grüne Themen aufzunehmen, um Wählerabwanderung zu stoppen, spielte daher bis dato kaum eine Rolle. Eine interessante Ausnahme von dieser Regel ist jedoch das internationale Spitzenergebnis, das die britischen Grünen bei der Wahl zum Europaparlament am 15. Juni 1989 erreichten. Mit 15 v.H. der Stimmen erhielten sie zwar aufgrund des Wahlsystems noch immer keinen Sitz im Europaparlament, schreckten aber doch die übrigen Parteien hinreichend auf, daß sie sich zur künftigen Herausstellung ihrer eigenen grünen Programmatik veranlaßt sahen. Die erwähnte EPB

---

258   Ebd., 1095.

259   Was nebenbei den Schluß erlaubt, daß von den 650 Mitgliedern des House of Commons nur 206 - knapp ein Drittel - bei der Debatte zugegen waren.

260   Der Abgeordnete Devlin, ebd., 1092.

261   Vgl. zur Green Party Byrne 1989.

262   Ebd., 106.

der Konservativen ist hierfür ebenso ein Beleg wie die Tatsache, daß das jüngst
vorgelegte neue Programm der Labour Party ebenfalls eine umfangreiche "grüne
Agenda" enthält, "ohne die keine Partei mehr vor den Wähler treten kann."[263]
Umweltpolitische Forderungen im allgemeinen und solche nach Maßnahmen zum Schutz
der Meeresumwelt im besonderen artikulierten sich gleichwohl bisher weitgehend
außerhalb der politischen Parteien in umweltpolitischen Organisationen. Ihnen gilt,
beschränkt auf Fragen des Meeresumweltschutzes, der folgende Abschnitt.

2.5.2.3. Umweltschutzverbände

Bei den Umweltschutzverbänden gilt es zwischen traditionellen, oft auch traditionsrei-
chen Verbänden im Naturschutzbereich und eher neuen, ökologisch-aktionistisch
orientierten Verbänden zu unterscheiden. Zur erstgenannten Gruppe gehört etwa die
Royal Society for the Protection of Birds, eine ebenso alte wie prestigereiche
Organisation, die im Bereich Meeresumweltschutz zwar eher marginal tätig wird (sie
sucht zur Zeit einen "marine policy officer"), jedoch als Beispiel dafür dienen kann, daß
keineswegs generell von der Abwesenheit jeglichen umweltschützerischen Denkens in
Großbritannien gesprochen werden kann. Allerdings sind die gewählten Aktionsformen
eher solche der Information als solche der Manifestation oder gar Demonstration.

Im Stil ihrer Aktionen eher dem Medienzeitalter angepaßt sind die "neuen" Umweltverbände wie Friends of the Earth (die sich in Großbritannien allerdings nicht schwerpunktmäßig mit Meeresumweltschutz befassen) und Greenpeace, die aktionistische Speer-
spitze im Bereich Meeresumweltschutz auch in Großbritannien (nicht zuletzt aufgrund
der Möglichkeit, bei entsprechenden Aktionen ein eigenes Boot einsetzen zu können).
Alle diese Verbände erleben zur Zeit einen starken Zulauf, was auf ein nunmehr auch
in Großbritannien wachsendes Umweltbewußtsein schließen läßt.[264]

Als zentrale und in ihrer pragmatischen Orientierung eher britische Einrichtung speziell
im Bereich Meeresumweltpolitik ist schließlich das Marine Forum zu nennen. Wie der
Name bereits erkennen läßt, versteht sich das Forum weniger als umweltpolitische
pressure group. Vielmehr organisiert es Gesprächs- und Begegnungsmöglichkeiten in
Form von etwa viermal jährlich stattfindenden Zusammenkünften von Beteiligten aus
allen Bereichen, die mit Fragen des Meeresumweltschutzes zu tun haben: Umweltschutzverbände, Regierungsbehörden, Meeresforscher und auch Vertreter der Industrie
(wie etwa des Chemie-Riesen ICI). Dieser pragmatische Ansatz ohne Berührungsängste -

---

263   So Jürgen König in seinem Bericht "Godesberg auf britisch. Die Opposition hat allen
       sozialistischen Theorien abgeschworen", in: Die Zeit Nr.23, 1.6.1990, 13.

264   Vgl. den Bericht von Reiner Luyken unter dem Titel "Verrückt nach Grün. Umweltbe-
       wußtsein ist in England der letzte Schrei", in: Die Zeit Nr.22, 26.5.1989, 81.

das Marine Forum wird je zur Hälfte vom World Wildlife Fund und vom DOE finanziert - macht das Marine Forum zwar national zu einer respektablen, beinahe semi-
offiziellen Einrichtung, hat jedoch international zu einiger Skepsis Anlaß gegeben. Als
Mitglied des inter-(oder: trans-)nationalen Zusammenschlusses der nationalen
Nordseeschutzverbände, "Seas at Risk", wurde das Marine Forum vor allem von den
westdeutschen Vertretern der Aktionskonferenz Nordsee (AKN) skeptisch beurteilt -
eine Beurteilung, die auf britischer Seite in der Skepsis gegenüber dem "Aktionismus"
der AKN ein Echo fand.[265] Die unterschiedlichen nationalen Politikstile scheinen also
auf der Ebene der nicht-staatlichen Organisationen in gewissem Umfang reproduziert
zu werden. Gleichwohl ist man sich im Sekretariat des Marine Forum bewußt, daß letztlich eine Kombination von aktionistischer und pragmatischer Herangehensweise für den
Erfolg von Meeresschutzpolitik nötig ist. Aufgrund des im Marine Forum versammelten
naturwissenschaftlichen Sachverstands wurde es von der britischen Regierung über eine
"UK liaison group" an der Arbeit der North Sea Task Force beteiligt, ohne allerdings
bei den Treffen der Task Force Beobachterstatus zu erhalten.

Versucht man abschließend, den politischen Kontext der Meeresumweltschutzpolitik in
Großbritannien kurz zu charakterisieren, so läßt sich folgendes sagen:
Auf der Ebene *staatlicher Institutionen* entspricht die Größe des "Umwelt"-Ministeriums
DOE nicht so sehr der politischen Priorität, die ökologischen Problemen eingeräumt
wird, als dem anderen Verständnis von "environment" in Großbritannien, das mehr und
weniger zugleich umfaßt als der deutsche Begriff "Umwelt". Inwiefern das DOE die
notwendige Koordination mit den übrigen nationalen (DTp, MAFF) und regionalen
Instanzen (Schottland, Wales) erfolgreich durchzuführen vermag, ist für den Außen-
stehenden schwer zu beurteilen.
Für die *Parteien* in Großbritannien ist (Meeres-)Umweltschutz erst in geringem Umfang
und in allerjüngster Zeit zum Thema geworden. Insbesondere ist das Fehlen einer
starken grünen Partei Symtom und teilweise Ursache der geringen bisherigen Bedeutung
von umweltpolitischen Fragen.
Die teilweise weit zurückreichende Existenz von Umwelt- bzw. Naturschutz*verbänden*
spricht gegen das Fehlen von Umweltbewußtsein in Großbritannien schlechthin. Auch
auf Verbandsebene dominiert jedoch ein pragmatischer (vertreten etwa durch das
Marine Forum) gegenüber dem neueren, aktionistischen Ansatz (Greenpeace).

2.5.3. Implementation

Vor dem oben geschilderten generellen Hintergrund und im Rahmen des skizzierten
politischen Kontextes der Meeresumweltschutzpolitik in Großbritannien soll nun die

---

265 Persönliche Mitteilungen in Gesprächen mit Mitarbeitern von MF und AKN.

konkret betriebene Politik, zum Teil in Umsetzung von Beschlüssen auf internationaler Ebene, anhand der fünf ausgewählten Teilbereiche des Gesamtkomplexes "Meeresumweltschutz" betrachtet werden.

2.5.3.1. Einleitung über Flüsse

Wie oben bei der Identifizierung des Nordsee-Regimes bereits ausgeführt wurde, ist die Verringerung des Eintrags von Schad-und Nährstoffen "in der Größenordnung von 50 Prozent" zwischen 1985 und 1995 seit der 2. INK erklärtes Ziel der beteiligten Staaten. In Umsetzung dieser Zielformulierung hat die britische Regierung zunächst am 10. April 1989 eine sog. "rote Liste" derjenigen Schadstoffe veröffentlicht, auf die sie die INK-Beschlüsse anzuwenden beabsichtigt.[266] Hauptkriterien für die Auswahl der Substanzen waren akute Toxizität, Langlebigkeit und biologische Akkumulation.[267] Diese Liste umfaßte 23 Stoffe bzw. Stoffgruppen; auf der 3. INK wurde nunmehr eine "Prioritätenliste" von 36 Stoff(grupp)en vereinbart.

Neben der Auswahl der zu berücksichtigenden Stoffe erwies sich als zweite Schwierigkeit die Feststellung des Ausgangsniveaus im Basisjahr 1985. Wie der Earl of Cranbrook in seinem Bericht über die Umsetzung der Beschlüsse der 2. INK im Bereich der Anglian Water Authority, einer der zehn englischen Gebietseinheiten in Wasserfragen, feststellt: "Archive Data for 1985 is limited."[268] Das Ausgangsniveau muß daher zum Teil erst einmal in noch laufenden Messungen bestimmt werden, und Zahlen für das Basisjahr 1989/90 werden nach Abschluß dieser Messungen die Festlegung von Reduktionszielen bis 1995 erlauben,[269] wobei der bereits erwähnte BATNEEC-Standard zum Einsatz kommen wird. Für eine Reihe von Schadstoffen liegen dagegen bereits Zahlen über die bisher erreichte Verringerung der Zufuhr über die Flüsse ins Meer vor (Tabelle 2-6).

Wie im Falle der Schadstoffe erweist sich auch für die Einträge von Nährstoffen in die Flüsse die Erfassung von Einträgen aus diffusen Quellen als besonders schwierig. Allerdings wird die Nährstoffkonzentration in den britischen Küstengewässern als

---

266 Für eine detailliertere, mehr als hier möglich auf die nationale Gesetzgebung und (geplante) Verwaltungspraxis eingehende Studie zur britischen Implementation in Sachen Verringerung von Schad- und Nährstoffeinleitung vgl. Gibson/Churchill 1990, 48-57.

267 Die Liste ist als Anhang B enthalten in DOE 1990. Vgl. auch de Jong 1989, der einen Vergleich mit den übrigen damals vorliegenden Listen (bzw. Listen-Vorschlägen) - neben Großbritannien stammten diese aus den Niederlanden (zusammen mit der Bundesrepublik), Dänemark, Schweden und Norwegen - und einigen der zu ihrer Erstellung benutzten Kriterien(katalogen) vornimmt.

268 Earl of Cranbrook 1989, 42.

269 DOE 1990, Absatz 47.

unproblematisch niedrig angesehen. In den Worten des Earl of Cranbrook: "In the UK side of the North Sea, there are no known problems resulting from input of nutrients to estuaries and coastal waters (...). The level of nutrients in coastal waters is far lower than commonly found in freshwaters."[270]

Tabelle 2-6: Eintrag von ausgewählten Schadstoffen in die Nordsee über Flüsse und durch Direkteinleitung aus Großbritannien, erreichte Verringerung 1985-1988 (in t/a bzw. v.H.)

	1985	1988	Veränderung
Quecksilber	9,7	6,6	-31
Cadmium	39,5	30,7	-22
Lindan	0,56	0,48	-15
Kupfer	575	532	-7
Zink	2050	1755	-14,3
Blei	1350	402	-70
Chrom	540	332	-38
Nickel	370	342	-8

Quelle: DOE 1990, Table 2.

Der ganze Bereich der Wasserver- und Abwasserentsorgung hat jüngst in Großbritannien eine Neuordnung erfahren. Dadurch wurde allerdings nicht das Prinzip der Festlegung von Umweltqualitätszielen (environmental quality objectives, EQOs) als Grundlage der britischen Gewässerschutzpolitik berührt, auch wenn in der Einführung des erwähnten BATNEEC-Standards ein erster zaghafter Schritt Großbritanniens hin zu einem System einheitlicher Emissionsstandards gesehen werden kann, wie er von den übrigen Nordseestaaten (und den anderen EG-Mitgliedern) verwendet wird. Dies ist zweifellos eine Reaktion auf die Anforderungen von seiten der EG, aber auch der Beschlüsse im Rahmen des Nordsee-Regimes. Der EQO-Ansatz behält jedoch auch weiterhin seine Gültigkeit, so daß auch künftig nicht für alle Einleiter einheitliche Grenzwerte festgelegt werden, diese vielmehr in Abhängigkeit von der "Aufnahmekapazität" des Gewässers, in das eingeleitet werden soll, bestimmt werden.

Die Neuordnung betraf vielmehr die Organisation im Bereich der Wasserwirtschaft. Im Zeichen der Privatisierungspolitik der Regierung Thatcher wurden durch das Nationale Wassergesetz (National Water Act) von 1989 die Wasserwerke, bisher in staatlichem Besitz, in Aktiengesellschaften umgewandelt und zugleich die Wasserver- und Abwasserentsorgung von der Aufgabe der Kontrolle getrennt. Letztere obliegt künftig der Nationalen Flußbehörde (National Rivers Authority), die ebenfalls unter dem Water

---

270   Earl of Cranbrook 1989, 45.

Act am 1. September 1989 gegründet wurde. Sie ist nunmehr mit rund 6500 Beschäftig-
ten in zehn NRA-Gebieten (entsprechend den Gebieten der früheren Water Authorities)
in England zur, wie sie selbst stolz feststellt, größten Umweltkontrollbehörde in Europa
avanciert. Ob sie, wie die Regierung in Aussicht stellte, zum von Betreiber- und
Nutzerinteressen unabhängigen Wächter der Wasserqualität werden wird, der die strikte
Einhaltung festgesetzter EQOs überwacht, wird sich zeigen müssen.[271] In dem Maße, wie
die NRA eine effektive Kontrolle ausübt und die Qualitätsanforderungen für die
Wasserwerke durch Beschlüsse der EG oder aufgrund von sonstigen internationalen
Vereinbarungen - etwa im Rahmen des Nordsee-Regimes - verschärft werden, wird
allerdings der Kostenaufwand für die privaten Wasserwerke erheblich steigen. Wie sie
unter diesen Bedingungen auch noch Dividenden für die nunmehr privaten Anteilseigner
erwirtschaften sollen, bleibt ein Geheimnis der Regierung. Dies und die Aussicht, daß
die gestiegenen Kosten letztlich über den Wasserpreis an den Verbraucher weiterge-
geben werden, erklärt vermutlich den weitverbreiteten Unwillen gegen die Privatisierungspolitik.[272] Andererseits sind Investitionen im Wasserversorgungswesen in Großbritannien mit seinen zum Teil aus viktorianischer Zeit stammenden Anlagen in der Tat
nötig, und durch die Privatisierung vermeidet eine zukünftige Regierung jedenfalls die
unmittelbare politische Verantwortlichkeit für steigende Wassergebühren.[273] Angesichts
der Tatsache, daß auch politische Opportunitätsüberlegungen in der Vergangenheit
notwendige Investitionen verhindert haben, könnte sich das neue System unter britischen
Verhältnissen tatsächlich auch in umweltpolitischer Hinsicht bewähren.

Das Ausmaß der ins Haus stehenden Kosten wird deutlich, wenn man speziell die Politik
im Bereich des Kläranlagenbaus betrachtet. Großbritannien wies zwar 1985 immerhin
eine Anschlußrate der Wohnbevölkerung an Kläranlagen von 83 v.H. auf, wobei 77
v.H. an mit sekundärer und/oder tertiärer Reinigungsstufe ausgerüstete Anlagen
angeschlossen waren.[274] Doch zehrt das Land dabei gleichsam vom Glanz früherer Jahre,
als es - in den 1960er Jahren - beim Bau von Klärwerken noch führend im internationalen Vergleich war.[275] Die aufgrund der jüngsten INK-Beschlüsse wie der bevorstehenden
EG-Direktive über städtische Abwässer notwendig gewordenen Ausgaben für die

271   In einem ersten Fall von unerlaubter Verschmutzung der Irischen See wurden bereits
       erhebliche finanzielle Sanktionen von der NRA verhängt; persönliche Mitteilung im DOE.

272   Nachdem die Water Bill im Parlament eingebracht war, äußerten sich in Umfragen bis
       zu 80 v.H. der Bevölkerung gegen die geplante Privatisierung; vgl. den Bericht von Uwe
       Kröger im "Auslandsjournal", Zweites Deutsches Fernsehen, 27.10.1989, 19.30-20.15.

273   Der Verbraucher zahlt bisher in Großbritannien durchschnittlich nur halb soviel für sein
       Wasser wie in der Bundesrepublik (Quelle: ebd.). Auch sind noch längst nicht in allen
       Haushalten Wasserzähler installiert, die den tatsächlichen Verbrauch erfassen könnten.

274   Angaben nach OECD 1989, 57.

275   So Jänicke/Mönch 1988, 403. Sie schreiben gleich anschließend, daß in der Wirtschafts-
       krise der 70er Jahre "von dieser Vorreiterrolle allerdings nicht viel übrig (blieb)".

"Nachrüstung" der bestehenden Klärwerke sind jedoch beträchtlich. Der Umweltminister hat die Kosten für die jetzt anstehende weitere Ausrüstung der Kläranlagen mit einer zweiten Reinigungsstufe auf rund 1,5 Milliarden £ geschätzt.[276] Die Finanzierung der Folgekosten internationaler umweltpolitischer Beschlüsse erweist sich somit auch im Bereich der Wasser- und Abwasserwirtschaft (als Teilproblem der Flußreinhaltung, die ihrerseits einen Teilaspekt des Meeresumweltschutzes darstellt) als eines der Hauptprobleme bei der nationalen Umsetzung, sowohl aufgrund ihrer absoluten Höhe wie aufgrund ihrer politischen Vertretbarkeit.

2.5.3.2. Dumping und Verbrennung auf See

Die finanzielle Belastung endet jedoch nicht bei der Abwasserreinigung. Vielmehr gilt das Gesagte ebenso für die Entsorgung der in der Wasserwirtschaft anfallenden Abfälle (Klärschlämme) wie für die Beseitigung von Industriemüll, der zweiten Kategorie von Abfällen, für die Großbritannien weiterhin an der Verklappung auf See festhält.[277] Die britische Politik hat hier (zu) lange auf den "natürlichen Standortvorteil" gesetzt und von der Möglichkeit der Seeverklappung Gebrauch gemacht. Die Tatsache, daß diese dann häufig als die "Best Practicable Environmental Option" (BPEO), wie das einschlägige Stichwort heißt, gilt, ist also keine Naturgegebenheit, sondern auch Ergebnis (versäumter) Politik in der Vergangenheit. Um so schwerer fällt es der britischen Wirtschaft nun, in relativ harten Zeiten, die notwendigen Finanzmittel für eine Umstrukturierung aufzubringen. Dies ist letztlich der Hintergrund, weshalb sich Großbritannien nur schwer zu einem Verzicht auf Dumping durchringen konnte. Der erst kurz vor der 3. INK erreichte Beschluß,[278] auf der Konferenz von Den Haag ein Enddatum für das Dumping von Industriemüll (1992, "with an extension into 1993 only if absolutely necessary on technical grounds") und Klärschlamm ("at the very latest at the end of 1998 (!)) zu akzeptieren, wurde dann angesichts der Tatsache, daß nahezu alle übrigen Nordseeanrainer diese Praxis bereits gestoppt haben, zur Enttäuschung der Briten nicht mehr honoriert.

Der internationale Druck auf Großbritannien in Sachen Dumping ist in letzter Zeit erheblich gewachsen. Auf die vom MAFF Ende 1989 bei der Oslo Kommission zur Begutachtung eingereichten Anträge zur Erteilung weiterer Dumping-Lizenzen haben Schweden, Dänemark, die Bundesrepublik, Norwegen und die Niederlande mit

---

276   Zitiert in der NRA-Zeitung "The Water Guardians" No.4, 1990, 1.

277   Hierzu zählt der Abraum aus Kohlebergwerken, Flugasche aus Kraftwerken sowie flüssige Industrieabfälle. Eine dritte Kategorie von Material, das von Großbritannien in der Nordsee verklappt wird, ist Baggergut, wie es beim Ausbau und Erhalt von Fahrrinnen in Flüssen und Häfen anfällt.

278   Laut mündlicher Mitteilung im Sekretariat des Marine Forum war der Beschluß selbst drei Wochen vor der Haager Konferenz im DOE noch nicht gefallen.

unterschiedlicher Kritik reagiert. Unter anderem wurde an den Lizenz-Anträgen ein Mangel an Information über mögliche Auswirkungen der beantragten Dumping-Vorhaben sowie über die Folgen von früher erfolgtem Dumping wie auch ungenügende Kontrolle (Monitoring) beanstandet.[279] Dieser Druck scheint nicht ganz ungerechtfertigt, antwortete doch etwa der Landwirtschaftsminister jüngst auf eine entsprechende Frage im Parlament:

> "At this stage the final termination date for liquid industrial waste licences cannot be precisely identified, though it is expected that most will be terminated within two years."[280]

Großbritannien wird also noch für eine geraume Zeit Abfälle auf See einbringen, insbesondere die unvermeidlich anfallenden Klärschlämme. Diese stellen für alle Staaten ein Problem dar, zumal wenn sie Schwermetalle oder andere Schadstoffe enthalten. Es ist allerdings schwer einzusehen, warum Großbritannien schlechter mit diesem Problem fertig werden sollte als die übrigen Nordseestaaten, es sei denn, der Anreiz zur Entwicklung alternativer Entsorgungsmöglichkeiten wird auch weiterhin durch die großzügige Genehmigung von Dumping gemindert. Tatsächlich liegen im Falle der Entsorgung von Klärschlämmen nicht einmal primär technische Gründe hinter der Wahl der Alternative Seeverklappung, teilte doch das MAFF im Mai 1986 dem EG-Ausschuß des House of Lords mit, daß

> "the key factor in choosing between sea and land disposal is the practical availability of suitable agricultural land *within economic transport distance* of the sewage treatment works concerned ... Were it not for this constraint, virtually all of the sludge which the UK disposes of at sea at present could be safely spread on agricultural land."[281]

In puncto Beendigung der Verbrennung auf See besteht ein einheitlich von allen Nordseestaaten, einschließlich Großbritanniens, akzeptiertes Enddatum (bis Ende 1991). Wie der Minister für Landwirtschaft, Fischerei und Ernährung jüngst ankündigte, sollen mit Ablauf des Jahres 1990 keine Genehmigungen mehr für die Seeverbrennung erteilt werden.[282]

2.5.3.3. Verschmutzung von Schiffen aus

Die Implementation im Detailbereich Verschmutzung von Schiffen aus wird hier anhand der beiden Fragen: Ratifizierung des einschlägigen weltweiten MARPOL-Abkommens

---

279   Greenpeace (UK) Fact Sheet "Industrial Waste Dumping at Sea", London, 11.1.1990, 2.

280   Schriftliche Antwort auf die Fragen 220, 221 und 222 vom 4. Dezember 1989, Hansard, zitiert nach ebd.

281   House of Lords Select Committee on the European Communities, "Dumping of Waste at Sea", HL (1985-1986) 219, 197, zitiert nach Gibson/Churchill 1990, 63, meine Herv., ML.

282   MAFF News Release, 5. März 1990.

von 1978 und Bereitstellung und Benutzungsbedingungen von Auffanganlagen für Ölabfälle von Schiffen in den Häfen untersucht.

Großbritannien gehörte mit zu den Signatarstaaten des MARPOL-Abkommens (in der Fassung des Protokolls von 1978), hat dieses selbst jedoch erst am 22.5.1980 ratifiziert. Gleichzeitig mit der Ratifikation wurde eine Erklärung gemäß Art.14 des Abkommens dahingehend abgegeben, daß Großbritannien keine der Anlagen III, IV und V (die sog. "optional annexes", die den Transport gefährlicher fester oder flüssiger Substanzen in abgepackter Form, die Abwasserentsorgung und die Entsorgung an Bord anfallenden Abfalls betreffen) annehme. Für die Anlagen III und V wurde eine solche Annahmeerklärung dann am 27.5.1986 abgegeben, für Anlage IV bisher (Ende 1989) nicht.[283]

Was die Bereitstellung von Auffanganlagen für Ölrückstände (sowie Chemikalien und Müll) von Schiffen anbelangt, so sind die Häfen in Großbritannien hierzu gesetzlich verpflichtet. Die Ausstattung der Häfen variiert entsprechend den Anforderungen, welche sich aus der Art der üblicherweise den jeweiligen Hafen anlaufenden Schiffe ergibt (Tankerterminals sind anders ausgerüstet als Freizeithäfen). Vorherige Anmeldung ist bei einigen Spezialanlagen notwendig. Die Häfen erheben für die Benutzung der Auffanganlagen eine von den Hafenbehörden individuell festgesetzte Gebühr. Beschwerden über Mängel der jeweiligen Anlagen nehmen primär die jeweiligen Hafenbehörden, in Problemfällen auch das zuständige Verkehrsministerium entgegen. Dieses betreibt auch im Bereich der Freizeitschiffahrt eine Informations- und Aufklärungskampagne über die gesetzlichen Bestimmungen und vorhandene Auffanganlagen.[284]

2.5.3.4. Überwachung von Luft aus

Die Überwachung des Seeverkehrs von Luft aus auf die Einhaltung international vereinbarter Umweltschutzvorschriften hin stellt eine komplementäre Maßnahme zur Bereitstellung von Auffanganlagen dar. In Großbritannien erfolgt sie national mittels zweier Flugzeuge, die zusammen 500 Stunden pro Jahr entlang der gesamten britischen Küste (einschließlich der Irischen See) patrouillieren. Weitere 300 Flugstunden werden im Auftrag des Department of Energy im Umfeld der Ölbohrplattformen absolviert. Obwohl dabei zum Teil modernste Technik zum Einsatz kommt,[285] ist die so gewonnene

---

283   Alle Angaben nach IMO 1989.

284   Die Angaben nach der in Zusammenhang mit der 3. INK von den Nordseestaaten zusammengestellten Broschüre "No more waste overboard" (o.O., o.J. <1990>) sowie aufgrund mündlicher Auskunft im DTp.

285   Das verwendete Radarsystem (side looking airborne radar) ist bezeichnenderweise ein schwedisches Fabrikat.

Dokumentation nicht ausreichend, um als Beweismittel vor Gericht anerkannt zu werden. Es bleibt daher im wesentlichen, neben der Datengewinnung zu wissenschaftlichen Zwecken, der eher symbolische Effekt, potentiellen Umweltsündern das Gefühl zu vermitteln, nicht gänzlich unbeobachtet zu sein. Im Rahmen des Bonner Übereinkommens (von 1969) zur Zusammenarbeit bei der Bekämpfung von Ölverschmutzung der Nordsee werden einmal monatlich für zwei Tage auf Gegenseitigkeit auch ausländische Gewässer überflogen, einmal im Jahr wird im Rahmen gemeinsam durchgeführter Flugtage ein Gesamtbild der Ölverschmutzung der Nordsee von Luft aus zu ermitteln versucht.[286]

2.5.3.5. Verbesserung des wissenschaftlichen Erkenntnisstandes

Die Bedeutung naturwissenschaftlichen Wissens als Grundlage für Meeresumweltschutzpolitik wurde bereits mehrfach betont. Von Großbritannien kann man sich aus zwei Gründen einen besonderen Beitrag zur Erforschung des Meeres und seiner Ökosysteme erwarten. Zum einen stellt das Meer für die traditionelle Seefahrernation mit Insellage einen bedeutenden Lebensraum dar. Zum anderen setzt die der britischen Umweltschutzpolitik zugrundeliegende "Philosophie" ein hohes Maß an wissenschaftlicher Information voraus. Letzteres bedarf der Erläuterung. Die britische Haltung gegenüber der Umwelt (environment) ist eine eher pragmatische, die nicht von der Vorstellung eines absoluten Umweltschutzes ausgeht, sondern an der Aufnahmekapazität der jeweiligen Umweltmedien orientiert ist. Dies zeigt sich an der Verwendung des EQO-Systems wie auch daran, daß etwa die Klärschlammbeseitigung auf See als "beste praktikable Umweltoption" (BPEO) betrachtet wird. Beides setzt, soll es nicht zum bloßen Vorwand bzw. zur Selbstberuhigung dienen, ein hohes Maß an Wissen über das jeweilige Umweltmedium, konkret den Flußlauf oder das Seegebiet, voraus. Die "Aufnahmekapazität" muß eben bestimmt sein, bevor ein EQO festgelegt werden kann, und die Einleitung muß durch umfangreiche Überwachungsmaßnahmen (Monitoring) begleitet werden, um auch langfristige und interaktive Wirkungen von eingebrachten Substanzen beurteilen zu können. Während also der britische Ansatz in der Umweltpolitik (theoretisch) eine hohe Prämie auf die wissenschaftliche Lageerfassung aussetzt, gilt dies - das ist die interessante industriepolitische Konsequenz - weniger für den Bereich der technischen und ingenieurmäßigen Entwicklung. Diese wird eher durch ein System von Emissionsstandards angeregt, zumal wenn der jeweils neueste Stand der Technik vorgeschrieben wird.[287]

---

286   Angaben aufgrund mündlicher Auskunft im DTp.

287   Dies geschieht allerdings meist unter der Maßgabe, das die "best available technology" (BAT) die "economic availability" einschließt, im Falle Großbritanniens sogar besonders betont durch die Ergänzung zu "BATNEEC" (vgl. oben Abschnitt 2.5.2.2.). Den Hinweis auf den industriepolitischen Hintergrund der UES/EQO-Debatte verdanke ich Sonja Boehmer-Christiansen. Sie führt ihn in einem neueren Beitrag näher aus (1990).

Es ist aufgrund der (mir) vorliegenden Daten ausgesprochen schwierig zu beurteilen, inwiefern die britischen Anstrengungen im Bereich der marinen Forschung diesen theoretisch hohen Ansprüchen gerecht werden. Deutsche Wissenschaftler, die für die Bundesrepublik an Arbeitsgremien im Rahmen des Nordsee-Regimes teilnahmen, empfanden ihre britischen Kollegen als wissenschaftlich wohl vorbereitet und argumentativ gewappnet.[288] Es ist daher primär nicht der Standard der britischen Meeresforschung, der in Frage steht (über international angemeldete Zweifel über ausreichende Begleitforschung im Bereich Monitoring wurde allerdings oben bereits kurz berichtet[289]), möglicherweise jedoch der Gebrauch, zu "defensiven Zwecken", der von ihren Ergebnissen gemacht wird.[290] Die jeweilige nationale Forschergemeinschaft kann sich dem Kontext der jeweiligen nationalen "Umweltschutzphilosophie" offenbar nicht ganz entziehen. Boehmer-Christiansen jedenfalls kommt zu der ernüchternden Beurteilung, daß "the study of North Sea pollution remains the task of underfunded scientists employed less to protect the sea than to defend existing government policy."[291]

Die britische Regierung berichtete über den Stand der nordseebezogenen Forschung in einem Arbeitsdokument für die erste Sitzung der Nordsee Task Force. Danach belaufen sich die gesamten nordseebezogenen Forschungsausgaben auf rund 7 Mio. £ pro Jahr.[292] Eine Erhöhung um eine weitere Million £ aus Mitteln des DOE wurde für das Jahr 1989/90 in Aussicht gestellt. Neben den einschlägigen Ministerien ist vor allem der National Environment Research Council (NERC) als Träger dieser Forschung zu nennen. Letzterer finanzierte seit Ende 1987 ein besonderes North Sea Project, in dem Meereskundler verschiedener Disziplinen bei der Erarbeitung von dreidimensionalen hydrodynamischen Modellen für die Nordsee und zur Verbesserung des Verständnisses von chemischen, biologischen und Sedimentationsvorgängen im Meer zusammenarbeiteten, auch mit Kollegen aus dem europäischen Ausland. Die im erwähnten Regierungsbericht aufgeführte Palette der Forschungsthemen ist insgesamt sehr breit und reicht von der Satellitenerkundung der Nordsee über die Erforschung der toxischen Wirkung

---

288   Persönliche Mitteilung im Deutschen Hydrographischen Institut, Hamburg.

289   Vgl. Abschnitt 2.5.3.2.

290   Boehmer-Christiansen schreibt im Zusammenhang der Frage des Dumping als "best practicable environmental option" (1990, 145): "Science serves (...) to show that no 'unacceptable' harm takes place." Andererseits wurde deutschen Forschern von Regierungsseite nahegelegt, nach Information zu suchen, welche schädliche Auswirkungen britischer Einleitungen in die Nordsee in der Deutschen Bucht dokumentieren könnten (mündliche Mitteilung im DHI, Hamburg).

291   Boehmer-Christiansen 1989, 163.

292   Einen Betrag in gleicher Höhe weist die NRA für ihre Forschungsausgaben im Haushaltsjahr 1989/90 aus, wodurch Forschung im Bereich der Binnengewässer finanziert werden soll (NRA Fact Sheet 16, o.O., o.J.<London, 1989>).

einzelner Substanzen bis zur Überwachung der Seehundsbestände.[293] Soweit eine Beurteilung dieser Forschungsanstrengungen möglich ist, erscheinen sie für eine führende maritime Industrienation als angemessen.

Damit ist die Darstellung der britischen Implementation im Bereich Meeresumweltschutz beendet. Auf eine Zusammenfassung der Befunde wird hier zugunsten des in Kapitel 4 vorgenommenen Drei-Staaten-Vergleichs verzichtet.

---

293   Angaben nach einem Sitzungsdokument der britischen Regierung für das erste Treffen der North Sea Task Force am 7.-9. Dezember 1988 in Den Haag (TF1/Info 8: "The possible scientific input from the United Kingdom to the work of the North Sea Task Force").

3. Schutz der Meeresumwelt der Ostsee

Im vorliegenden dritten Kapitel dieser Arbeit wird, analog zum vorausgegangenen Kapitel über den Schutz der Meeresumwelt der Nordsee, zunächst die Problemlage im Bereich der Ostsee kurz dargestellt (3.1.). Dem folgt die Identifizierung und Analyse des internationalen Regimes zum Schutz der Ostsee (3.2.). Sodann wird die dritte Länderfallstudie der Arbeit präsentiert, die sich mit der Meeresumweltschutzpolitik Schwedens als einem der Hauptanrainer der Ostsee beschäftigt (3.3.). Abschließend wird in einem weiteren Exkurs die verfügbare Information über die (Meeres-)Umweltpolitik der (vormals) realsozialistischen Ostseeanrainer DDR, Polen und Sowjetunion zusammengestellt (3.4.). Auch in diesem Kapitel geht es somit um die internationale Kooperation zum Schutz der Meeresumwelt und ihren nationlen Unterbau.

3.1. Die Problemlage im Bereich der Ostsee

Die Ostsee ist ein im Durchschnitt (55 m) sehr flaches halb-geschlossenes Meeresgebiet, das wie die Nordsee auf dem Kontinentalsockel Nord-West-Europas liegt. Sie wird nahezu vollständig von der Landmasse der Anrainerstaaten eingeschlossen (vgl. Abbildung 3-1). Die Anrainerstaaten waren bis zum Zusammenschluß der beiden deutschen Staaten sieben, nämlich Schweden, Finnland, die Sowjetunion, Polen, eben die beiden deutschen Staaten sowie Dänemark. Nur im Nord-Westen besteht zwischen den Küsten Dänemarks und Schwedens eine relativ enge Verbindung zur Nordsee durch den Kleinen und Großen Belt (mit einer Weite von nur 600 m bzw. 36 km) und den Öresund (4 bis 27 km weit), wobei die beiden letztgenannten Meerengen eine Tiefe von nur 21 bis 26 m erreichen. Zwischen beiden Meeren findet hier ein Wasseraustausch statt, wobei eine Schicht schweren Salzwassers unter einer in die Nordsee abfließenden Strömung salzärmeren Ostseewassers in die Ostsee eindringt.

Die Ostsee umfaßt zusammen mit dem Kattegat (22.287 km^2) eine Fläche von rund 450.000 km^2, was nur etwa 0,1 v.H. der Gesamtfläche der Weltmeere entspricht. Ihr Wasservolumen beträgt rund 21.700 km^3. Diese Wassermasse sowie einige ihrer wesentlichen Charakteristika werden neben dem Wasseraustausch mit der Nordsee vor allem durch Niederschlag und Verdunstung sowie durch die Wasserzufuhr über die in die Ostsee mündenden Flüsse bestimmt (vgl. Abbildung 3-2 und Tabelle 3-1). Letztere sind vor allem für den im Vergleich zum offenen Meerwasser verminderten Salzgehalt des Ostseewassers verantwortlich, der die Ostsee zum größten Brackwassergebiet der Erde macht. Der Dichteunterschied zwischen den Wassermassen mit verschiedenem Salzgehalt führt dazu, daß sich in einer Tiefe von 60 bis 80 m eine relativ stabile Trennfläche zwischen salzhaltigem Tiefenwasser und salzarmem Oberflächenwasser (Halokline) in der Ostsee ausbildet, was in Verbindung mit der geringen vertikalen Strömung bereits unter natürlichen Bedingungen zu Sauerstoffknappheit in Bodennähe führt.

Abbildung 3-1:   Die Ostsee - Lage, Oberflächenströmung und Einzugsgebiet

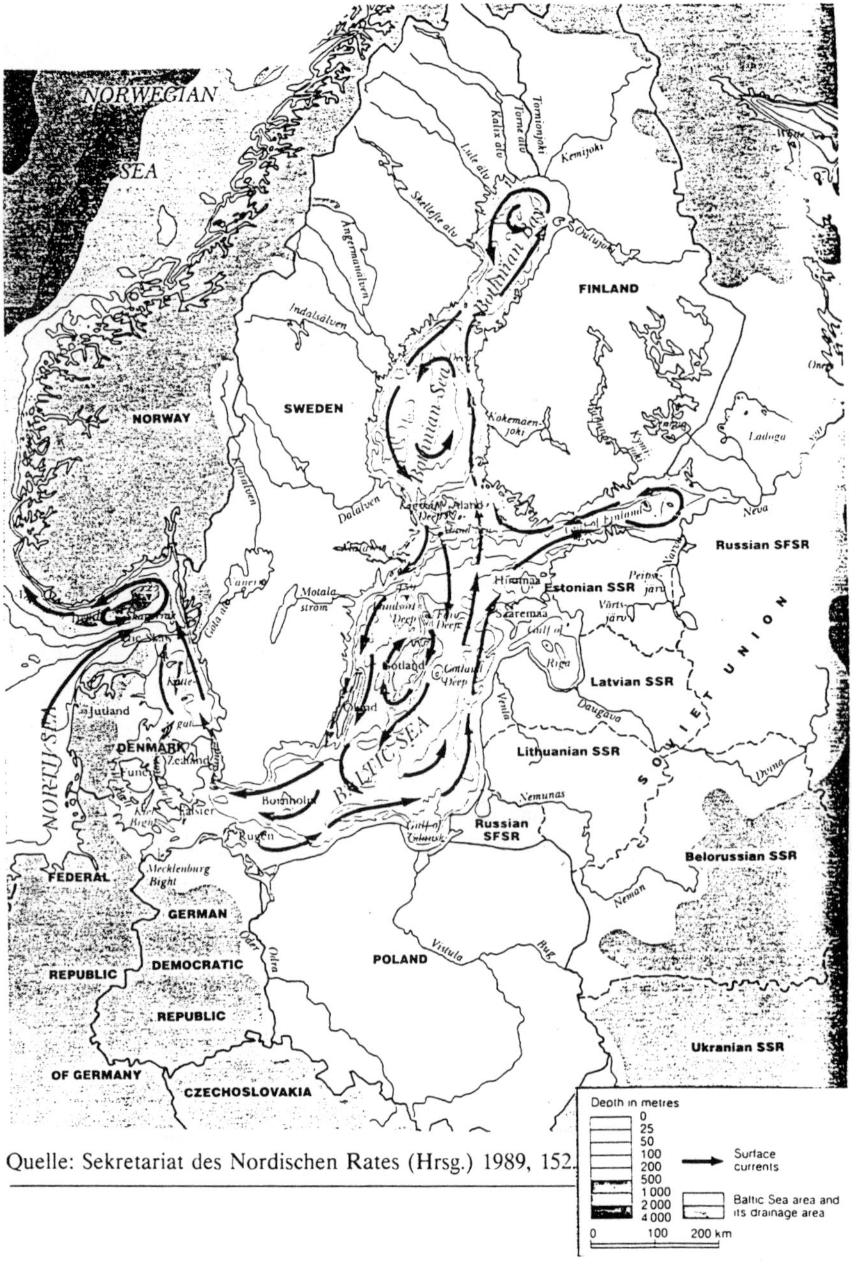

Quelle: Sekretariat des Nordischen Rates (Hrsg.) 1989, 152.

Abbildung 3-2:   Quantitatives Flußmodell der Ostsee (in km³/a)

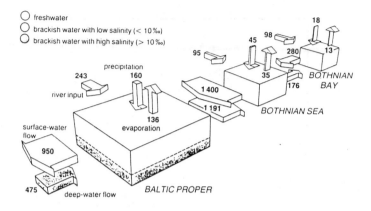

Quelle: Sekretariat des Nordischen Rates (Hrsg.) 1989, 157.

Tabelle 3-1: Flußwasserzufuhr (in km³/a)

Teilgebiet	km³/Jahr	Wasserreichster Fluss	km³/Jahr
Bottenwiek	100.0	Kemi-Elf	16.7
Bottensee	89.3	Angermann-Elf	16.7
Schärenmeer und Aalandsee	3.5	-	-
Finnischer Mb.	126.1	Newa	87.2
Rigaischer Mb.	39.5	Düna	23.7
Gotlandsee	82.9	Weichsel	33.6
Arkona- und Bornholm-see	30.7	Oder	16.6
Beltsee	7.1	-	-
Ostsee gesamt	479.1		

Quelle: G.   Dietrich/F.Schott: Wasserhaushalt   und   Strömungen,   in:
Magaard/Rheinheimer (Hrsg.) 1974, 33.

Bedenkt man ferner, daß die Austauschzeiten für die Wassermassen der Ostsee zwischen
4 Jahren für den bottnischen Meerbusen (ein Hinweis auf die Bedeutung von regionalen Unterschieden in den einzelnen Teilen der Ostsee, vgl. Abbildung 3-3A und B)

Abbildung 3-3A: Natürliche Gliederung der Ostsee - graphische Darstellung

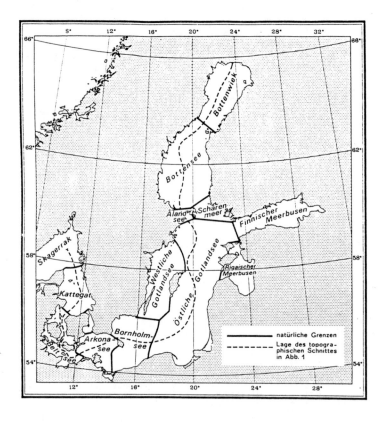

Quelle: G.   Dietrich/R.Köster: Bodengestalt   und   Bodenbedeckung,   in:
Magaard/Rheinheimer (Hrsg.) 1974, 12.

und 25 (nach anderen Schätzungen bis zu 40) Jahren für die gesamte Ostsee betragen,
wird deutlich, daß die Ostsee in vieler Hinsicht mehr den Charakter eines großen Sees
denn eines Meeres aufweist.[1]

---

1   Der Vergleich zu anderen großen Seengebieten der Erde drängt sich auf und wurde auch
     explizit gezogen in der Ausgabe Nr.2/1988 der Zeitschrift Ambio, die unter der
     generellen Überschrift "Ecosystem Redevelopment" in mehreren Beiträgen den Vergleich
     der Ostsee mit den Großen Seen Nordamerikas zum Schwerpunktthema gemacht hat.

Abbildung 3-3B: Natürliche Gliederung der Ostsee - schematische Darstellung

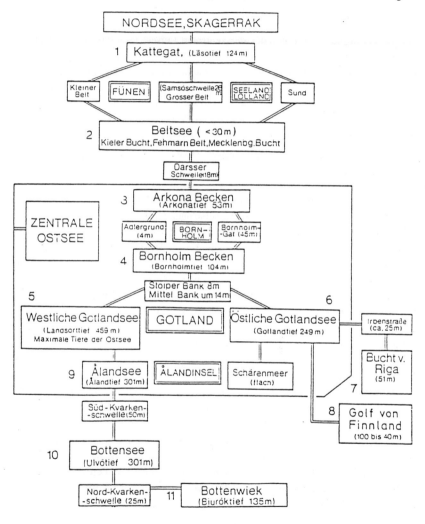

Quelle: Nationalkomitee der Bundesrepublik Deutschland für das Internationale
Hydrographische Programm der UNESCO und das Operationelle
Hydrologische Programm der WMO (Hrsg.), Wasser- und Materialbilanz
der Ostsee, IHP/OHP-Berichte, Heft 6, Koblenz 1985, 25.

Aus diesen keinesfalls vollständigen Angaben zu den natürlichen Gegebenheiten der Ostsee wird ihre besondere ökologische Empfindlichkeit bereits deutlich. Stellt man dem gegenüber, daß in ihrem Einzugsgebiet über 70 Mio. Menschen in hochindustrialisierten und intensiv Landwirtschaft betreibenden Staaten leben, so wird die Gefahr eines ökologischen Zusammenbruchs dieses marinen Großökosystems deutlich. Tatsächlich ist auf der Hälfte des Meeresgrundes der zentralen Ostsee, insgesamt einer Fläche von 100.000 km^2 die Bodenfauna praktisch vernichtet. Überdüngung führt vor allem im Bereich des Kattegat und des Öresund zu vermehrtem Algenwachstum, deren Abbau in tieferen Schichten den ohnehin knappen Sauerstoff verzehrt und somit für die am Boden lebenden Organismen zum Erstickungstod führt. In den Sedimenten sind hohe Schwermetallkonzentrationen nachweisbar, das Fettgewebe von Schalentieren aus dem Kattegat (und Skagerrak) weist so hohe Dioxinkonzentrationen auf, daß ihr Verzehr langfristig als gesundheitsgefährlich anzusehen ist. Die Schreckensbilanz ließe sich verlängern.

Stellt man die praktisch und politikwissenschaftlich interessante Frage nach den Ursachen, so kann man wieder zwischen verschiedenen Eintragswegen für Schad- und Nährstoffe einerseits, den für sie verantwortlichen Staaten andererseits unterscheiden. Daten hierzu wurden erstmals im Rahmen des Ostsee-Regimes von den Anrainerstaaten zusammengestellt und 1987 veröffentlicht.[2] Obwohl sie teilweise sehr unsicher sind, bilden sie doch die einzig verfügbare Grundlage für die folgenden Angaben. Tabelle 3-2 macht den erheblichen Anteil der von Land ausgehenden Verschmutzung an der Gesamtbelastung der Ostsee deutlich. Sie macht beim Stickstoffeintrag über 56 v.H. aus, die restlichen 44 v.H. stammen aus der Atmosphäre. An der Ölverschmutzung sind landseitige Quellen sogar zu über 98 v.H. beteiligt.

Versucht man auf Grundlage der verfügbaren Daten eine länderweise Aufschlüsselung, so ergibt sich für Stickstoff, Phosphor und den biologischen Sauerstoffbedarf folgendes Bild (Tabelle 3-3).[3] Absolut liegt Polen mit seinem Beitrag bei allen drei Belastungsarten vorn (an 1. bis 3. Stelle). Ebenfalls beträchtlich ist der Beitrag der Sowjetunion (zweimal an 1., einmal an 4. Stelle) sowie von Schweden (einmal an 2., zweimal an 3. Stelle). Auffällig ist ferner der geringe ausgewiesene Beitrag der DDR. Wie die Ausführungen zur Umweltpolitik der DDR in Abschnitt 3.4.1. dieses Kapitels zeigen werden, besteht allerdings der begründete Verdacht, daß es sich hierbei um ein Ergebnis mangelnder Datenerhebung bzw. -weitergabe handelt.

---

2   Vgl. HELCOM 1987a.

3   Für die übrigen Schadstoffe erscheint aufgrund der vielfach fehlenden Angaben eine länderweise Berechnung nicht sinnvoll.

Tabelle 3-2: Geschätzter jährlicher Schad- und Nährstoffeintrag in die Ostsee nach Verschmutzungsquellen (in t/a)

Substance	Urban areas	Rivers	Industry	Land based sources total	Atmospheric deposition	Total input (rounded figures)
Nitrogen	67 652	449 150	11 549	528 351	413 000	940 000
Phosphorus	11 801	28 321	8 397	48 519 (42 000)	6 000	54 000
BOD	196 610	1 212 400	295 440	1 640 000		1 640 000
Mercury	1,1	3.7	0.2	5		5
Cadmium	3.2	46,3	9.3	59	80	140
Zinc	460	6 709	1 765	8 934	3 200	12 200
Lead	18	239	8	265 (300)	2 900	3 200
Copper	133	3 962	101	4 200	380	4 580
Oil	8 977	26 021	576	35 574		36 000
Arsenic	4	72	101	177		180
Nickel	10	0	96	106 (110)		110
Vanadium	0	0	290	290		290
Chromium	–	0.1	0.08	0.2		0.2

Quelle: Sekretariat des Nordischen Rates (Hrsg.) 1989, 165, auf der Grundlage der Daten in HELCOM 1987a.

Tabelle 3-3: Absoluter Anteil der Ostseestaaten an ausgewählten Belastungen (in t/a) (ohne atmosphärischen Eintrag)

Land	Belastungsart Stickstoff	Phospor	BSB*
Dänemark (DK)	69.100	9.510	159.700
BRD	16.380	2.771	22.680
DDR	3.645	375	13.350
Finnland (SF)	69.517	4.433	249.790
Polen (PL)	109.940	19.100	392.600
Schweden (S)	129.456	6.851	365.590
Sowjetunion (SU)	130.313	5.879	504.740
Total	528.351	48.519	1.704.450

* BSB = biologischer Sauerstoffbedarf

Quelle: Eigene Berechnung aufgrund der Daten in HELCOM 1987a, 10ff.

Nun ist der Vergleich der absoluten Beiträge der Ostseestaaten zur von Land
ausgehenden Belastung der Ostsee allerdings noch nicht sehr aussagekräftig und
gleichsam "unfair". Es ist deshalb sinnvoll, ihn durch Heranziehung einer Reihe von
weiteren Angaben über die Ostseestaaten zu ergänzen, wenngleich auch dadurch keine
unbestreitbare Vergleichsgrundlage erreicht wird. Beispielsweise läßt sich die Länge der
Küste des jeweiligen Staates sowie die Fläche des innerhalb des Einzugsgebiets der
Ostsee liegenden Staatsgebiets berücksichtigen (Tabelle 3-4).

Tabelle 3-4: Länge der Ostseeküste (in km) und Staatsgebiet innerhalb des Einzugsge-
              biets der Ostsee (in km^2) der Ostseestaaten

Land	Küstenlänge	Fläche im Einzugsgebiet
DK	800	22.000
BRD	200	12.000
DDR	300	27.000
SF	1.200	303.000
PL	400	281.000
S	2.500	427.000
SU	1.800	560.000
Total	7.200	1.632.000

Quelle: Westing (Hrsg.) 1989, 125.

Wandelt man die Angaben aus Tabelle 3-3 und 3-4 jeweils in Prozentangaben um (vgl.
Tabelle 3-5), so lassen sich Aussagen über den *relativen* Beitrag der Ostseeanrainer zur
Belastung dieses Meeres treffen.

Der Vergleich der Spalten 1 bis 3 mit den Spalten 4 und 5 in Tabelle 3-5 ergibt
folgendes:

Dänemark und die *Bundesrepublik* sind im Verhältnis zu ihrem Anteil am Einzugsgebiet
übermäßig an der Ostseebelastung beteiligt, im Verhältnis zu ihrem Küstenanteil jedoch
weniger stark;
Polen ist sowohl im Verhältnis zu seinem Anteil am Einzugsgebiet als auch gemessen
an seiner Küstenlänge übermäßig an der Ostseebelastung beteiligt;
genau das umgekehrte - unterproportionale Beteiligung - gilt bei beiden Vergleichs-
grundlagen für die *DDR*; auf den artifiziellen Charakter dieser "Saubermannposition" der
DDR wurde bereits hingewiesen;

Tabelle 3-5: Relative Anteile (in v.H.) der Ostseestaaten an drei Belastungsarten, an
der Küstenlänge sowie am Einzugsgebiet der Ostsee

| Land | Belastungsart | | | Küsten- | Anteil am |
| | N | P | BSB | anteil | Einzugsgeb. |
	(1)	(2)	(3)	(4)	(5)
DK	13	19,6	9,3	11	1,3
BRD	3	5,7	1,3	2,7	0,7
DDR	0,7	0,7	0,8	4,1	1,65
SF	13	9,1	14,6	16,6	18,5
PL	20,8	39,4	23	5,5	17,2
S	24,5	14,1	21,4	34,7	26,2
SU	24,6	12,1	29,6	25	34,3

Anm.: Spaltensumme ungleich 100 aufgrund von Rundung

Quelle: Eigene Berechnungen aufgrund der Daten in Tabelle 3-
3 (Sp.1-3) und Tabelle 3-4 (Sp.4 und 5)

Finnland und *Schweden* sind, gemessen sowohl an ihrem Küstenanteil wie an ihrem
Anteil am Einzugsgebiet, unterproportional an der Belastung beteiligt (was die hohen
absoluten Werte für Schweden in Tabelle 3-3 relativiert);
die *Sowjetunion* ist im Verhältnis zu ihrem Anteil am Einzugsgebiet unterrepräsentiert,
bezogen auf ihren Küstenanteil dagegen beim BSB überproportional und bei Stickstoff
etwa proportional beteiligt.

Es ist nicht einfach, diesen Befund im Sinne der Komponente "*Beteiligung an der
Ostseeverschmutzung*" für jedes Land zu resümieren. Es erscheint jedoch möglich,
folgende Aussage zu treffen: Polen ragt aufgrund seines hohen absoluten wie relativen
Anteils an der Belastung der Ostsee heraus, während die übrigen Staaten nahe
beieinander liegen, da sie entweder einen hohen absoluten (Sowjetunion, Schweden,
tendenziell auch Finnland) oder einen hohen relativen Anteil (BRD, Dänemark und
vermutlich DDR) an der Belastung der Ostsee haben.

Sucht man abschließend nach "objektiven" Indikatoren für die *Betroffenheit von der Ostseeverschmutzung*,[4] so scheinen sich zwei Faktoren inhaltlich wie aufgrund der Verfügbarkeit von Daten anzubieten. Der erste betrifft die Nutzung der lebenden Ressourcen, die natürlich vom Zustand der Gesamtumwelt der Ostsee abhängt. Hierzu wird der Anteil der Fischanlandemenge aus der Ostsee an der Anlandemenge aus allen Meeren für jeden Staat angegeben. Der zweite Faktor betrifft die Frage, "wessen" Ostsee geschützt oder geschädigt wird. Hierzu wird der Anteil der Ostseefläche, der den einzelnen Staaten aufgrund der internationalen Grenzziehung zukommt, betrachtet (vgl. Tabelle 3-6). Aufgrund dieser Daten würde man Finnland, Schweden und die DDR als besonders betroffen ansehen müssen, eventuell auch Polen (mit immerhin noch über einem Viertel seiner Fangmenge aus der Ostsee). Die Betroffenheit der Sowjetunion wird durch die Daten insofern nicht adäquat erfaßt, als diese für das gesamte Land gelten. Eine - mangels verfügbarer Daten nicht mögliche - regionalisierte Betrachtungsweise würde eine deutliche Betroffenheit vor allem der baltischen Republiken ergeben, wobei zumal im Finnischen und Rigaischen Meerbusen (vgl. Abbildung 3-3A) der

Tabelle 3-6: Anteil des Fischfangs in der Ostsee am gesamten Meeresfischfang und Anteil an der Fläche der Ostsee der Anrainerstaaten (in v.H.)

Land	Anteil des Ostseefangs am Gesamtfang	Anteil an der Fläche der Ostsee
DK	9	7
BRD	17	3
DDR	35,5	3
SF	84,6	23
PL	26,9	7
S	50	45
SU	2,3	13

Anm.: Spaltensumme ungleich 100 aufgrund von Rundung

Quelle: Fanganteile berechnet aufgrund von Daten in Westing (Hrsg.) 1989, 126; Flächenanteile nach Jenisch 1987, 373.

---

4   Objektiv sind die Indikatoren natürlich nur in dem Sinne, daß sie nicht auf die Wahrnehmung der Akteure rekurrieren, nicht etwa aufgrund der Unanfechtbarkeit der Auswahl oder der Güte der zugrundeliegenden Daten.

Anteil der Selbstschädigung hoch ist. Die Bundesrepublik und Dänemark erscheinen aufgrund der Daten als eher marginal von der Ostseeverschmutzung betroffen. Zieht man jedoch die Strömungsverhältnisse mit heran (vgl. Abbildung 3-1), so wird klar, daß die Küstengewässer beider Staaten im Engpaßbereich der Beltsee von der Schmutzfracht des Ostseewassers besonders betroffen sind.

Mit aller gebotenen Vorsicht ergibt sich also für die Ostsee folgendes Gesamtbild der individuellen umweltpolitischen Situation für die sieben Ostseestaaten (Abbildung 3-4).

Abbildung 3-4:   Zweidimensionale Charakterisierung der individuellen umweltpoliti-schen Situation der Ostseestaaten aufgrund objektiver Indikatoren

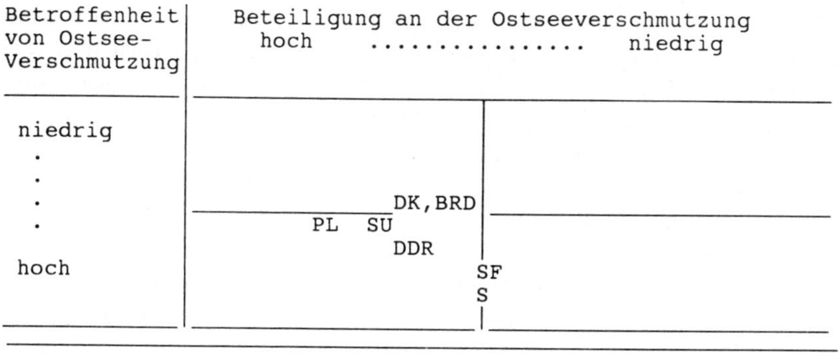

```
Betroffenheit│  Beteiligung an der Ostseeverschmutzung
von Ostsee-  │  hoch     ..............  niedrig
Verschmutzung│


 niedrig
 .
 .                  _____DK,BRD
 .            PL   SU
                     DDR
 hoch                      SF
                           S
```

Wie schon im Falle der Nordsee soll dieser Befund zusammen mit der Schilderung der natürlichen Gegebenheiten des Ostseeraums als Informationsgrundlage für die Untersuchung des Ostsee-Regimes dienen, der der folgende Abschnitt gewidmet ist.

3.2. Das internationale Regime zum Schutz der Meeresumwelt der Ostsee

Der vorliegende Abschnitt stellt den zweiten zentalen regimeanalytischen Teil der Arbeit dar. Wie schon im Falle des Nordsee-Regimes folgt der deskriptiven Identifizierung des Regimes (3.2.2.) der Versuch, die Entstehung des Regimes unter Heranziehung der in der Einleitung genannten Hypothesen zu erklären (3.2.3.). Den Abschluß bilden wiederum einige Bemerkungen zu den Wirkungen des Regimes (3.2.4.). Beginnen soll der Abschnitt jedoch wieder mit einigen Angaben zur "historischen" Entwicklung des Problemfelds Schutz der Meeresumwelt der Ostsee.

3.2.1. Entwicklung des Problemfelds

Die gemeinsame wissenschaftliche Erkundung der Ostsee durch die Anrainerstaaten reicht bis zum Beginn dieses Jahrhunderts zurück. Im Rahmen des 1902 auf Initiative der skandinavischen Staaten und Deutschlands in Kopenhagen gegründeten Internationalen Rates für Meeresforschung (ICES) wurden bereits in jenem Jahr gemeinsame Forschungsfahrten durchgeführt und Standardmeßstationen vereinbart.[5] Der ICES überstand die Unterbrechung der Zusammenarbeit durch den Ersten Weltkrieg, und 1922 wurde auch die Forschungskooperation zwischen den Ostseestaaten (einschließlich der neu entstandenen Staaten Finnland, Polen und der drei baltischen Republiken) wieder aufgenommen. Polen nahm hieran schon vor seinem erst im Jahre 1925 erfolgten Beitritt zum ICES teil. Der Zweite Weltkrieg brachte die Forschungsarbeit erneut weitgehend zum Erliegen, doch konnte der ICES bereits 1945 wiederbelebt werden. Nach der 1964 erfolgten vertraglichen Neubegründung des ICES wurden in diesem Jahr sowie 1969/70 zwei internationale Expeditionen unter Beteiligung zahlreicher Schiffe durchgeführt. Zu den Ergebnissen zählte auch die Erkenntnis, "daß die Ostsee eines der am meisten verschmutzten Meere der Welt ist."[6] 1970 legte dann die Arbeitsgruppe des ICES über die Verschmutzung der Ostsee einen ersten Bericht über die Belastung dieses Meeres vor, der die ernste Lage im Bereich der Ostsee zum ersten Mal international dokumentierte.[7]

Bereits ein Jahr zuvor (im September 1969) und erneut im August 1970 trafen sich dann erstmals Vertreter aller Ostseestaaten zu einer Konferenz, die sich mit Fragen der Bekämpfung von Ölverschmutzung in der Ostsee befaßte. Der Abschluß eines entsprechenden Abkommens, über das inhaltlich weitgehend Einigkeit erzielt worden war,

---

5   Vgl. hierzu Graßhoff 1974.

6   Ebd., 263.

7   ICES 1970.

scheiterte jedoch aus formaljuristisch-politischen Gründen.[8] Die Visby-Konferenzen, wie sie nach dem Tagungsort auf der schwedischen Insel Gotland genannt wurden, blieben somit ohne formelles Ergebnis.

Gleichwohl konnte Finnland mit seinem am Rande der Stockholmer Umweltkonferenz der Vereinten Nationen von 1972 unterbreiteten Vorschlag für ein umfassendes Abkommen zum Schutz der Meeresumwelt der Ostsee an dem auf den Visby-Konferenzen deutlich gewordenen Problembewußtsein der Ostseestaaten anknüpfen und zugleich die Thematik des geplanten Abkommens über die spezielle Frage der Ölverschmutzung hinaus ausweiten.[9] Ausgehend von einem auf einer Konferenz von Regierungsexperten in Helsinki (28.5. bis 1.6. 1973) vorgelegten finnischen Entwurf gelangte man über mehrere Stationen des von Fach- und Rechtsexperten vorgenommenen "fine-tuning" bereits im März des folgenden Jahres zu einem befriedigenden Ergebnis, das von der diplomatischen Konferenz vom 18. bis 22.3.1974 in Helsinki als "Convention on the Protection of the Marine Environment of the Baltic Sea Area" (kurz Helsinki-Abkommen) verabschiedet und unterzeichnet wurde.[10] Der normative Kern des Ostsee-Regimes war damit etabliert.

Allerdings zögerte sich das Inkrafttreten des Abkommens noch bis zum 3.5.1980 hinaus, gemäß Art.27 des Abkommens zwei Monate nach Hinterlegung der letzten Ratifikationsurkunde, der der Bundesrepublik.[11] Als Gründe für die relativ lange Ratifikationsperiode wird neben "financial and technological difficulties encountered by Poland and the USSR"[12] die "EG-Problematik" angeführt.[13] Sie ergab sich für Dänemark und die Bundesrepublik daraus, daß die EG nach Erlaß ihrer ersten umfassenden Richt-

---

8   Vgl. dazu unten Abschnitt 3.2.3.5.

9   Der Vorschlag entsprach der als Empfehlung 86 in dem von der Stockholmer Konferenz
     verabschiedeten "Aktionsplan für die menschliche Umwelt" enthaltenen Forderung, an die
     Regierungen: "(they should) strengthen national controls over land-based sources of
     marine pollution, in particular in enclosed and semi-enclosed seas (wie etwa die Ostsee,
     ML) ..." (zitiert nach ILM 11, 1972, 1454).

10   Der Text des Abkommens ist abgedruckt in BGBl. 1979 II, 1230ff. Neben der
     verbindlichen Fassung in englischer Sprache (der Arbeitssprache im Rahmen des Ostsee-
     Regimes) findet sich dort auch die im folgenden zitierte amtliche deutsche Übersetzung.

11   Die Ratifikationsurkunden wurden von den Ostseestaaten zu folgenden Daten bei der
     Regierung Finnlands, dem Depositarstaat, hinterlegt:

Finnland	27. 6.1975	Sowjetunion	2.11.1979
Schweden	30. 6.1976	Polen	8.11.1979
DDR	6. 1.1977	BR Deutschland	3. 3.1980.
Dänemark	20. 7.1977		

12   Boczek 1980, 225. Tatsächlich kam Polen die lange bundesdeutsche Ratifikationsperiode
     sehr zupaß, da dadurch das Inkrafttreten für Polen nur schwer erfüllbarer Regeln zum
     Schutz der Ostsee zunächst hinausgeschoben wurde; erst als sich die bundesdeutsche
     Ratifikation abzeichnete, tat auch Polen als vorletzter Staat diesen Schritt.

13   Zur dieser EG-Problematik vgl. Arndt 1979.

linie auf dem Gebiet des Gewässerschutzes im Jahre 1976[14] nach europarechtlichem Verständnis einem Abkommen über diese Fragen für ihre Mitgliedstaaten beitreten sollte. Dies wurde jedoch von den östlichen Staaten abgelehnt, wodurch die beiden EG-Staaten in eine Klemme zwischen europarechtlicher Treue und umweltpolitischem Regelungsinteresse gerieten, der sie sich dadurch zu entziehen wußten, daß sie mit der Ratifikationsurkunde zugleich schriftliche Erklärungen dahingehend abgaben, daß sie sich auch weiterhin für eine Beteiligung der EG am Helsinki-Abkommen einsetzten würden. Dieser Punkt scheint aber auch nach der inzwischen erfolgten Aufnahme offizieller Beziehungen zwischen EG und RGW nicht weiter verfolgt worden zu sein.[15] Auch ist bemerkenswert, daß Dänemark den (Aus-)Weg zur Ratifikation rund drei Jahre vor der Bundesrepublik fand. Das umweltpolitische Regelungsinteresse scheint somit bei letzterer nicht überragend gewesen zu sein.

Ungeachtet der Ratifikationsprobleme wurde jedoch bereits seit 1975 im Rahmen der sogenannten Interim-Kommission von den Ostseestaaten vor allem auf wissenschaftlich-technischem Gebiet zusammengearbeitet, so daß man seit Mitte der siebziger Jahre von der Existenz eines Regimes zum Schutz der Meeresumwelt der Ostsee, kurz: des Ostsee-Regimes ausgehen kann. Der folgende Abschnitt wird die normativen Vorgaben und die praktischen Verfahrensweisen dieses Regimes näher darstellen.

3.2.2. Identifizierung des Regimes

Wie erwähnt ist der normative Kern des Ostsee-Regimes in den Bestimmungen des Helsinki-Abkommens zu finden. Es wird daher bei der Identifikation des Regimes im Vordergrund stehen. Gleichwohl wird hier keine juristische Vertragsanalyse angestrebt. Vielmehr soll, wie schon im Falle des Nordsee-Regimes geschehen, das Ostsee-Regime anhand der vier Elemente Prinzipien, Normen, Regeln und Prozeduren (sowie des zugehörigen Umsetzungsverhaltens) identifiziert werden.

3.2.2.1. Prinzipien

Die Stockholmer Umweltkonferenz der Vereinten Nationen hatte, wie erwähnt,[16] in ihrer Prinzipienerklärung die Staaten auch aufgefordert, "denkbare Schritte" zur Verhinderung der Verschmutzung der Meere zu unternehmen. Was in Stockholm jedoch eher als unverbindliches Programm formuliert worden war, wurde durch die Unterzeichnung des Helsinki-Abkommens zwischen den sieben Anrainerstaaten der Ostsee

---

14   Zu dieser Richtlinie 76/464 EWG vom 4.5.1976 vgl. oben Abschnitt 2.3.

15   Die gemeinsame Erklärung über die Aufnahme offizieller Beziehungen zwischen EG und RGW wurde am 25.6.1988 in Luxemburg unterzeichnet.

16   Oben Abschnitt 2.2.1.

rechtsverbindlich vereinbart. Sie einigten sich dabei auch auf zwei Prinzipien, die ihrer Kooperation zum Schutz der Meeresumwelt der Ostsee zugrundegelegt werden sollten.

Zunächst enthält der erste Absatz des Art.3 des Abkommens neben dem Auftrag, die Verschmutzung zu verringern (to abate), im wesentlichen (wenn auch nicht wörtlich) eine Formulierung des *Vorsorgeprinzips* (to prevent; to protect and enhance the marine environment). Das Ostsee-Regime ist somit von der Anlage her nicht nur ein Schadensbeseitigungs-, sondern ein Schadensverhinderungsregime. Dadurch wird ein potentiell sehr großer Raum für konkretisierende Normsetzung eröffnet.

Dies wird ergänzt durch das zweite Grundprinzip des Regimes, das in Art.3 Abs.2 des Helsinki-Abkommens wie folgt formuliert ist:

"Die Vertragsparteien sorgen nach besten Kräften dafür, daß die Durchführung dieses Übereinkommens nicht zu einer Zunahme der Meeresverschmutzung außerhalb des Ostseegebiets führt."

Angesichts der aus den Anfangsjahren des internationalen Umweltschutzes der Luft bekannten Politik der Problemverlagerung (hohe Schornsteine) ist dieses *Prinzip der Nicht-Verlagerung* ebenfalls eine bedeutsame normative Vorgabe.

Dem Ostsee-Regime liegen also zwei normative Prinzipien zugrunde, die einerseits im weiteren Politikfeld des (internationalen) Umweltschutzes allgemein Anwendung finden können, die andererseits für die Verhältnisse des Problemfelds Meeresumweltschutz der Ostsee konkretisiert werden müssen. Dies geschieht zunächst auf der Ebene allgemeiner, aber problemfeldspezifischer Normen und mündet schließlich in detaillierte Regeln. Dieser Prozeß der normativen Konkretisierung erfolgt dabei unter Anwendung der vereinbarten Prozeduren und unter beständiger Bezugnahme auf von den Parteien geteiltes Wissen, das sie teilweise erst im Rahmen ihrer durch das Regime koordinierten Forschungstätigkeit erlangen.

3.2.2.2. Normen

Zum Zwecke einer strukturierten Darlegung des Normenbestands des Ostsee-Regimes lassen sich als normativer Kern des Regimes drei Gruppen von Normen unterscheiden.

Eine erste Gruppe ließe sich als quasi-direkte Verbotsnormen bezeichnen. Obwohl sie nicht self-executing im strengen Sinne sind (daher quasi), geben sie doch einen klaren Auftrag an die Staaten, bestimmte Verbote zu erlassen. Es ist dabei sicher kein Zufall, daß zu den konkretesten Normen des Abkommens *Verbots*normen zählen, ist es doch häufig einfacher, kurz und präzise negativ zu sagen, was nicht erlaubt sein soll, als positiv vorzuschreiben, was zu tun ist. Was also verbieten die hier angesprochenen Normen?

Art.5 verbietet (die genaue Formulierung ist: "The Contracting Parties undertake to counteract...") die Zuführung sogenannter gefährlicher Stoffe in das Ostseegebiet, und zwar unabhängig vom Transportmedium (Luft, Wasser) und von der Quelle (Schiffsbetrieb, Direkteinleitung von Lande aus). Was unter "gefährlichen Stoffen" zu verstehen ist, wird in Anlage I in einer aufzählenden Liste bestimmt. Danach zählten hierzu zunächst Dichlor-Diphenyl-Trichloräthan (DDT) und seine Derivate (DDE, DDD) sowie Polychlorierte Biphenyle (PCBs). Durch gemeinsamen Beschluß[17] haben die Ostseestaaten diese Liste inzwischen um Polychlorierte Triphenyle (PCTs) ergänzt. Die zweite Verbotsnorm (Art.9 Abs.1) betrifft das Einbringen (Dumping), das generell mit einem Verbot belegt wird.[18]

Eine zweite Gruppe von Normen zeigt einen kombinierten stoff- und eintragswegspezifischen Ansatz. Generell enthalten sie nämlich erstens die Pflicht, die Verschmutzung der Ostsee zu kontrollieren und zu minimieren, und zwar besonders (aber nicht ausschließlich) für die in Anlage II des Abkommens genannten schädlichen Stoffe und Gegenstände. Zweitens, und darin liegt die oft hervorgehobene Besonderheit des Helsinki-Abkommens, gilt dies für alle potentiellen Eintragswege: vom Lande aus (Art.6 Abs.1), über Wasserläufe (Art.6 Abs.7), aus der Luft (Art.6 Abs.8) sowie durch regulären Schiffsbetrieb und Schiffsunfälle (Art.7). Das Helsinki-Abkommen ist damit das erste (und bisher einzige) internationale Abkommen, das die potentiellen Quellen von Meeresverschmutzung vollständig erfaßt.

Die dritte Normengruppe enthält im wesentlichen eine zentrale Norm: die der wissenschaftlichen und technischen Zusammenarbeit (Art.16). Zu ihr verpflichten sich die Ostseestaaten sowohl im eigenen Kreise als auch in Kooperation mit anderen internationalen Organisationen. Speziell die auf wirtschaftliche Nutzung ausgerichtete Erkundung des Meeresbodens steht unter der ausdrücklichen Auflage, den Schutz der Umwelt zu beachten (Art.10). Die Organisation der gemeinsam betriebenen Forschung, welche einen Schwerpunkt der bisherigen Kooperation der Anrainerstaaten darstellt, obliegt dabei der Helsinki-Kommission (HELCOM), deren Einrichtung im Abkommen vorgeschrieben ist. Über die institutionellen Normen und Regeln der HELCOM sowie ihre praktische Arbeitsweise wird unten im Zusammenhang mit den "Prozeduren" des Regimes berichtet.[19]

---

17   HELCOM Empfehlung 4/1 vom 1.2.1983.

18   Zu diesem Verbot gibt es zwei Ausnahmen: In Notfällen, bei denen Menschenleben in Gefahr sind, ist Einbringen nach einer Abwägung der Risiken erlaubt. Für das Einbringen von (häufig stark schadstoffbelastetem) Baggergut können innerstaatliche Stellen eine Erlaubnis erteilen.

19   Vgl. unten Abschnitt 3.2.2.4.

Zusammenfassend läßt sich somit sagen, daß das Ostsee-Regime von drei zentralen Gruppen von Normen bestimmt wird: quasi-direkten Verbotsnormen, medienbezogenen Umweltschutzgeboten und dem wissenschaftlich-technischen Kooperationsgebot. Sie stecken inhaltlich den Bereich ab, innerhalb dessen sich die Unterzeichnerstaaten internationaler Regelung zu unterziehen bereit sind. Die detaillierten Regeln sind dabei, wie der folgende Abschnitt zeigen wird, nur zum Teil bereits im Helsinki-Abkommen selbst festgelegt.

3.2.2.3. Regeln

Was schon für die Normen des Ostsee-Regimes galt, trifft erst recht auf seine Regeln zu: Sie können hier nicht vollständig beschrieben werden. Es geht um ihre exemplarische Präsentation. Regeln wurden als die jeweils konkretesten normativen Vorgaben eines Regimes definiert. Als Indikator für den Status als Regel kommt dabei neben der Plazierung einer Bestimmung in Anlagen und Anhängen zum zentralen Vertragsdokument auch die vorgesehene Leichtigkeit bei der Abänderung in Frage: Für konkrete Regeln sollte eher Änderungsbedarf bestehen als für abstraktere Normen, und erstere sollten daher leichter zu ändern sein als letztere.

Ein erster Fundort für Regeln im Rahmen des Ostsee-Regimes sind die Anlagen zum Helsinki-Abkommen. Sie enthalten neben den bereits erwähnten Listen der gefährlichen (Anl. I) und schädlichen Stoffe (Anl. II) in vier weiteren Anlagen, als Konkretisierung der oben erwähnten Umweltschutzgebote, sehr detaillierte Vorschriften bezüglich der Verschmutzung von Lande aus (Anl. III), durch Schiffe (Anl. IV) und für die Zusammenarbeit bei der Bekämpfung der Meeresverschmutzung (Anl. VI) sowie eine konkretisierende Ausgestaltung des Erlaubnisvorbehalts zum quasi-direkten Verbot des Dumping (Anl. V).

Anlagen IV und VI wurden ursprünglich noch durch weiter ins Detail gehende Anhänge ergänzt, welche einerseits Stofflisten, andererseits Vorschriften über die Meldung von Ereignissen in Verbindung mit Schadstoffen enthielten. Durch das Inkrafttreten der weitgehend identischen Bestimmungen des weltweit gültigen Internationalen Übereinkommens zur Verhütung der Meeresverschmutzung durch Schiffe (MARPOL), dem seit 1.7.1986 auch alle Ostseeanrainerstaaten beigetreten sind, sind diese Anhänge überflüssig geworden, und die HELCOM konnte in ihren Empfehlungen 8/4 und 8/5 vom 25.2.1987 ihre Ersetzung durch einen einfachen Verweis auf die entsprechenden Bestimmungen des MARPOL-Abkommens beschließen.

Zweierlei wird aus dem bisher Gesagten deutlich: Die Regeln des Ostsee-Regimes haben oft sehr technischen Charakter und unterliegen somit dem Bedürfnis, sie dem gewandelten Stand der Technik, der weltweiten Normsetzung in diesem Problemfeld sowie dem jeweiligen Stand des Wissens anzupassen.[20] Dies wurde bereits beim Abschluß des Helsinki-Abkommens von den Parteien so gesehen, und daran wird auch deutlich, daß eine Weiterentwicklung des normativen Gehalts des Regimes, also eine *Regimeevolution*, von Anfang an vorgesehen war. Damit hängt auch der zweite oben erwähnte Regel-Indikator zusammen: die Leichtigkeit der Änderung von Vorschriften. Hier sieht das Abkommen nämlich für die Artikel des Vertragstextes, also die oben besprochenen Normen, einen anderen Änderungsmodus vor (Art.23) als für die Anlagen, also die Regeln (Art.24). Während ersteres die Zustimmung der nationalen Gesetzgebungsorgane erfordert und somit sowohl bezüglich des Ob als auch des Wann ganz von innerstaatlichen Verfahren abhängt, gilt für die Änderung der Anlagen, daß sie nach Ablauf einer von der Kommission bestimmten Frist als angenommen gelten, sofern nicht innerhalb dieser Frist von einer Partei Einspruch erhoben wird. Die Umsetzung derartigen Änderungen erfolgt etwa im Falle der Bundesrepublik gemäß dem bundesdeutschen Vertragsgesetz zum Helsinki-Abkommen[21] durch Rechtsverordnung der Bundesregierung mit Zustimmung des Bundesrates bzw. durch den zuständigen Bundesminister sogar ohne diese Zustimmung.

Nun besteht die regelsetzende Tätigkeit der Helsinki-Kommission[22] jedoch nicht nur und sicher nicht vor allem in der Änderung der Vertragsanlagen. Vielmehr enthalten die von ihr verabschiedeten Empfehlungen ein breites Spektrum von Verhaltensvorschriften, die (im hier verwendeten Sinne) zum Teil den Charakter von Normen, zum Teil den von Regeln haben. So wird beispielsweise in der HELCOM Empfehlung 8/3 vom 25.2.1987 über "Measures aimed at the reduction of discharges from urban areas by the use of effective methods in wastewater treatment",[23] eine Thematik, der sich die HELCOM mehrfach angenommen hat, folgende allgemeine Empfehlung ausgesprochen:

> "urban (municipal) wastewater deriving from households (domestic wastewater) or industrial enterprises should be collected and treated before being discharged into water bodies",

---

20   Zur Ausweitung dieses Wissens beizutragen ist ja selbst eine Aufgabe des Regimes.

21   Gesetz zu dem Übereinkommen vom 22. März 1974 über den Schutz der Meeresumwelt des Ostseegebiets, vom 30.9. 1979, BGBl.1979 II, 1229.

22   Zu deren Verfahrensaspekten vgl. unten den Abschnitt über Prozeduren.

23   Vollständig abgedruckt in HELCOM 1987d (BSEP No.23), 35f., die nachfolgenden Zitate nach ebd. "BSEP" (Baltic Sea Environment Proceedings) ist die Schriftenreihe der Helsinki-Kommission, in der sie ihre Jahresberichte sowie Ergebnisse ihrer Arbeit veröffentlicht. Die Mehrheit der im Literaturverzeichnis aufgelisteten Veröffentlichungen dieser Reihe wurden mir freundlicherweise von der Kommission selbst zur Verfügung gestellt.

was man aufgrund der Allgemeinheit der Formulierung als Norm ansehen kann.[24] Diese
wird dann im weiteren zu einer Regel konkretisiert, wenn etwa empfohlen wird

"that the treatment should result at least in (calculated as yearly average values
with nitrification inhibitor, and calculated for total amount of sewage, including
by-passes and overflow)
(i) 90% reduction of BOD_5 (Biological Oxygen Demand, biologischer Sauerstoffbedarf, ML); and
(ii) a concentration of BOD_5 in the effluent of the treatment plant below 15
mg/l".

An diesem Beispiel wird erneut deutlich, wie die Arbeit der Kommission im Interesse
des Schutzes der Meeresumwelt der Ostsee sich nicht auf das Meeresgebiet im engeren
Sinne beschränkt und beschränken kann, sondern auch die oft weit landeinwärts gelege-
nen Quellen der Meeresverschmutzung erfassen muß. Vorgaben wie die eben zitierten
Abwasserstandards sind denn auch bei Bedarf in nationale Gesetze übernommen
worden, worin sich ihre Akzeptanz durch die Staaten zeigt.

Andererseits ist es vor allem diese Regelsetzung im Rahmen des Ostsee-Regimes, bei
der sich auch die Konflikte zwischen den beteiligten Staaten zeigen. Zwei konkrete
Beispiele aus der Geschichte des Regimes mögen dies veranschaulichen.
Bereits in der Anfangsphase der Arbeit im wissenschaftlich-technischen Bereich, speziell
zur Festlegung von Standards zur Verringerung der Verschmutzung, kam es auch im
Rahmen des Ostsee-Regimes zu einer "Grundsatzdiskussion"[25] über die Anwendung
von Emissions- oder Immissionsstandards (UES versus EQOs). Dabei spiegeln sich
hierin nicht nur jeweils national unterschiedliche "Umweltschutzphilosophien" wider,
sondern mit dieser Frage verbindet sich über die technische Wirksamkeit hinaus auch
ein Kostenproblem: Emissionsstandards, zumal strenge, machen nämlich den Einsatz der
jeweils besten verfügbaren Technologie[26] erforderlich, während Umweltqualitätsziele
unter Umständen auch durch eine "bessere" Verteilung von Schadstoffen bzw. das Setzen
auf natürliche Reinigungsmechanismen erfüllt werden können.[27] Aus den Diskussionen

---

24   Die Tatsache, daß die Empfehlungen der Kommission im Unterschied zu den
      Bestimmungen des Abkommens (und seiner Anlagen) eher politische denn juristische
      Bindungswirkung entfalten, kenntlich wiederum am "should", stellt für die politikwissen-
      schaftliche Regimeanalyse kein Problem dar, sondern demonstriert erneut deren
      Anwendbarkeit. Die Diskussion darüber, ob es sich bei den "Recommendations" um "soft
      law" handelt, braucht für ihre Zwecke nicht geführt zu werden.

25   Ehlers 1984, 140.

26   Wobei die HELCOM-Empfehlungen an der betreffenden Stelle jeweils bereits
      verdeutlichen, daß "Verfügbarkeit" hier ökonomische Verkraftbarkeit einschließt.

27   Da auch die HELCOM in ihren Jahresberichten dem Anonymitätsprinzip folgt, das heißt
      Staaten nur auf ausdrücklichen Wunsch benennt, und mir andererseits die Einsicht in
      interne Dokumente der HELCOM nicht möglich war, kann hier nur spekuliert werden,
      welche Staaten sich gegen Emissionsstandards ausgesprochen haben. Angesichts des
      Kostenproblems liegt es nahe, vor allem die östlichen Staaten unter den Gegenern eines
      UES-Systems zu vermuten.

erwuchs die Einsicht "that matters related to the regulation of discharges needed the estabilshment of a particular subgroup, the *ad hoc* Working Group on criteria and standards".[28] In ihr wurden die Diskussionen fortgesetzt und mündeten schließlich im Entschluß der Interimkommission "that the development of criteria (...) should in the future be established on (a) combined approach, i.e. the so-called 'simultaneous approach'"[29], womit für den Kompromiß in der Sache ein hübscher Name gefunden war.[30]

Fand dieser Konflikt aus der Frühzeit somit eine Lösung hinter den geschlossenen Türen der Fachgremien, so wurde im Sommer 1988 zwischen zwei der Staaten, Schweden und Finnland, ein Konflikt in - zumindest für den Analytiker - erfreulicher Offenheit ausgetragen, nämlich zum Teil in der nationalen Presse. Inhaltlich ging es um die zu dieser Zeit in Arbeit befindlichen Empfehlungen über die Standards für Abwässer der Zellstoff- und Papierindustrien, die in beiden Staaten stark vertreten sind. Sie liegen aber nicht nur in wirtschaftlicher Konkurenz auf den Absatzmärkten, sondern verwenden auch jeweils unterschiedliche Produktionsverfahren, welche durch dieselben Auflagen unterschiedlich betroffen würden. Vor diesem Hintergrund setzte sich Finnland für weniger strenge Standards ein und argumentierte mit der natürlichen Reinigungskraft seiner Flüsse (als Vorfluter, während Schweden überwiegend direkt in die Ostsee einleite). Schweden hielt dagegen, zumal der Streit innenpolitisch in die Phase des Wahlkampfes fiel, in dem sich die regierenden Sozialdemokraten gegenüber der Umweltpartei, welcher Stimmenzuwachs prognostiziert wurde, im umweltpolitischen Bereich profilieren wollte.[31] Trotz dieser Gegensätze konnte im Februar 1988 von der HELCOM eine Rahmenempfehlung zu diesem Bereich verabschiedet werden, die die weitere Ausarbeitung in die Gremien verweist, wo nach dem Abklingen der spektakulären Auseinandersetzungen eher ein Kompromiß möglich erscheint.

Es kann also gesagt werden, daß das Regime nicht nur vertragsrechtlich statuierte Regeln umfaßt, sondern, indem es einen Mechanismus zur weiteren Erarbeitung von

---

28   HELCOM 1981a (BSEP No. 2), 9.

29   Ebd.

30   Bei diesem Kompromiß handelt es sich durchaus nicht notwendigerweise um einen faulen. In Sachen UES versus EQOs gilt nämlich: Auch nach bestem Stand der Technik betriebene Produktionsanlagen, die die Emissionsgrenzwerte einhalten, können, wenn zuviele von ihnen dasselbe Ökosystem belasten, dieses ernstlich schädigen. Bei Anwendung eines geeigneten Immissionsstandards (EQO) müßte notfalls ein Einleitungs- (und damit Produktions-)Stopp verordnet werden. Hieraus wird deutlich, daß die Frage Emissions- oder Immissionsstandard tatsächlich keine strikte Alternative zu sein braucht.

31   Vgl. Wolfgang Zank: Stoff zum Streiten. Die Sozialdemokratische Regierung will sich mit einem neuen Umweltprogramm profilieren, in: Die Zeit, 15.4.1988, 39. Der nach der Wahl vom September erfolgte Einzug Der Grünen in den Reichstag (sie erhielten 20 Sitze) ging nach Aussagen von Wahlanalytikern allerdings eher zu Lasten der bürgerlichen Parteien.

Regeln bereitstellt, eine im Prinzip offene Liste von Regeln hervorbringt. Dies verweist auf den prozeduralen Aspekt des Regimes, dem der folgende Abschnitt gewidmet ist.

3.2.2.4. Prozeduren

Wiederum ist es das Helsinki-Abkommen, das die zentralen Verfahrensvorschriften enthält. Eine Gruppe davon: die Vorschriften bezüglich der Revision von Bestimmungen des Abkommens sowie seiner Anlagen wurde bereits erwähnt.[32] Hingewiesen wurde auch schon auf die institutionellen Normen. Sie sollen als erste betrachtet werden.

Die hier so genannten *institutionellen Vorschriften* finden sich in den Art.12 bis 15 des Abkommens und bestimmen Einrichtung, Aufgaben, Verwaltung und Finanzierung der schon mehrfach erwähnten Helsinki-Kommission (HELCOM; ihr offizieller englischer Titel lautet "Baltic Marine Environment Protection Commission"). Diese Vorschriften sind in unterschiedlichem Ausmaß konkret, so daß man teilweise von Verfahrensregeln sprechen könnte, etwa wenn vorgeschrieben wird, daß der Vorsitz der Kommission von den "Vertragsparteien abwechselnd in alphabetischer Reihenfolge der Staatennamen in englischer Sprache" wahrgenommen werden soll. Andere Aspekte der Kommission und ihrer Tätigkeit sind dagegen nur recht allgemein festgelegt und somit für die Ausfüllung in der Praxis offen.

Ausgesprochen lapidar ist etwa die Aufgabenbestimmung der Kommission, was ihre Rolle beim Erlaß weiterer Verhaltensvorschriften anbelangt. Hier heißt es schlicht, daß die HELCOM die Aufgabe hat, "to make recommendations" bezüglich der Verwirklichung der mit dem Abkommen angestrebten Ziele. Zwar ist für die Beschlußfassung der Kommission in Art.12 Abs.8 noch vorgeschrieben, daß diese nach dem Grundsatz der Einstimmigkeit zu erfolgen hat. Die Vorbereitung dieser Beschlüsse ist dagegen nicht näher geregelt. Hier hat sich in der Praxis eine Arbeitsteilung herausgebildet zwischen den Zusammenkünften der Kommission als solcher, dem Sekretariat der Kommission und den regelmäßig tagenden Ausschüssen der Kommission.

Obwohl die HELCOM den organisatorischen Kern des Ostsee-Regimes ausmacht, ist ihre einzige permanente Institution, das Sekretariat der Kommission, nur eine vergleichsweise kleine Einrichtung. Mit einem von den Vertragsparteien zu gleichen Teilen aufgebrachten Budget von 3,2 Mio. Finnmark (etwas über 1,5 Mio. DM) für das Haushaltsjahr 1986/87 beschäftigte sie im wesentlichen die drei Sekretäre (den Exekutivsekretär als Leiter der Verwaltung, dem je ein Sekretär für Wissenschaftsfragen - Scientific Secretary - sowie für Fragen der Schiffahrt - Maritime Secretary - zur Seite

---

32 Vgl. den vorangegangenen Abschnitt.

standen) sowie das erforderliche Büropersonal.[33] Hieraus wird bereits deutlich, daß das Sekretariat allein kaum mehr als die redaktionellen und organisatorischen Aufgaben zu erfüllen vermag, welche der Kommission laut dem Abkommen obliegen. Die weitere und wesentliche dort genannte Aufgabe: die Erarbeitung von Empfehlungen für Maßnahmen, die der Durchführung der Ziele des Abkommens dienen, oder darüber hinaus gar die Durchführung selbst oder deren Vorortkontrolle, sind eindeutig jenseits dessen, was die Bediensteten der Kommission selbst ausführen können.

Die Kommission als solche, das heißt die Versammlung der Staatenvertreter, tritt ihrerseits nur einmal im Jahr zu einer Sitzung in Helsinki zusammen. Sie vereinigt dabei die Vertreter der jeweiligs zuständigen nationalen (inzwischen: Umwelt-)Ministerien, meist hochrangige Beamte und nur ausnahmsweise die Minister selbst.[34] Auch hieraus wird deutlich, daß die Vorarbeit für die dabei gefaßten Beschlüsse und die verabschiedeten Empfehlungen - ihre Zahl liegt mittlerweile bei über 80 - an anderer Stelle erfolgen müssen. Diese andere Stelle sind die drei Ausschüsse der Kommission und die ihnen nachgeordneten Unterausschüsse und Arbeitsgruppen.

Historisch betrachtet können diese Arbeitsgremien gegenüber dem Beschlußgremium der Kommissionstreffen sogar eine Art Priorität geltend machen. Aufgrund der langen Ratifikationsphase des Helsinki-Abkommens[35] waren die Ausschüsse nämlich lange Zeit als einzige aktiv, während die Kommission zwar als Interimskommission zwischen 1974 und 1979 jährlich einmal zusammentraf, ihre Normsetzungsfunktion jedoch noch nicht ausüben konnte. Dagegen leisteten der wissenschaftlich-technische Ausschuß (Scientific-Technological Committee, STC, zunächst noch als "working group" bezeichnet) seit 1975 und der Schiffahrtsausschuß (Maritime Committee, MC) seit 1976 mit Unterstützung diverser ad-hoc-Arbeitsgruppen so gute Vorarbeiten, daß die Kommission bei ihrem ersten offiziellen Zusammentreten im Mai 1980 nicht nur zahlreiche Vorschläge für ihre weitere Arbeit vorfand, sondern auch 15 Entwürfe für Empfehlungen (Recommendations) aus dem Bereich der Schiffahrt, die dann verabschiedet werden konnten. Mit dieser Tätigkeit in der "Interim-Phase" läßt sich auch die Festlegung des Zeitpunkts der Regimeentstehung auf die Mitte der siebziger Jahre begründen. Im Jahr 1974 wurde nämlich eben nicht nur das Helsinki-Abkommen unterzeichnet, sondern auch die Arbeit an seiner inhaltlichen Umsetzung begonnen, worauf es nach dem dieser Arbeit zugrundegelegten Verständnis des Begriffs "Regime" entscheidend ankommt.

---

33   Angaben nach HELCOM 1988 (BSEP No. 26), 17ff.

34   So anläßlich des zehnjährigen Bestehens des Abkommens im Jahre 1984 sowie im Februar 1988 anläßlich der Verabschiedung einer "Erklärung der Minister über den Schutz der Meeresumwelt in der Ostsee", vgl. zu dieser unten Abschnitt 3.2.2.4.

35   Vgl. dazu oben Abschnitt 3.2.1.

Bereits in dieser frühen Phase hatte sich somit im wesentlichen die organisatorische Struktur des Regimes herausgebildet. Eine spätere Änderung betraf nur noch die im Jahre 1985 erfolgte Aufwertung der bisherigen Arbeitsgruppe zur Bekämpfung von Ölverschmutzungen zu einem eigenständigen Ausschuß der Kommission (Combating Committee, CC), womit die heutige Organisationsstruktur der HELCOM und ihrer Ausschüsse erreicht war (vgl. Abbildung 3-5).

Diese Aufteilung der Arbeitsebene der Kommission in drei Ausschüsse (MC, STC und CC) spiegelt zugleich die hauptsächlichen inhaltlichen Tätigkeitsbereiche der Kommission wider: Erhöhung der Sicherheit des Schiffsverkehrs und Verbesserung der technischen Ausstattung von Schiffen und Hafenanlagen im Bereich der Ostsee; Erforschung der Ostsee und Entwicklung einheitlicher Standards für die Verminderung der Verschmutzung der Ostsee von Lande aus; schließlich Entwicklung der Technik und Kooperation auf dem Gebiet der akuten Schadstoffbekämpfung (Öl und andere Stoffe). Hierzu haben sich im Rahmen des Regimes einige praktische Verfahrensweisen herausgebildet, die kurz geschildert werden sollen.

Zu den *praktizierten Verfahren* im Rahmen des Ostsee-Regimes gehören beispielsweise die sogenannten "CASH-Konferenzen". Bei ihnen handelt es sich um Zusammentreffen der Vorsitzenden der Kommission und ihrer Ausschüsse sowie von Vertretern des Sekretariats, die seit 1984 in der Zeit zwischen den jährlichen Treffen der Kommission abgehalten werden, abwechselnd in einem der Mitgliedstaaten und in enger Kooperation mit den Behörden des betreffenden Landes. Sie haben sich als nützliches Instrument nicht nur der internen Koordination der Tätigkeit der Kommission und ihrer Ausschüsse erwiesen, sondern sie bieten auch Gelegenheit zum Informationsaustausch auf hoher Ebene zwischen der Kommission und den für die Meeresumweltschutzpolitik zuständigen Instanzen des Gastlandes, neben den ständig ablaufenden Kontakten der Spezialisten und über diese hinaus.

Ein zweites von der Kommission angewandtes Verfahren zur Gewinnung gemeinsamer Erkenntnis ist die Organisation internationaler Feldexperimente (etwa zur Schadstoffbekämpfung) sowie vor allem des von allen Ostseeanrainern getragenen überwachungsprogramms, mittels dessen der Gesamtzustand der Ostsee erfaßt und die Faktengrundlage für weitere Maßnahmen geschaffen werden soll. Die im Rahmen dieses "Baltic Monitoring Programme" (BMP) nach vereinheitlichten Meßverfahren (festgelegt in den sogenannten "guidelines"[36]) erhobenen Daten, die demnächst über ein international zugängliches Computersystem abrufbar gemacht werden sollen, bilden ihrerseits die

---

36   Vgl. HELCOM 1984b und 1987b (BSEP No.s 12 und 19).

Abbildung 3-5: Organigramm der HELCOM und ihrer Ausschüsse

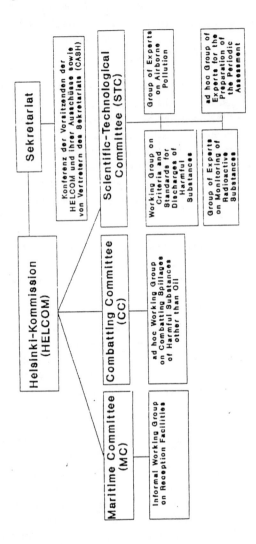

Quelle: Eigene Anfertigung nach einer Vorlage des Umweltbundesamtes.

Grundlage für die regelmäßig (in Fünfjahresabständen) erstellten Gesamteinschätzungen des Umweltzustandes der Ostsee ("periodic assessment"[37]), welche in Zusammenarbeit mit den Meereswissenschaftlern des Ostseeraums erarbeitet werden. Die zweite periodische Einschätzung für die Jahre 1984 bis 1988 wurde soeben vorgelegt,[38] die dritte Etappe des BMP (1989-93) läuft zur Zeit.

Im Interesse einer besseren Vorbereitung ihrer Empfehlungen wie der Kontrolle ihrer Umsetzung hat sich die HELCOM zunehmend zweier Verfahren bedient. Zum einen hat man in der Vorbereitung der Kommissionsarbeit des öfteren auf den sogenannten "*Lead-country-Ansatz*" zurückgegriffen. Dabei wird jeweils einem Ostseestaat die Verantwortung für die Erledigung der Vorarbeit auf einem bestimmten Gebiet (Datenbeschaffung, Forschungsaufträge etc.) übertragen, der seine Ergebnisse dann dem gesamten Staatenkreis vorlegt. Hierdurch kann nicht nur auf die Arbeitskapazität nationaler Behörden und Einrichtungen zurückgegriffen werden, sondern auch national jeweils besonders ausgeprägtes Expertenwissen sinnvoll angezapft werden.[39]

Zum andern ist man im Hinblick auf eine bessere Effektivi- tätskontrolle der in den HELCOM Empfehlungen enthaltenen Maßnahmen dazu übergegangen, diese gegebenenfalls durch eine - zum Teil periodische - *Berichtspflicht* der Staaten über die Umsetzung zu ergänzen. Die Entwicklung einheitlicher Berichtsformate, die die vorgelegten Angaben vergleichbar machen und somit ein Gesamtbild ermöglichen, ist dabei ein wichtiges Desiderat, das aber angesichts der oft unterschiedlichen faktischen Situation in den beteiligten Ländern nicht einfach zu verwirklichen ist. Die Funktion der Kommission als Ort der internationalen Selbstkontrolle soll durch diese Maßnahmen gestärkt werden.

Angesichts der doppelten Kontrollaufgabe: der Staaten untereinander ebenso wie der Staaten gegenüber potentiellen privaten Regelverletzern liegt hier durchaus eine wichtige

---

37   Vgl. HELCOM 1981c und 1987a (BSEP No.s 5A und B, 17A und B).

38   Als No.35 der BSEP-Reihe, Helsinki 1990.

39   So wurden etwa von den Staaten Schweden, Sowjetunion und von der DDR als verantwortlichen Berichterstattern Be-richte vorgelegt über den Gebrauch und die bisherige Um-weltschutzpraktik in den sieben Ostseestaaten bezüglich der schädlichen Stoffe Kadmium, Quecksilber sowie Kupfer und Zink und in der BSEP-Reihe veröffentlicht (No.24, HELCOM 1987c). Auch in diesen Berichten wird deutlich, daß die Quellen der Freisetzung dieser Schadstoffe weit verstreut und keineswegs auf den marinen Bereich beschränkt sind. Ein anderes Beispiel betrifft die Vorbereitung der Zweiten Zusammenstellung über die Verschmutzungsbelastung der Ostsee (Second Pollution Load Compilation; die erste war 1987 veröffentlicht worden (HELCOM 1987c, BSEP No.20) und, da sie die erste derartige Zusammenstellung überhaupt war, zu einem echten "Bestseller" im Rahmen der BSEP-Reihe geworden). Hier teilen sich die Sowjetunion - zuständig für das Einsammeln der Daten - und die Bundesrepublik - Verarbeitung der Daten mit der Computeranlage des DHI - die Arbeit.

Aufgabe. Was letztere anbelangt, so obliegt die gegebenenfalls strafrechtliche Verfolgung privater "Umweltsünder" zwar den Staaten je für sich. Sie setzt jedoch die Entdeckung derartiger Verstöße voraus, und bei den teilweise technisch recht schwierigen Fragen des Nachweises etwa von Verstößen gegen die Regeln für den Schiffsbetrieb oder gegen das Dumpingverbot, die mehrfach Gegenstand von Expertenberatungen waren, ist wiederum internationale Zusammenarbeit erforderlich. Die HELCOM hat hierzu im März 1985 eine umfangreiche Empfehlung verabschiedet.[40] Die hieran anschließende Frage der Haftung für Schäden, welche aufgrund von Verstößen gegen Verpflichtungen aus dem Helsinki-Abkommen entstehen, konnte ihrer - in Art.17 des Abkommens sogar vorgeschriebenen - Lösung trotz mehrfacher Bemühungen bisher nicht zugeführt werden.

Andererseits wurde bisher auch noch nie von dem in Art. 18 vorgesehenen Streitschlichtungsverfahren, das neben Verhandlungen und der Inanspruchnahme der guten Dienste Dritter auch eine schiedsgerichtliche Entscheidung oder gar die Anrufung des Internationalen Gerichtshofs vorsieht, Gebrauch gemacht. Auch hierin mag man eine Bestätigung der von den Beteiligten wie Beobachtern geteilten positiven Einschätzung der Wirksamkeit der Verhaltensvorschriften des Regimes sehen.

Auch wenn somit die Kontrolle der Staaten untereinander zu keinen (öffentlichen) Beschwerden über Regelmißachtung geführt hat, gibt es gute Gründe, diese Kontrolle und darüber hinaus den Schutz der Meeresumwelt der Ostsee nicht allein den Staaten und ihrer internationalen Kooperation zu überlassen. Insofern ist eine letzte hier zu erwähnende Entwicklung im prozeduralen Bereich des Ostsee-Regimes zu begrüßen. Sie betrifft die Gewährung von Beobachterstatus an andere Organisationen. Traditionell wurden hier zwischenstaatliche Organisationen berücksichtigt wie etwa der ICES, die IMO, UNEP und andere.[41] Seit 1988 jedoch besteht auch die Möglichkeit, nichtstaatliche internationale Organisationen als Beobachter zu HELCOM-Sitzungen zuzulassen. Greenpeace International hat als erste Organisation von dieser Reform profitiert, in der wohl auch ein verstärktes Bewußtsein der Staaten für die Rolle nichtstaatlicher Akteure und der öffentlichen Meinung im Problemfeld Schutz der Ostsee zum Ausdruck kommt.

Mit Blick auf die Zukunft schließlich hat die HELCOM sowohl einen mittelfristigen Plan für ihre eigene Tätigkeit wie je einen langfristigen für die Arbeit ihrer drei Ausschüsse (STC, MC, CC) verabschiedet und dabei die jeweiligen inhaltlichen Schwerpunk-

---

40   HELCOM Recommendation 6/13 concerning co-operation in investigating violations or suspected violations of discharge and related regulations for ships and dumping regulations, abgedruckt in: HELCOM 1985b (BSEP No.15), 67ff.

41   Insgesamt hatten 1988 neun zwischenstaatliche Organisationen Beobachterstatus bei der HELCOM.

te bestimmt. Ebenfalls auf die Zukunft gerichtet ist die Erklärung der Minister über den Schutz der Meeresumwelt in der Ostsee, die auf der HELCOM-Sitzung im Februar 1988 verabschiedet wurde. Diese enthält die - allerdings leicht vage - Forderung nach und Aufforderung zu neuen Anstrengungen, welche

"should aim at a substantive reduction of the substances most harmful to the ecosystem of the Baltic Sea, especially of
- heavy metals and toxic or persistent organic substances, and
- nutrients
for example in the order of 50 per cent of the total discharges of each of them, as soon as possible but not later than 1995."[42]

Nicht nur ist die vorgesehene Frist recht lang. Es ist auch wiederum der Einwand möglich, daß die Prozentangabe sich auf Gesamtmengen bezieht, die im einzelnen gar nicht bekannt sein dürften. Interessant aber ist die ebenfalls in der Erklärung enthaltene Feststellung, daß die Parteien

"must adopt a precautionary approach and not wait for full and undisputed scientific proof of harmful effects before taking action to prevent and abate pollution".[43]

Das bereits in Art.3 des Helsinki-Abkommens enthaltene Vorsorgeprinzip wird durch diese Erklärung ausdrücklich bestätigt.

Die deskriptive Identifikation des Ostsee-Regimes ist damit abgeschlossen. Es erweist sich als eine auf vertraglicher Grundlage beruhende internationale soziale Institution, bei der die teiligten Akteure im Rahmen akzeptierter Prinzipien und Normen unter Anwendung vereinbarter und faktisch sich herausbildender Prozeduren Regeln zum Schutz der Meeresumwelt der Ostsee zur Anwendung bringen, hierüber ein gewisses Maß an internationaler (Selbst-)Kontrolle ausüben, und schließlich angesichts der gewonnenen naturwissenschaftlichen Daten neue und verbesserte Regeln trotz damit verbundener Konflikte im Wege des Kompromisses setzen. Der folgende Abschnitt wendet sich der Erklärung dieses Regimes zu.

3.2.3. Erklärung der Entstehung des Regimes

Die zu erklärende abhängige Variable bei der Frage nach den Ursachen der Regimeentstehung wurde oben so umrissen: das Sich-Einlassen auf einen Prozeß internationaler Verregelung im Rahmen gemeinsam akzeptierter Prinzipien und Normen und unter Anwendung vereinbarter oder gewohnheitsmäßig sich herausbildender Verfahren (Prozeduren).[44] Wiederum soll zunächst der Erklärungsbeitrag von vier Gruppen von

---

42   Declaration on the Protection of the Marine Environment of the Baltic Sea Area, in: HELCOM 1988 (BSEP No. 26), 30ff., hier: 32.

43   Ebd.

44   Vgl. oben Abschnitt 2.2.3.

Faktoren je für sich untersucht werden. In einem fünften Abschnitt werden weitere Erklärungsfaktoren angesprochen. Der Schlußabschnitt versucht, das Gesamtbild einer integrierten Erklärung zu zeichnen.

3.2.3.1. Problemstrukturelle Hypothesen

Die hierzu in der Einleitung formulierte Hypothese 3 wird erst im Vergleichskapitel zu testen sein. Wie bereits im Falle der Nordsee kann eine Kongruenz von umweltaußenpolitischem Handeln der Staaten und dem je individuell von ihnen empfundenen Problemdruck festgestellt werden:

i.   die Reihenfolge der Ratifikation des Helsinki-Abkommens stimmt weitgehend mit der ermittelten Betroffenheit der Staaten durch die Ostseeverschmutzung überein;[45]

ii.   Finnland ist nach Schweden der am stärksten betroffene Staat; ihm kommt konsequenterweise eine Initiatorrolle bei der Errichtung des Ostsee-Regimes zu; sein Vorschlag für ein Abkommen zum Schutz der Ostsee war durchaus ökologisch (und somit durch den Problemdruck) motiviert, wie in dem umfassenden, *alle Verschmutzungsquellen berücksichtigenden* Vertragsentwurf zum Ausdruck kam.[46]

3.2.3.2. Interessenbasierte Hypothesen

Die Erklärungskraft der Variable Problemdruck wird gleichsam aufgenommen in diejenige der individuellen umweltpolitischen Situation, die zusätzlich zur Betroffenheit durch die Verschmutzung noch die Beteiligung an ihr berücksichtigt. Sie erweist sich somit als relativ starker Prädiktor für das umweltaußenpolitische Verhalten der Staaten, wodurch *Hypothese 4 bestätigt* wird. Hätte man die individuelle umweltpolitische Situation noch durch Information über umwelttechnische und finanzielle *Kapazitäten* der einzelnen Länder ergänzt, wäre die Erklärungskraft für das Zögern der sozialistischen Staaten bei der Ratifikation des Abkommens wie bei Einzelbeschlüssen im Rahmen des Regimes (Emissionsstandards; Stand der Technik) noch gestiegen.

Greift man zur Charakterisierung der *kollektiven Situation* wieder auf das *Gesamtbild* der individuellen Situationen zurück,[47] so kann sie in systemischen Termini als eher *homogen* bezeichnet werden: alle Staaten befinden sich in oder dicht am linken unteren Feld der

---

45   Man vergleiche dazu die Tabelle in Anmerkung 11 dieses Kapitels (Abschnitt 3.2.1.) mit Abbildung 3-4 in Abschnitt 3.1.

46   Der Vorschlag, einen Vertrag über den Schutz der Meeresumwelt der Ostsee auszuhandeln, wurde wie erwähnt (Abschnitt 3.2.1.) von Finnland anläßlich der Stockholmer Umweltkonferenz der Vereinten Nationen unterbreitet. Zur neben der umweltpolitischen bestehenden generellen außenpolitischen Motivation Finnlands vgl. unten Abschnitt 3.2.3.5.

47   Abbildung 3-4 in Abschnitt 3.1.

Vierfeldertafel. Ihre individuelle Situation ist - relativ - ähnlich. Die Gesamtsituation weist daher auch eher den Charakter eines Dilemmaspiels auf, wobei nicht nur kein Staat eine Rambo-Position einnimmt, sondern für alle aufgrund der in der halbgeschlossenen Ostsee stark ausgeprägten Selbstschädigung der Anreiz zum "Trittbrettfahren", zur Nicht-Einhaltung der Regeln des Regimes, vermindert wird. Dadurch nähert sich die kollektive Situation einem Koordinationsspiel. Dies macht die frühzeitige Entstehung eines umfassenden Regimes verständlich. Der sich hieraus für Hypothese 5 ergebende Schluß wird beim Vergleich mit dem Nordseeregime gezogen werden.

3.2.3.3. Systemische Hypothesen

Von den systemischen Hypothesen *trägt* auch *zur Erklärung* des Ostsee-Regimes *die machtstrukturelle Hypothese (H6) nichts bei.* Zwar ist eine der beiden Supermächte des internationalen Systems (die UdSSR) am Regime beteiligt. Daß sie in gestalterischem Sinne das Regime (oder seine Entstehung) besonders beeinflußt hätte, kann jedoch nicht gesagt werden. Problemfeldbezogene Machtressourcen sind wiederum nicht auszumachen.

Von Bedeutung dagegen erscheint im Falle des Ostsee-Regimes der Faktor *Transaktionsdichte.* Diese ist im "baltischen Subsystem" der sieben Ostseestaaten tatsächlich für einen Ost-West-Kontext recht hoch, was sich beispielhaft anhand der Außenhandelsverflechtung zeigen läßt (Tabelle 3-7).

Tabelle 3-7: Anteil des Ostseeraumhandels am Außenhandel (Im- und Export) der Ostseestaaten in v.H.

	1974	1979	1983
Dänemark	41,8	42,9	41,0
BR Deutschland	11,5	11,1	12,0
DDR	k.A. (über 50 %)		
Finnland	52,5	52,6	56,5
Polen	48,1	51,3	50,5
Schweden	42,1	40,1	40,0
Sowjetunion	31,1	29,7	29,1

Quelle: Daten nach IHK Lübeck (Hrsg.) 1984.

Dabei ist wiederum das doppelte Argument anwendbar. Einerseits ist ein Gutteil des stark ausgeprägten "Inter-Ostseestaaten-Handels" mit Seetransport und damit Schiffsverkehr verbunden:

Die gegenwärtig (1985) umgeschlagene Frachtmenge aller Ostseehäfen beträgt ca. 260-
270 Mio. t pro Jahr, was etwa 8 v.H. des Weltseeverkehrs entspricht. Davon entfallen
etwa 105 Mio. t auf den internen Austausch der Ostseestaaten untereinander.[48] Hinzu
kommt ein umfangreicher Personenfährverkehr, der gerade in den letzten Jahren noch
erheblich angewachsen ist. Die hohe Transaktionsdichte ist also an der Problemerzeu-
gung und damit am "Regimebedarf" mitbeteiligt.

Andererseits, und das scheint in diesem Zusammenhang wichtiger, ist die Transaktionsdichte zwischen den Ostseestaaten hoch genug, auch auf anderen Gebieten als dem des
in Tabelle 3-7 berücksichtigten Handels,[49] daß auch das Argument des drohenden
Prestigeverlusts im Kreis einer eng kooperierenden Staatengruppe durch Verweigerung
der Teilnahme am Ostsee-Regime anwendbar erscheint. *Hypothese 7* kann insofern als
bestätigt gelten.

3.2.3.4. Normativ-institutionelle Hypothesen

Eine der erwähnten Kooperationsformen im Kreise der Ostseestaaten betrifft das
gemeinsame Management der Fischbestände der Ostsee im Rahmen des Danziger
Abkommens. Dieses ist auch insofern wichtig, als es nur ein Jahr vor dem Helsinki-
Abkommen zwischen den Ostseestaaten ausgehandelt wurde und, obgleich es nicht
inhaltlich Modellwirkung für das Ostsee-Regime hatte, doch beispielhaft die Möglichkeit
einer Einigung auf Kooperation in maritimen Fragen belegte. In der Tat hat ein
Beobachter der Entwicklung mit Blick auf die beiden Abkommen geradezu von einem
"marinen Regionalismus" gesprochen.[50] Wiederum zeigt sich somit eine gewisse
Wirksamkeit normativ-institutioneller Faktoren, ohne daß dadurch die Forums-
Hypothese (H8) oder die Regelungsmodell-Hypothese (H9) in der gegebenen Form
bestätigt würden.

Eher scheint dies der Fall zu sein bezüglich der IMO und des MARPOL-Abkommens.
Erstere gab während der Aushandlung des MARPOL-Abkommens im Jahre 1973 ein
Forum für ein erstes gemeinsames Außenauftreten der Ostseestaaten ab, die sich -
erfolgreich - für die Erklärung der Ostsee zu einem Sondergebiet im Sinne der Anlagen
dieses Abkommens einsetzten. Da dies Folgen für die Gültigkeit eines bestimmten Teils
des Regelbestandes des Ostsee-Regimes über den Kreis der Ostseestaaten hinaus hatte,
kann *Hypothese 8* als *bestätigt* gelten.

---

48   Angaben nach: IHK Lübeck (Hrsg.) 1987, 17.

49   Zu denken ist an zahlreiche bi- und multilaterale internationale Kooperationsabkommen
      im Bereich von Kultur, Wissenschaft und Technik und mittlerweile auch im Bereich des
      Umweltschutzes sowie an transnationale Kontakte (dazu sogleich Abschnitt 3.2.3.4.).

50   Boczek 1980.

Das MARPOL-Abkommen selbst stellte für die Bestimmungen des Helsinki-Abkommens ein Regelungsmodell dar: im Wege eines direkten Regeltransfers wurden wie erwähnt die einschlägigen MARPOL-Bestimmungen in die Anlagen des Helsinki-Abkommens übernommen (und, nachdem seit 1986 alle Ostseestaaten das MARPOL-Abkommen unterzeichnet hatten, durch einfachen Verweis auf dieses Abkommen ersetzt). Auch dem Bonner Abkommen sowie dem Londoner Dumping-Abkommen (LDC) kam für das Helsinki-Abkommen Modellfunktion zu. Hierdurch wurde die Ausarbeitung eines Teils der Regeln des Ostsee-Regimes erleichtert, und insofern kann *Hypothese 9* als *bestätigt* gelten.

Als letzte institutionelle Hypothese bleibt H10 über die regimeförderliche Rolle *transnationaler Wissenschaftskontakte*. Solche Kontakte lassen sich in der Tat im Ostseeraum ausmachen. Dabei ist nicht nur an die erwähnte Aktivität des ICES im Bereich der Ostsee zu denken. Seit 1957 bzw. 1968 besteht darüber hinaus je eine transnationale Vereinigung der Ozeanographen (Conference of Baltic Oceanographers, CBO) bzw. der Meeresbiologen (Baltic Marine Biologists, BMB) des Ostseeraums, die seither mit ihren zweijährlich alternierend stattfindenden Zusammenkünften zu einer transnational geteilten "Definition der (Umwelt-)Situation" der Ostsee beigetragen haben. Wiederum ist der Einfluß dieser Tätigkeiten auf die politischen Entscheidungsträger schwer zu dokumentieren. Andererseits ist klar, daß auch sie auf die Ergebnisse dieser Forscherkooperation zurückgreifen mußten, bevor diese (zusätzlich) im Rahmen des Regimes etabliert wurde.[51] In diesem Sinne kann die *Hypothese 10* als bestätigt gelten.

3.2.3.5. Weitere Erklärungsfaktoren

Als weiterer Faktor, welcher zur Erklärung der Entstehung des Ostsee-Regimes beiträgt, ist die *außenpolitische Orientierung* der beteiligten Akteure zu erwähnen. Ihr Einfluß läßt sich in drei Fällen feststellen:

i.   Wie bei der Schilderung der Entwicklung des Problemfelds bereits erwähnt, war trotz prinzipieller Einigkeit in der Sache der Abschluß eines zwischenstaatlichen Abkommens über Fragen des Meeresumweltschutzes der Ostsee auf den Visby-Konferenzen 1969 und 1970 gescheitert. Grund hierfür war die "querelle allemande": Die Bundesrepublik war nicht bereit, die DDR durch Abschluß eines zwischenstaatlichen

---

51   Vertreter beider Organisationen schätzten in schriftlichen Antworten auf meine Fragen ihren Einfluß auf die politischen Entscheidungsträger als eher gering ein. Reguläre Kanäle des Wissenstransfers bestünden nicht bzw. allenfalls in Form der Zusammenarbeit mit der HELCOM (so die Sicht des BMB-Vertreters). Die Antwort der CBO war noch knapper: "No, I do not think that CBO has any impact on the decision makers" (persönliche Mitteilung an den Autor vom 15.2.1989 bzw. 21.1.1989).

Abkommens auch nur de facto als Staat anzuerkennen, während der DDR der Abschluß eines Abkommens nur zwischen den jeweils national zuständigen Behörden, wie ihn die Bundesrepublik vorschlug, inakzeptabel erschien. Hier mußten erst durch den Wechsel der westdeutschen Regierung und damit der deutschlandpolitischen Orientierung, der sich im Grundlagenvertrag vom 21.12.1972 niederschlug, politische Barrieren ausgeräumt werden. Insofern verdankt sich die Entstehung des Ostsee-Regimes mindestens in einem Fall (indirekt) dem Wechsel zu einer neuen Regierung, die eine neue politische Konzeption vertrat.

ii.   Die außenpolitische Konzeption spielte jedoch noch in weiteren Ländern eine Rolle für eine regimeförderliche Haltung. Im Falle der Sowjetunion (und damit auch der übrigen osteuropäischen Staaten) bestand die Möglichkeit, die Errichtung eines Umweltschutzregimes für die Ostsee in die Kontinuität einer eigentlich ganz anders ausgerichteten außenpolitischen Konzeption zu stellen. Sie hatte nämlich bereits seit den späten 50er Jahren die plakative Formel von der Ostsee als einem "Meer des Friedens" in Umlauf gesetzt.[52] Ungeachtet der ursprünglich anderen Stoßrichtung dieser Forderung - sie richtete sich gegen die Anwesenheit von Marinekräften aus NATO-Staaten, welche nicht Ostseeanrainer waren - konnte eine von allen Ostseestaaten gemeinsam unterzeichnete Konvention zum Schutz der Ostsee als eine Fortsetzung dieser Politik in zeitgemäßerem Sinne begriffen werden.

iii.   Schließlich darf man im Falle Finnlands als dem "Initiator" des Regimes davon ausgehen, daß mit dem Vorschlag vom Juli 1972, eine Konvention zum Schutz der Meeresumwelt der Ostsee auszuhandeln, neben umweltpolitischen auch weitergehende entspannungspolitische Zielsetzungen verknüpft wurden. Dies liegt nicht nur auf der generellen außenpolitischen Linie Finnlands, das sich im KSZE-Prozeß stark engagiert hatte. Korrekterweise wird man auf finnischer Seite auch davon ausgegangen sein, daß auf der Grundlage der schon in den Visby-Konferenzen erreichten Einigkeit in der Sache sowie der allseitigen Betroffenheit der Ostseestaaten - als Verursacher wie als Geschädigte - der Abschluß einer solchen Konvention relativ schnell zu erreichen sein müßte. Schließlich eignete sich gerade der Schutz der Meeresumwelt der Ostsee für politische Symbolik, konnte doch in diesem Punkt zu Recht auf eine systemübergreifende Gemeinsamkeit verwiesen werden. Jedenfalls sprach der finnische Präsident Mauno Koivisto anläßlich des zehnjährigen Bestehens der Helsinki-Konvention am 13.3.1984 in seiner Eröffnungsansprache zum Ministertreffen der HELCOM bezüglich der

---

52   v.Münch (1978, 160) zitiert als früheste sowjetische Äußerung die von Chrustschow aus dem Sommer 1957, der aber bereits eine gemeinsame Erklärung der Regierungen der DDR und Polens vorangegangen war (20.6.1957), die diese Formel enthielt.

Kooperation im Rahmen des Abkommens von einer "Vorwegnahme der Ergebnisse der KSZE".[53]

3.2.3.6. Integrierte Gesamterklärung

Faßt man die Sichtung der Erklärungsfaktoren für die Entstehung des Ostsee-Regimes zusammen, so kann man sagen: Ausgehend von der objektiv gegebenen Gemeinsamkeit der Problemlage, welche die Ostseestaaten in eine Dilemma-Situation (mit aufgrund von Selbstschädigung vermindertem Anreiz zum "Trittbrettfahren") versetzte, sowie der zumindest bei Berücksichtigung aller Verschmutzungsquellen relativ homogenen Interessenkonstellation (Situationsstruktur) konnte das Regime binnen relativ kurzer Zeit errichtet werden. Förderlich wirkten sich dabei die enge Verflechtung der beteiligten Staaten, die parallele normativ-institutionelle Entwicklung im Bereich des internationalen Meeresumweltschutzes, die Existenz einer durch transnationale Wissenschaftskontakte vorbereiteten gemeinsamen Definition der Situation und schließlich die außenpolitische (Um-)Orientierung einiger der beteiligten Akteure aus.

3.2.4. Wirkungen des Regimes

Bei den Wirkungen des Regimes lassen sich wiederum solche im Problemfeld und solche darüber hinaus unterscheiden. Die Aussagen hierzu lassen sich abschließend durch einige Bemerkungen zur Wirkungsweise des Regimes ergänzen.

Prinzipiell bestehen bei der Beantwortung der Frage nach den *Wirkungen des Regimes im Problemfeld* dieselben Probleme wie im Falle der Nordsee:
Erstens stehen nach wie vor keine besonders zuverlässigen Daten über das Ausgangsniveau der Ostseeverschmutzung zur Verfügung. Die bereits erwähnte "Baltic Sea Pollution Load Compliation"[54] warnt in ihrem Vorwort selbst, daß sie "should be used with great caution."[55] Und die ebenfalls schon erwähnte Ministererklärung vom Februar 1988 verlangt "as a matter of urgency, the reliable assessment of the pollution load of the Baltic Sea Area on a regular basis".[56]
Zweitens hat auch die HELCOM im Zusammenhang mit den mittel- fristigen Arbeitsplänen für ihre Ausschüsse zwar über ihre bisherige Tätigkeit in den verschiedenen Bereichen berichtet, dabei aber keine Einschätzung der Auswirkungen *auf die Umwelt* vorgenommen.

---

53   Zitiert nach dem Text der Rede, der dem Verfasser vom finnischen Außenministerium zur Verfügung gestellt wurde.

54   HELCOM 1987c (BSEP No. 20).

55   Ebd., 4.

56   HELCOM 1988 (BSEP No. 26), 33.

Dies beruht, drittens, auf der Tatsache, daß die Durchführung der beschlossenen Maßnahmen wie ihre Kontrolle letztlich bei den Staaten selbst liegen, so daß die Kommission kaum über mehr Daten verfügt, als ihr von den Staaten zur Verfügung gestellt werden. Die Notwendigkeit einer Verbesserung, insbesondere Vereinheitlichung, des Berichtsverfahrens ist dabei bereits von ihr selbst erkannt worden. Schließlich ist es auch für nichtstaatliche Organisationen wie Greenpeace, trotz der neuerdings verbesserten Wirkungsmöglichkeiten,[57] nicht einfach, sich ein Bild von der Gesamtsituation der Meeresumwelt zu verschaffen.

Es ist daher weder Zufall noch Verzögerungsstrategie, wenn eine erste wichtige Aufgabe, die im Rahmen des Regimes von den Staaten angegangen worden ist, die *Verbesserung der Informationsgrundlage* durch einschlägige Forschung (BMP) war, und hierin ist auch eine erste Wirkung des Regimes zu sehen. Es ist aber sicher auch richtig, daß dieser Schritt vergleichsweise am wenigsten "schmerzte".

Ähnliches läßt sich für einen zweiten Bereich sagen, in dem die Kommission besonders aktiv war, den der Verschmutzung im Zusammenhang mit der Schiffahrt. Hier wurden zum Beispiel in allen Staaten *Auffanganlagen* und Abgabestellen für ölhaltige Abfälle eingerichtet, die teilweise kostenlos benutzt werden können. Zahlreiche *Maßnahmen zur Erhöhung der Sicherheit des Schiffsverkehrs* und damit zur Vermeidung von Havarien mit möglichen Folgeschäden für die Umwelt wurden ergriffen. Schließlich wurde die Ausrüstung der Schiffe selbst durch einschlägige Vorschriften verbessert und die Zusammenarbeit der Staaten bei der Kontrolle der Einhaltung dieser Vorschriften vereinbart. Die hierdurch erreichte Verminderung der Verschmutzung ist aber naturgemäß schwer einzuschätzen.

Deutlich und meßbar ist dagegen die Auswirkung der quasi-direkten Verbote von *DDT und PCBs*. Hier konnte eine *Abnahme der anzutreffenden Konzentrationen* nachgewiesen werden.[58] Dem steht allerdings der seit 1980 erfolgte Nachweis einer Reihe "newly detected contaminants", meist chlorierter Kohlenwasserstoffe, gegenüber.[59]

Schließlich bleiben, durch den "Algensommer 1988" auch ins öffentliche Bewußtsein gerückt, die Probleme des erhöhten Eintrags von Nährstoffen und der daraus resultierenden Konsequenzen der übermäßigen Algenvermehrung mit nachfolgendem Sauerstoffmangel in größerer Tiefe und Bodennähe, was wie erwähnt in weiten Gebieten

---

57   Vgl. den Bericht über die im Sommer 1988 durchgeführte Rundfahrt eines Laborbusses dieser Organisation durch *alle* Ostseestaaten, in: Die Zeit, 1.7.1988, 57. Das Spektakuläre an dieser Fahrt war wohl nicht zuletzt die Tatsache, daß sie überhaupt möglich wurde.

58   Vgl. HELCOM 1987a (BSEP No. 17 A), 31 f.

59   Ebd., 16.

der Ostsee zum Absterben jeglichen Lebens geführt hat. Die HELCOM selbst spricht diesbezüglich von "discouraging trends",[60] und die jüngst erschiene zweite periodische Einschätzung des Zustands der Meeresumwelt kommt ebenfalls zu dem Urteil, daß sich der Gesamtzustand der Ostsee trotz der Bemühungen der vergangenen Jahre weiter verschlechtert hat.[61] Die als Gegenmaßnahmen hierfür erforderlichen Beschränkungen von Industrie und Landwirtschaft werden offenbar weit "schmerzhafter" sein als die bisher ergriffenen Maßnahmen, zumal in Staaten, bei denen es nicht um den Abbau landwirtschaftlicher Überproduktion geht. Dasselbe gilt für den Einsatz von Pestiziden, bezüglich dessen die HELCOM bisher nur zu einer sehr allgemeinen Empfehlung gelangt ist.[62]

Schließlich ist auf die erheblichen Folgekosten der Reinigung des in die Ostsee gelangenden Flußwassers hinzuweisen. Wie die Ausführungen zur Implementation in den Staaten des Realsozialismus noch zeigen werden,[63] wird dieser Finanzbedarf kaum von diesen Staaten allein zu decken sein. Das Ostsee-Regime als solches enthält jedoch keine Bestimmungen über einen Finanz- und/oder Technologietransfer. Bilaterale Abmachungen (wie etwa zwischen Schweden und Polen[64]) und die inzwischen gesamtdeutsche Umweltpolitik müssen hier dem Regime zur Seite gestellt werden.

Was die *Wirkungen des Regimes über das Problemfeld hinaus* anbelangt, so lassen sich zwei benennen. Innerhalb des Politikfelds des marinen Umweltschutzes hat das Ostsee-Regime selbst beispielhaft gewirkt. Nach Naigzy Gebremedhin diente es "as a model for the UNEP Regional Seas Programme, having been initiated shortly after the signing of the Baltic Marine Environment Convention of 1974."[65] Die Ostseestaaten versuchen diese Wirkung gerade im Verhältnis zu Entwicklungsländern dadurch zu fördern, daß sie Vertreter des UNEP als Beobachter zu den Treffen der HELCOM und Fachleute aus Entwicklungsländern etwa zur Beobachtung von Übungen zur Schadstoffbekämpfung auf See einladen.[66]

---

60   In ihrem "Medium-Term Plan for the Activities", HELCOM 1985b (BSEP No. 15), 24.

61   Zusammenfassung des Second Periodic Assessment (BSEP No.35 A), zitiert nach Tennberg/Vaahtoranta 1991, 10.

62   HELCOM Empfehlung 8/2, in: HELCOM 1987d (BSEP No.23), 32 ff.

63   Vgl. unten Abschnitt 3.4.

64   Die schwedische Regierung hat im September 1989 300 Mio. Kronen vorwiegend zur Unterstützung von Umweltprojekten in Polen bereitgestellt (vgl. Miljö- och Energidepartment (Hrsg.), Proposition 1989/90: 100, Bilaga 16, 9). Mit der Sowjetunion wurde Zusammenarbeit im Umweltbereich für den Ostseeraum durch ein bilaterales Abkommen vom 28.4.1989 vereinbart.

65   Gebremedhin 1989, 90.

66   Bei ihrer Zusammenkunft im Februar 1989 unterstützte die HELCOM ausdrücklich "the opinion of the (Combating) Comittee that attendance of representatives from developing countries as observers at Helsinki Commission combating exercises and at workshops

Die andere Wirkung über das Problemfeld hinaus besteht ebenfalls in einer Modellwirkung, und zwar für die Ost-West-Beziehungen allgemein. Wie bereits zitiert wurde von
finnischer Seite die Aktivität im Rahmen des Regimes als eine Vorwegnahme der
Ergebnisse der KSZE angesehen.[67] In der Tat war der Wandel im Verhältnis zwischen
Ost und West nicht nur Voraussetzung der Regimeentstehung,[68] sondern die Verbesserung der "intersystemaren" Beziehungen im Ostseeraum ist zumindest zu einem Teil
mitbedingt durch die Zusammenarbeit der Staaten im Rahmen des Ostsee-Regimes.[69]
Diese regionale Verbesserung der Ost-West-Beziehungen mag angesichts des jüngsten
Wandels in Osteuropa und der Sowjetunion und den damit wesentlich veränderten und
verbesserten Aussichten auf Zusammenarbeit nur mehr von historischem Interesse sein.
Immerhin macht aber gerade die historische Perspektive deutlich, welchen Fortschritt
für die Ost-West-Beziehungen bereits die Kooperation im Rahmen des Ostsee-Regimes
bedeutete. Dies läßt sich nicht zuletzt anhand des geänderten Tonfalls in diesen
Beziehungen zeigen. Während Ende der 1950er Jahre von westlicher Seite noch die
bange Frage gestellt wurde, ob die Ostsee ein "rotes Binnenmeer" sei,[70] und östli-
cherseits die Ostsee als "Aggressionsbasis der NATO" gesehen wurde,[71] konnte seit
Anfang der 70er Jahre nicht nur das militärische Element in den internationalen
Beziehungen des Ostseeraums in den Hintergrund gedrängt werden,[72] sondern auf dem
systemübergreifend als drängend empfundenen Gebiet des Umweltschutzes Kooperation
eingeleitet werden. Das Ostsee-Regime setzte hierfür ein gut funktionierendes Beispiel.

Betrachtet man abschließend das Funktionieren, das heißt die *Wirkungsweise* des
Regimes, allgemein, so kann man feststellen: Auch das Ostsee-Regime verdankt seine
Wirksamkeit nicht überstaatlichem Zwang, sondern der Bereitschaft der Staaten, sich
selbst zu binden. Im Rahmen gemeinsam akzeptierter Prinzipien und Normen haben sie

---

under the auspices of the CC would be of great help to further global cooperation."
(HELCOM 1989 (BSEP No.29), 16)

67   Vgl. oben Abschnitt 3.2.3.5.

68   Durch Ausräumung des Stolpersteins der "querelle allemande", vgl. ebd.

69   Dies zu erreichen war zumindest die erklärte *Absicht* der Akteure, die sich bei Unter-
      zeichnung des Helsinki-Abkommens "der Bedeutung regionaler zwischenstaatlicher
      Zusammenarbeit beim Schutz der Meeresumwelt des Ostseegebiets als Teil der friedlichen
      Zusammenarbeit und des gegenseitigen Verständnisses zwischen allen europäischen
      Staaten" bewußt waren, wie sie in der Präambel des Abkommens selbst formulierten.

70   So der Titel des Bändchens von Wolfgang Hoepker, Die Ostsee ein rotes Binnenmeer? Eine
      politisch-militärische Studie, Berlin(West)/Frankfurt/M. 1958.

71   Etwa von Gerhard Feige, Die Ostsee, Aggressionsbasis der NATO oder Meer des
      Friedens?, Berlin(Ost) 1959.

72   Dafür, daß es nicht ganz verschwand, sorgte allerdings schon das wiederholte Eindringen
      "fremder" (sowjetischer) U-Boote in die schwedischen Hoheitsgewässer (vgl. dazu
      Leitenberg 1987).

dabei Verfahren angewendet (und entwickelt), mittels derer sie Regeln zum Schutz der Meeresumwelt der Ostsee setzen und in Ansätzen deren Einhaltung Überwachung können. Dabei auftretende Konflikte werden mit Vorsicht[73] und vorzugsweise hinter geschlossenen Türen behandelt. Kompromisse sind dabei angesichts des Einstimmigkeitsgebots für Beschlüsse der bestmögliche Ausgang. Die Grenzen seiner Wirksamkeit fand das Regime bisher nicht nur in der diplomatischen Rücksichtnahme, die im Zweifelsfall auch dürftige Implementationsnachweise (in Form nationaler Berichte) akzeptierte, sondern vor allem in der strukturell begrenzten umweltpolitischen Leistungsfähigkeit der östlichen Teilnehmer.

Nachdem die Analyse des Ostsee-Regimes damit abgeschlossen ist, werden sich die beiden folgenden Abschnitte dieses Kapitels mit dem nationalen Kontext der Meeresumweltpolitik und somit auch des Implementationsverhaltens in Schweden einerseits und den nur summarisch betrachteten (vormals) realsozialistischen Staaten andererseits befassen. Das gewonnene Bild des Ostseeregimes (und im Falle Schwedens auch des Nordseeregimes) soll dadurch "subsystemisch" abgerundet werden.

---

73   Mehrere meiner Interviewpartner gebrauchten die Wendung vom "zerbrechlichen (Verhandlungs-)Tisch", um die Atmosphäre bei den internen Diskussionen im Rahmen des Regimes zu charakterisieren.

3.3. Meeresschutzpolitik: Der Fall Schweden

Schweden ist neben Dänemark und der Bundesrepublik Deutschland einer der drei Staaten, die sowohl Anrainer der Nordsee als auch der Ostsee sind. Allerdings ist im Falle Schwedens die Ostseeanrainerschaft weit stärker ausgeprägt, worin sich auch die Zuordnung des vorliegenden Kapitels zum Teil 3 der Arbeit über den Schutz der Meeresumwelt der Ostsee begründet. Wie schon für die Bundesrepublik und Großbritannien sollen zunächst einige grundlegende Fakten benannt werden, die für die Position Schwedens in Sachen Meeresumweltpolitik als Hintergrund von Belang sind.

3.3.1. Basisinformation

In Schweden (1988) verteilt sich eine Bevölkerung von rund 8,4 Mio. auf eine Landfläche von rund 411.000 km^2 (zusätzlich ca. 39.000 km^2 Inlandsgewässer), was eine Bevölkerungsdichte von 20,5 Personen pro km^2 ergibt. Diese Bevölkerung konzentriert sich allerdings zu über 83 v.H. auf die Städte, unter denen die drei Ballungszentren Stockholm, Malmö und Göteborg zusammen über 2,5 Mio. Menschen umfassen, die in unmittelbarer Nähe zur Ostsee (die beiden erstgenannten Städte) bzw. Nordsee (die letztgenannte) angesiedelt sind.[74]

Nahezu das gesamte schwedische Staatsgebiet gehört zum Einzugsbereich der Ostsee, wobei vor allem Bottensee und Bottenwiek das Wasser der nordschwedischen Flüsse aufnehmen.

Schweden gehört zu den höchstindustrialisierten Staaten der Erde und lag 1986 mit einem Bruttosozialprodukt pro Kopf von 13.160 US-Dollar im internationalen Vergleich an 11. Stelle. Neben Maschinen, Fahrzeugen und Ausrüstungen (bis zu 40 v.H. des Exports) stellen die Produkte der Holz- und Papierindustrie (15-20 v.H.) sowie Eisen und Stahl, Erze und Chemikalien die Hauptexportgüter dar.[75]

Die Erzeugung elektrischer Energie beruhte 1986 zu nur 5 v.H. auf fossilen Brennstoffen, 44 v.H. stammten aus Wasserkraft (!) und rund 51 v.H. war Atomenergie. Insgesamt wurden 1986 4,2 Mio. t Kohle, 215 Mio. m^3 Erdgas und (1987) 138 Mio. Barrel Erdöl verbraucht,[76] was einen Gesamtenergieverbrauch von (1985) 6.482 kg Öleinheiten pro Kopf der Bevölkerung ergab.[77]

---

74   Angaben nach Britannica World Data Annual 1989, Chicago 1989, 706 und Fischer Weltalmanach '90, Frankfurt/M. 1989, Sp. 461.

75   Angabe nach Fischer WA '90, Sp.461f.

76   Angaben nach Britannica World Data Annual 1989, 810f.

77   Fischer WA '90, Sp.461.

Die Handelsflotte umfaßte 1987 642 Schiffe (über 100 BRT). Der Fischfang betrug 1986 rund 201.000 t, wovon 153.469 t auf den Ostsee-Hering entfielen.[78]

Schweden hat in der Ostsee eine Küstenmeerbreite von 12 sm erklärt und beansprucht wie alle Anrainer sowohl den Festlandsockel wie auch eine Fischereizone bis zur Mittellinie. Aufgrund der Länge seiner Küste kommt Schweden dabei ein Anteil an der Gesamtfläche der Ostsee von über 45 v.H. zu.[79] Unter den Nordseestaaten stellt Schweden dagegen mit seinem kurzen Küstenabschnitt im Bereich des Skagerrak nur einen peripheren Anrainer dar. Hier beansprucht Schweden ebenfalls ein 12 sm breites Küstenmeer sowie eine Fischereizone.[80] Skagerrak (zur Nordsee gehörig) und Kattegat (zur Ostsee gehörig) werden in Schweden, vom nationalen geographischen Standpunkt aus verständlich, auch unter der Bezeichnung "Westmeer" (västerhavet) zusammengefaßt.

3.3.2. Der politische Kontext der Meeresumweltschutzpolitik

Wie schon für die Bundesrepublik und Großbritannien soll auch für Schweden versucht werden, den politischen Kontext der Meeresumweltschutzpolitik anhand der drei Punkte: staatliche Institutionen, Position der Parlamentsparteien sowie Rolle der Umweltschutzverbände zu charakterisieren.

3.3.2.1. Staatliche Institutionen

In Schweden erfolgte die Gründung eines eigenständigen Umweltministeriums erst 1985. In diesem Jahr war der heutige Ministerpräsident Ingvar Carlsson zum ersten Umweltminister ernannt worden. Das Umwelt- und Energieministerium (miljödepartment), das die Umweltschutzkompetenz von dem vormals zuständigen Landwirtschaftsministerium übernahm und nach der jüngst erfolgten Umorganisation die Energiefragen an das Industrieministerium wieder abgeben mußte,[81] ist, was die Personalstärke anbelangt, ein Zwerg unter Zwergen. Weder das relativ späte Gründungsdatum des Umweltministeriums noch seine geringe personelle Ausstattung sind jedoch ein Indikator

---

78   Angaben nach World Data Annual 1989, 706.

79   Angaben nach Jenisch 1987, 368 bzw. 373.

80   Jenisch 1989, 88f.

81   Dies hat mit dem Wandel in der Einstellung der Regierung zum formal 1980 durch Volksentscheid beschlossenen Ausstieg aus der Kernenergie bis zum Jahr 2010 zu tun, der unter den gegebenen (u.a. umwelt-, aber auch arbeitsmarktpolitischen) Bedingungen zunehmend unwahrscheinlich erscheint. Die Anfang 1990 erfolgte Übertragung der Zuständigkeit für Kernenergiefragen an den als eher atomenergie-freundlich geltenden Industrieminister Rune Molin ist wohl als Ausdruck dieses Sinneswandels zu sehen, vgl. den Bericht von Thomas Borchert "Schwedens 'Ausstieg' soll verschoben werden", im Reutlinger Generalanzeiger vom 12.4.1990, 3.

für umweltpolitische Untätigkeit.[82] Der kleine Personalumfang des Ministeriums ergibt sich vielmehr aus dem allgemeinen schwedischen Prinzip der Unabhängigkeit der Verwaltung, das den Ministern zwar die politische Verantwortung beläßt, den größeren Teil des Personals samt einem erheblichen Maß an Selbständigkeit jedoch den oberen Verwaltungsbehörden (styrelser, verk oder nämnder genannt) beläßt. Im Umweltbereich ist dies das Staatliche Naturschutzamt (Statens Naturvårdsverk, SNV), das schon 1967 eingerichtet wurde. Das SNV ist auf der Arbeitsebene an den Beratungen im Rahmen des Nord- und des Ostseeregimes beteiligt und tritt intern als wichtiger Akteur im Bereich auch der umweltrelevanten Forschung(sfinanzierung) auf. Die Außenvertretung teilt sich ansonsten das Umweltministerium mit dem Außenministerium. Im Bereich der Fischereifragen ist weiterhin das Landwirtschaftsministerium mit zuständig, in Seeverkehrsfragen (etwa im Rahmen der MARPOL-Verhandlungen sowie in den einschlägigen Ausschüssen der Helsinki-Kommission) auch das Verkehrsministerium.

3.3.2.2. Parteien

Das schwedische Parteiensystem war seit 1921 ein von Namensänderungen abgesehen im wesentlichen unverändertes Fünfparteiensystem. Drei "bürgerlichen" Parteien[83]: der konservativen "Moderata Samlingspartiet" (wörtlich: gemäßigte Sammlungspartei), der liberalen "Folkpartiet" und der aus der Bauernpartei hervorgegangenen "Centerpartiet" stand der sozialistische Block aus Sozialdemokraten (Sveriges Socialdemokratiska Arbetarpartiet) und Kommunisten (Vänsterpartiet Kommunisterna) gegenüber, die zusammen meist um die 50 Prozent der Stimmen auf sich vereinen konnten. Nur für sechs Jahre, von 1976 bis 1982, gelang es den bürgerlichen Parteien, die Sozialdemokraten von der Regierung zu verdrängen. 1981 wurde das Spektrum um die Umweltpartei der Grünen (Miljöpartiet de Gröna) bereichert, die zunächst nur auf lokaler Ebene Erfolge erringen konnten und erst 1988 mit 5,6 v.H. der Stimmen und 20 Sitzen in den Reichstag eingezogen sind.

Da das sozialdemokratisch geprägte "schwedische (Wirtschafts- und Gesellschafts-)Modell" auf fortgesetztes Wirtschaftswachstum und aktive wirtschaftliche Modernisierung ausgerichtet war,[84] kam es nach der langen Wachstumsphase der Nachkriegszeit zu Beginn der siebziger Jahre zu erheblichen Zweifeln an den gesellschaftlichen und ökologischen Folgewirkungen dieses Modells. Vor allem die Zentrumspartei machte sich unter der Führung Thorbjörn Fälldins diese Position zu eigen und wurde damit zwischen

---

82 Zur schwedischen Umweltpolitik allgemein vgl. den Überblick von Persson 1989.

83 Das Adjektiv "bürgerlich" ist in Schweden auch als Selbstbezeichnung dieser Parteien gebräuchlich, hat also keine pejorative Konnotation.

84 Zur wirtschaftlichen Seite des schwedischen Modells vgl. etwa Meidner/Hedborg 1984; eine gesamtgesellschaftliche Perspektive bei Milner 1989.

1973 und 1979 zur stärksten bürgerlichen Partei.[85] Seit 1975 war es dann vor allem die (gesamtgesellschaftliche) "Energiedebatte" um den Einsatz der Kernenergie, die die umweltpolitische Diskussion beherrschte, zu neuen Frontstellungen führte (Sozialdemokraten, Liberale und Konservative für den Ausbau, Zentrumspartei und Kommunisten für den Ausstieg) und dadurch zum bürgerlichen Wahlsieg von 1976 beitrug und schließlich in der (formell nicht bindenden) Volksabstimmung vom 23. März 1980 zu einem Beschluß über den "qualifizierten Ausstieg" führte. Damit war die Kernkraftfrage dann vorerst politisch "ausgereizt" und verschwand weitgehend aus der öffentlichen Diskussion.

Wie diese kurzen Ausführungen zeigen, war es in Schweden eine der traditionellen bürgerlichen Parteien, die als erste wählerwirksam umweltpolitische Themen einsetzte. Ihr Unvermögen, einmal an die Regierung gelangt ihre Anti-Kernkraftpolitik dann auch umzusetzen, war einer der Gründe, die zur Entstehung der grünen Partei beigetragen haben.[86] Die Erfolge der Zentrumspartei wie auch später der Grünen zwangen auch die seit 1982 wieder regierenden Sozialdemokraten zur umweltpolitischen Neuorientierung. Die Gründung des Umweltministeriums ist ebenso in diesem Zusammenhang zu sehen wie die oben erwähnte bewußt gesuchte Konfrontation mit den finnischen Nachbarn über die Grenzwertfrage für Abwässer der Papierindustrie während des Wahlkampfes 1988.[87]

Es wäre jedoch falsch, nur von wahltaktischem Wandel bei den Sozialdemokraten auszugehen. Vielmehr wird Umweltpolitik jetzt als "Voraussetzung für eine weitere positive Wohlfahrtsentwicklung" gesehen,[88] eine Einschätzung, die wohl von allen schwedischen Parteien geteilt wird. Überhaupt ist der umweltpolitische Konsens stark ausgeprägt, ist es schwierig, sich durch - oft technisch komplizierte - Alternativvorschläge im Detail parteipolitisch zu profilieren.[89] Dies wird auch in der Haltung der Parteien zum Thema Meeresumweltschutz deutlich.

Im bereits zitierten Umweltprogramm der sozialdemokratischen Regierung für die 90er Jahre ist dem Meeresumweltschutz ein eigenes Kapitel gewidmet.[90] Bereits im August

---

85   Henningsen 1986, 275f.

86   Vedung 1989, 144.

87   Vgl. oben Abschnitt 3.2.2.3.

88   So die sozialdemokratische Umweltministerin Birgitta Dahl in ihrem "Regierungsvorschlag über die Umweltpolitik für die 90er Jahre" (Regeringens Proposition 1987/88: 85, 27; wie bei allen folgenden schwedischen Originalzitaten meine Übersetzung, ML).

89   Ein Reichstagsmitglied einer bürgerlichen Partei drückte dies im Gespräch so aus, daß oppositionelle Kritik in (Meeres-)Umweltpolitikfragen häufig den Charakter einer Pflichtübung hat.

90   Regeringens Proposition (im folgenden Reg. Prop.) 1987/88: 85, 143-172.

1986 hatte die Regierung eine "Aktionsgruppe gegen Meeresverunreinigung" eingesetzt, welche unter Leitung der Umweltministerin die betroffenen obersten Verwaltungsbehörden (verk) und Ministerien zusammenführte und ihrerseits dem SNV den Auftrag erteilte, einen Aktionsplan gegen Meeresverunreinigung auszuarbeiten.[91] Aufbauend auf diesem im Mai 1987 vorgelegten Dreijahres-Aktionsplan nennt der Regierungsvorschlag folgende prioritären Aufgaben im Meeresumweltschutzbereich:

- Verminderung der Einleitung schwer abbaubarer organischer Substanzen, insbesondere von organisch gebundenem Chlor aus der Papier- und Zellstoffindustrie;

- Verminderung des Eintrags von Nährsalzen (Phosphor und Stickstoff), insbesondere des Stickstoffeintrags um 50 Prozent vor der Jahrhundertwende in besonders betroffenen Gebieten; dort soll auch eine 50-prozentige Verringerung des Stickstoffgehalts in den Klärwerken bis 1992 erreicht werden;

- Verringerung des Ausstoßes an Metallen, vor allem von Quecksilber und Cadmium um 50 v.H. zwischen 1985 und 1995;

- schließlich die Auswertung des Aktionsplans und seine Überarbeitung nach drei Jahren.[92]

Eine Reihe konkreter Maßnahmen werden für die Bereiche Industrie und Landwirtschaft benannt und die Bedeutung internationaler Zusammenarbeit und der Angleichung von Standards betont, welch letztere "auch vom Konkurrenzgesichtspunkt aus von Bedeutung ist, besonders im Hinblick darauf, daß ein großer Teil der schwedischen Produktion exportiert wird."[93] Man ist sich also auf sozialdemokratischer und damit Regierungsseite der wirtschaftlichen Auswirkungen von strikten Umweltstandards durchaus bewußt. Dies gilt jedoch ebenso für die Notwendigkeit aktiver internationaler Hilfe. Die finanzielle Unterstützung anderer Staaten (insbesondere Osteuropas) durch die schwedische Regierung wurde bereits erwähnt.[94]

Für diese Politik finden die Sozialdemokraten durchaus Unterstützung bei den bürgerlichen Parteien. Der Vorschlag der nordischen Umweltminister, für Umweltschutzinvestitionen in Osteuropa vergünstigte Anleihen der Nordischen Investitionsbank bereitzustellen, wird von den Moderaten ausdrücklich als "gute Initiative" begrüßt.[95] Ebenso wird die Politik der Reduzierung der Einleitung von Stickstoff, Phosphor, Metallen und schwer abbaubaren organischen Substanzen unterstützt.

---

91   Die Zusammenfassung des Aktionsplans des SNV ist als Beilage 5.1 abgedruckt in Reg. Prop. 1987/88: 85 Bilagedel (Beilagenteil), 107-124. Der vollständige Bericht des SNV ist von ihm in seiner Schriftenreihe in fünf Teilen veröffentlicht worden und wird unten teilweise als Informationsquelle herangezogen werden.

92   Diese Überarbeitung des Aktionsplans wird zur Zeit bereits vorbereitet und wohl binnen kurzem nach Abschluß der vorliegenden Arbeit vollendet sein.

93   Reg.Prop. 1987/88: 85, 154.

94   Vgl. oben Abschnitt 3.2.4.

95   Moderata Samlingspartiet: Kommittémotion Nr. 1989/90m1078, Miljöfrågor, 21.

Die liberale Volkspartei äußert sich in ihrem entsprechenden Beschlußantrag nur knapp
zum Thema Meeresschutz, fordert jedoch die Verringerung des Chloreintrags aus der
Zellstoffindustrie und unterbreitet den Vorschlag der Wiederherstellung von Feucht-
gebieten als natürliche Aufnahmemöglichkeit für Stickstoff.[96]

Auch die Zentrumspartei sieht den Menschen als "Teil der Natur".[97] Daraus folgt für
den Meeresumweltschutz unter anderem die Forderung nach einer allgemeinen
Umweltabgabe auf Chlor. Auch die Halbierung der Stickstofffracht in den Kläranlagen
wird unterstützt. Ein Totalverbot von PCB bis 1992 wird angestrebt (es darf in Schweden
nur noch in geschlossenen Systemen in elektrischen Ausrüstungen verwendet werden).
Ein besonderer Beschlußantrag zu Umweltproblemen der Ostsee wird angekündigt.

Auf der anderen Seite des politischen Spektrums, bei den Kommunisten, fordert man
vor allem mehr Mittel für die marine Forschung und die branchenweise Überprüfung
der als umweltgefährdend angesehenen Industrie. Auch die Umweltkooperation mit
Osteuropa wird unterstützt, die jedoch nicht zu Lasten der regulären Entwicklungshilfe
gehen dürfe.[98]

Die Umweltpartei (Miljöpartiet) schließlich schließt sich etlichen der genannten
Forderungen der übrigen Parteien an (Zurückverwandlung von Äckern in Feuchtgebiete;
Verminderung der Stickstoff- und Phosphoremissionen; Einschränkung des Gebrauchs
von Chlorverbindungen), schlägt darüber hinaus eine Abgabe auf Stickstoff in
Handelsdünger vor[99] und fordert in einem gesonderten Beschlußantrag zur internationa-
len Umweltpolitik die Weiterentwicklung des Helsinki-Abkommens zum Schutz der
Ostsee, insbesondere ein funktionierendes Monitoring-System, dessen Daten allgemein
zugänglich sein sollten. Auch soll der HELCOM die Kompetenz erteilt werden, *selbst*
innerhalb der nationalen Gewässer der Mitgliedstaaten Messungen durchzuführen.
Schließlich werden Gelder zur Unterstützung des transnationalen Ostseesekretariats
gefordert, das der schwedische Naturschutzverein in Zusammenarbeit mit anderen
Umweltorganisationen des Ostseeraums auf die Beine zu Stellen versucht.[100]

Die letzte Feststellung leitet bereits über zum folgenden Abschnitt. Zuvor sei jedoch
über den parteipolitischen Kontext der Meeresumweltpolitik in Schweden resümierend

---

96   Miljöpolitiken. Partimotion från folkpartiet 1989/90: FP004, 4.

97   Centerpartiet: Partimotion till riksdagen 1989/90:c012, 4; die folgenden Punkte zum
      Meeresumweltschutz ebd. 25ff.

98   Vänsterpartiet kommunisterna: Partimotion till riksdagen 1989/90:vpk404, 14 und 17.

99   Miljöpartiet: Kommittémotion 1989/90:mp228, passim.

100   Miljöpartiet: Partimotion till riksdagen 1989/90:mp201, passim.

festgehalten: alle Parteien haben Meeresumweltschutz in ihren programmatischen Äußerungen berücksichtigt, was hier anhand der Beschlußanträge aus der Antragsphase (allmänna motionstid) im Frühjahr 1990 des schwedischen Reichstags gezeigt wurde. Die entwickelten Vorschläge sind zwar unterschiedlich konkret, stimmen in wesentlichen Punkten jedoch überein. Dies ist auch darauf zurückzuführen, daß die Formulierung von Alternativen umso schwieriger wird, je konkreter die unterbreiteten Vorschläge ausfallen.

3.3.2.3. Umweltschutzverbände

Eine neuere Darstellung des schwedischen Gesellschaftsmodells begründet die nicht ausdrückliche Behandlung des Umweltschutzgedankens als eines seiner Grundlagen wie folgt:

> "In Sweden, environmental preservation, like armed neutrality and generous foreign aid, generally enjoys sufficient organizational and public support for it to be regarded more as an external 'given' than as integrated into the system of institutionalized trade-offs."[101]

Daß in Schweden gar keine Kompromisse zu Lasten der Umwelt geschlossen würden, mag übertrieben sein. Gleichwohl ist die Feststellung zutreffend, daß der Natur- und Umweltschutzgedanke auch in der Bevölkerung breite Verankerung hat.

Der größte schwedische Umweltverband, die Naturschutzvereinigung (Naturskyddsföreningen, NSF), umfaßt mit rund 160.000 Mitgliedern nahezu 2 v.H. der Gesamtbevölkerung und ist in beinahe jeder Gemeinde mit einem Ortskreis vertreten. Naturschutz wird dabei von der NSF in einem breiten ökologischen Sinne verstanden, der sich nicht nur für den Erhalt von Tier- und Pflanzenarten einsetzt, sondern auch gegen Umweltzerstörung im allgemeinen und für rationelle Energienutzung. Die NSF hat ein eigenes Meeresumweltprogramm verabschiedet, in dem der breite Ansatz des Verbandes zum Ausdruck kommt, wenn es heißt: "Das Meer zu retten ... bedeutet somit soviel wie alle umweltschädliche Tätigkeit zu Lande und zu Wasser einzustellen."[102] Auch im Meeresumweltprogramm der NSF nimmt die Reduktion der Stickstoff- und Phosphoremissionen eine prominente Stelle ein, ebenso wie die von schwer abbaubaren Chemikalien und Schwermetallen, eine ökologisch vernünftige Land- und Fischwirtschaft und die Unterstützung der Länder Osteuropas. Der öffentlichen Bewußtseinsbildung diente eine von der NSF organisierte fünfwöchige Meeresumweltkampagne im Sommer

---

101   Milner 1989, 5.

102   Naturskyddsföreningens havsmiljöprogram, abgedruckt in Wirdheim 1989, 61-70, hier: 61.

1989, bei der drei Boote 27 Häfen an Schwedens West- und Ostküste anliefen. Sie soll im Sommer 1990 fortgesetzt werden.[103]

Neben dieser ideellen Tätigkeit ist die NSF - ebenso wie andere Umweltschutzverbände wie Greenpeace und der Umweltverband (Miljöförbundet) - auch an der schwedischen Praxis des sog. "Remiss"-Verfahrens beteiligt. Dies bedeutet, daß Verbände und Organisationen zu größeren Regierungsvorhaben vorab schriftlich Stellung beziehen und ihre Gesichtspunkte darlegen können. Alle drei genannten Organisationen haben etwa eine "Remiss"-Antwort zum Aktionsplan gegen Meeresverunreinigung der Regierung eingereicht, ebenso, um nur ein paar Beispiele zu nennen, wie mehrere Kommunen und Regional-"Regierungen" (länsstyrelser), mehrere oberste staatliche Behörden, die Königliche Akademie der Wissenschaften sowie einige Universitäten, Gewerkschaften, der Bauernverband, mehrere Industrieverbände u.a.m. Der hohe Grad der gesellschaftlichen Beteiligung an der umweltpolitischen Beschlußfassung kommt darin zum Ausdruck.[104]

Schließlich ist zu erwähnen, daß der NSF eine Initiatorrolle bei der Organisation eines transnationalen Zusammenschlusses von Umweltverbänden, die sich mit Fragen der Meeresumwelt der Ostsee befassen, zukam. Die "Helsinki Coalition Clean Baltic" wurde im Februar 1990 gegründet.

Versucht man abschließend, das zum politischen Kontext der Meeresumweltpolitik in Schweden Gesagte zu *resümieren*, so kann man feststellen:
Auf der Ebene *staatlicher Institutionen* ist die geringe Größe und die späte Gründung eines Umweltministeriums kein Anzeichen für fehlende staatliche Aktivität. Das in vieler Hinsicht bedeutendere Staatliche Naturschutzamt (SNV) wurde bereits 1967 gegründet. Die notwendige Koordination mit übrigen nationalen (Außen-, Verkehrsministerium) und regionalen (länsstyrelser) Instanzen scheint in dem kleinen Einheitsstaat Schweden keine größeren Probleme aufzuwerfen.
Die im Reichstag vertretenen *Parteien* haben alle zu Fragen des Meeresschutzes Sachaussagen getroffen, teilweise detailliert und auf der Basis des vom SNV erarbeiteten nationalen Aktionsplans gegen Meeresverunreinigung. Umweltthemen haben einen hohen politischen Stellenwert, nicht zuletzt seit in den frühen siebziger Jahren die Zentrumspartei durch Artikulation dieser Problematik zur stärksten bürgerlichen Partei aufstieg. Der Einzug der Grünen in den Reichstag hat erneut den umweltpolitischen Handlungsdruck verstärkt. Auch wird von den Parteien der Umweltschutz als (außen-

---

103   Vgl. den Bericht über die Meeresumweltkampagne 1989 in der Zeitschrift der NSF "Sveriges Natur", 1989, Nr.5, 2-9.

104   Das Verzeichnis der Remiss-Beantworter sowie eine Zusammenfassung der vorgebrachten Meinungen in Reg. Prop. 1987/88: 85, Bilagedel, 125-145.

)wirtschaftlicher Faktor erkannt: Nicht nur erscheint zur Wahrung der internationalen Konkurrenzfähigkeit die Durchsetzung international *einheitlicher* Standards angeraten. Der Export schwedischer Umwelttechnologie stellt zunehmend selbst einen Beitrag zur Wirtschaftsleistung des Landes dar.

Schließlich sind die Umwelt- und Naturschutz*verbände* nicht nur mitgliederstark, sondern im Wege des "remiss-Verfahrens" in die Beratung der Regierungspolitik mit einbezogen. In Verbindung mit dem Prinzip der Öffentlichkeit aller Akten schafft dies einen hohen gesamtgesellschaftlichen Informations- und Beteiligungsgrad auch in Fragen des (Meeres-)Umweltschutz.

3.3.3. Implementation

Die Ausführungen zum politischen Kontext der Meeresumweltschutzpolitik in Schweden lassen erwarten, daß angesichts der breiten Basis für eine solche Politik die Umsetzung nationaler und internationaler Ziele in diesem Politikfeld weit fortgeschritten ist. Die folgenden Ausführungen werden dies anhand der von den beiden bereits durchgeführten Länderfallstudien vertrauten fünf Detailkomplexe zu überprüfen versuchen.

3.3.3.1. Einleitung über Flüsse

Flüsse spielen auch in Schweden bei der Zufuhr von Nähr- und Schadstoffen ins Meer eine wesentliche Rolle. 85-90 v.H. des jährlich von Schweden in die Ost- und Nordsee gelangenden Stickstoffs und rund 70 v.H. des Phosphors werden im Flußwasser transportiert. Ein Drittel des ins Meer gelangenden Stickstoffs und Phosphors stammt aus der Landwirtschaft, aber auch die urbanen Ballungsräume Stockholm, Göteborg und Malmö sind wesentlich am Stickstoffeintrag (dank entsprechender Ausrüstung der Klärwerke weniger bei dem von Phosphor) beteiligt.[105] Auch für die Schwermetalle sind die Flüsse der wichtigste Eintragsweg.[106] Die Verringerung dieser Einträge ist daher ein wesentlicher Schritt zum Schutz der Meeresumwelt.

In Umsetzung des "Minus-50-Prozent"-Beschlusses für langlebige, toxische und zu Bioakkumulation neigende Stoffe der 2. INK hat Schweden 52 organische Substanzen geprüft, welche entweder auf Prioritätenlisten, die von Großbritannien, den Niederlanden und Norwegen vorgelegt worden waren, und/oder auf der 129 Substanzen umfassenden schwarzen Liste der EG stehen. Nach den dabei verwendeten Prüfkriterien

---

105   SNV 1988, 61ff.

106   Ebd., 146.

(sowie aufgrund der verfügbaren Daten, die für fünf Substanzen nicht ausreichten) hätten mindestens 45 organische Substanzen auf die Prioritätenliste gehört.[107]

Bei der Erteilung von Einleitungsgenehmigungen verläßt sich Schweden weder auf ein reines System von Umweltqualitätszielen, noch auf ein solches von einheitlichen Standards. Für ersteres wird die erforderliche Kenntnisgrundlage als häufig zu hoch eingeschätzt - Langzeitwirkungen von kurzfristig "verträglichen" Mengen sind oft schwer festzustellen, und dann kann es zu spät sein -, im System einheitlicher Standards wird noch zu wenig Anreiz für technische Entwicklung gesehen. Die Festlegung der Grenzwerte erfolgt vielmehr im Einzelfall und unter Berücksichtigung des jeweiligen Stands der Technik.[108] Auch wird von staatlicher Seite, etwa dem SNV, die Vermeidung von Abwässern in der Industrie durch Änderung der Prozeßtechnologie gefördert und gefordert. So setzte etwa das SNV 1969 das Ziel für die Zellstoff- und Papierindustrie, binnen fünf Jahren eine Umstellung der Verfahrenstechnik mit einer schließlichen Wasser-Wiederverwendungsrate von über 90 v.H. zu erreichen. Dabei wurde die Schließung von 12 besonders schwer verschmutzenden Anlagen durchaus in Kauf genommen.[109]

Was die Anschlußrate der Wohnbevölkerung an Kläranlagen anbelangt, so hat Schweden 1985 die 100-Prozent-Marke erreicht, 99 v.H. sind bereits an mit der zweiten und/oder dritten Reinigungsstufe ausgerüstete Anlagen angeschlossen.[110]
Auch dieser umweltpolitische Erfolg ist das Ergebnis bewußter Regierungspolitik, wobei hier die sozialdemokratische Vollbeschäftigungspolitik und der Umweltschutz insofern eine harmonische Verbindung eingegangen sind, als die Regierung aus arbeitsmarktpolitischen Gründen in der Rezession der frühen 70er Jahre den Kläranlagenbau bewußt subventionierte: "during the 1971-73 recession, the government subsidy for the construction of sewage-treatment plants was temporarily raised from 25 to 75 per cent of cost, while grants to industry to prevent water and air pollution and reduce noise pollution rose from 25 to 50 per cent of cost."[111]

---

107   de Jong 1989, 86. Die 3. INK hat sich, wie erwähnt, auf eine Liste von 36 Substanzen geeinigt.

108   Saetevik 1988, 89 und Länderbericht Schwedens für die Oslo- und Paris-Kommissionen (OSPARCOM 1984, 284f.).

109   Ebd., 296.

110   Angaben nach OECD 1989, 57.

111   Milner 1989, 118.

3.3.3.2. Dumping und Verbrennung auf See

Dumping und Seeverbrennung werden in Schweden seit geraumer Zeit als ungeeignete Abfallbeseitigungsmethoden angesehen. Während zu Beginn der 80er Jahre noch Tausende Tonnen von Abfällen aus Schweden zur Seeverbrennung geliefert wurden (1983 waren es 5.867 t, womit Schweden nach der Bundesrepublik - 37.177 t -, Belgien - 12.554 t - und Frankreich - 7.029 t - an vierter Stelle lag), wird seit 1985 von Schweden Seeverbrennung nicht mehr betrieben.[112] Dumping war bereits durch das Dumping-Gesetz von 1971 verboten worden, allerdings mit der Möglichkeit der Erteilung von Ausnahmegenehmigungen durch das SNV.[113]

3.3.3.3. Verschmutzung von Schiffen aus

Die zwei Indikatoren für die Implementation in diesem Bereich sind auch für Schweden die Ratifizierung des einschlägigen weltweiten MARPOL-Abkommens von 1978 und die Bereitstellung und Benutzungsbedingungen von Auffanganlagen für Ölabfälle von Schiffen in den Häfen.

Was den ersten Punkt anbelangt, so gehört Schweden zu den Signatarstaaten des MARPOL-Abkommens, das es mit allen Anlagen am 9. Juni 1980 ratifiziert hat.[114] Was den zweiten Punkt anbelangt, so werden Ölabfälle in den schwedischen Häfen nach Anmeldung 24 Stunden im voraus ohne die Erhebung besonderer Kosten entgegengenommen (sog. "no-special-fee-system"), das heißt die Kosten sind in den normalen Hafengebühren enthalten.[115]

3.3.3.4. Überwachung von Luft aus

Die Luftüberwachung wird seit 1976 von der Küstenwache durchgeführt. Gegenwärtig stehen hierfür drei speziell ausgerüstete Flugzeuge zur Verfügung. Ein mehrjähriger Versuch während der 70er Jahre, den Nachweis von Ölverschmutzungen durch Beigabe von Kleinstpartikeln zum Öl zu ermöglichen, wurde ohne größeren Erfolg beendet, deutet aber auf Schwierigkeiten mit der Erbringung "gerichtsbeständiger" Nachweise in diesem Bereich hin. Wird eine Ölverunreinigung nachgewiesen, sieht das Gesetz Gefängnisstrafen bis zu zwei Jahren sowie Geldstrafen vor. Darüber hinaus wird für

---

112   Angaben nach UBA 1989, 387.

113   OSPARCOM 1984, 285.

114   Angabe nach IMO 1989.

115   Die Angaben nach der in Zusammenhang mit der 3. INK von den Nordseestaaten zusammengestellten Broschüre "No more waste overboard" (o.O., o.J. <1990>).

Ölverschmutzungen regelmäßig eine Wasserverunreinigungsabgabe erhoben,[116] auch wenn ein Schuldnachweis nicht zu führen ist. Damit ist also im schwedischen Umweltrecht ein Moment verschuldensunabhängiger Haftung enthalten.[117] Darüber, in welchem Ausmaß diese gesetzlichen Bestimmungen angewandt werden und inwieweit sie effektiv sind, liegen mir keine Angaben vor.

3.3.3.5. Verbesserung des wissenschaftlichen Erkenntnisstandes

Der Aktionsplan gegen Meeresverunreinigung befaßt sich in einem besonderen Teil auch mit Fragen der Forschung, Überwachung und Information. Darin wird neben einer Erhöhung der Mittel für marine Forschung, vorwiegend durch Umleitung entsprechender Gelder verschiedener Forschungsförderungseinrichtungen in diese Richtung, die Einrichtung bzw. der Ausbau von sog. Basislaboratorien, die permanent wissenschaftliche Dienstleistungen in Bereichen wie chemische Ozeanographie, Meeresökologie, Fischpathologie und -physiologie, Modellierung mariner Ökosysteme u.a.m. erbringen können, gefordert. Dabei sollen die Standorte Göteborg, Stockholm und Umeå zu Schwerpunkten gemacht werden.[118] In einem Hintergrundbericht zum Aktionsplan wird über die bisherige Tätigkeit im Bereich mariner Forschung folgendes gesagt: Im Haushaltsjahr 1984/85 wurden rund 63 Mio. Kronen für naturwissenschaftliche Meeresforschung ausgegeben, was gegenüber der letzten verfügbaren Zusammenstellung von 1979/80 allerdings eine reale Ausgabenverringerung darstellte. Die Ausgaben verschiedener Forschungsförderungseinrichtungen (forskningsråden) beliefen sich 1984/85 auf circa 7 Mio. Kronen. Der größte Einzelauftragsgeber für meereswissenschaftliche Forschung war das SNV, das 1985/86 10 Mio. Kronen dafür bereitstellte. Weitere 3,6 Mio. gab das SNV für die Überwachung (Monitoring) der Meeresumwelt aus. Seit 1987/88 wurde der Meeresumweltforschungsetat um weitere 10 Mio. Kronen erhöht. Rund 40 staatliche, behördliche und universitäre Einrichtungen waren im Bereich Meeresforschung tätig. Neun größere Forschungsschiffe (über 15 m Länge) waren im Einsatz, wovon jedoch nur eines für alle Meere tauglich war. Bei ihrer Untersuchung der Basislaboratorien für naturwissenschaftliche Meeresforschung kam die Staatskanzlei (Statskontoret) zu dem zusammenfassenden Urteil: "Trotz des verhältnismäßig geringen Einsatzes im Bereich mariner Forschung wird die schwedische Meeresforschung international als qualitativ gut angesehen."[119]

---

116   Schriftliche Mitteilung des schwedischen Seefahrtsamtes (Sjöfartsverket), 15.3.1990.

117   Vgl. Kunig 1986, 268.

118   Vgl. SNV (Hrsg.), Aktionsplan mot havsfororeningar (Aktionsplan gegen Meeresverunreinigung), Solna 1987, 64ff.

119   Alle Angaben sind dem vom SNV herausgegebenen Teil 4 der Hintergrundmaterialien zum Aktionsplan: "Forskning, Övervakning, Information mm", Solna 1987 entnommen, das Zitat ebd., 5.

Damit ist die Darstellung der fünf ausgewählten Implementationsaspekte für Schweden beendet. Auf eine Zusammenfassung wird an dieser Stelle wiederum unter Hinweis auf die vergleichende Betrachtung in Teil 4 verzichtet.

3.4. Exkurs: Meeresschutzpolitik unter Bedingungen des Realsozialismus

Frage: (Die Diskussion um die Sicherheit der Kernenergie) ist eine Diskussion unter Spezialisten. Aber reicht das aus?
Antwort: Natürlich ist nicht die gesamte Bevölkerung daran beteiligt, aber der Staat kontrolliert - und wie!

> Aus einem Interview des Organs der Kommunistischen Partei Italiens, L'Unita, vom 27.5.1986, mit dem stellvertretenden Direktor des Instituts für Kraftwerktechnik, Iwan J. Jemeljanow (zitiert nach Goldman 1989, 178)

Die ökologischen Probleme entstehen nicht von selbst. Sie sind Folge unserer Stümperhaftigkeit, Mißwirtschaft und Verantwortungslosigkeit in technischer und ökologischer Hinsicht. Die Sache hat ungewöhnliche Ausmaße angenommen. ... Man kann sagen, daß sich unsere Parteipropaganda und die Wissenschaft hinsichtlich der Ökologie in unzulässiger Weise passiv verhielten. Jahrzehntelang wird die Umwelt katastrophal verschmutzt ... Statt Sturm zu läuten und durch vernünftige Maßnahmen diese unsinnige Verschwendung einzudämmen, sang man im Gegenteil im Chor Oden zu Ehren dieser Totengräber der Natur. Es wurde eine ganze Generation herangezogen, die nicht versteht, daß die Zerstörung der Natur unweigerlich auch ihren eigenen Untergang mit sich bringt.

> Der sowjetische Umweltminister Morgun auf der 19. Parteikonferenz der KPdSU, 1988 (zitiert nach Weißenburger 1990, 40)

Dieser Abschnitt soll im Rahmen der vorliegenden Arbeit jene Informationen über die nationale (Meeres-)Umweltschutzpolitik der drei (vormals) realsozialistischen Ostseeanrainerstaaten: die DDR, Polen und die Sowjetunion zusammenstellen, die verfügbar sind und damit den nationalen Hintergrund für das Agieren dieser Staaten im Rahmen des Ostsee-Regimes zumindest etwas erhellen. Es war nicht beabsichtigt, nur einen weiteren Nagel in den Sarg realsozialistischer Umweltpolitik zu treiben. Wie aber das einleitend wiedergegebene Zitat des sowjetischen Umweltministers verdeutlicht, fällt es schwer, dies nicht zumindest *auch* zu tun. Gleichwohl geht es hier, wie bereits in den übrigen Länderfallstudien, zunächst um die Präsentation von Fakten. Auf sie wird auch bei der Aus- und Bewertung in Teil 4 zurückgegriffen.

3.4.1. Die Deutsche Demokratische Republik[120]

In der DDR verteilte sich (1988) eine Bevölkerung von 16,6 Mio. auf eine Fläche von 108.333 km², was eine Bevölkerungsdichte von rund 154 Personen pro km² ergab. Der Anteil der städtischen Bevölkerung lag bei rund 77 v.H.[121]

Ein etwa fünfzig Kilometer ins Landesinnere reichender Streifen entlang der Küste (16,5 v.H. der Landfläche der DDR) sowie ein 20 bis 30 km breiter Streifen längs des Westufers von Oder und Neiße (4,7 v.H.) entwässert in die Ostsee, das übrige ehemalige Staatsgebiet der DDR entwässert vor allem über die Elbe (73,3 v.H.) und die die Weser speisende Werra (4,8 v.H.) in die Nordsee,[122] an deren Verschmutzung die DDR mit einem Anteil von gut 10 v.H. beteiligt ist.[123] Das natürliche Wasserdargebot ist im Verhältnis zum Wasserverbrauch im Bereich der früheren DDR sehr knapp, so daß die Wasserressourcen intensiv genutzt werden müssen. Als Folge hiervon erreichen rund 70 v.H. der Wasserläufe nur die Qualitätskategorie IV (von sechs).[124]

Die DDR gehörte zu den höchstindustrialisierten Staaten Osteuropas und belegte mit einem BSP pro Kopf von (1986) 11.118 US-Dollar international den 17. Rang. Daß auch sie zu den Gesellschaften in der Hochenergiephase zu rechnen ist, belegt der Energieverbrauch von (1985) 5.680 kg Öleinheiten pro Kopf der Bevölkerung.[125]

Das wohl auffälligste Merkmal der DDR im Politikfeld Umweltschutz war der Kontrast zwischen offizieller politischer Programmatik der ehemaligen sozialistischen Führungspartei wie auch des unter ihrer Ägide entstandenen Rechts einerseits und der praktischen Verwirklichung andererseits. Was erstere anbelangt, so erhob der Realsozialismus nicht nur den Anspruch, im Rahmen seiner gesamtgesellschaftlichen

---

120   Wie im Vorwort erwähnt, wurde in der Zeit zwischen Abschluß der Dissertation und Fertigstellung des auf ihr beruhenden vorliegenden Textes die Existenz der DDR als eigener Staat durch ihren Beitritt zur Bundesrepublik Deutschland beendet. Soweit in diesem Abschnitt in bezug auf die DDR Aussagen in der grammatischen Zeitstufe der Gegenwart getroffen werden, ist dies somit im Sinne des "historischen Präsens" zu verstehen.

121   Angaben nach Britannica World Data Annual 1989, Chicago 1989, 602 und Fischer Weltalmanach '90, Frankfurt/M. 1989, Sp. 225.

122   Prozentangaben nach Sperling 1990, 140.

123   Die Größenordnung dieses Beitrags wurde vom stellvertretenden DDR-Umweltminister Pickart anläßlich der 3. INK mit 10 bis 12 v.H. angegeben (Reutlinger Generalanzeiger vom 8.3.1990, 2), eine Zahl, die auch das bundesdeutsche Umweltministerium verwendet (mündliche Mitteilung).

124   Paucke 1987, 154.

125   Fischer WA '90, Sp.229.

Planung, die auf das Wohl der Menschen ausgerichtet ist, auch die umweltpolitischen Belange bereits berücksichtigt zu haben.[126] Im Falle der DDR erlangte der Umweltschutz auch frühzeitig, was für ihn etwa in der Bundesrepublik gerade erst zu erreichen versucht wird, nämlich Verfassungsrang. Dies erfolgte in Art.15 der DDR-Verfassung von 1968, dessen Absatz 2 lautet:

> "Im Interesse des Wohlergehens der Bürger sorgen Staat und Gesellschaft für den Schutz der Natur. Die Reinhaltung der Gewässer und der Luft sowie der Schutz der Pflanzen- und Tierwelt und der landschaftlichen Schönheiten der Heimat sind durch die zuständigen Organe zu gewährleisten und sind darüber hinaus auch Sache jedes Bürgers."

Dieser Verfassungsauftrag wurde 1970 in dem umfassenden Landeskulturgesetz umgesetzt, das in neun Abschnitten einen Gesamtrahmen für die Umweltpolitik der DDR absteckte. Schließlich wurden im Wassergesetz von 1982 erstmals mit dem in ihm vorgesehenen (und in der entsprechenden Durchführungsverordnung aus demselben Jahr enthaltenen) Abgabensystem gleichsam marktwirtschaftliche Anreizelemente in ein realsozialistisches Gesetzeswerk übernommen.

Diese vergleichsweise frühen und vielversprechenden Ansätze für eine den Umweltschutz berücksichtigende Planung wurden jedoch im wesentlichen ein Opfer der wirtschaftlichen Krise, von der die DDR seit 1973 erfasst wurde.[127] Zu den chronischen Schwierigkeiten, welche eine realsozialistische Planwirtschaft auch für den Umweltschutz erzeugt (unter anderem in Form der Dominanz der "Tonnenideologie", der wirtschaftlichen Ineffizienz, mit der häufig auch ökologischer Verschleiß einhergeht, sowie der Innovationsfeindlichkeit)[128] gesellten sich die akuten Probleme der finanziellen Knappheit. Der Umweltschutz wurde weitgehend auf das unmittelbar ökonomisch Lohnende beschränkt (unter anderem ein Grund für den hohen Stellenwert des "Recycling" in der DDR, das knappe Rohstoffe sparen half[129]).

Spezifisch politikwissenschaftlich bedeutsam erscheint jedoch neben der Wahl des ökonomischen Systems, in sich natürlich auch eine politische Entscheidung, der

---

126   Typisch etwa die Aussage von Paucke 1987, 149: "Under socialist conditions, man is in the focus of all efforts undertaken by society, and so are his growing material and cultural living standards as well as his health and general well-being. Thus the environmental policies of the GDR are integrated within the overriding goals of society."

127   So übereinstimmend Ökten 1986, 28 und Jänicke/Mönch 1988, 403.

128   Vgl. die knappe Zusammenstellung der ökologischen Probleme realsozialistischer Planwirtschaften bei Wicke 1989, 53ff.

129   Der inzwischen erfolgte weitgehende Zusammenbruch des Recycling-Systems gehört unter umweltpolitischen Gesichtspunkten zweifellos zu den bedauerlichen Folgen der Anpassung der Gesellschaft der ehemaligen DDR an den "westdeutschen Standard".

Funktionsmangel des Systems von Öffentlichkeit im Realsozialismus für umweltpolitische Belange. Obwohl man nicht vom gänzlichen Fehlen einer umweltpolitischen Diskussion in der DDR sprechen kann,[130] war diese in ihrer Wirksamkeit beschränkt, da sie offiziell nur einen Kreis von naturwissenschaftlichen, ökonomischen und planerischen Experten erreichte, denen der öffentliche Resonanzboden fehlte, während den inoffiziellen Diskussionen in weiteren Kreisen der Bevölkerung die Artikulationsmöglichkeit fehlte. Grüne Parteien konnten nicht gebildet werden, Umweltgruppen wurden behindert und verfolgt, Umweltdaten als Geheimsache behandelt - sowohl gegenüber der eigenen Bevölkerung als auch international -, und die Medien erschöpften sich in beifälliger Berichterstattung über die umweltpolitischen Leistungen.[131]

Vor diesem Hintergrund konnte das zunehmende Vollzugsdefizit in der DDR-Umweltpolitik nicht nur entstehen, es konnte gedeihen, und die Methode der Mißachtung von Vorschriften (bzw. deren Außerkraftsetzung durch Ausnahmegenehmigungen) wurde zum System. Dies gilt insbesondere für das Abwassergesetz und die in ihm vorgesehenen Abgaben. Wie die nach Öffnung der deutsch-deutschen Grenze möglich gewordene Befahrung der Elbe durch das Analyse-schiff von Greenpeace (West) im Verein mit den Kollegen des inzwischen gegründeten Greenpeace (Ost) nur zu deutlich belegte, waren die einschlägigen gesetzlichen Bestimmungen gerade für die größten Einleiter jahrelang praktisch außer Kraft gesetzt.[132]

Die 1984 gegenüber der HELCOM vorgelegte Erfolgsbilanz über die Umsetzung der damals 28 Empfehlungen in der DDR, gemäß der diese nur in fünf Fällen noch nicht vollständig erfolgt sei, in den übrigen Fällen - darunter die Empfehlungen 1/4 und 1/5 über Standards für Kläranlagen - aber gegeben sei, ist daher sicher mit Vorsicht zu genießen, selbst wenn die dort vermeldete Reduzierung der Abwasserbelastung um 540.000 Einwohnergleichwerte (entsprechend 16 v.H.) im Zeitraum 1976-1980 realistisch gewesen sein sollte.[133] Dem steht als Ergebnis der nach dem Zusammenbruch der SED-Herrschaft möglich gewordenen ersten nationalen Ostseekonferenz der DDR, die am 18./19.5.1990 in Rostock stattfand, doch eine wesentlich bedenklichere Bilanz gegenüber. Der Staatssekretär für Umwelt- und Naturschutz, Winfried Pickart, räumte "enorme Ver-

---

130   Vgl. hierzu etwa Ökten 1986, 13ff.

131   Vgl. als Situationsbeschreibung den Bericht über die DDR bei Rosenbladt 1986, 90ff.

132   Vgl. den Fernsehbericht über die Analyse- und Aktionsfahrt der "Beluga" in der Reportage von Michael Blaschke, "... und langsam stirbt der Strom", ZDF, 5.9.1990, 19.30-20.15.

133   Vgl. den Länderbericht der DDR in HELCOM 1984a, 45-64, die Angabe zur Reduzierung der Abwassermenge ebd., 51.

säumnisse aus der Vergangenheit" vor allem im Küstengebiet ein. Vier Fünftel der Kläranlagen im DDR-Hinterland der Ostsee, so wurde bekannt, sind noch immer ausschließlich mit einer mechanischen Klärstufe ausgerüstet. Der Staatssekretär erhoffte sich bis 1998 eine Reduzierung der sauerstoffzehrenden Substanzen in den Abwässern um 90 v.H. durch die Einführung einer biologischen Reinigungsstufe. Für den hohen Nährstoffeintrag wurde auch die von der DDR-Landwirtschaftsplanung jahrelang geförderte Intensivbewirtschaftung verantwortlich gemacht. Gefordert wurde schließlich die rasche Übernahme der Umweltnormen der EG.[134]

Was die Position der DDR in Sachen Nordseeverschmutzung anbelangt, so kam es nicht nur im Laufe des Jahres 1989 zu ersten Vereinbarungen über deutsch-deutsche Umweltkooperation im Umfang von 300 Mio. DM (ergänzt durch 470 Mio. DDR-Mark), darunter als größter Einzelposten der Bau einer Kläranlage für das Buna Chemiewerk nahe Leipzig,[135] sondern die DDR war wie erwähnt auf der 3. INK auch erstmals als Beobachter vertreten und bekannte sich zu ihrer Mitverantwortung für den Zustand dieses Meeres.

Die beschrieben Ereignisse ebenso wie die nach dem November 1989 erfolgte Ausweitung der Kompetenzen des Umweltministeriums der DDR und die einsetzende kritische Berichterstattung über Umweltthemen in den Medien der DDR zeigten einen deutlichen Wandel in der Umweltpolitik der DDR an.[136] Wie er konkret umgesetzt worden wäre und welche Auswirkungen er gehabt hätte, ist eine inzwischen durch den Gang der Ereignisse überholte Frage. Die Umweltpolitik auf dem Gebiet der ehemaligen DDR wird künftig durch die Umweltgesetze der Bundesrepublik bestimmt. Entsprechend der in Art.16 des Staatsvertrags über eine Währungs-, Wirtschaft- und Sozialunion der beiden Staaten vorgesehenen "Umweltunion" liegt die ökologische Verantwortung nunmehr bei den Gestaltern der gesamtdeutschen Umweltpolitik.

3.4.2. Polen

In Polen verteilt sich (1988) eine Bevölkerung von 37,8 Mio. Einwohnern auf eine Fläche von 312.677 km², was einer Bevölkerungsdichte von rund 121 Einwohnern pro km² entspricht. Nur 60,5 v.H. dieser Bvölkerung lebt in Städten, darunter bedeutende

---

134 Nach Zeitungsmeldungen über die DDR-Ostseekonferenz in: Reutlinger Generalanzeiger 19.5.1990, 37, 22.5.1990, 3; Frankfurter Rundschau 21.5.1990, 2; Süddeutsche Zeitung 21.5.1990, 6.

135 Vgl. Reutlinger Generalanzeiger vom 7.7.1989, 2 sowie vom 2.12.1989, 2.

136 Der letzte Ministerpräsident, Lothar de Maizière, bekannte sich sogar öffentlich zu einem System der "Öko-sozialen Marktwirtschaft", vgl. seinen Beitrag in Wicke/ de Maizière/de Maizière 1990, 169 ff.

Hafenstädte an der Ostsee wie Gdansk (Danzig), Szczecin (Stettin) und Gdynia (Gdingen) mit zusammen über einer Million Einwohnern.[137]

Das Staatsgebiet Polens umfaßt die zwei großen Ostseezuflußsysteme von Oder und Weichsel und liegt damit zu über 90 v.H. im Einzugsgebiet der Ostsee.[138]

Auch Polen rechnet mit einem BSP pro Kopf von (1986) 2070 US-Dollar zu den Industriestaaten, lag damit aber international nur an 55. Stelle. Sein Energieverbrauch von (1985) 3.438 kg Öleinheiten pro Einwohner weist es ebenfalls als "Hochenergie-gesellschaft" aus.[139] Bezeichnender für die Situation Polens ist jedoch, daß der reale Zuwachs des BSP zwischen 1980 und 1986 nur 1,5 v.H. betrug und damit 1989 das Nationaleinkommen noch 8,3 v.H. unter dem Spitzenstand von 1978 lag. Den Produktionsstand dieses Jahres erreichte die Landwirtschaft wieder im Jahre 1987.[140]

Auch für die Nachkriegsentwicklung Polens gilt: "The industrial development did not really take into account the environmental consequences".[141] Die Umweltzerstörung hat solch dramatische Formen angenommen, daß in 27 der 49 Regionen Polens die staatlichen Umweltstandards nicht mehr eingehalten werden können, und für vier von ihnen, darunter die Danziger Bucht, droht laut einem offiziellen Bericht an den Sejm ein "ökologisches Desaster".[142]

Ähnlich wie in der DDR geht "eine starke Rhetorik für den Schutz der Umwelt"[143] mit einem starken Defizit der Einhaltung gesetzlicher Vorschriften und der Erfüllung staatlicher Planung im Umweltbereich einher. Zwar sieht das Umweltschutzgesetz von 1980 unter anderem die Einrichtung eines aus Abgaben gespeisten Umwelt-Fonds vor, mit dem Umweltschutzmaßnahmen finanziert werden sollen.[144] Da diese Gelder

---

137 Angaben nach Britannica World Data Annual 1989, 680 und Fischer WA '90, Sp.439.

138 Die Angaben variieren leicht: Westing (in ders., (Hrsg.) 1989, 125) nennt genau 90 v.H., Starzewska (1987, 295) sogar 99,7 v.H.

139 Zahlen nach Fischer WA '90, Sp.441. Insbesondere die BSP-Angabe ist mit Vorsicht zu genießen, da die Angaben in anderen Quellen stark abweichen, und ist wohl am ehesten als Angabe einer Größenordnung zu verstehen.

140 Angaben nach Fischer WA '90, Sp.441 und Britannica World Data Annual 1989, 473 und 1990, 490.

141 Starzewska 1987, 296.

142 Kramer 1989, 197; Welfens 1988, 85.

143 Kramer 1989, 211f.

144 Ebd., 213.

angesichts des Vollzugs- und Kontrolldefizits jedoch nur spärlich fließen, ist der Umwelt damit wohl ebensowenig zu helfen wie mit den in staatlichen Plänen vorgesehenen Ausgaben zu diesem Zweck: zwischen 1976 und 1980 wurden zum Beispiel nur 40 v.H. der für Abfallreigungsanlagen vorgesehenen Ausgaben tatsächlich diesem Zweck zugeführt. Der Rest wurde in Kanäle umgelenkt, die eher der Ausweitung der Produktion dienten.[145]

Insgesamt erweist sich die chronische Wirtschaftskrise mit ihrer akuten Zuspitzung durch die hohen Auslandsschulden als stärkstes Hemmnis für Umweltschutz jeglicher Art.[146] Auch der polnische Beitrag zum Schutz der Ostsee mußte in dieser Lage bescheidener ausfallen, als es den Plänen entsprach: Das Gesetz zum Schutz der Ostsee, 1984 angekündigt, ist noch heute nicht erlassen, von 15 in der Zeit zwischen 1977 und 1980 geplanten Kläranlagen im Küstenbereich wurden nur sechs in Angriff genommen und ganze drei innerhalb dieses Zeitraums auch errichtet.[147] Noch immer werden 80 v.H. der Abwässer in Polen ungeklärt in Flüsse und Seen eingeleitet, und einem Bericht des Europäischen Komitees für Umweltschutz zufolge nimmt Polen auf dem Gebiet der Umweltzerstörung den ersten Platz ein.[148] Selbst die Meeresforschung leidet unter finanziellen Restriktionen und ist oft schlecht koordiniert.[149]

Angesichts dieser überwältigenden Last der ökonomischen Probleme konnte auch der Vorteil der im Vergleich zur DDR vorhandenen Resonanzbasis für ökologische Forderungen, den die Gewerkschaftsbewegung Solidarnosc und von ihr unterstützte Umweltverbände wie der 1980 in Krakau gegründete Polnische Ökologische Club darstellten, kaum positive Wirkungen im Bereich des Umweltschutzes entfalten, soweit damit zusätzliche Ausgaben verbunden waren. Den in dieser Hinsicht engen Spielraum bekommt auch die mittlerweile ins Amt gekommene erste nicht-kommunistische Regierung Polens der Nachkriegszeit zu spüren. Ohne massive Hilfe des Auslands für Polen wird der Umwelt des Landes und damit auch der Ostsee nicht zu helfen sein.

---

145   Ebd., 208.

146   So auch der Tenor bei Kosciukiewicz/Marowski/Toszyski 1988, die feststellen (127): "Formal-rechtliche Mittel zum Umweltschutz treffen in der Praxis auf eine Reihe von Barrieren, die hauptsächlich einen ökonomischen Charakter haben und die Mittel der Umweltschutzpolitik, wie zum Beispiel Preise, Strafen und Vergünstigungen, in sehr begrenztem Umfang zum Einsatz kommen lassen."

147   Palmowski 1988, 147f.

148   Bischof 1988, 67 und 65.

149   Palmowski 1988, 150.

3.4.3. Die Sowjetunion

Nur ein vergleichsweise kleiner Teil des Staatsgebiets der Sowjetunion gehört zum Einzugsgebiet der Ostsee. Hierzu gehört das Gebiet der drei baltischen Republiken vollständig, Teile der Bjelorussischen Republik, die über die Düna (Dvina) und die Memel (Neman) in die Ostsee entwässern, ein westlicher Randstreifen der Ukraine (Bug-Einzuggebiet) und schließlich die Exklave der Russischen Republik um Königsberg (Kaliningrad) mit dem Pregel sowie Teile der eigentlichen Russischen Republik bis wenig östlich des Onega Sees, das Einzugsgebiet der Newa.

Die drei baltischen Republiken: Estland, Lettland und Litauen gehören zu den am höchsten industrialisierten Republiken der Sowjetunion (Lettland liegt tatsächlich in dieser Hinsicht an der Spitze). Mit einer Bevölkerung von (1988) jeweils 1,57 Mio., 2,67 Mio. und 3,68 Mio., die sich auf eine Fläche von 45.100, 64.500 bzw. 65.200 km² verteilen, erreichen sie eine Bevölkerungsdichte von 34,8, 41,4 und 56,4 Einwohnern pro km².[150] Ein Gutteil der Bevölkerung konzentriert sich jedoch in den drei Hauptstädten: Tallinn (454.000; Ostseehafen), Riga (867.000; Ostseehafen) und Wilna (525.000). Im Bereich der Russischen Republik ist es vor allem Leningrad, in dem sich 4,4 Mio. Einwohner in unmittelbarer Nähe zur Ostsee konzentrieren (bei mangelnder Ausstattung der Stadt mit Kläranlagen).

Wirtschaftlich liegt die UdSSR mit einem BSP pro Kopf von (1984) 6.160 US-Dollar international an 31. Stelle, der Energieverbrauch von (1985) 4.885 kg Öleinheiten pro Kopf der Bevölkerung weist aus, daß sie ebenfalls zu den Ländern in der Hochenergiephase zu rechnen ist.[151]

Die Sowjetunion folgt im wesentlichen dem nun bereits vertrauten Muster realsozialistischer Umweltpolitik. Seit 1977 hat der Umweltschutz auch hier Verfassungsrang (Art.18 macht das ökologische Wohlbefinden der Bevölkerung zur Staatsaufgabe). Die Kompetenzen im umweltpolitischen Bereich waren lange Zeit aufgesplittert und unklar abgegrenzt. Seit Januar 1988 ist mit dem Staatskomitee für Naturschutz der UdSSR eine zentrale oberste Behörde für die gesamte Sowjetunion entstanden. Dem war 1986 die Einrichtung ähnlicher Staatskomitees auf der Ebene der Republiken vorangegangen. Der Anteil der Umweltschutzinvestitionen am Gesamtinvestitionsvolumen beträgt noch immer nur 1,4 v.H.[152]

---

150   Angaben nach Britannica World Data Annual 1989, 719.

151   Angaben nach Fischer WA '90, Sp.501.

152   Angaben nach Weißenburger 1990, III.

Die Umweltsituation ist entsprechend schlecht. Stellvertretend sei wieder die Situation im Bereich Wasserwirtschaft und Abwasserbeseitigung betrachtet. Von einer Wasser*wirtschaft* kann eigentlich kaum gesprochen werden, da Wassernutzungsgebühren für die Industrie erst 1982 eingeführt wurden und die Landwirtschaft, die zwei Drittel des gesamten Wassers verbraucht, diese knappe Ressource noch immer gratis benutzt.[153] Mehr als die Hälfte der sowjetischen Abwässer wurden 1987 nicht entsprechend der bestehenden Vorschriften entsorgt. Speziell die baltischen Republiken erreichten hier die Standards nur für 41 v.H. ihrer Abwässer, Litauen nur für 28 v.H., Lettland für 31 v.H., die schlechtesten Werte aller Unionsrepubliken überhaupt. Kaunas, die zweitgrößte Stadt Litauens (400.000 Einwohner) verfügt über gar keine Kläranlage. Leningrad, wie erwähnt ebenfalls ein ökologisches Sorgenkind, klärt nur die Hälfte seiner Abwässer in ausreichendem Maße.[154]

Die rapide Verschlechterung der Umweltsituation in den baltischen Republiken, die unter anderem auch auf die von der Moskauer Zentrale bestimmte forcierte Industrialisierung zurückzuführen ist, hat den Umweltschutz zu einem Aspekt der Forderungen nach Autonomie in diesen Staaten werden lassen.[155] Die nationalistische und die Umweltbewegung gingen hier teilweise Hand in Hand. Letztere trat in den baltischen Staaten bereits früh auf. Estland erließ 1957 das erste Naturschutzgesetz auf Republikebene, Proteste von Wissenschaftlern und Forschern führten 1967 zur Schließung der Phosphatindustrie in Riga, dem damals wichtigsten Luftverschmutzer der Region, und die Lettische Akademie der Wissenschaften trug mit dazu bei, daß Rigas Papier- und Zellstoffindustrie Kläranlagen erhielt.[156]

Dennoch wird auch in der Sowjetunion deutlich, daß die unter Fachleuten oder in engen privaten Kreisen geführte Umweltdiskussion eine adäquate gesamtgesellschaftliche Reaktion auf die Umweltkrise nicht ermöglicht. Die staatskonforme "Gesellschaft für Naturschutz" war trotz ihrer 35 Mio. Mitglieder nie eine wirkungsvolle umweltpolitische pressure group.[157] Erst die Politik der Offenheit (glasnost) wie die nicht mehr zu verheimlichenden Großkatastrophen (Tschernobyl; Vergiftung des Baikal-Sees; Versalzung des Aral-Sees) haben eine offene und schonungslose Diskussion dieser

---

153   Sätre-Åhlander 1989, 28f; vgl. auch ZumBrunnen 1989.

154   Weißenburger 1990, I und 7.

155   Vgl. hierzu die dreiteilige Artikelserie über die "Deponie Baltikum" von Valentin Thurn in: Frankfurter Rundschau vom 26.9.1989, 11; 27.9.1989, 5 und 28.9.1989, 5.

156   Sätre-Åhlander 1989, 23f.

157   Weißenburger 1990, 36.

Fragen ermöglicht. Neben der verbesserten staatlichen Umweltberichterstattung - sie war allerdings nie so restriktiv wie etwa in der DDR[158] -, der sich unter anderem die zitierten Zahlenangaben verdanken, die erstmals 1987 im statistischen Jahrbuch der Sowjetunion enthalten waren, haben auch die Medien mit der kritischen Berichterstattung über Umweltfragen begonnen. Die *politischen* Voraussetzungen für erfolgreichen Umweltschutz haben sich somit in den letzten Jahren verbessert. Von den ökonomischen wird man dies allerdings auch für die Sowjetunion nicht in gleichem Maße sagen können.

Faßt man diesen Befund über die realsozialistische Umweltpolitik zusammen, so wird deutlich, daß die Gründe für die mit Fug und Recht katastrophal zu nennende Bilanz nicht nur in den chronischen spezifischen Funktionsmängeln der planwirtschaftlichen Ökonomie sowie den akuten wirtschaftlichen Problemen als Folge der weltweiten Wirtschaftskrise seit Mitte der 1970er Jahre zu suchen sind,[159] sondern auch in der Unzulänglichkeit des politischen Systems, mit gesamtgesellschaftlichen Herausforderungen wie der Umweltzerstörung adäquat umzugehen. Im vierten Teil dieser Arbeit wird hierauf zurückzukommen sein.

---

158   Ebd., 34.

159   Mit den Folgen dieser Krise kamen die sozialistischen Staaten insgesamt weniger
       gut zurecht, als es die Abwesenheit der - nur versteckten - Arbeitslosigkeit
       vermuten ließe.

4. Vergleichende Betrachtung der behandelten Fälle

Nachdem in den Kapiteln 2 und 3 der vorliegenden Arbeit das Nordsee- und das Ostsee-Regime identifiziert und analysiert, insgesamt drei eingehendere Länderfallstudien durchgeführt und in drei Exkursen weitere supranationale, nationale und regionale Meeresumweltschutzpolitiken betrachtet worden sind, soll in diesem vierten Kapitel eine vergleichende Auswertung erfolgen. Abschnitt 4.1. wendet sich dabei zunächst den beiden Regimen zu. Verglichen werden (in Abscnitt 4.1.1.) ihre Entstehung - wobei zugleich die Überprüfung der in der Einleitung aufgestellten Hypothesen komplettiert und systematisiert wird -, ihre Ausgestaltung (in Abschnitt 4.1.2.) sowie ihre Wirkungen (4.1.3.). Abschnitt 4.2. ergänzt dies um einen Vergleich der Länderanalysen, und zwar bezüglich des politischen Kontexts für Meeresumweltschutzpolitik (4.2.1.) und hinsichtlich der Implementation (4.2.2.). Die im Wege dieser vergleichenden Auswertung gewonnenen Erkenntnisse werden es erlauben, im abschließenden fünften Kapitel Schlußfolgerungen für die drei fachlichen Diskussionszusammenhänge zu ziehen, zu denen in der Einleitung ein Beitrag dieser Arbeit in Aussicht gestellt wurde.

4.1. Vergleich der beiden Regime

4.1.1. Entstehung der Regime

Zur Erklärung der Entstehung der Regime waren in der Einleitung insgesamt acht allgemeine Hypothesen formuliert worden (H3 bis H10). Sie sollen hier der Reihenfolge nach noch einmal angesprochen und in ihrer Erklärungskraft bewertet werden. Sodann ist auf die besondere Hypothese (H1) über die Differenz von inter-und intrasystemarer Regimeerrichtung zurückzukommen.

Hypothese 3 war explizit auf einen Vergleich der beiden Regimeentstehungsprozesse bzw. -zeitpunkte angelegt und konnte daher noch nicht im Wege der Einzelerklärungen vollständig überprüft werden. Dies soll hier nachgeholt werden. *Prämisse* der Hypothese 3 war, daß der Problemdruck im Fall der Ostsee früher ein kritisches Ausmaß erreichte als in der Nordsee. Gezeigt werden konnte, daß in der Tat aufgrund der besonderen geographischen und hydrographischen Bedingungen die Ostsee als ökologisch verwundbarer denn die Nordsee angesehen werden kann.[1] Tabelle 4-1 faßt die wesentlichen Fakten nochmals zusammen.

---

1   Vgl. hierzu die jeweiligen Ausführungen zur Problemlage in den Abschnitten 2.1. und 3.1.

Tabelle 4-1: Nordsee-Ostsee: Vergleich der Problemlage

	Nordsee	Ostsee
Topographie	Randmeer mit breiten, tiefen Zugängen zum Ozean	halb-geschlossenes Meer mit engen, flachen Zugängen zur Nordsee
Salzgehalt	ozeanische Werte	vermindert (Brackwasser); deutliche Halokline
Gezeiten	teilweise hohe Gezeitenhübe	sehr klein
Vereisung	nur gelegentlich im Ostteil im Winter	regelmäßig im Winter im mittleren u. nördlichen Teil, häufig im übrigen Gebiet
Wasseraus- tauschzeiten	bis maximal 3 Jahre (Deutsche Bucht)	zwischen 4 und über 25 Jahren
Seeverkehrsauf- kommen	hoch	hoch
Industrialisie- rungsgrad der Anrainerstaaten	hoch	hoch

Quelle: Abschnitte 2.1. und 3.1.; Dietrich 1974, 2.

Was die *Wahrnehmung* dieser Problemlagen anbelangt, so ist zwischen den Verhältnissen in beiden Meeren der Unterschied weniger deutlich.[2] In beiden Fällen begann Ende der 1960er Jahre auch international (jeweils mit Studien des ICES) das Bewußtsein für die ökologische Gefährdung zu wachsen. Während für die Nordsee die "wissenschaftliche Alarmglocke" jedoch erst mit dem Bericht des bundesdeutschen Rats von Sachverständigen für Umweltfragen politisches Gehör fand, waren die ökologischen Argumente insbesondere in Finnland, dem Initiatorstaat des Ostsee-Regimes, schon zu Beginn der 1970er Jahre ernst genommen worden. Die Prämisse von Hypothese 3 kann somit als gegeben angesehen werden.

Wie aber steht es mit der Konklusion, daß das Nordsee-Regime -der Hypothese folgend - später errichtet wurde als das Ostsee-Regime? Die Beurteilung hängt hier sehr davon

---

2   Vgl. Abschnitte 2.2.1. und 3.2.1.

ab, wie der Zeitpunkt der Regimeentstehung festgelegt wird. In dieser Arbeit wurde jeweils die 1. INK, also 1984, und der Beginn der Arbeit im Rahmen der HELCOM, also etwa 1975, als Entstehungs-"Zeitpunkt" angenommen.[3] Dabei wurde eingeräumt, daß im Falle der Nordsee bereits eine implizit die Nordsee mit betreffende internationale Kooperation zum Schutz der Meeresumwelt des Nordostatlantiks vorausging, welche von ihrem Umfang her durchaus mit der Interim-Kommissions-Phase (1974-1980) des Ostsee-Regimes vergleichbar erscheint. Jedoch führte die geographische "Überreichweite" im ersteren Falle wie dargelegt auch zu Schwierigkeiten bei der (Um-)Setzung von Verhaltensvorschriften, und diese waren, wie der nachfolgende Vergleich der Ausgestaltung der Regime zeigen wird,[4] nach Inkrafttreten des Helsinki-Abkommens im Falle der Ostsee auch weitergehend als im Rahmen der Oslo- und Parisabkommen. Zusammengenommen erscheint die *Problemdruck-Hypothese H3* somit durch die beiden untersuchten Fälle von Regimeentstehung im Politikfeld Meeresumweltschutz *bestätigt* zu werden.

Der Problemdruck war in Form der jeweiligen Betroffenheit eines Landes auch in die Bestimmung seiner *individuellen umweltpolitischen Situation* eingeflossen, neben der jeweiligen Beteiligung an der Verschmutzung.[5] Die hiervon ausgehende *Hypothese 4* über die Vorhersagekraft der individuellen umweltpolitischen Situation für das umweltaußen-politische Verhalten der jeweiligen Staaten hat sich im Rahmen dieser Arbeit am Beispiel der Bundesrepublik, Schwedens, Finnlands (Initiator- bzw. Vorreiterrolle aufgrund starker Betroffenheit) bzw. Großbritanniens und der realsozialistischen Staaten (zögernde Haltung aufgrund geringer Betroffenheit und mangelnder finanzieller Kapazitäten) *bestätigt.* [6] Die in der Einleitung wiedergegebenen, in der Acht-Felder-Tafel der Abbildung 1-2 mündenden abstrakten Überlegungen scheinen also ein gewisses Maß an empirischer Gültigkeit zu besitzen. Da es sich dabei im Grunde um eine Erklärung des individuellen Verhaltens der Staaten aus ihren (anhand objektiver Indikatoren ermittelten) Interessen handelt, mag dies Ergebnis wenig überraschen,

---

3   Die Anführungszeichen werden gesetzt, weil nicht wirklich von einem exakten Zeit*punkt* auszugehen ist. Regimeentstehung ist kein momentaner Akt, sondern ein allmählicher Vorgang, von, im Falle des Ostsee-Regimes, den vorbereitenden Konferenzen über die Unterzeichnung des Vertrags bis zur ersten erkennbaren Aktivität im Rahmen der Verhaltensvorschriften.

4   Vgl. den nachfolgenden Abschnitt 4.1.2.

5   Darüber hinaus wäre es sinnvoll gewesen, auch Information über die politisch-administrativen, wirtschaftlichen und technologischen *Kapazitäten* des jeweiligen Landes in die Bestimmung der individuellen umweltpolitischen Situation mit aufzunehmen. Dies war für alle 12 Nord- und Ostseestaaten nicht möglich, wurde aber zum Teil in den Länderstudien zu leisten versucht.

6   Vgl. die Abschnitte 2.2.3.1. und 3.2.3.1.

entspricht es doch dem in den Sozialwissenschaften wohl am weitesten verbreiteten Erklärungsmuster.[7]

Daß das Handeln der Akteure, das sich an kurzfristig-eigennützigen Interessen orientiert (und daher mit ihnen erklärt werden kann), zu *kollektiv* suboptimalen Ergebnissen führen kann, gehört zu den wichtigsten (Wieder-)Entdeckungen der Spieltheorie, die diesen Befund mit dem ihr eigenen (mathematischen) Handwerkszeug ausgearbeitet hat.[8] Ihre Anwendung im strengen Sinne erwies sich in der vorliegenden Arbeit als nicht praktikabel. Dennoch konnte die spieltheoretisch inspirierte *Hypothese 5* über den Zusammenhang zwischen bestimmten Spieltypen und der Entstehung von Regimen *bestätigt* werden.[9] Keine der beiden kollektiven Situationen entsprach einem Rambo-Spiel, in dem die Entstehung eines Regimes gemäß Hypothese 5 am unwahrscheinlichsten ist. Die kollektive Situation im Fall der Nordsee enthält aber durch die besondere Lage Großbritanniens ein *Element* einer Rambo-Situation, und insofern war die Situationsstruktur im Falle der Nordsee inhomogen, während sie im Falle der Ostsee als eher homogen beschrieben werden konnte. Dem entspricht das verspätete Zustandekommen und die zögerliche Entwicklung des Nordsee-Regimes, in Einklang mit der Voraussage von Hypothese 5. Andererseits wurde in beiden Fällen der Dilemma-Charakter der kollektiven Situation (der Anreiz zum "Trittbrettfahren") dadurch abgeschwächt, daß bei den meisten Akteuren (und in der Ostsee stärker als in der Nordsee) die Nicht-Kooperation beim Meeresumweltschutz mit Selbstschädigung (insbesondere der Küstengewässer) einhergeht, was wiederum im Sinne von Hypothese 5 die Entstehung eines Regimes mit erklärt.

Hypothese 6, die Hegemonie-These, konnte in der gegebenen strikten Formulierung (Hegemonie als *notwendige* Voraussetzung von Regimentstehung) *widerlegt* werden.[10] Bezogen auf die als Hegemone im internationalen System in Frage kommenden Supermächte war festzustellen, daß sie entweder gar nicht (USA) an der Entstehung der Regime beteiligt waren, oder, wo dies der Fall war (für die UdSSR beim Ostsee-Regime), von ihnen kein gestaltender Einfluß auf das Regime (oder seine Errichtung) ausging. Darüber hinaus wurde im Einklang mit allgemeinen interdependenztheoreti-

---

7   Unterschiede mögen in der Art bestehen, wie die Interessen (Präferenzen) der Akteure
     ermittelt werden. Ansätze, welche nicht das Handeln der Akteure *mittels* ihrer Interessen
     erklären, sondern zum Beispiel das Handeln von Akteuren *gegen* ihre Interessen, sind die
     Ausnahme (als historische Studie in diesem Sinne vgl. etwa Tuchman 1984, obwohl es
     auch ihr eher um den Widerspruch zwischen - vermeintlichen - kurzfristigen und
     langfristigen Interessen geht).

8   Von *Wieder*entdeckung ist insofern zu sprechen, als der zugrundeliegende Gedanke in
     nicht-technischer Weise zum Beispiel bereits in der Hobbesschen Staatsphilosophie
     angelegt ist, wie etwa Taylor (1976) gezeigt hat.

9   Vgl. die Abschnitte 2.2.3.2. und 3.2.3.2.

10   Vgl. Abschnitte 2.2.3.3. und 3.2.3.3.

schen Überlegungen festgestellt,[11] daß *problemfeldspezifische* Machtressourcen im Politikfeld internationaler Umweltschutz nicht auszumachen sind, währenmd der Einsatz allgemeiner Machtmittel zu umweltpolitischen Zwecken zwar nicht ausgeschlossen, aber häufig kontraproduktiv ist. Auch sollte bedacht werden, daß laut Kohler-Koch "(e)ine Grundannahme (der Regimeanalyse, ML) ist, daß Regime ihre Geltung ihrer eigenen Funktionstüchtigkeit und nicht dem Einsatz irgendwelcher Zwangsmittel verdanken."[12] Mit anderen Worten: Hegemoniale Regimeerrichtung wäre allenfalls im Sinne von "benign hegemony" zu verstehen, das heißt als die Erbringung von (Vor-)Leistungen für das Regime durch seinen dominanten Akteur. Davon kann im Falle der beiden Regime jedoch nicht die Rede sein.

Die zweite systemische Hypothese über die regimeförderliche Rolle einer hohen *Transaktionsdichte* (*Hypothese 7*) konnte dagegen in beiden Fällen *bestätigt* werden.[13] Dabei ist weniger an die indirekte Wirkung zu denken, die über die Kausalkette hohe Transaktionsdichte-Seeverkehr-Meeresverschmutzung-Problemdruck-Regimebedarf verläuft. Sie ist eine sehr spezifische Wirkung, und die Entstehung eines Regimes ist mit dem Regimebedarf *allein* ohnehin nicht zu erklären.[14] Entscheidender, und besonders für den Fall des Ostsee-Regimes als eines "intersystemaren" Regimes von Bedeutung, ist die Wirkung über den (befürchteten) *Prestigeverlust* im Kreise ohnehin schon interagierender und kooperierender Staaten im Falle der Kooperationsverweigerung, das heißt der Nicht-Teilnahme am Regime. Weitere Effekte hoher Transaktionsdichte wie besseres wechselseitiges Kennen (auch auf Nicht-Regierungsebene), kulturelle Annäherung etc. scheinen für die primär auf Regierungsebene verbleibenden Interaktionen innerhalb eines Regimes weniger bedeutsam als für Fälle angestrebter politischer *Integration*.[15]

Schließlich wurden drei *normativ-institutionelle Hypothesen* überprüft und *bestätigt*.[16] *Hypothese 8*, die *"Forum-Hypothese"*, schreibt bestehenden internationalen Organisationen eine regimeförderende Rolle zu. Wie vor allem am Beispiel der IMO bzw. ihres MEPC als Forum für MARPOL-Beschlüsse mit Auswirkung auf den Normen- und Regelbestand

---

11   Vgl. insbesondere Abschnitt 2.2.3.3.

12   Kohler-Koch 1989, 23.

13   Vgl. die Abschnitte 2.2.3.3. und 3.2.3.3.

14   Es doch zu versuchen, hieße, einem funktionalistischen Fehlschluß zu erliegen, es sei denn, der nötige Mechanismus, der für die Erfüllung des Bedarfs sorgt, würde gleich mitskizziert. Die meisten funktionalistischen Erklärungen in den Sozialwissenschaften sind in diesem Punkt unvollständig (vgl. Elster 1985, Kapitel 1).

15   Die Transaktionsdichte-Hypothese wurde aus dem Kontext der Bemühungen zur Erklärung politischer Integration übernommen. Mit Regimen wird jedoch *keine* politische Integration angestrebt, sondern eher eine Art von politischer Koordination.

16   Vgl. Abschnitte 2.2.3.4. und 3.2.3.4.

beider Regime gezeigt wurde, *können* internationale Organisationen als Foren der Regimeentstehung bzw. -entwicklung dienen. Keines der beiden Regime wurde jedoch gleichsam "im Schoße einer bestehenden internationalen Organisation geboren", und deren Beitrag zur Entwicklung von Regimen kann neben dem der Bereitstellung von (Verhandlungs-)Foren auch noch andere Formen annehmen. Die internationale Vermittlung von Information etwa ist eine weitere Hilfsfunktion, die internationalen Organisationen bei der Regimeentstehung zukommen kann. Die Rolle des ICES in den beiden hier behandelten Problemfeldern ist ein Beispiel.

Hypothese 9 über die Modellwirkung hat sich im Falle des Ostsee-Regimes bestätigt.[17] Diejenigen Normen, denen Modellcharakter zukam (MARPOL-Abkommen, LDC, Bonner Abkommen), wurden entweder direkt ins Helsinki-Abkommen übernommen oder dienten zumindest als Orientierung. Im Falle des Nordsee-Regimes ist das Verhältnis zwischen den genannten Abkommen wie auch denen von Oslo und Paris weniger das von Modell und Nachahmung, sondern eher das von partieller Verregelung und späterer Inkorporierung in ein Gesamtregime. Gleichwohl widerspricht dies nicht dem hinter Hypothese 9 steckenden Gedanken der förderlichen Wirung existierender Regelungsmodelle auf die Errichtung von (weiteren) Regimen.[18]

Schließlich wurde mit *Hypothese 10* gleichsam eine institutionell operationalisierte Variante der "epistemic community"-Hypothese getestet. Dies ist ein Ersatz für den praktisch kaum zu führenden Nachweis von Lernprozessen bei Entscheidungsträgereliten, welche die kognitive Fassung der Hypothese postuliert. Gezeigt werden konnte,[19] daß in beiden Fällen, vor allem jedoch im Falle der Ostsee, *transnationale Kontakte*, auch in organisierter Form (CBO, BMB), *zwischen Wissenschaftlern* der Regimeerrichtung vorausgingen und daß dabei zumindest Information gewonnen bzw. international verbreitet wurde, welche eine gemeinsame Definition der (Problem-)Situation auch auf Entscheidungsträgerebene erst ermöglichte. In diesem Sinne kann *Hypothese 10* als *bestätigt* gelten.

Subsystemische Faktoren, das heißt solche auf der Ebene der Einzelstaaten, wurden nicht in gesonderten Hypothesen über die Regimeentstehung aufgenommen.[20] Solche glänzen noch immer durch Abwesenheit. Dies liegt wohl auch daran, daß ihre abhängige

---

17   Abschnitt 3.2.3.4.

18   Die dadurch mögliche "autokatalytische" Wirkung von Regimen wurde am Beispiel des Ostsee-Regimes aufgezeigt, daß als Modell für das Regional Seas Programme des UNEP diente (vgl. Abschnitt 3.2.4).

19   Wiederum Abschnitte 2.2.3.4. und 3.2.3.4.

20   Wohl aber stellt die Hypothese 2 (und in gewisser Hinsicht auch Hypothese 4) einen Zusammenhang zwischen subsystemischen (einzelstaatlichen) Eigenschaften und der jeweiligen Umweltpolitik eines Staates her.

Variable nicht die Regimeentstehung als solche, sondern eigentlich nur eine nationale (Umwelt-)Außenpolitik sein kann, die zu dieser beiträgt. In drei Fällen konnte ein solcher Beitrag nachgewiesen werden (als Voraussetzung des Zustandekommens des Helsinki-Abkommens: Anerkennung der DDR durch die Bundesrepublik; entspannungspolitisches Interesse Finnlands; "Meer-des-Friedens"-Politik der sozialistischen Staaten). Weder wurde jedoch versucht, diese Außenpolitiken ihrerseits subsystemisch zu erklären, noch ergibt sich aus den drei recht heterogenen Fällen unmittelbar eine (nichttautologische) Hypothese über regimeförderliche *Typen* von Außenpolitik. Es bleibt somit zunächst bei der bloßen empirischen Feststellung.

Betrachtet man abschließend die Entstehung beider Regime im Vergleich, so fällt auf, das die erklärenden Faktoren in beiden Fällen weitgehend identisch sind. Ihre speziellen Ausprägungen haben jedoch dafür gesorgt, daß, im Lichte von *Hypothese 1* überraschenderweise, die Entstehung des (Ostsee-)Regimes im Kontext der Ost-West-Beziehungen der Entstehung des (Nordsee-)Regimes im Kontext der West-West-Beziehungen vorausging. Die in dieser Hypothese enthaltene Aussage, Regime seien generell im Ost-West-Kontext *schwieriger* zu errichten als im West-West-Kontext wird dadurch zwar noch nicht widerlegt. Andererseits war im Vergleich der beiden untersuchten Fälle doch die Natur des Problemfelds gewichtiger als der systemare Kontext, das heißt die zeitliche Reihenfolge der Regimeentstehung ergibt sich daraus, daß der (wahrgenommene) Problemdruck wie auch vermutlich die objektive Problemlage im Bereich der Ostsee früher als im Bereich der Nordsee ein kritisches Ausmaß erreichte.

Allerdings muß dieses Ergebnis in mehrfacher Hinsicht qualifiziert werden:

i.   Betrachtet man nicht den Zeitpunkt der Regimeentstehung, sondern den Zeitraum zwischen der (politischen) Registrierung der (wissenschaftlichen) Alarmsignale und der Regimeerrichtung (die sicher adäquatere Operationalisierung des Attributs "schwieriger" in Hypothese 1), so ergibt sich kein gravierender Unterschied zwischen beiden Fällen: diese Zeitspanne beträgt im Fall der Ostsee rund fünf Jahre (etwa von den Visby-Konferenzen 1969/70 bis zur Unterzeichnung des Helsinki-Abkommens 1974), im Fall der Nordsee ebenfalls (vom Gutachten des bundesdeutschen RSU 1980 bis zur 1. INK von 1984). Wollte man die Entdeckung des Problems im Falle der Nordsee auf das Ende der 1960er Jahre/den Anfang der 1970er Jahre verlegen, weil damals - analog zu den Visby-Konferenzen - erstmals Ölverschmutzungsfragen im Bereich der Nordsee diskutiert wurden (Bonner Abkommen von 1969), so wäre in Rechnung zu stellen, daß die Nordsee-Anrainer zwischen 1970 und 1984 nicht etwa in Sachen Nordseeverschmutzung untätig gewesen sind, sondern diese - wenn auch unzulänglich - im Rahmen der Abkommen von Oslo und Paris (sowie des MARPOL-Abkommens) durchaus *mit*behandelten (als Teil der Bemühungen zum Schutz der Meeresumwelt des Nordostatlantiks).

ii.   Diese letzte Feststellung verweist auf die Wichtigkeit eines inhaltlichen Vergleichs der Regime. Er wird im folgenden Abschnitt vorgenommen. In Vorwegnahme des Ergebnisses kann man sagen, daß wenn schon in der Ostsee nicht früher (oder leichter, das heißt in kürzerer Zeit) ein Meeresschutzregime erreicht wurde als in der Nordsee, so doch früher (und leichter) ein *umfassendes* Regime. Auch dies spricht gegen Hypothese 1.

iii.   Das Gesagte kann jedoch nicht dahingehend verstanden werden, daß der systemare Kontext für die Entstehung (oder die Entwicklung) der Regime gar keine Bedeutung gehabt hätte. Für die Entstehung gilt zumindest, daß die entspannungspolitische Motivation des Initiators Finnland (wie auch die "Meer-des-Friedens"-Politik der sozialistischen Staaten) als Erklärungsfaktoren der Entstehung des Ostsee-Regimes nicht ohne den (inter-)systemaren Kontext der Beziehungen im Ostseeraum zu verstehen ist.[21] Simpel formuliert: Die Errichtung eines umweltpolitischen Regimes zur Verbesserung der Gesamtbeziehungen lag eben im Kreis der Ostseestaaten nahe; im Kreis der Nordseestaaten war dieses Motiv wohl nicht vorhanden, weil unnötig.

Als *Ergebnis dieser vergleichenden Betrachtung* der Entstehung des Nordsee- und des Ostsee-Regimes bleibt somit festzuhalten: Prinzipiell spielen in beiden Fällen weitgehend die gleichen Faktoren eine Rolle. Das Eigeninteresse der Staaten sorgte bei den meisten Teilnehmern für eine gewisse Bereitschaft, sich an dem zu errichtenden Regime zu beteiligen, sich also auf einen Prozeß prinzipien- und normgeleiteter Verregelung einzulassen. Das heißt wohlgemerkt nicht, daß im Rahmen des Regimes alle Akteure nur tun, was sie ohnehin getan hätten. Nicht nur tun sie es nunmehr koordiniert; *alle* Staaten tun auch einiges, was sie sonst nicht (oder erst sehr viel später) getan hätten. Jedoch ist sicher auch richtig, daß letzteres auf die einzelnen Staaten in unterschiedlichem Ausmaß zutrifft. Für umweltpolitische "Vorreiter"-Staaten besteht gerade ein (weiteres) Interesse an der Begründung von Regimen in der Möglichkeit, andere (Nachzügler-)Staaten durch "moralischen Druck" dazu zu bringen, zu tun, was sie selbst, die Vorreiter, ohnehin zu tun beabsichtigen. Wo Interessen gegen die Beteiligung am Regime sprachen, verhinderten sie seine Entstehung letztlich nicht (verzögerten allenfalls die Annahme einschlägiger Rechtsdokumente[22]), da 1. die schlichte Ablehnung von Kooperation Prestigeverlust bedeutet hätte, 2. aufgrund des "Zwei-Schritt-Charakters" der Regime - zunächst Einverständnis im Prinzipiellen (was eben zuweilen auch heißt:

---

21   Das gilt aber natürlich auch für die ebenfalls "intersystemar" begründete "querelle allemande", die das frühere Zustandekommen eines Abkommens zum Schutz der Ostsee verhindert hat. Ein solches Abkommen (etwa als Ergebnis der Visby-Konferenzen) wäre jedoch zunächst weniger umfassend gewesen als das tatsächlich später unterzeichnete Helsinki-Abkommen, wodurch die Entwicklung in Nord- und Ostsee möglicherweise sehr viel stärker parallel verlaufen wäre.

22   So im Falle Polens bezüglich des Helsinki-Abkommens, im Falle Großbritanniens bezüglich der MARPOL-Anlagen.

nur im Prinzip, aber nicht im Detail), dann Einigung im Konkreten - jederzeit bei der konkreten Regelsetzung die "Notbremse" gezogen werden kann (worin weitgehend die im Rahmen des Regimes ausgetragenen Konflikte begründet sind) und 3. neben umweltpolitischen auch weitere Interessen (im Ostseefall vor allem entspannungspolitischer Art) für eine Beteiligung sprachen. Regimehemmende und regimeförderliche Wirkungen des intersystemaren Kontexts im Ostseefall hielten sich in etwa die Waage, so daß der problemstrukturelle Faktor des größeren Problemdrucks in diesem Meeresgebiet den Ausschlag geben konnte dafür, daß für die Ostsee früher ein umfassendes Regime errichtet werden konnte als für die Nordsee.

4.1.2. Ausgestaltung der Regime

Bereits mehrfach war davon die Rede, das Ostsee-Regime sei umfassender als das Nordsee-Regime. Dies ist eine Frage der Ausgestaltung der Regime, die hier anhand von fünf Punkten näher betrachtet werden soll: 1. anhand des technischen Umfangs der Regime, 2. anhand der Schärfe ihrer zentralen Bestimmungen, 3. anhand organisatorischer Aspekte, 4. anhand der Frage nach der Rolle von Konzentration auf technische Details und "Politisierung" sowie 5. anhand des Prozeßcharakters der Regime.

Um den *technischen Umfang* (im Unterschied zum geographischen) der Regime zu vergleichen, ist es nicht sinnvoll, nochmals die vollständige Liste der Normen und Regeln Revue passieren zu lassen. Vielmehr soll dies durch eine aggregierte Betrachtung der Regelungsmaterie beider Regime geschehen (Tabelle 4-2). Dabei zeigt sich, daß für den Bereich der Nordsee tatsächlich erst mit Einsetzen der INK die umfassende Behandlung aller wesentlichen Aspekte des Meeresumweltschutzes auf die internationale Tagesordnung kam, während für die Ostsee mit dem Helsinki-Abkommen dieser breite Rahmen von Beginn an gesetzt war.

Daß das Ostsee-Regime nicht nur vom technischen Umfang weiter ist als die Regelungen der "Vor-INK-Phase" für die Nordsee, sondern auch *nach* Einrichtung der INK *schärfere Bestimmungen* enthält als das Nordsee-Regime, zeigt ein Blick auf einige der zentralen Bestimmungen beider Regime (Tabelle 4-3). In bedeutenden Punkten wie der Verschmutzung durch Schiffsbetrieb, vor allem aber in Sachen Dumping gelten für die Ostsee seit geraumer Zeit Standards, die für die Nordsee erst vorgesehen sind.

Tabelle 4-2: Technischer Umfang des Nordsee- und des Ostsee-Regimes

	Nordseeregime					Ostseeregime
	Paris-Abk.	Oslo-Abk.	MARPOL-Abk.	Bonn-Abk.	INK	Helsinki-Abk.
Verschmutzung von Land aus (über Flüsse und direkt)	+				+	+
atmosphär. Eintrag	+				+	+
Dumping und Verbrennung auf See		+			+	+
Verschmutzung durch Schiffsbetrieb			+		+	+
Bekämpfung von Verschmutzung durch Öl und andere Stoffe				+	+	+
Monitoring	+	+			+	+
Beurteilung des Qualitätszustands (assessment)					+	+

Betrachtet man als dritten Vergleichspunkt die *organisatorischen Aspekte* beider Regime, so läßt sich trotz gewisser Unterschiede eine große Ähnlichkeit feststellen. Die Unterschiede bestehen vor allem

i.   in der größeren Bedeutung des politischen Gremiums der INK im Rahmen des Nordsee-Regimes; Tagungen der Minister sind im Rahmen des Ostsee-Regimes die Ausnahme; dabei war der INK bewußt eine antreibende Rolle bei der Entwicklung des Nordsee-Regimes zugedacht, die sie wohl auch erfüllt hat;

ii.   in der Beteiligung der supranationalen EG im Rahmen des Nordsee-Regimes (Teilnahme an PARCOM-Sitzungen und an der INK);

wie gezeigt wurde, hatte diese Beteiligung bisher eher retardierende Wirkung.[23]

---

23   Vgl. Abschnitt 2.2.2.4.

Tabelle 4-3: Zentrale Bestimmungen des Nordsee- und des Ostsee-Regimes

	Nordsee	Ostsee
Dumping und Verbrennung auf See	Dumping-Verbot ab 1989; für GB: ab 1992 (bzw. 1998 für Klärschlamm); Verbrennung verboten ab 31.12.1991	Verbot seit 1980 (Inkrafttreten des Helsinki-Abkommens)
Sondergebiet im Sinne von MARPOL	nach Anl.V ab Februar 1991 vorgesehen	nach Anl. I, II und V seit 1983 (Inkrafttreten von MARPOL)
Einleitung von Nähr- und Schadstoffen	- 50% bis 1995 vorgesehen	- 50% bis 1995 vorgesehen

Die Ähnlichkeiten betreffen die Organisation der eigentlichen Arbeitsgremien in Form der OSCOM, PARCOM und HELCOM. Hier hat sich nicht nur gleichsam ein Standardmodell (mit den Elementen Kommission als Beschlußgremium, Sekretariat, wissenschaftliche Ausschüsse, gemeinsames Monitoring-Programm) herausgebildet, es gilt auch, daß die organisatorische Ausdifferenzierung weitgehend von dem sachlichen Diskussions- und Arbeitsbedarf bestimmt wird.[24] Insofern ist hier das alte funktionalistische Motto, die Form folge der Funktion, durchaus zutreffend.

Heißt das aber tatsächlich, daß man damit "back to neo-functionalism" ist,[25] was die Analyse der Entwicklung und des Wirkens von (Meeres-)Umweltregimen betrifft? Dies ist die Frage danach, welche Rolle die *Konzentration auf technische Details und* welche

---

24   So wurde die Working Group on Combating der HELCOM zum Combating Committee erhoben, als die Aufgabe auf die Bekämpfung anderer Stoffe als Öl ausgeweitet wurde; als 1986 Fragen der radioaktiven Belastung der Ostsee untersucht werden sollten, wurde eine Arbeitsgruppe hierzu eingerichtet (gerade "rechtzeitig" zur Reaktorkatastrophe von Tschernobyl); schließlich wird zur Zeit die Aufgliederung des STC in ein Scientific und ein Technological Committee beraten, da in beiden Bereichen eine Ausweitung der Aufgaben erfolgt ist.

25   So die Überschrift eines Abschnitts bei Johnston 1988, 205.

Rolle die *"Politisierung"* spielt.[26] Bei seiner Analyse von Abkommen zum Schutz der Meeresumwelt kommt Douglas M. Johnston zu dem Schluß:

"the effectiveness of this kind of environmental diplomacy depends, above all, on the interaction of the relevant technical elites ... (I)t might be added that effective marine pollution diplomacy depends also on the ability of these technical elites to de-politicize the process."[27]

Zweifellos sind etliche der im Rahmen der Regime zu behandelnden Fragen ausgesprochen technischer Natur. Die Festlegung einheitlicher Verfahren bei der Datenerhebung im Rahmen gemeinsamer Meßprogramme ist ein Beispiel. In beiden Regimen wurde hierauf viel Zeit verwandt, wobei die PARCOM nur bedingt erfolgreich war,[28] während die HELCOM sich auf umfangreiche "guidelines" einigen konnte. Ganz allgemein scheint im Urteil von Teilnehmern die Arbeit der HELCOM im Vergleich zur PARCOM als gleich effektiv oder gar effektiver eingeschätzt zu werden.[29] Die Tatsache jedoch, daß - mit einem gewissen Erfolg - die Arbeit im Rahmen der PARCOM durch Einsetzen des politischen Forums der INK vorangetrieben werden konnte und darüber hinaus erst mit der INK ein umfassender Ansatz zum Schutz der Nordsee etabliert wurde, spricht eher gegen die undifferenzierte "Depolitisierungsthese". Darüber hinaus gilt m.E., daß die Diskussion technischer Eliten umso weniger ausreichend ist, je mehr der Meeresumweltschutz als Bestandteil umfassenden Umweltschutzes verstanden und betrieben wird.[30]

Einzuräumen ist gegenüber Johnston allerdings, daß es in der Tat Formen der Politisierung geben kann, die Fortschritt in der Sache behindern oder ihn zumindest nicht befördern. Der erwähnte Streit zwischen Schweden und Finnland um die Standards für Abwässer der Papierindustrie ist ein Beispiel.[31] Im Hinblick auf die negative

---

26   Die Anführungszeichen sind angebracht, da "Politisierung" meist nicht klar definiert wird, häufig aber implizit so verstanden wird, daß damit *störende* Einflüsse gemeint sind. Dann wird jedoch die Feststellung, daß Politisierung eher schade als nütze, zur rein begrifflichen Wahrheit. Aus der begrifflichen Unschärfe ergibt sich auch die Ambivalenz des nachfolgenden Befundes.

27   Johnston 1988, 204.

28   Vgl. Abschnitt 2.2.2.4.

29   Sactevik (1988 110) hat in ihren Befragungen folgende Beurteilung ermittelt: "Compared with other regional conventions, all respondents agree that the Paris Convention is more effective than the Barcelona Convention (zum Schutz des Mittelmeers, ML). As far as the Helsinki Convention is concerned, about half of them state that this cooperation is approximately equally effective; the other half find that the Helsinki Convention functions more effectively than the Paris cooperation."

30   Auf diesen Punkt wird im folgenden Abschnitt sowie im Schlußkapitel zurückzukommem sein.

31   Vgl. Abschnitt 3.2.2.3. Ein noch deutlicheres Beispiel dafür, daß nur Depolitisierung ein Regime funktionsfähig erhält, ist die Kooperation im Rahmen des Kuwait Aktionsplans zum Schutz der Meeresumwelt im Persischen Golf von 1978. Wie Gebremedhin (1989, 95) schreibt, hat diese Kooperation sogar den irakisch-iranischen Krieg überstanden, da "throughout the years of conflict both countries continued to meet together with the other countries of the region under the auspices of the Regional Seas Programme; and on environmental issues at least, they were able to reach agreements during this time."

Wirkung von politischen Auseinandersetzungen wurde wohl auch im Rahmen des Ostsee-Regimes die allseits als mangelhaft empfundene Berichterstattung der DDR nicht "an die große Glocke gehängt", da man sich davon keinen positiven Effekt auf die Arbeit im Rahmen der HELCOM versprach. Andererseits wurden Großbritannien im Rahmen des Nordsee-Regimes in letzter Zeit derart "die Leviten gelesen", daß die Frustrationsgrenze nicht nur erreicht, sondern zum Teil offenbar überschritten wurde.[32] Die beiden letztgenannten Fälle zeigen die Ambivalenz von diplomatischer Zurückhaltung und "deutlicher Sprache", zwischen denen es bei den Verhandlungen im Rahmen der Regime einer behutsamen Gratwanderung bedarf.

Schließlich verweisen diese mehr oder weniger diplomatischen Verhandlungen im Rahmen beider Regime auf die Bedeutung des *Prozeßcharakters der Regime*.[33] Beide sind sie auf Fortentwicklung sowohl im Hinblick auf die Regeln, als auch im Hinblick auf Fragen der Verfahrensweise und der Organisation angelegt. *Regimeevolution* ist somit vorgesehen - und angesichts fortbestehender Probleme wohl auch geboten.

Zusammenfassend kann man *zur Ausgestaltung der Regime* somit sagen, daß vom technischen Umfang erst mit der INK für die Nordsee der Stand erreicht wurde, der für die Ostsee seit Inkrafttreten des Helsinki-Abkommens galt. Was die Schärfe der zentralen (Verbots-)Bestimmungen anbelangt, liegt das Ostsee-Regime noch immer vorn. Organisatorisch besteht, vor allem auf der Arbeitsebene, große Ähnlichkeit. Die INK stellt den Versuch dar, den leichten Effektivitätsvorsprung des Ostsee-Regimes gegenüber der Tätigkeit im Rahmen der PARCOM durch Installierung eines politischen Beschlußgremiums (wenn man so will eine Art von "Politisierung") wettzumachen. Erste Schritte wurden dabei erreicht. Ob sich das formell festgelegte Schutzniveau in beiden Meeren angleichen wird, wird vom Fortgang der in beiden Regimen angelegten Regimeevolution abhängen. Mindestens ebenso wichtig ist jedoch die Frage nach dem faktisch erreichten Schutz - mithin die Frage nach der Wirkung beider Regime in ihrem jeweiligen Problemfeld.

Angesichts der gezielten Beschießung von Öltankern und der dadurch verursachten Ölverschmutzung dürfte die Wirksamkeit dieser Kooperation allerdings stark eingeschränkt gewesen sein. Gleichwohl liegt hier ein interessanter Fall von "Resistenz" eines Regimes gegen externe Krisen vor.

32   Dies zeigt sich nicht nur in Äußerungen (konservativer) britischer Politiker (vgl. Abschnitt 2.5.2.2.), sondern wurde selbst bei einem der von mir geführten Interviews mit einem britischen Gesprächspartner deutlich, der nicht in Regierungsverantwortung steht.

33   Auch hier geht Johnston (1988, 204) vielleicht doch etwas zu weit, wenn er schreibt: "the process of marine pollution diplomacy may be more important than the product", zumindest wenn damit nicht nur ein Urteil über die *bisherigen* Ergebnisse dieser Diplomatie ausgedrückt werden soll, sondern auch der an sie zu stellende *Anspruch*.

4.1.3. Wirkung der Regime

Unter dem Stichwort Wirkung der Regime wurden oben jeweils sowohl die Wirkungen im Problemfeld, über dieses hinaus sowie die allgemeine Wirkungsweise der Regime behandelt.[34] An dieser Stelle sollen nur der erste und dritte Punkt nochmals aufgegriffen werden. Der zweite wird im Schlußkapitel nochmals zur Sprache kommen.

Für beide Regime war die Schwierigkeit zu konstatieren, zum gegenwärtigen Zeitpunkt gesicherte Aussagen über ihre Wirksamkeit im Sinne der Verbesserung des Zustands der Meeresumwelt in Nord- bzw. Ostsee zu treffen. Auch die Staaten selbst haben im Rahmen der beiden Regime bisher keine Evaluation ihrer Aktivitäten in diesem Sinne vorgelegt. Für die Ostsee ermöglicht immerhin der Vergleich der zweiten mit der ersten periodischen Einschätzung des Qualitätszustands ("assessment") erste - eher enttäuschende - Trendaussagen: die Verschlechterung des Gesamtzustandes der Meeresumwelt der Ostsee konnte trotz einiger erreichter Verbesserungen nicht gestoppt werden.[35] Für die Nordsee ist dies zur Zeit noch nicht möglich. Grundlage einer Trendaussage könnte der für 1993 vorgesehene zweite "Qualitätszustandsbericht" werden. Von solchen, durch naturwissenschaftliche Forschung zu ermittelnden Trends abgesehen, läßt sich über die Wirkung der beiden Regime im Problemfeld folgendes sagen.

Die *Verbesserung der Informationslage*, sowohl was die grundlegenden ökologischen Wirkungsgefüge anbelangt, als auch im Hinblick auf die aktuelle Belastung der beiden Meere, ist als erstes wichtiges Resultat der koordinierten Tätigkeit der Staaten im Rahmen beider Regime anzusehen. Daß diese Forschungsarbeit in beiden Fällen am Anfang der Umsetzungsbemühungen steht ist sicher kein Zufall. Es gibt hierfür vielmehr gute inhaltliche Gründe: ohne ein Mindestmaß an derartigen Kenntnissen läßt sich Meeresschutzpolitik überhaupt nicht sinnvoll betreiben. Es erklärt sich aber auch daraus, daß Forschung "wenig schmerzt" (an der eigentlichen Verschmutzung zunächst nichts ändert), in Gestalt der wissenschaftlichen Gemeinde eine "Lobby" hat und, da sie nicht unmittelbar mit Restriktionen für irgendwelche schädlichen Aktivitäten verbunden ist, kaum Gegenkräfte mobilisiert.

Der zweite Bereich, in dem in beiden Regimen Fortschritte erzielt wurden, der der *Verschmutzung von Schiffen aus* (durch regulären Betrieb, illegales Ablassen von öligen und anderen Rückständen sowie durch Unfälle), betrifft wiederum eine konkret

---

34   Vgl. Abschnitte 2.2.4 und 3.2.4.

35   So die zusammenfassende Aussage des Second Periodic Assessment, BSEP No.15 A, Helsinki 1990, zitiert nach Tennberg/Vaahtoranta 1991, 10.

abgrenzbare Verursachergruppe, was die Regelung erleichtert.[36] Verschmutzung durch Schiffe ist häufig sehr "sichtbar" und damit spektakulär, was (politischen) Druck zur Verregelung erzeugt,[37] obwohl ihr tatsächlicher Anteil an der Gesamtbelastung der Meere eher gering ist. Die Einhaltung entsprechender Bestimmungen ist nicht leicht zu kontrollieren, es wird aber zu diesem Zweck sowohl im Rahmen des "Verifikationsregimes" des MOU durch die ausgeübte Hafenstaatkontrolle wie auch in Form der (international im Rahmen des Bonner Abkommens koordinierten) Überwachung von Luft aus einiger Aufwand betrieben. Dabei ist dem MOU wie auch der Luftüberwachung zu bescheinigen, daß sie den Grad der Regeleinhaltung erhöhen, auch wenn letztere kaum zu gerichtsverwertbaren Beweisen gegen Umweltsünder zur See führt.

Wesentlich schwerer tun sich die Staaten in beiden Regimen bisher mit dem, was den Anteil an der Gesamtbelastung anbelangt,[38] sehr viel bedeutsameren Gesamtkomplex der *Verschmutzung durch Quellen an Land* (durch Direkteinleitung wie indirekt über Flüsse und die Atmosphäre). Nicht nur sind diese Quellen zum Teil diffus, letztlich die gesamte Gesellschaft umfassend. Selbst dort, wo Punktquellen auszumachen sind, ist häufig mit dem Widerstand nicht nur der Verursacher (aus Industrie und Landwirtschaft) zu rechnen, sondern darüber hinaus auch der betroffenen Arbeitnehmer (falls sie ihre Arbeitsplätze in Gefahr sehen).

Der Schutz der Meeresumwelt vor landseitiger Verschmutzung ist letztlich nur im Rahmen eines integrierten Konzepts zum Schutz der gesamten Umwelt möglich. Er trifft daher auch auf die bekannten Probleme und Widerstände, die für den Umweltschutz im allgemeinen gelten. Auch wird daraus ersichtlich, daß die zum Schutz der Meeresumwelt eingesetzten Fachgremien im Rahmen der Regime hier häufig überfordert sind: Fragen wie die umweltverträgliche Organisation der Produktion und Abfallentsorgung können nicht von Expertengremien im Rahmen von Meeresschutzregimen allein gelöst werden, seien sie auch noch so kompetent besetzt.

Immerhin konnten für einige der berüchtigtsten Arten der Beseitigung von an Land anfallenden Abfällen auf See, das Einbringen (Dumping) und die Seeverbrennung, im Rahmen der Regime ein Verbot bereits durchgesetzt (Ostsee) oder zumindest Enddaten benannt werden (Nordsee, mit allerdings beklagenswert langen Fristen, jedoch zumindest unter internationalem Rechtfertigungszwang). Die Beseitigungsprobleme sind dadurch

---

36   Wie Johnston 1988 bei seinem Überblick über internationale Abkommen zum Meeresumweltschutz feststellt, behandeln bei weitem die meisten von ihnen Fragen der Verschmutzung durch Schiffe.

37   Der Faktor "visibility" wird auch von Grolin (1985, 23) als regelungsfördernd eingestuft.

38   Laut Bigham (1980, 203) beträgt der (geschätzte) Anteil der von Land ausgehenden Verschmutzung an der gesamten Meeresverschmutzung generell zwischen 80 und 95 v.H., wobei natürlich regionale Unterschiede bestehen.

allerdings nicht nur nicht gelöst, sondern zunächst nur an Land verlagert. Davon kann aber ein heilsamer Druck ausgehen auf die Entwicklung sowohl von landseitiger Entsorgungstechnik als auch, und vorzugsweise, von "low-waste"-Produktionstechnik.

Als weiterer Beitrag der Regime zur Verringerung der landseitigen Meeresverschmutzung lassen sich die zu diesem Zweck verabschiedeten Programme betrachten. Sie legen im internationalen Konsens Reduktionsziele und Zeiträume fest. Die Umsetzung erfolgt dabei durch nationale Maßnahmen, wobei die internationalen Beschlüsse anregend wirken etwa auf den Ausbau von Meßprogrammen zur Kontrolle der Wasserqualität. Der Zwang, über den Erfolg nationaler Maßnahmen international zu berichten, wirkt sich zweifellos gegenüber rein nationalen Programmen auf die Umsetzung förderlich aus.

Dennoch gilt wohl besonders für den gesamten Bereich der landseitigen Verschmutzung die bereits zitierte Aussage von Johnston, daß der Prozeß der Meeresschutzdiplomatie bisher wichtiger war als ihre Ergebnisse.[39] Dies *muß* jedoch keine rein negative Feststellung bleiben. Die Auffassung, (Umwelt-)Regime zeigten nur dann Wirkung, wenn strikte Regeln verabschiedet und national angewandt werden und dies möglichst auch noch international kontrolliert wird, ist vermutlich nicht zutreffend und setzt die Erwartungen sehr hoch an.[40] Natürlich ist das Setzen und Einhalten von Regeln eminent wichtig. Nicht zu übersehen ist jedoch auch die im Wege der internationalen Aushandlung dieser Regeln oder auch nur durch den Austausch von relevanter Information erfolgende *Vermittlung internationaler umwelttechnischer und umweltpolitischer Anspruchsniveaus.*[41] Unterstützt wird diese Wirkung internationaler Regime durch ein reges Umfeld nationaler und transnationaler umweltpolitischer pressure groups, die die Verhandlungen im Rahmen des Regimes begleiten. Aufgrund der größeren Offenheit der Gesellschaftssysteme der beteiligten Akteure spielte dieser Mechanismus bisher im Falle des Nordsee-Regimes eine größere Rolle. Im Rahmen des Ostsee-Regimes war er tatsächlich lange auf den Austausch zwischen (Regierungs-)Experten beschränkt. Wie sich an der Gewährung des Beobachterstatus für Greenpeace zeigen ließ, ist jedoch auch

---

39   Johnston 1988, 204.

40   Eine international vereinbarte Vorortkontrolle findet sich im umweltpolitischen Bereich bisher eigentlich nur im Rahmen des Nichtverbreitungsregimes für Kernmaterial durch die IAEA. Der Zusammenhang mit dem (potentiellen) militärischen Mißbrauch ziviler kerntechnischer Anlagen dürfte diese Sonderstellung der nuklearen Energiegewinnung erklären.

41   Beispiele aus dieser Arbeit betreffen die Festlegung des Stands der Technik für diverse Industriebranchen im Rahmen der PARCOM; Anforderungen an den Reinigungsgrad von Klärwerken im Rahmen der HELCOM; die Annäherung Großbritanniens an die Verwendung von Emissionsstandards durch Bestimmungen über die BAT(NEEC), wobei hier sicher von der EG-Mitgliedschaft mehr Anpassungsdruck ausgeht als von den Nordseeschutzkonferenzen.

im Falle des Ostsee-Regimes durch die politische Veränderung in den vormals realsozialistischen Staaten Osteuropas sowie in der Sowjetunion eine Verbesserung der
Wirkungsbedingungen für solche public-interest groups und damit auch für das
internationale Regime geschaffen worden.

4.2. Vergleich der nationalen Meeresumweltschutzpolitiken

Im Verlauf dieser Arbeit wurden drei Staaten - die Bundesrepublik, Großbritannien und
Schweden - näher auf ihre nationale Meeresumweltschutzpolitik hin untersucht, für die
Gruppe der (vormals) realsozialistischen Ostseeanrainer wurden kurz die verfügbaren
Informationen zusammengestellt.[42] Es soll hier abschließend ein Vergleich des
politischen Kontexts der Meeresumweltschutzpolitik in diesen Ländern einerseits, der
nationalen Umsetzungspolitiken andererseits erfolgen.

4.2.1. Politischer Kontext

Was die Rolle der *staatlichen Institutionen* anbelangt, so waren unter den untersuchten
drei Staaten ein Einheitsstaat (Schweden), ein Staat mit regionaler Teilautonomie
(Großbritannien mit seiner "devolution") sowie ein Bundesstaat mit ausgeprägtem
Föderalismus (Bundesrepublik Deutschland). Ein systematischer Einfluß dieser
unterschiedlichen Organisationsprinzipien auf die jeweilige Meeresumweltpolitik war
nicht festzustellen. Zwar steigt mit zunehmender regionaler Autonomie der Koordina-
tionsaufwand - am ausgeprägtesten ist das Bund-Länder-Koordinationssystem auch im
Politikfeld Meeresumweltschutz in der Bundesrepublik -, es scheint damit aber kein
Effektivitätsverlust bei der Meeresumweltschutzpolitik verbundes zu sein. Im Gegenteil
kann mit einer Regionalisierung der politischen Kompetenzen auch eine zusätzliche
Möglichkeit für politisches Handeln zum Schutz der Meeresumwelt durch die
unmittelbar betroffenen Küstenregionen verbunden sein, wie der Fall Schleswig-
Holsteins zeigte.[43] Das extreme Beispiel für die negativen umweltpolitischen Auswirkungen von Zentralismus war die "ökologische Ausbeutung" einer (Ostsee-)Region: der
baltischen Republiken durch die Moskauer Zentralregierung. Sie hatte zur Folge, daß
sich Umweltschutz- bestrebungen mit solchen der regionalen Autonomie (bis hin zur
staatlichen Unabhängigkeit) verbanden.

---

42   Vgl. die Abschnitte 2.4., 2.5., 3.3. und 3.4. der vorliegenden Arbeit. Auf Einzelhinweise
      wird im folgenden verzichtet.

43   Allerdings schützt auch regionale Autonomie nicht *automatisch* vor ökologischer
      Selbstausbeutung und Selbstschädigung, wie die erst kürzlich nach jahrelangem
      politischem Streit zu Grabe getragenen Pläne für den Ausbau des Dollarthafens in
      Niedersachsen zeigen (vgl. die Meldung in der Frankfurter Rundschau vom 9.3.1990, 3;
      zur Gesamtproblematik und den negativen ökologischen Wirkungen des ursprünglich
      geplanten Hafenausbaus vgl. Buchwald 1990, 247ff.)

In allen behandelten Staaten bestehen mittlerweile Umweltministerien als federführende Instanzen der Meeresschutzpolitik. Deren unterschiedliche Größe und Existenzdauer erweist sich beim internationalen Vergleich als wenig relevant für die tatsächliche Bedeutung von (Meeres-)Umweltschutzpolitik in den einzelnen Ländern. Unter den liberal-demokratischen Staaten "hinkt" Großbritannien trotz seines alten und großen DOE in der substantiellen Politik "hinterher", was auch daran liegt, daß dort unter "environmental policy" eine Reihe von Aufgaben gefaßt werden, die mit ökologischem Umweltschutz nur bedingt (oder gar nichts) zu tun haben. Der andere Extremfall ist Schweden, wo ein Umweltministerium erst spät eingerichtet wurde (1985), aber das aufgrund der nationalen "administrativen Kultur" wesentlich wichtigere Naturvårdsverk bereits seit 1967 aktiv war.

Für die realsozialistischen Staaten war eine große Differenz zwischen teilweise frühen gesetzlichen Bestimmungen und deren realer Umsetzung zu verzeichnen, die über das auch aus westlichen Staaten vertraute Vollzugsdefizit weit hinausgeht. Die Bedeutung der ministeriellen Zuständigkeit (die etwa in der Sowjetunion lange Zeit unklar war) wie auch der gesetzlichen Bestimmungen für die tatsächlich betriebene Politik zum Schutz der (Meeres-)Umwelt wurde durch die der chronischen und akuten Wirtschaftsprobleme bei weitem übertroffen. Neben diesen ökonomischen Faktoren sorgte als politischer Faktor jedoch das Fehlen jeglicher politischer Wahlmöglichkeiten dafür, daß Umweltprobleme auch politisch-parlamentarisch nicht offen artikuliert werden konnten.

Dagegen erwiesen sich in den liberal-demokratischen Staaten politische *Parteien und Wahlen* (sowie die Ausprägung des Wahlsystems) als wichtig auch für Fortschritte beim Schutz der (Meeres-)Umwelt. Nicht nur konnten sich umweltpolitische Interessen politisch artikulieren. Sie erlangten auch die Vertretung in nationalen und regionalen Parlamenten in Gestalt Grüner Parteien. Die Bundesrepublik schritt hier voran (trotz einer Hürde für den Einzug ins Parlament von immerhin 5 v.H.). In Schweden zogen die Grünen (bei einer Schwelle von 4 v.H.) erst 1988 in den Reichtag ein, waren umweltpolitische Themen aber bereits seit den frühen 1970er Jahren vor allem von der Zentrumspartei (mit Erfolg für ihre Stimmenzahl, wenn auch nicht unbedingt in der Sache, was wiederum die Entstehung der Grünen beförderte) politisch artikuliert worden. In beiden Ländern ging von grünen Erfolgen ein programmatischer Anpassungsdruck auf die übrigen Parteien aus, der umweltpolitischen Themen größeren Stellenwert verliehen hat. In Großbritannien ist dieser Effekt bisher in bezug auf das nationale Parlament aufgrund des (kleine Parteien) diskriminierenden Wahlsystems kaum zu beobachten, doch scheint hier vom Ergebnis der jüngsten Wahlen zum *Europa*parlament (15 v.H. der Stimmen für die Grünen, aber keine Sitze!) ein analoger Effekt auf die übrigen Parteien auszugehen.

Während somit die *Pluralität* der Parteien und ihre Konkurrenz (um Wählerstimmen) einen gewissen positiven Effekt auf die Berücksichtigung umweltpolitischer Themen gehabt hat, scheint eine im engeren Sinne parteipolitische Beantwortung der Frage "Do parties matter?" eher negativ auszufallen. Im internationalen Vergleich weist sowohl das sozialdemokratisch regierte Schweden als auch die liberal-konservativ regierte Bundesrepublik eine relativ, das heißt im internationalen Vergleich, weit entwickelte Meeresumweltschutzpolitik auf. Daß im Falle der Bundesrepublik die Initiative zum Schutz der Nordsee von der sozial-liberalen in die liberal-konservative Regierungsphase übernommen wurde, bestätigt dies ebenso wie die Tatsache, daß sozialdemokratische Landesregierungen (wie etwa in Schleswig-Holstein) bei ihrer "neuen" Meeresumweltpolitik mit der liberal-konservativen Bonner Regierung recht harmonisch zusammenarbeiten. Schließlich haben sich sowohl der schleswig-holsteinische Umweltminister als auch der Bundesumweltminister für eine überparteiliche Basis der Meeresschutzpolitik eingesetzt, die - wie die Debatten im Deutschen Bundestag ebenso wie ein Interview im schwedischen Reichstag zeigten - angesichts eher geringer inhaltlicher Differenzen, zumal in sachlich-technischen Fragen, bei denen der Spielraum für politische Alternativen häufig nicht sehr groß ist, durchaus vorhanden ist.[44]

Betrachtet man schließlich die Rolle der *umweltpolitischen Verbände* und damit die Beteiligung "der Gesellschaft" an Fragen des Meeresumweltschutzes, so fällt im internationalen Vergleich zunächst wieder der stärkste Kontrast zwischen den realsozialistischen und den liberal-demokratischen Staaten auf. Erstere wiegten sich in der Illusion, daß eine offene gesellschaftliche Diskussion dessen, was alle angeht,[45] durch die höhere Weisheit der Partei (bzw. der Technokraten) ersetzt werden könnte. Der Irrtum, der dieser Vorstellung zugrundeliegt, hat sich auch im Bereich der Meeresschutzpolitik erwiesen: Die Diskussion im Kreise von Experten ist nicht ausreichend, zumal wenn diese gleichsam klammheimlich erfolgen muß und ihr somit jegliche Resonanz in einer Öffentlichkeit fehlt. Umweltpolitik, die nicht bloß deklaratorisch bleibt, sondern (wenigstens) das Einklagen von Vollzugsdefiziten durch betroffene Bürger zuläßt, ist unter solchen Bedingungen nicht möglich. Darüber hinaus wäre wohl selbst eine "ökologische Diktatur", von der in den realsozialistischen Staaten allerdings nur der zweite Begriffsbestandteil verwirklicht wurde, aufgrund der Unterdrückung umweltpoliti-

---

44 Dieser Befund harmoniert mit der Feststellung von Jänicke und Mönch (1988, 389), der Politikwissenschaftler müsse beim internationalen Vergleich von Umweltpolitik "von mancher liebgewonnenen Vorstellung Abschied nehmen (,e)twa von der Annahme, daß Parteien und ihre unterschiedlichen Programme erklärungs- und prognosefähige Faktoren wären".

45 Das Prinzip "quod omnes tangit, ab omnibus approbari debet" gehört in der Tat auch von der historischen Entwicklung her zu den Grund-Sätzen parlamentarischer Systeme und muß im "Zeitalter der Kommunikation" wohl dahingehend erweitert werden, daß nicht nur von allen akzeptiert, sondern auch von möglichst vielen diskutiert werden sollte.

scher Eigeninitiative vermutlich zum Scheitern verurteilt. Dies deutet darauf hin, daß die *umweltpolitische gesellschaftssystemare Nullhypothese* (H2) aus der Einleitung im Lichte Empirie, vor allem der Erfahrung mit der Implementation umweltpolitischer Regime, *verworfen werden muß*. Die politischen Systemunterschiede, welche der Vertreterin der These als sekundär erschienen waren, erweisen sich auch für die (Meeres-)Umweltschutzpolitik als zu gewichtig, als daß sie vernachlässigt werden könnten.

Unterschiede in der Beteiligung gesellschaftlicher Gruppen am Meeresumweltschutz mit insgesamt weniger gravierenden Auswirkungen auf die Meeresumweltpolitik bestehen auch zwischen den liberal-demokratischen Staaten untereinander. Am weitesten entwickelt scheint die gesamtgesellschaftliche "ökologische Kommunikation"[46] in Schweden, das nicht nur auf das traditionell institutionalisierte "Remiss"-Verfahren der Einbeziehung möglichst vieler gesellschaftlicher Gruppen in die Beschlußfassung der Regierung zurückgreifen kann, sondern das mit dem Prinzip der "Öffentlichkeit aller Akten"[47] auch ein hohes Ausmaß an "glasnost" kennt. Darüber hinaus ist der Umweltschutz, was die Zahl der Verbandsmitglieder anbelangt, organisatorisch stark vertreten. In der Bundesrepublik ist speziell die INK zum Kristallisationspunkt für public interest groups geworden (insbesondere in Gestalt der AKN). Parlament und Regierung haben sich um die Einbeziehung der (Umwelt-)Verbände bemüht, sind dabei aber zum Teil auf Berührungsängste gestoßen. Diese sind ganz und gar abwesend im Falle des britischen Marine Forum, das schon fast semi-offiziellen Charakter hat. Hier steht der britische Arm von Greenpeace sowohl was die Aktionsformen anbelangt als auch in bezug auf das zumindest verbal gespannte Verhältnis zu Vertretern der Regierung der AKN und dem bundesdeutschen Arm von Greenpeace näher. Interessanterweise reproduzieren sich die Unterschiede in der Herangehensweise der Verbände auch bei ihren Versuchen, transnational Kontakte zu knüpfen (etwa in der "Federation Seas at Risk"). Was schließlich den offenen Umgang mit umweltpolitisch relevanten Daten anbelangt, so haben beide EG-Staaten, Großbritannien und die Bundesrepublik, mittlerweile selbst Nachholbedarf bekannt. Zumindest hat der Umweltrat der EG hierzu jüngst eine Richtlinie angenommen, die bis Ende 1992 den Zugang der Bürger der EG

---

46   Der recht glücklich gewählte Begriff stammt von Luhmann (1988); wie auch bei anderen seiner Werke verbindet sich das Geschick bei der Wahl des Titels allerdings mit einem Übermaß an Abstraktheit der Ausführungen.

47   Die sog. "tryckfrihet" (Druckfreiheit) ist verfassungsrechtlich gewährleistet seit 1766. Welcher Unterschied in der *praktischen* Anwendung zwischen diesem Prinzip und der Praxis etwa in der Bundesrepublik beim Zugang zu umweltpolitischen Daten besteht, wäre ein interessanter Gegenstand für eine vergleichende (rechts- und/oder politikwissenschaftliche) Untersuchung. *Ein* praktischer Unterschied war wie erwähnt bei der Erstellung dieser Arbeit deutlich: Einblick in die (nationalen) Aufzeichnungen über Tagungen internationaler Gremien im Rahmen der Regime zum Schutz von Nord- und Ostsee wäre mir in Schweden selbst als Ausländer bereits heute gewährt worden.

zu Umweltdaten verbessern soll.[48] Dies wird sicher auch im Politikfeld Meeresumwelt-schutz die Chancen der Umsetzung präventiver Umweltpolitik verbessern. Der bisheri-gen Umsetzungspolitik gilt der nachfolgende letzte Abschnitt dieses Kapitels.

4.2.2. Implementation

Fünf Teilkomplexe der Gesamtproblematik Meeresumweltschutz haben in dieser Arbeit zur Überprüfung der nationalen Umsetzungspolitik gedient (Einleitung über Flüsse, Dumping und Verbrennung auf See, Verschmutzung von Schiffen aus, Überwachung von Luft aus sowie Verbesserung des Erkenntnisstandes).[49] Das verfügbare Datenmaterial hat dabei zuweilen eine einschränkende und eher impressionistische Operationalisierung notwendig gemacht. Auf eine vergleichende Auswertung war jeweils verzichtet worden, und sie gilt es hier nachzuholen. Dabei ist zweierlei anzumerken: Erstens geht es an dieser Stelle nicht um die Erstellung einer Art "Hitliste" bzw. um die Brandmarkung umweltpolitischer Zauderer. Vielmehr wurde bereits bei der Darstellung der Implemen-tation in den einzelnen Kapiteln zumindest versucht, Faktoren zu benennen, welche die jeweilige Umsetzungspolitik mitbestimmen, und so gleichsam das Verständnis (was nicht notwendigerweise heißt: Billigung oder Entschuldigung) der jeweiligen Situation eines Landes zu verbessern. Zweitens bedeutet die aggregierende Zusammenfassung, die hier ansteht, eine nochmalige Vereinfachung der oben detaillierter dargelegten Befunde. Mit diesem Caveat wird die folgende vergleichende Auswertung präsentiert.

Übersicht 4-1 stellt zunächst in gedrängter Form den Befund über die Implementation der Meeresumweltschutzpolitik in den drei Fallstudienländern zusammen. Die Bemühungen um die Verbesserung des wissenschaftlichen Erkenntnisstandes mußten sehr impressionistisch operationalisiert werden. Noch schwieriger war es, aufgrund der vorhandenen Angaben einen Vergleich zu ziehen.

Da aber in allen drei Ländern erkennbar Maßnahmen zu diesem Zweck ergriffen wurden, wird ihnen hier ein angemessener Beitrag zur Erforschung der marinen Ökosysteme und ihrer Wirkungsgefüge attestiert. Für die realsozialistischen Staaten konnten hierzu so gut wie keine Angaben gemacht werden. Festzustellen war allein im Falle Polens, daß unter der Finanzkrise des Landes selbst die Meeresschutzforschung zu leiden hat.

---

48   Laut Pressemeldung soll dies vor allem durch Wegfall des bisher geforderten Nachweises eines "berechtigten Interesses" an den betreffenden Daten erreicht werden, vgl. Reutlinger Generalanzeiger vom 9.6.1990, 2.

49   Vgl. Abschnitte 2.4.3., 2.5.3., 3.3.3. sowie den Exkurs über die realsozialistischen Staaten (3.4.).

Übersicht 4-1:   Implementation - Vergleichende Auswertung

(1) Einleitung über Flüsse:

BRD: nationale Überwachung der Gewässergüte durch Länder; internationale
Kooperation wo erforderlich (IKSR, Elbe); System einheitlicher Emissionsnormen
nach "Stand der Technik" (entspricht: BAT); vorgeschlagene Schadstoffliste (nach
2. INK): 40 Posten; Anschlußrate an Kläranlagen der 1. Stufe: 86.5 v.H.

GB: nationale Überwachung durch NRA; internationale Kooperation nicht
       erforderlich; EQO-System (BAT nur in Form der BATNEEC); vorgeschlagene
       Stoffliste: 23 Posten; Anschlußrate: 83 v.H.

S: Überwachung durch nationale und regionale Behörden; Emissionsstandards
       (BAT) und EQOs (falls ökologisch sinnvoll); vorgeschlagene Stoffliste: 45 Posten;
       Anschlußrate: 100 v.H.

(2) Dumping und Verbrennung auf See:

BRD: kein Dumping ab 1989; Ende der Verbrennung: 1991

GB: Dumping gilt noch immer als BPEO, teilweise aus finanziellen Gründen (Ende:
       1998); Ende der Verbrennung: 1991

S: nationales Dumping-Verbot seit 1971; keine Verbrennung seit 1985

(3) Verschmutzung von Schiffen aus:

BRD: MARPOL-Ratifikation: 1982 samt aller Anlagen; Auffanganlagen: ausreichend,
       kostenfrei während Pilotphase (ab 1988, für zunächst 3 Jahre)

GB: MARPOL-Ratifikation: 1980, zunächst ohne fakultative Anlagen; Auffanganlagen:
       ausreichend, gegen Gebühr

S: MARPOL-Ratifikation: 1980, samt aller Anlagen; Auffanganlagen: ausreichend,
       kostenfrei

(4) Überwachung von Luft aus:

BRD: Aufwand: angemessen; strafrechtliche Verfolgung: schwierig

GB: Aufwand: angemessen; strafrechtliche Verfolgung: schwierig

S: Aufwand: angemessen; strafrechtliche Verfolgung: schwierig, aber verschuldensun-
       abhängige Haftung durch Wasserverunreinigungsabgabe

(5) Verbesserung des Erkenntnisstandes:

BRD: relativer Beitrag angemessen

GB: relativer Beitrag angemessen

S: relativer Beitrag angemessen

Quelle: Vgl. detaillierte Angaben in Abschnitt 2.4.3., 2.5.3. und 3.3.3.

Auch in ihren Bemühungen zur Überwachung von Luft aus scheinen die Staaten recht ähnlich zu liegen. Probleme mit dem Beibringen gerichtsverwertbarer Beweise (und der auch tatsächlich generalpräventiv wirkenden strafrechtlichen Sanktionierung) im Falle erfolgter illegaler Einleitungen auf See sind in allen Ländern festzustellen. Nur Schweden hat daraus die Konsequenz einer verschuldensunabhängigen Haftung gezogen.

Da eine lückenlose Überwachung von Luft aus kaum möglich ist, erscheint die komplementäre Maßnahme der für Schiffsbetreiber möglichst günstigen Bereitstellung von Auffanganlagen in Häfen (für ölige und chemische Rückstände wie auch für Schiffsmüll), die den Anreiz für das "Über-Bord-gehen-lassen" auf See verringert, sehr sinnvoll. Was die Zahl und Verfügbarkeit solcher Anlagen betrifft, wird hier mangels gegenteiliger Befunde allen Staaten ein "ausreichend" bescheinigt. Unterschiede betreffen vor allem die finanziellen Konditionen der Benutzung der Anlagen. Nur Schweden hat sich bisher definitiv auf ein "no-special-fee"-System festgelegt.

Der andere Gesichtspunkt, der zur Operationalisierung der Frage Verschmutzung von Schiffen aus herangezogen wurde, die Ratifikation des MARPOL-Abkommens, weist wiederum Großbritannien als "Nachzügler" aus. Von den sozialistischen Staaten, das sei hier nachgetragen, gehörte nur Polen zu den Signatarstaaten des Abkommens. Ratifiziert wurde es von der DDR 1984, von Polen 1986 und von der Sowjetunion 1983 (ohne die Anlagen III, IV und V, für die die Ratifikation 1987 erfolgte).[50]

In Sachen Dumping und Verbrennung wird der Abstand zwischen den Ländern noch deutlicher. Schweden hat beide Arten der Verschmutzung bereits vor der 2. INK eingestellt. Die Bundesrepublik hat es gerade noch geschafft, die auf der 3. INK festgesetzten Fristen zur Beendigung einzuhalten. Großbritannien schließlich bildet auch hier das traurige Schlußlicht, dem sich die langen Auslauffristen der Ministererklärung der 3. INK verdanken. Es fällt auf, daß die Unterschiede in der Implementation zunehmen, je mehr die behandelten Probleme über den engeren Bereich der Regelung

---

50   Angaben nach IMO 1989.

maritimer Aktivitäten hinausgehend von allgemeiner wirtschafts- und industriepolitischer Bedeutung sind.

Diese Feststellung wird bestärkt durch den Befund in Sachen Einleitung über Flüsse. Von der organisatorischen Seite ist anhand der verfügbaren Angaben noch kein gravierender Unterschied zwischen den Fallstudienländern festzustellen. In allen Ländern waren auch die zur Umsetzung der "Minus-50-Prozent"-Beschlüsse notwendigen Ausgangsdaten nicht vollständig verfügbar, wurden aber wo notwendig die nationalen Meßprogramme zur Überwachung der Wasserqualität entsprechend angepaßt. Deutlicher werden die Unterschiede bei der Wahl der in Wasserschutzfragen angewandten Standards. Großbritannien setzt hier als einziges Land noch immer ganz überwiegend nur auf Umweltqualitätsziele (EQOs). Die Berücksichtigung der besten verfügbaren Technologie (BAT) erfolgt nur zögernd (vor allem unter dem Einfluß der EG) und in Form von BATNEEC, was eine starke Qualifizierung des Anspruchs durch wirtschaftliche Erwägungen bedeutet. Die Bundesrepublik verwendet wie die meisten Staaten ein System einheitlicher Emissionsnormen, wobei der "Stand der Technik" vorgeschrieben wird. Letzteres gilt auch für Schweden, das aber neben BAT-Emissionsstandards auch EQOs einsetzt, um einen optimalen Schutz der Umwelt zu gewährleisten. Es wurde darauf hingewiesen, daß sich mit diesen unterschiedlichen Systemen auch industriepolitische und wirtschaftliche Konsequenzen verbinden: Die BAT-Anforderung stellt einen Anreiz für ingenieurmäßig-technische Fortentwicklung dar, während EQOs eher eine Herausforderung an die Umweltforschung darstellen. Wirtschaftlich können strikte Umweltqualitätsziele zwar im Einzelfall das "Aus" für bestimmte Produktionsstandorte bedeuten (wo zuviele Einleiter ein Gewässer verunreinigen). Denselben Effekt können jedoch - die Anforderungen des SNV an die schwedische Papierindustrie Anfang der 1970er Jahre waren ein Beispiel - strenge Emissionsnormen haben, die, sofern einheitliche BAT-Standards vorgegeben werden, insgesamt mehr Investitionsaufwand erfordern als EQOs.

Ein Indiz für die Neigung, tatsächlich präventiv den Eintrag gefährlicher Stoffe zu unterbinden, wurde im Umfang der im Anschluß an die 2. INK vorgelegten nationalen Listen-Entwürfe gefährlicher Substanzen gesehen. Die Reihenfolge ist hier wieder die vertraute: Schweden (45 Posten), BRD (40), Großbritannien (23; die auf der 3. INK verabschiedete Liste enthält wie erwähnt 36 Posten).

Schließlich wurde diese Reihenfolge auch in Sachen Anschlußrate der Wohnbevölkerung an Kläranlagen deutlich. Auch in diesem Punkt hat Großbritannien seine einstmals führende Position in den vergangenen 20 Jahren verloren. Da Kläranlagenbau eine kostspielige, typischerweise öffentliche Aufgabe ist, spiegelt sich hierin auch die unterschiedliche Auswirkung der wirtschaftlichen Krise seit Beginn der 1970er Jahre auf die einzelnen Staaten wider. Neben den realsozialistischen Staaten, in denen die akute Wirtschaftskrise zum Teil chronische Wirtschaftsprobleme verschlimmerte und damit für

Umweltschutzinvestitionen so gut wie keinen Spielraum mehr ließ, war, wenn auch in geringerem Ausmaß, Großbritannien von der Krise hart betroffen. Im Vergleich der Fallstudienländer ist Großbritannien mit der Wirtschaftskrise insgesamt weniger gut fertig geworden als die Bundesrepublik und Schweden. Während in Schweden etwa öffentliche (unter anderem Kläranlagen-)Baumaßnahmen im Rahmen der Vollbeschäftigungspolitik bewußt eingesetzt wurden, bestand in Großbritannien die Reaktion der Regierung auf die wirtschaftliche Krise (unter allerdings deutlich anderen, weniger von Konsens geprägten Bedingungen als etwa in Schweden oder auch der Bundesrepublik) in einer erklärten Abkehr des Staates von der Verantwortung für (und damit die finanzielle Belastung durch) gemeinhin als öffentlich angesehene Aufgaben. Die Privatisierung gerade auch der Wasserwerke ist Ausfluß dieser Politik.

Es gilt diese hier nur skizzierten Unterschiede in der wirtschaftlichen Leistungsfähigkeit, aber darüber hinaus auch in der Funktionsweise der jeweiligen gesamtgesellschaftlichen "Modelle" als erklärenden Hintergrund zu berücksichtigen, wenn abschließend in einem weiteren Schritt der Informationsverdichtung von der *Aus*wertung des Implementationsvergleichs in Übersicht 4-1 zur *Be*wertung der einzelnen Politiken in Tabelle 4-4 geschritten wird. Sie stellt die höchstaggregierte Betrachtung der Wirksamkeit der Verhaltensvorschriften der beiden Regime - für die drei eingehender in Fallstudien untersuchten Länder - dar.

Tabelle 4-4: Implementation - Vergleichende Bewertung

Teilkomplex	BRD	GB	S
(1)	+	+/-	+
(2)	x	-	+
(3)	x	x/-	x/+
(4)	x	x	x/+
(5)	x	x	x

Legende: Nummerierung der Teilkomplexe wie in Übersicht 4-1;

x = die unmittelbaren Verpflichtungen aufgrund der Regeln der Regime werden erfüllt

+ = dito, und zwar vorzeitig oder über das Mindestmaß hinaus

- = dito, und zwar unvollständig oder erst mit Verzögerung

Wie sich zeigt, ist insgesamt durchaus *von einer gewissen Wirksamkeit der Verhaltensvorschriften der Regime auszugehen*: Sie bestimmen tatsächlich das Verhalten der Staaten auf nationaler Ebene mit. Je mehr allerdings durch die Vorschriften nicht nur Forschungs- und maritime Aktivitäten betroffen werden, desto mehr zeigt sich, daß die Politik der einzelnen Länder neben den international vereinbarten Verhaltensvorschriften auch noch andere Determinanten aufweist. Neben bestimmten nationalen Verwaltungstraditionen[51] kommt hier die unterschiedliche wirtschaftliche Leistungsfähigkeit der Volkswirtschaften ins Spiel, aber auch die unterschiedliche Fähigkeit zur konsensualen Durchführung gesamtgesellschaftlicher Aufgaben, wie sie der (Meeres)Umweltschutz darstellt. Die eher "neo-korporativen" Staaten Bundesrepublik und - noch ausgeprägter - Schweden haben in beiden letztgenannten Punkten günstigere Ausgangsbedingungen als Großbritannien. Dort wurde ein Gutteil des nötigen Konsenses in der Auseinandersetzung um eine über das für eine wirtschaftspolitische "Roßkur" erforderliche Ausmaß hinaus harte Politik der Regierung zerstört.[52] Schließlich bestehen Unterschiede zwischen den Staaten im Hinblick darauf, wie die Wirtschaft sich auf die Ökologisierung des Wirtschaftens einstellt. Auch hier scheint man in Schweden, trotz anfänglicher Zweifel an der Vereinbarkeit des sozialdemokratischen Wachstumsmodells mit umweltschützenden Investitionen, inzwischen weiter zu sein und in der Umwelttechnik geradezu einen neuen Markt zu sehen. Hierin, wie auch in der Diskussion um ökonomische Steuerungsmethoden der Umweltpolitik, besteht in der Bundesrepublik eine gewisse Parallele,[53] während man in Großbritannien zum Teil zu befürchten scheint,

---

51   Diese erweisen sich etwa beim Vergleich Großbritanniens mit Frankreich als erklärungskräftig: Beide Staaten sind in Sachen Meeresverschmutzung der Nordsee in einer relativ ähnlichen "objektiven" umweltpolitischen Situation (vgl. Abbildung 2-6). Daß sich Frankreich, zunächst überraschend, weitgehend für einheitliche Emissionsnormen entschieden hat, entspricht ebensosehr seiner zentralistischen Verwaltungstradition wie die britische Option gegen dieses System der pragmatischen common-law-Tradition dieses Landes entspricht. Zur "überraschenden" Option Frankreichs für ein UES-System vgl. auch Saetevik 1988, 74f.

52   Dies zeigt sich etwa an solch symbolisch-demonstrativen Akten wie der "Verlegung" des Feiertags des 1. Mai um eine Woche. Der Politik der staatlichen Enthaltsamkeit fallen selbst so prestigeträchtige Objekte wie die Fortführung der Schnellbahntrasse auf der britischen Seite des Kanaltunnels zum Opfer. Für vergleichsweise unattraktive Ausgaben zur Sanierung des britischen Wasser- und Abwasserleitungssystems ist mit staatlicher Unterstützung bei einer solchen Politik wohl erst recht nicht zu rechnen. Hieran wird zugleich deutlich: Auch wenn die allgemeine parteipolitische Programmatik oder Zusammensetzung der Regierung im internationalen Vergleich kein guter "Prädiktor" für die tatsächlich verfolgte Umweltpolitik ist, so kann sie sie im konkreten Einzelfall doch stark beeinflussen.

53   Über diese Diskussion stellt Zimmermann (1990, 3) allerdings fest: "Daß marktwirtschaftliche Instrumente von hohem Nutzen für die Umweltpolitik und ihre Effizienz sein würden, steht dabei außer Frage und ist gebetsmühlenhaft immer wieder von der Wirtschaftswissenschaft und der wissenschaftlichen Politikberatung vorgebracht worden. Dies führt im Grunde aber zu keinen nennenswerten Ergebnissen; es bleibt abzuwarten, ob die momentane Öko-Steuer-Euphorie auf allen Seiten mehr ist als wahlkampfbedingtes Strohfeuer."

daß auch notwendige Umwelttechnologie nur wieder aus anderen Ländern importiert werden wird.[54] Inwiefern der in der Environmental Protection Bill vorgesehene Ansatz der "integrated pollution control" zur Ökologisierung der britischen Wirtschaft beitragen kann, bleibt abzuwarten. Ein ökologisch aufgeklärter Thronfolger ist jedenfalls langfristig kein Ersatz für eine gesamtgesellschaftlich getragene Regierungspolitik der ökologischen Modernisierung. Seinen Worten jedoch ist nur beizupflichten:

"Wenn uns ... die Wissenschaft überhaupt etwas gelehrt hat, dann, daß die Umwelt viel Ungewißheiten birgt. Es ist sinnlos, sie bis zur völligen Zerstörung zu testen. ... (W)ir tun recht daran, den vorbeugenden Kurs einzuschlagen. ... Uns bleibt nicht viel Zeit zum Handeln. Und wir wissen, daß (die Verschmutzung der Meere) für unser Lebenserhaltungssystem oder für unsere Lebensqualität von Übel (ist) und daß unser bisheriges Verhalten unsere Pflanzen- und Tierwelt schädigt. Daher ist die Entscheidung, wie wir in Zukunft mit unseren Ozeanen und Wasserwegen umgehen wollen, wahrscheinlich eine der wichtigsten Entscheidungen dieser Generation. Und es ist wirklich wenig sinnvoll, anklagend den nationalen Finger gegeneinander zu erheben ... Tatsache ist, daß wir alle verantwortlich sind. ... Tatsache ist, daß nur gemeinsames Handeln Abhilfe schaffen kann."[55]

Zwei Formen dieses gemeinsamen Handelns auf internationaler Ebene waren Gegenstand der vorliegenden Arbeit: das Nordsee-Regime und das Ostsee-Regime. Wie der Vergleich der Umsetzung in nationale Politik der im Rahmen dieser Regime gefaßten Beschlüsse und der Bedingungen hierfür gezeigt hat, sind trotz vieler Probleme im Detail erste Schritte hin zum Schutz der Umwelt in diesen beiden Meeren getan worden. Auch existiert nunmehr ein normativ-institutioneller Rahmen, in dem die zweifellos notwendigen weiteren Schritte unternommen und der internationalen Selbstkontrolle der Staaten wie der transnationalen Kontrolle der kritischen Öffentlichkeit unterzogen werden können.

---

54   Die Verwendung eines schwedischen Radarsystems zur Überwachung von Luft aus war
      ein Beispiel, das angeführt wurde.

55   Aus der Ansprache von Prinz Charles auf der 2. INK am 24.11.1987, zitiert nach der
      auszugsweisen Übersetzung in: Das Parlament, Nr.19-20, 4./11.5.1990, 8.

5. Schlußfolgerungen

Die im engeren Sinne themenbezogene Auswertung der beiden Regimeanalysen sowie der Fallstudien dieser Arbeit wurde im vorausgegangenen Kapitel abgeschlossen. Auf der Grundlage der gewonnenen Erkenntnisse sollen in diesem Schlußkapitel einige verallgemeinernde und weiterführende Gedanken angestellt werden, und zwar zu den drei fachlichen Forschungszusammenhängen bzw. zu den von ihnen behandelten Realitätsausschnitten, zu denen in der Einleitung ein Beitrag dieser Arbeit in Aussicht gestellt wurde. Es sind dies die internationalen Beziehungen zwischen "Ost" und "West" (Abschnitt 5.1.) und ihre Erforschung, die Forschung über internationale Regime (5.2.) sowie schließlich die internationale Umweltpolitik, ihre Analyse sowie der Vergleich nationaler Umweltpolitiken (5.3.).

5.1. Ost-West-Beziehungen und ihre Erforschung

Als ein Fall von Ost-West-Beziehungen wurde in dieser Arbeit die internationale Kooperation zum Schutz der Meeresumwelt der Ostsee im Rahmen des Ostsee-Regimes näher analysiert und im Vergleich zu einem inhaltlich ähnlichen Kooperationszusammenhang in einem West-West-Kontext, dem Nordsee-Regime, betrachtet. "Ost" und "West" wurden dabei nicht als geographische, sondern als politikwissenschaftliche (Kurz-)Bezeichnungen verwendet für Gesellschaften, die wirtschaftlich und politisch unterschiedlich verfaßt sind. Die jeweilige Verfassung läßt sich kurz als realsozialistisch einerseits,[1] liberaldemokratisch-kapitalistisch andererseits bezeichnen.[2] In diesem Sinne waren Ost-West-Beziehungen (im Unterschied zu West-West-Beziehungen) bisher *intersystemare* Beziehungen. In eben diesem Sinne sind zumindest einige der bisherigen Ost-West-Beziehungen innerhalb der KSZE-Region mittlerweile keine intersystemaren

---

1   Das auf eine (sprachlich noch schwerfälligere) Selbstbezeichnung ("real existierender Sozialismus") der östlichen Systeme zurückgehende, von ins westliche Exil verbannten Kritikern (Bahro 1977) popularisierte Attribut "realsozialistisch" empfiehlt sich außer durch die darin anklingende Ironie vor allem dadurch, daß, obwohl es zunächst unspezifisch wirkt, schon im Vergleich der Bezeichnungen die systemare Differenz zum Ausdruck kommt: Während das östliche System, das keine Trennung politischer und wirtschaftlicher Entscheidungsfunktionen kennt, nur eines Attributes bedarf, ist zur Kennzeichnung des westlichen Systems aufgrund der Trennung dieser Funktionen eine Kombination zweier Attribute ("liberaldemokratisch" und "kapitalistisch") erforderlich. Kein ausschlaggebender Grund für die Wahl des Attributes "realsozialistisch" ist dagegen für mich, daß es die sprachliche Möglichkeit beläßt, *andere* Formen des Sozialismus (oder Formen eines "anderen Sozialismus") zu benennen; jedoch sehe ich hierin auch keinen Nachteil.

2   Westliche Staaten in diesem Sinne sind nicht nur die Mitgliedstaaten der westlichen Allianz (NATO), sondern auch neutrale und nicht-paktgebundene Staaten wie Schweden und Finnland. Die Existenz dieser unterschiedlichen sicherheitspolitischen Orientierungen im Westen sorgte bereits in der intersystemaren Phase der Ost-West-Beziehungen für eine gewisse Bandbreite in der konkreten Ausgestaltung der sie konstituierenden bi- und multilateralen Beziehungen.

Beziehungen mehr, und die Frage ist berechtigt, inwiefern sie noch "Ost-West-Beziehungen" genannt werden können. Eine ausführlich begründete Antwort auf diese Frage ist hier nicht möglich. Für die praktischen Zwecke dieser Schlußbetrachtung mag folgendes genügen: Unter Ost-West-Beziehungen werden auf absehbare Zeit neben den fortbestehenden intersystemaren Beziehungen zwischen westlichen Demokratien und sich selbst als sozialistisch begreifenden Staaten, darunter nicht nur die Sowjetunion, sondern auch China[3] und eine Reihe von Staaten der sog. Dritten Welt,[4] auch die Beziehungen zwischen westlichen Demokratien und vom realsozialistischen Erbe noch stark geprägten vormaligen "Volksdemokratien", die sich inzwischen zu Demokratien gewandelt haben, zu verstehen sein. Auch bei dieser Betrachtungsweise ist jedoch aufgrund der jüngsten internen Wandlungsprozesse in vielen Staaten "des Ostens" ein deutlicher Wandel in einigen dieser Ost-West-Beziehungen festzustellen, der es noch weniger als früher erlaubt, sie auf den gemeinsamen Nenner "*der* Ost-West-Beziehungen", geschweige denn "des Ost-West-Konflikts", zu bringen.

Noch in der uneingeschränkt intersystemaren Phase der Ost-West-Beziehungen, das läßt sich als Ergebnis dieser Studie festhalten, war Kooperation zwischen Ost und West möglich, wo gemeinsame Interessen überwogen und obsolete Standpunkte (wie die Leugnung deutscher Zweistaatlichkeit, die auch die Umweltkooperation zunächst verhinderte) hintangestellt wurden. Diese Kooperation erreichte im konkreten Fall früher als in vergleichbaren West-West-Beziehungen ein inhaltlich umfassendes Ausmaß. Dies ist auf westlicher Seite das beachtliche Ergebnis einer Politik, die bei Verzicht auf kurzfristige und/oder brachiale Beeinflussung östlicher Systeme Kooperation in praktischen Fragen suchte, ohne prinzipielle Positionen aufzugeben. Dieses Ergebnis ist beachtlich, auch wenn es vielleicht zunehmend nur noch von historischem Interesse sein wird in dem Maße, wie im erwähnten Sinne intersystemare Beziehungen an Bedeutung verlieren. Beachtlich ist das Ergebnis jedoch auch deshalb, weil der westliche Pluralismus und transatlantische und andere innerwestliche Gegensätze die Durchführung einer einheitlichen "Strategie" (im Sinne eines "grand design") im Verhältnis zum Osten praktisch ausschlossen. Dennoch war diese Politik letztlich erfolgreich, sowohl in ihrer

---

3   Diese beiden Länder befinden sich allerdings in durchaus unterschiedlichen Phasen der
     Reform (bzw. Nicht-Reform) des Realsozialismus.

4   In den Entwicklungsländern scheint im Gefolge des Wandels in den entwickelten
     realsozialistischen Staaten der Sozialismus als Ideologie nachholender Entwicklung
     (Senghaas 1980) an Attraktivität zu verlieren. Als Herrschaftsideologie für verschiedene
     Einparteiensysteme bleibt er (zunächst) erhalten, ebenso wohl als Protestideologie gegen
     (welt-)wirtschaftliche Unterdrückung, auch wenn hier religiöser Fundamentalismus als
     Alternative auf den Plan tritt, die den westlichen Rationalismus als solchen, nicht nur in
     seiner kapitalistischen Form, ablehnt; vgl. als anregende Analyse des neuen Fundamenta-
     lismus den Essay von Meyer (1989), der auch verwandte Phänomene in entwickelten west-
     lichen Ländern in die Betrachtung mit einbezieht.

langfristigen Gesamtperspektive des angestrebten friedlichen Systemwandels im Osten[5] - eine Feststellung, die über den unmittelbaren Gegenstand der vorliegenden Arbeit hinausgeht -, als auch in konkreten Problemfeldern, was anhand des Problemfelds "Schutz der Meeresumwelt der Ostsee" Gegenstand dieser Arbeit war.

Die Erfolge bei der Problem- und Konfliktbearbeitung in diesem Problemfeld wurden vor allem im Vergleich zum Nordsee-Regime deutlich. Es war insgesamt ein zeitlicher und inhaltlicher Verregelungsvorsprung des Ostsee- gegenüber dem Nordsee-Regime festzustellen. Dieser Befund findet eine interessante Parallele in der Frage der Festlegung der (seewärtigen) Territorialgrenzen. Franckx stellt hierzu als Resultat seiner vergleichenden Untersuchung fest: "Another misconception which should clearly be discarded is that countries with similar political and economic systems agree more easily on a particular maritime boundary. The fact that delimitation agreements in the Baltic region have reached a higher degree of completion than in the North Sea is significant in this respect.[6]

In beiden Fällen, dem Ostsee- und dem Nordsee-Regime, waren zum einen analoge Probleme festzustellen (vor allem in der Behandlung landseitiger Verschmutzung sowie was die zum Teil hohen Finanzaufwendungen anbelangt, die hierfür erforderlich sind). Zum andern zeigten sich jedoch auch Unterschiede: Die (wahrgenommene) "Zerbrechlichkeit des Verhandlungstischs" im Falle des Ostsee-Regimes bewirkte einen eher diplomatisch-zurückhaltenden Umgang der Akteure miteinander, was inhaltlich auf die Tolerierung realsozialistischer Umweltgeheimniskrämerei hinauslief, die über die mangelnde wirtschaftliche Leistungsfähigkeit der östlichen Ökonomien hinaus eine funktionale Grenze für das Regime darstellte.

Als Folge davon bleibt für die Zukunft die Aufgabe, den ökologischen Nachlaß des Realsozialismus, seine Altlasten im realen wie übertragenen Sinne, durch vermehrte internationale und transnationale Kooperation zu bewältigen.[7] Die politischen Bedingun-

---

5   Dabei hatte der Westen allerdings das "Glück", daß auf östlicher Seite Teile der realsozialistischen Elite den Mut nicht nur der Verzweiflung, sondern auch zur Selbstkorrektur im Wege der Reform aufgebracht haben, ein Phänomen, mit dem sich vor allem der Name Gorbatschow verbindet.

6   Franckx 1990, 227. Dies verweist auch nochmals auf den besonders weit entwickelten Stand der internationalen Beziehungen innerhalb des Ostseeraums. Deren historische Entwicklung über die durch Systemwandel der beteiligten Akteure - der die Auflösung eigenständiger Staaten wie ihre (Wieder-)Entstehung als autonome Akteure durchaus einschloß - gekennzeichneten Brüche hinweg nachzuvollziehen wäre eine ebenso lohnende wie interessante Aufgabe politikwissenschaftlich-historischer Forschung im Bereich internationaler Beziehungen.

7   Beispiele für die internationale Kooperation waren neben dem Ostsee-Regime selbst bilaterale Hilfsabkommen im Umweltbereich; als Ansätze transnationar Kooperation ist neben der erwähnten "Coalition Clean Baltic" die auf privater Basis angestrebte

gen hierfür haben sich zweifellos verbessert, so daß Aussicht auf die Entstehung weiterer (Umwelt-)Regime besteht.[8] Angesichts dessen erscheint eine problemfeldbezogene Analyse von Ost-West-Beziehungen, die auch deren weiterer Ausdifferenzierung gerecht wird,[9] auch für die "post-intersystemare" Phase der Ost-West-Beziehungen als geeigneter analytischer Zugang.

5.2. Forschung über internationale Regime

Was Lehren aus den in dieser Arbeit vorgenommenen Regimeanalysen für die Erforschung internationaler Regime allgemein anbelangt, so bestünden mehrere Möglichkeiten, die Perspektive verallgemeinernd zu erweitern: von Meeresumweltschutzregimen auf Umweltschutzregime im allgemeinen, von Umweltschutzregimen auf "low-politics"-Regime, schließlich auf Regime generell. Dabei würde die Perspektive sowohl inhaltlich, was die behandelten Problem- bzw. Politikfelder anbelangt, ausgeweitet als auch im Hinblick auf den (systemaren) Kontext: neben West-West und Ost-West auch auf Nord-Süd. Von diesen denkbaren Möglichkeiten soll hier nicht systematisch Gebrauch gemacht werden. Vielmehr sollen die folgenden Überlegungen analog zum Vorgehen bei der Analyse von konkreten Regimen in solche zur Identifizierung und Konzeptualisierung von Regimen, zu ihrer Erklärung sowie zu ihren Wirkungen gegliedert werden.

Bei der deskriptiven *Identifizierung von Regimen* hat sich die Unterscheidung der vier Elemente Prinzipien, Normen, Regeln und Prozeduren als insgesamt nützlich und anwendbar erwiesen, auch wenn zuzugestehen ist, daß sich über die Interpretation im einzelnen immer streiten läßt. Richtig ist auch, wie Kohler-Koch bereits festgestellt hat, "daß Regimestrukturen nicht als logische Ableitung von problemfeldrelevanten Normen, Regeln und Verfahren aus einem konsensual gefundenen obersten Prinzip entstehen."[10] Vielmehr handelt es sich hierbei immer um einen politischen Prozeß, selbst die

---

Unterstützung des Kläranlagenbaus in Polen durch das "Global Challenges Network" zu nennen, vgl. die Anzeige des GCN mit einem entsprechenden Spendenaufruf in: Die Zeit Nr.38, 16.9.1988, 12.

8   Als Auswirkung der inzwischen angelaufenen deutsch-deutschen Kooperation zum Schutz der Elbe sind nach Angaben der "Arbeitsgemeinschaft Reinhaltung der Elbe" bereits Verbesserungen der Wasserqualität in der Tiedeelbe zwischen Geesthacht und Cuxhaven nachweisbar (erhöhter Sauerstoffgehalt, verringerter Gehalt an sauerstoffzehrenden Substanzen, Abnahme des phenolartigen Geruchs des Elbwassers); vgl. die dpa-Meldung im Reutlinger Generalanzeiger vom 19.7.1990, 25.

9   Es wären, wie erwähnt, Beziehungen zwischen dem Westen einerseits und unreformiert-realsozialistischen Staaten, sich reformierenden realsozialistischen Staaten sowie unter den Nachwirkungen des abgelegten Systems leidenden ehemals realsozialistischen Staaten andererseits zu unterscheiden.

10   Kohler-Koch 1989, 40.

Konvergenz im Verständnis des zugrundeliegenden Prinzips ist, wie am Beispiel des Vorsorgeprinzips gezeigt wurde, ein politischer Vorgang.

Die deskriptive Identifizierung hat verständlicher- und richtigerweise zunächst im Zentrum der Regimeforschung gestanden. Das Phänomen der regelgeleiteten internationalen Kooperation mußte erst einmal in seiner ganzen Vielfalt bewußt gemacht werden. Nach nunmehr gut zehn Jahren der Regimeforschung scheint mir der Deskriptionsbedarf jedoch weitgehend gedeckt. Hier wird in Zukunft wohl allenfalls ein Aktualisierungsbedarf bestehen, insbesondere wo Regime auf Evolution angelegt sind und eine solche auch stattfindet, und natürlich dort, wo neue Regime entstehen.

Was die Konzeptualisierung von "Regime" anbelangt, so kann man mit Kohler-Koch zwei Möglichkeiten unterscheiden: Regime als Regelwerke, als mehr oder weniger systematisch zusammenhängende Verhaltensvorschriften für ein Problemfeld, oder Regime als in Verhalten umgesetzte Regelwerke, das heißt als internationale soziale Institutionen.[11] Die erste Möglichkeit ist dem juristischen Verständnis von "legal regimes" insofern verwandt, als regelgeleitetes Verhalten nicht zur Existenzvoraussetzung von Regimen gemacht wird. Der Unterschied besteht im Verzicht auf die Anforderung, daß es sich um (völker-)rechtliche Normen handeln muß. In dieser Arbeit wurde konsequent die zweite Möglichkeit gewählt, was auch heißt, daß zur Identifizierung eines Regimes neben dem Aufweis formeller oder informeller Verhaltensvorschriften der Nachweis von *Umsetzungsverhalten* erforderlich ist.

Angesichts des insbesondere bei auf Evolution angelegten Regimen anzutreffenden *Zwei-Schritt-Verfahrens*: zunächst Einigung über Prinzipien und Normen, dann allmähliche Entwicklung von Regeln und (weiteren) Verfahren, ist es sinnvoll, *vier Arten von Umsetzungsverhalten* zu unterscheiden. Zunächst kann man *nationales* und *internationales Umsetzungsverhalten* differenzieren. Die nationale Umsetzung kann wiederum aus staatlicher Normsetzung einerseits bestehen, andererseits aus staatlichem ausführenden Verhalten (etwa: Kläranlagenbau) und staatlichem Kontrollverhalten sowie, besonders bei Umweltregimen, aus der tatsächlichen Umsetzung durch Handeln des gesellschaftlichen Umfelds, also nichtstaatlicher nationaler Akteure, die dabei den in nationale

---

11 Bei Kohler-Koch (1989, 19f.) taucht die Unterscheidung in der Form auf: Regime als "sets of governing arrangements" (Keohane) oder als "institutionalized collective behavior" (Ruggie). Zu Recht hält sie dies für "eine theoretisch und methodisch folgenreiche Unterscheidung, wenn es um die Analyse der Wirkung von Regimen geht." Hierauf wird unten im Rahmen der Ausführungen über die Wirkungen von Regimen zurückzukommen sein.

Normen umgesetzten Anforderungen des Regimes folgen.[12] Beim internationalen Umsetzungsverhalten ist zu unterscheiden zwischen der Umsetzung von Verregelungsprogrammen in konkrete Regeln (und damit der Erhöhung der Regelungsdichte) zum einen; sie kann sowohl im prozeduralen und institutionellen Rahmen des Regimes erfolgen (durch Entscheidungen und/oder Empfehlungen der PARCOM, HELCOM etc.) wie auch in externen Foren (im MEPC im Rahmen des MARPOL-Abkommens). Zum andern kann auch international die Umsetzung in Taten erfolgen (durch Prozeduren im Sinne von Verfahrensweisen), zum Beispiel wenn tatsächlich internationale Kontrolle ausgeübt wird, sei es *durch* die Staaten (wie etwa im Rahmen der OSCOM in Sachen des Dumping) oder sogar *für* die Staaten von einer internationalen Organisation (wie etwa der IAEA im Problemfeld friedliche Nutzung der Kernenergie), oder wenn gemeinsame Maßnahmen durchgeführt werden (international koordinierte Forschung, wie etwa im Rahmen des BMP, oder gemeinsame Übungen zur Bekämpfung von Ölverschmutzung). Sowohl international als auch national ist also zwischen der Umsetzung in (konkrete) Verhaltensvorschriften einerseits, der Umsetzung in konkrete Taten andererseits zu unterscheiden. Alle vier Arten von Umsetzung sind *Voraussetzung* für die Existenz eines Regimes. Als *Elemente* eines internationalen Regimes sind jedoch nur die internationalen Verhaltensvorschriften und Verhaltensweisen zu betrachten.

Die Aufgabe der *Erklärung der Entstehung von Regimen* bezieht sich in diesem Sinne nur auf die Gesamtheit der Regimeelemente, nicht auch auf das nationale Umsetzungsverhalten. Dieses wird durch eine Reihe von Faktoren bestimmt, und die Anforderungen des Regimes sind nur einer hiervon. Was die einzelnen Ansätze zur Erklärung von Regimen anbelangt, so lassen sich folgende Desiderate benennen. Die *problemstrukturelle Erklärung* kam in dieser Arbeit nur in Gestalt der Problemdruckhypothese zur Geltung, die zwischen hohem Problemdruck (als "Prädiktor" für Regimeentstehung) und niedrigem Problemdruck unterscheidet. Die Schwierigkeit mit dieser Hypothese besteht in folgendem: Je mehr bei der Ermittlung des Problemdrucks auf die Wahrnehmung der Akteure rekurriert wird - was angebracht ist, um die Lücke in der Kausalkette zwischen dem bloßen "Prädiktor" ökologische Problemlage und dem Explanandum "staatliches Handeln" zu schließen -, desto geringer wird der Unterschied zwischen einer solchen problemstrukturellen Erklärung und einer interessenbasierten Erklärung mittels der individuellen umweltpolitischen Situation. Es wäre zu untersuchen, ob es eine Typologie

---

12   Die starke Einbeziehung des gesellschaftlichen Umfeldes von Regimen, ja seine
      Beteiligung am Umsetzungshandeln, ist bisher ein Unterschied zwischen Regimen in "low-
      politics"-Problemfeldern wie solchen des internationalen Umweltschutzes und "high-
      politics"-Problemfeldern etwa der Sicherheitspolitik. In dem Maße, wie sich Sicherheitsre-
      gime nicht mehr auf Regeln für rein militärische Aktivität beschränken, sondern zu
      deutlicher Verringerung zum Beispiel von Truppenstärken führen, werden auch in diesem
      Bereich die gesellschaftlichen Auswirkungen stärker hervortreten.

umweltpolitischer Problemfelder gibt, die den Verregelungserfolg mittels objektiver Merkmale zumindest mit zu erklären vermag.

Bei den *interessenbasierten Erklärungsansätzen* erweist sich die individuelle umweltpolitische Situation als voraussagekräftig für das umweltaußenpolitische Verhalten. Das Problem besteht hierbei in folgendem: Selbst wenn die individuelle umweltpolitische Situation sehr gehaltvoll operationalisiert wird, erklärt sie zunächst nur das Verhalten einzelner Staaten. Erst das Zusammenspiel des Verhaltens mehrerer Staaten erklärt jedoch die Entstehung eines Regimes. Hier ist ein "Aggregationsproblem" zu lösen, realiter durch die Akteure und auf der Ebene der Erklärung durch den Analytiker. Die spieltheoretische Situationsanalyse stellt den Versuch dar, das analytische Problem zu lösen. Sie ist jedoch nicht nur voraussetzungsvoll was die Kenntnis der Präferenzen der Akteure anbelangt, sondern bei zunehmender Zahl der Akteure nur noch wenig praktikabel. Meine Vermutung geht dahin, daß das reale Problem des "kollektiven Handelns" - daß dieses nämlich nicht zustandekommt, weil die Akteure ein "Trittbrettfahren" der übrigen Akteure und damit Schaden für sich selbst fürchten, was sie ihrerseits von Kooperation abhält -, sich in umweltpolitischen Problemfeldern teilweise gegenüber den klassischen Beispielen wie dem Gefangenendilemma deutlich verringert, und zwar aus mehreren Gründen: 1. der Anreiz zum Trittbrettfahren wird teilweise durch die Aussicht auf Selbstschädigung gemindert; 2. die Gefahr, Opfer des Trittbrettfahrens zu werden, ist keine unmittelbare "Lebensgefahr" wie etwa in sicherheitspolitischen Problemfeldern; auf allfällige Nichteinhaltung von umweltpolitischen Regeln kann durchaus im Rahmen von Regimen reagiert werden (es ist dann nicht, wie im Gefangenendilemma, "zu spät"); Umweltregime werden nicht schon aufgrund einzelner Regelverletzungen obsolet; 3. schließlich scheint, je umfangreicher die Kooperation angelegt wird, desto mehr, ein heilsamer "Schleier des Nichtwissens" zu verhindern, daß die Staaten sich alle Auswirkungen eines (Umwelt-)Regimes im Detail und somit Kosten und Nutzen im voraus exakt ausrechnen können. Eine berechnend-taktische Haltung zur Frage der Regimeteilnahme wird dadurch weniger wahrscheinlich. Dies sowie der Zwei-Schritt-Charakter vieler Umweltregime, der ein "Bremsen" bei einzelnen Beschlüssen im Rahmen des Regimes erlaubt und somit das "Risiko" der Beteiligung an einem Verregelungsprozeß, einem Regime, vermindert, erleichtert die Regimeentstehung. Das heißt nicht, daß kollektives Handeln problemlos und konfliktfrei möglich wäre. Gerade zur Bearbeitung der Konflikte bei der Organisation kollektiven umweltpolitischen Handelns zwischen (ökologisch) interdependenten Staaten jedoch stellt ein Regime einen institutionellen und normativen Rahmen zur Verfügung, wobei die Prinzipien und Normen mitbestimmen, welche Art von Argumenten akzeptabel sind und wem der Rechtfertigungszwang obliegt.

Schließlich ist die Bedeutung *kognitiver Erklärungsfaktoren* gerade im Falle von Umweltregimen evident.[13] Die gemeinsame Definition der Situation im Sinne einer Problemlage ist für die Entstehung von Umweltregimen ebenso wichtig wie ein konsensuales Wissen über ökologische Wirkungszusammenhänge Voraussetzung für sinnvolle Beschlüsse im Rahmen solcher Regime ist. Die Organisation gemeinsamer Wissensproduktion im Rahmen der Regime läßt sich vergleichsweise leicht dokumentieren. Der vorausgehende Prozeß der Bewußtwerdung über die Existenz einer Problemlage auf der Ebene von Entscheidungsträgern (im Sinne eines "ecological learning"[14]) ist wesentlich schwieriger zu dokumentieren, geschweige denn, daß hierzu ausgearbeitete Hypothesen bestünden.[15] Aus der Erfahrung dieser Arbeit läßt sich jedoch sagen, daß pluralistische gesellschaftliche Strukturen mit der Möglichkeit der Abwahl von Entscheidungsträgern zu den institutionellen Voraussetzungen zählen, die solches Lernen begünstigen.

Was schließlich die *Wirkung von Regimen* anbelangt, so ist zunächst zwischen der *Wirkungsweise* und den *(Aus-)Wirkungen* zu unterscheiden. Die Klärung ersterer ist Voraussetzung für die Analyse letzterer.[16] Versteht man unter Regimen internationale soziale Institutionen, so ist die Umsetzung ihrer Verhaltensvorschriften nicht als eine (Aus-)Wirkung der Regime zu begreifen, sondern als Indikator für die Wirksamkeit (Effektivität) der Verhaltensvorschriften des Regimes, also als eine Wirkungsweise des Regimes. Versteht man dagegen Regime im Sinne der ersten oben unterschiedenen Möglichkeit nur als Regelwerke, etwa im Sinne von "legal regimes", so kann man durchaus formulieren: Das Umsetzungsverhalten ist eine Auswirkung *des* Regimes. Beide Arten der Konzeptualisierung stimmen jedoch in einem Punkt überein: Es geht ihnen nicht um bloß faktische Regelmäßigkeiten des Verhaltens. Daher läßt sich für beide auch die - bohrende - Frage stellen, wie denn die (normative) Wirksamkeit der Verhaltensvorschriften (faktisch) zu verstehen ist. Die Antwort ist schwierig, setzt sie

---

13   Der Hinweis auf die Bedeutung von "epistemic communities" findet sich im übrigen bereits in einem der frühesten Beiträge zur Regimeanalyse (Ruggie 1975, 569f.).

14   Der Begriff wird in Analogie zu dem von Nye (1987) geprägten Begriff des "nuclear learning" verwendet. Nicht viele Politikwissenschaftler sind jedoch wie er in der glücklichen Lage, zur Dokumentation solcher Lernvorgänge der Entscheidungsträger auf "personal experience" (ebd., 378) zurückgreifen zu können.

15   Ernst B. Haas, der zu den "Kognitivisten" im Bereich der Forschung über internationale Beziehungen zählt, hat jüngst das verwandte Problem des Lernens von internationalen Organisationen behandelt und dabei drei mögliche förderliche Bedingungen ("plausible predictors") benannt (1990, 27): "the desirability of finding new cause-effect chains, the possibility of finding them, and the urgency for finding them." Er ist damit in der Tat über Plausibilitätsannahmen kaum hinausgekommen, was aber seiner generellen Skepsis gegenüber einem kausalanalytischen Verständnis kognitiver Erklärungen entspricht: "My approach differs sharply from the more direct ideas of causation embedded in behavioral and in rational-choice approaches to the phenomena studied here because it rejects simple notions of causality." (Ebd., 9)

16   So zutreffend Kohler-Koch 1989, 49.

doch die Analyse der Motivation staatlichen Verhaltens voraus. Sieht man von den besonderen Problemen der "Motivationsforschung an kollektiven Akteuren" einmal ab, wird ein altes Problem der Moralphilosophie als Kern der Frage deutlich: Ist die Wirkung von Normen empirisch (kausal) begründet, oder beruht sie auf der Anerkennung von Gründen ("reasons"), die sich kausaler Analyse letztlich verschließt?[17] Sicher ist, daß die Überwindung kurzfristiger, egoistischer Interessen Bedingung für die Wirksamkeit von Verhaltensvorschriften ist.[18] Doch heißt dies wohl nicht, daß Normen, um als "echte" solche zu gelten, notwendigerweise den langfristigen Interessen der Akteure zuwiderlaufen müßten.[19] Wo sie es nicht tun, ist ihre Realisierungschance zweifellos höher. Für die empirische Erklärung der Wirksamkeit von Normen heißt das, daß diese sozusagen überdeterminiert sein können: das normativ Gebotene kann zugleich das im Lichte von (langfristigen) Interessen Gebotene sein. Bezogen auf die Wirksamkeit der Regimenormen heißt dies: Sie ist vermutlich vorwiegend darin begründet, daß sie bei dem Interessenkalkül staatlicher Entscheidungsträger, das ihren Entscheidungen für bestimmte Handlungsweisen vorausgeht, die Erwägung langfristiger Interessen verstärkt, welche die Interessen anderer Akteure eher mit einbezieht.[20] Zudem wird dieses Kalkül um den Faktor der drohenden Sanktionen für Nichtbefolgung erweitert, sobald Normen einmal international etabliert sind.

Die *(Aus-)Wirkung in der Sache* von Umweltregimen, deren Verhaltensvorschriften in der beschriebenen Weise wirksam geworden sind, das heißt ihr Beitrag zum Erhalt oder zur Verbesserung des Zustands der Umwelt, ist die zentrale Wirkung innerhalb des Problemfelds. Die Überprüfung der so verstandenen *Zielerreichung* ist jedoch angesichts

---

17   Zur "force of prescriptions" vgl. auch Kratochwil 1984, der die Frage, "whether the framework of causal imputation can adequately deal with rule-following" (ebd., 686) eher verneint.

18   Vgl. Efinger/Rittberger/Zürn 1988, 69: "Ein definierendes Merkmal (von Regimen) ist demnach die Bereitschaft der beteiligten Akteure, *momentane* Eigeninteressen den Normen und Regeln des Regimes unterzuordnen." (Einschub und Herv. von mir, ML)

19   In der Moralphilosophie wird dieser Punkt seit langem als der Streit zwischen empiristisch-konsequentialistischen Positionen wie der Hobbes', Humes oder des Utilitarismus (Bentham) einerseits und deontologischen Positionen andererseits ausgetragen, wie sie am deutlichsten Kant vertrat. Dessen Auffassung, daß sich die Gebote der Moral auch nicht im aufgeklärten Eigeninteresse erschöpfen, hat Schiller sehr hübsch karikiert, als er in den Xenien schrieb: "Gerne dien' ich den Freunden, doch tu' ich es leider mit Neigung, und so wurmt es mich oft, daß ich nicht tugendhaft bin!" (zitiert nach Schnädelbach 1985, 102.)

20   Es besteht somit eine gewisse Parallele zur soziobiologischen Erklärung moralanalogen Verhaltens bei Tieren durch die "inclusive fitness"; vgl. hierzu Singer 1983. Vollkommen selbstloses Verhalten von Staaten, das gar nicht durch Eigeninteressen motiviert wird, und seien sie langfristig und aufgeklärt, erscheint dagegen zwar nicht als unmöglich, aber doch als eher unwahrscheinlich (nicht nur wegen der moralisch vielleicht zweifelhaften, aber empirisch verbreiteten Neigung, Angehörige des eigenen Staates gegenüber Ausländern bevorzugt zu behandeln, sondern auch, weil Staaten die verantwortungsethisch legitime Aufgabe haben, für ein *lokales* Gemeinwohl zu sorgen, auch wenn dieses Recht wiederum nicht unbegrenzt ist).

der kurzen Existenz der meisten Umweltregime zur Zeit schwierig und methodisch eher eine Aufgabe der naturwissenschaftlichen Umweltforschung als der Sozialwissenschaften. Diese können sich allenfalls (gleichsam auf der Metaebene) der Beurteilung ("Assessment") von Verifikations- und Assessment-Prozeduren widmen und diese vergleichend untersuchen.[21]

Als weitere Wirkung von Umweltregimen innerhalb des Problemfelds wurde die *internationale Vermittlung umweltpolitischer und umwelttechnologischer Anspruchsniveaus* erwähnt. Sie beruht auf der Wirkungsweise der Regime als Diskussionsforen für Experten sowie auf der durch die Prinzipien und Normen bewirkten Umkehr der Beweislast, welche von den verdächtigten Verschmutzern zu tragen ist. Unterstützt wird dieser Mechanismus durch die prozedurale Beteiligung transnationaler Umweltverbände, die auf umweltpolitische Zauderer Druck ausüben können.

Als *Wirkung umweltpolitischer Regime über das Problemfeld hinaus* konnte vor allem die autokatalytische Wirkung als Modell für weitere internationale Regime angeführt werden. Der Beitrag des Ostsee-Regimes zur Verbesserung der Gesamtbeziehungen zwischen den beteiligten Staaten war dagegen eine kontextabhängige Wirkung, die so weder in West-West-Kontexten noch in "post-intersystemaren" Ost-West-Kontexten zu erwarten ist.

Schließlich ist dies der Ort, auf die in der Einleitung aufgeworfene Frage nach der Wirkung von Regimen auf das "Reich der Politik" allgemein, speziell auf die Trennung zwischen Innen- und Außenpolitik, zurückzukommen. Davon, daß sie generell oder auch nur in den behandelten Problemfeldern völlig aufgehoben worden wäre, kann nicht die Rede sein. Auch bei Existenz eines internationalen Regimes verbleibt den Staaten ein erheblicher Handlungsspielraum, der sowohl zur minimalen Erfüllung (und teilweise Unterschreitung) der Anforderungen der Regime genutzt werden kann, als auch - leider seltener - zur "Übererfüllung". Andererseits ist ein Gutteil des nationalen staatlichen und nichtstaatlichen Umsetzungsverhaltens doch von internationalen Anforderungen bestimmt, so daß der Begriff der "internationalisierten Politik" als durchaus angemessen erscheint. Was früher kein Thema der internationalen Politik (und noch früher möglicherweise überhaupt kein Thema der Politik) war, ist in der "kleiner gewordenen",

---

21   Ein erster Vergleich von Verifikationsverfahren, der Umweltregime mit einschließt, findet sich bei Fischer 1990. Allerdings verbleibt die Darstellung ganz auf der Ebene der Analyse von Vertragsbestimmungen. Daß die Information schnell knapp wird, wenn man sich um die *Praxis* der Verifikation kümmert, wird in dem Beitrag von Kasoulides (1990) über das MOU deutlich.

interdependenten Welt von heute[22] zu einem solchen Thema geworden. Früher rein national zu entscheidende Fragen sind internationalisiert worden.[23] Gleichsam die andere Seite der Medaille dieser Internationalisierung vormals nationaler Politik ist der Wandel, den die vermehrte Errichtung von Regimen für das internationale System als ganzes bedeutet. Es ist wiederum nicht die Ersetzung der internationalen Politik durch einen Weltstaat. Ja es geht nicht einmal um neue Akteure im System - Regime, dies wurde bereits eingangs klargestellt, sind keine (kollektiven) Akteure. Was sich jedoch ändert ist, um einen bereits von Bismarck verwendeten recht glücklichen Ausdruck zu gebrauchen, der Aggregatzustand des internationalen Systems: die Bindungskräfte zwischen den Bestandteilen des internationalen Systems nehmen zu. Seine Gesamtstabilität, so kann man vermuten, wird dadurch erhöht. Ob durch die Errichtung internationaler Umweltregime auch die regionalen und globalen ökologischen Voraussetzungen menschlichen Lebens gewahrt werden können, ist eine Frage der (internationalen) Umweltpolitik. Ihr sowie ihrer Analyse gilt der letzte Abschnitt dieser Arbeit.

5.3. Umweltpolitik und ihre Erforschung

In der Einleitung wurde die (internationale) Umweltpolitik in einen größeren, humanökologischen Zusammenhang gestellt. Es war davon die Rede, daß angesichts der ökologischen Probleme, in welche die Gesellschaften der Hochenergiephase geraten sind, ein gesamtgesellschaftlicher Lernprozeß mit ungewissem Ausgang begonnen hat. Sein prinzipieller Ablauf wurde mit einem von Stephen Boyden übernommenen Schaubild (Abbildung 1-3) skizziert. Diese Aussagen müssen nun ergänzt werden.

Zunächst ist festzustellen, daß in globaler Sicht nicht nur die Gesellschaften in der Hochenergiephase an der ökologischen Zerstörung teilhaben. In vielen Regionen trägt massenhafte Armut auf niedrigem Energieverbrauchsniveau ebenfalls zur Umweltzerstörung bei.[24] Ökologischer Fortschritt wäre hier zum Teil durch einen Mehrverbrauch an Energie, allerdings der richtigen Art, zu erreichen.[25] Für die Gesellschaften in der Hochenergiephase gilt dagegen: Nicht nur setzt sich ihr Verbrauch aus zum Teil sehr unterschiedlichen Primärenergiequellen zusammen (mit entsprechend differierenden

---

22   Der hier alltagssprachlich apostrophierte Sachverhalt wurde von mir an anderer Stelle in sozialwissenschaftlichen Kategorien als Prozeß weltweiter Vergesellschaftung zu interpretieren versucht, vgl. List 1989.

23   Als Beispiel sei nochmals an den zaghaften Schritt der 3. INK zur Errichtung einer internationalen Konsultationspflicht bei Entscheidungen mit bedeutsamen Auswirkungen für die Meeresumwelt der Nordsee erinnert.

24   Prittwitz (1986) hat dies bei seiner Typologie der Arten von Umweltverschmutzung berücksichtigt und spricht von "armutsverursachter Umweltzerstörung" (medio ambiente destruido por la pobreza).

25   Beispielsweise wird in den Randgebieten der afrikanischen Wüsten oft der letzte spärliche Baumwuchs der Gewinnung von Brennholz geopfert.

Auswirkungen auf die Umwelt),[26] sondern auf (annähernd) demselben Niveau von Energieverbrauch sind auch deutliche Unterschiede zu erkennen, was den Stand des ökologischen Bewußtseins und des erreichten ökologischen Umbaus anbelangt.[27] Zwei Konsequenzen ergeben sich aus dem Gesagten: Erstens ist die von Boyden gegebene Phaseneinteilung auch für humanökologische Zwecke zu grobrastrig.[28] Zweitens zeigt sich - dies hervorzuheben erscheint mir nicht unwesentlich -, daß die vom Menschen verursachte ökologische Krise nicht unabwendbar voranschreitet, sondern daß durchaus ein umweltpolitischer Handlungsspielraum besteht, den es zu nutzen gilt.

Die Entwicklung der Umweltpolitik, auch im Bereich des Meeresumweltschutzes, folgte bisher allerdings im wesentlichen dem Problemdruck. Noch immer sind es bereits eingetretene Schäden, welche überwiegend die Entwicklung der Politik bestimmen, so daß man geradezu von einer "Katastrophentheorie" der Umweltpolitik sprechen kann.[29] Das Risiko dieses Lernmechanismus - allenfalls aus Schaden klug zu werden, was ja voraussetzt, daß dieser reversibel (und überlebbar) ist - wird verbal allgemein anerkannt: Nicht auf definitive wissenschaftliche Kausalnachweise für Schadwirkungen zu warten ist ein Aspekt des Vorsorgeprinzips, das beiden hier behandelten Regimen zugrundeliegt. Ein tatsächlich vorsorgender (Meeres-)Umweltschutz verlangt aber wesentlich mehr, letztlich eine gesamtgesellschaftliche ökologische "perestroika". Hierzu ist eine offene gesellschaftliche Debatte nötig, die zu Recht im Zentrum von Boydens Modell (Abbildung 1-3) steht. Bei ihr handelt es sich um ein komplexes Zusammenspiel von Politik, Wissenschaft und Gesellschaft im allgemeinen. Kuiper, Zevenboom und ten Brink haben dies für den Nordsee-Fall in einer Graphik zusammengefaßt, die hier als letzte Abbildung eingeführt werden soll (Abbildung 5-1). Sie

---

26   Das extreme Beispiel in dieser Hinsicht ist wiederum Schweden, das wie angeführt nur 5 v.H. seiner elektrischen Energie auf der Basis fossiler Brennstoffe erzeugt (dafür allerdings der Kernenergie noch einen Anteil von über 50 v.H. einräumt).

27   Dies wird bereits innerhalb der Gruppe der drei Fallstudienländer deutlich und erst recht, wenn man die sich ebenfalls in der Hochenergiephase befindenden realsozialistischen Staaten mit einbezieht.

28   Die Nützlichkeit des übrigen von ihm entwickelten begrifflichen Instrumentariums bleibt davon unberührt.

29   Erinnert sei an die auslösende Rolle von Tankerkatastrophen für die internationale Regelsetzung im Bereich Schiffssicherheit, an die Irrfahrt der Stella Maris, die das Zustandekommen des Oslo-Abkommens mit bewirkte, an die Wirkung des "Algensommers" 1988, der nicht nur den bundesdeutschen Umweltminister zu seinem 10-Punkte-Programm animierte, sondern auch den Grünen in Schweden mit zum Einzug in den Reichstag verhalf. Dem von Prittwitz 1990 vorgetragenen Einwand gegen die Problemdruck- bzw. "Katastrophen"-Theorie zur Erklärung von Umweltpolitik muß allerdings zumindest insoweit recht gegeben werden, daß zwischen dem objektiv-ökologischen Problemdruck und der umweltpolitischen Reaktion oft umweltpolitische Kapazitäten als "intervenierende Variablen" wirksam werden, auch wenn deshalb analytisch nicht gleich von der "Katastrophentheorie" zum "Katastrophenparadox" übergegangen werden muß.

Abbildung 5-1:   Politik, Wissenschaft und Gesellschaft - Ihr Zusammenspiel im
                  Problemfeld "Schutz der Nordsee"

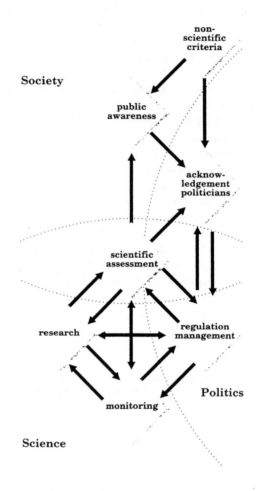

Quelle: Kuiper/Zevenboom/ten Brink 1989, 208.

macht zugleich die (Schnitt-)Stellen deutlich, an denen weitere Umweltpolitik-Analyse
ansetzen kann, und von denen abschließend drei benannt werden sollen.

Ausgangspunkt dieser Arbeit war die internationale Seite des "regulation/management"-Kästchens in Abbildung 5-1 in Gestalt der beiden Regime zum Schutz von Nord- und Ostsee. Dabei wurde mehrfach deutlich, daß eine Analyse dieser Regime, die über das Studium internationaler Vertragsbestimmungen hinausgeht, sehr schnell die Grenzen eines "Ein-Mann-Unternehmens" sprengt. Es läge daher nahe, das Studium internationaler Regime auch international koordiniert zu betreiben.[30] Hierdurch könnte auch die Ausleuchtung des jeweiligen nationalen Kontexts für die "internationalisierte" Umsetzungspolitik verbessert werden. Die Schwierigkeiten, welche mir bei dem Bemühen begegneten, auch nur (west-)europaweite Grundinformationen über die aktuelle Umweltpolitik und ihre administrativ-politische Umsetzung zu erlangen, deuten darauf hin, daß über bestehende Ansätze hinaus[31] hier ein Bedarf für die Aufarbeitung an Information besteht. Um wenigstens an dieser Stelle eine politikberatende Empfehlung auszusprechen: Es wäre sicher sinnvoll, die geplante Europäische Umweltbehörde nicht nur zu einer Sammelstelle für naturwissenschaftliche Daten zu machen, sondern ihr auch eine sozialwissenschaftliche Umweltpolitikforschungsabteilung beizugeben.

Solange derart hochfliegende Pläne noch unverwirklicht bleiben, ist eine zweite nützliche Aufgabe im (vergleichenden) Studium der konkreten Umsetzung internationaler Beschlüsse in einzelnen Staaten zu sehen. Dabei könnte einzelnen Teilaspekten von solch großen Problemkomplexen wie dem Schutz der Nordsee detaillierter nachgegangen werden, als es in dieser Arbeit möglich war.[32]

Schließlich ist in nahezu allen umweltpolitischen Problemfeldern das Problem des Umgangs mit bzw. der Vermittlung von naturwissenschaftlichen Erkenntnissen anzutreffen, und zwar in bezug auf deren Rezeption sowohl durch die Öffentlichkeit wie durch die Entscheidungsträger. Es geht dabei um die nationale und internationale

---

30 Ein erster Anlauf zu einer solchen international koordinierten Forschung wird zur Zeit im Rahmen eines wissenschaftlichen Programms der European Science Foundation (ESF) unter dem Titel "Environment, Science and Society: An Economic and Institutional Analysis" unternommen. Dabei sind neben einer Fallstudie zum Problemfeld "Schutz des Mittelmeers" auch zwei Studien zu Aspekten des Schutzes der Nordsee vorgesehen. An letzteren sollen Teams aus allen Nordseeanrainerstaaten (außer Frankreich) teilnehmen; vgl. ESF Communications Nr.22, April 1990, 18f.

31 Zu denken ist vor allem an das von der European Cultural Foundation getragene Institut für Europäische Umweltpolitik, das immerhin Sitze in Bonn, London, Paris und Brüssel hat.

32 Ein Beispiel für eine derartige Untersuchung stellt die zitierte Studie von Gibson und Churchill (1990) dar, die sich auf die Teilaspekte "Einleitung gefährlicher Stoffe in Flüsse und Flußmündungen" und "Dumping" am Beispiel Großbritanniens konzentriert. Eine ähnlich angelegte Studie über den Umgang mit Cadmium und Quecksilber in Schweden, Dänemark und Polen bereitet zur Zeit ein schwedischer Kollege (R. Hjorth) vor.

Erarbeitung von "konsensualem Wissen". Die weiterer Analyse werte Frage ist, durch welche Strukturen und Institutionen hier auf beiden Ebenen ein möglichst offener Dialog gefördert werden kann,[33] ohne daß angesichts potentieller Umweltgefahren unnötige Panik einerseits, offizielle Abwiegelungsrhetorik andererseits überhand nehmen.[34]

Kehrt man abschließend von den Defiziten und Desideraten der Umweltpolitik-Analyse zu denen der Umweltpolitik selbst zurück, so ist festzuhalten:
Nur durch ein großes Maß an umweltpolitischer "glasnost"[35] werden Umweltregime einen Beitrag zur Verbesserung des Zustands der Umwelt leisten können, hat die ökologische "perestroika" Aussicht auf Erfolg. Diese letzte Formulierung mittels der beiden inzwischen in den internationalen Wortschatz eingewanderten russischen Lehnwörter wird dabei mit Bedacht gebraucht. Zum einen sind die hier angesprochenen Aufgaben von ähnlicher Dimension wie jene, auf die die beiden Begriffe sich ursprünglich bezogen. Zum anderen soll damit deutlich gemacht werden, daß das Scheitern des Realsozialismus nicht bedeutet, daß in westlichen entwickelten Gesellschaften nur mehr "kleine Korrekturen" erforderlich wären. Im Bereich der Umweltpolitik sind nach wie vor große Korrekturen erforderlich, sicher nicht nur in westlichen Industriestaaten. Aufgrund ihrer vergleichsweise günstigen materiellen und politischen Voraussetzungen kommt ihnen jedoch in Sachen Umweltpolitik auch international eine besondere Verantwortung zu.

---

33   Nationale Einrichtungen wie der Rat von Sachverständigen von Umweltfragen sowie die
      entstehenden internationalen "wissenschaftlich-politischen Komplexe" (Wettestad/Andre-
      sen 1990, 114) wie die NSTF im Rahmen des Nordsee-Regimes sind hier von Interesse.
      Die Bedeutung letzterer betonenen A. Bijlsma und C. ten Hallers (1989, 11) in ihrem
      Executive Summary einer Konferenz, die sich unter anderem genau mit diesen Fragen
      der Vermittlung zwischen Wissenschaft und Politik befaßte, wenn sie zu dem Schluß
      kommen: "Scientific advice given by an international group of scientists can be more
      independent than purely national science since the different national policy judgements
      may polarize scientists in different ways."

34   Beide werden kaum ganz zu vermeiden sein und bedingen einander zum Teil wechselsei-
      tig.

35   Unter anderem in Form der Gewährung von Beobachterstatus für nichtstaatliche
      transnationale Umweltorganisationen.

Verzeichnis der Abbildungen, Tabellen und Übersichten

Verzeichnis der Abkürzungen

1. Maße, Zahlen und Währungen

a	Jahr
BRT	Bruttoregistertonne(n)
DM	Deutsche Mark
ECU	European Currency Unit
ha	Hektar
kg	Kilogramm
km	Kilometer
km^2	Quadratkilometer
km^3	Kubikkilometer
£	britische(s) Pfund
m	Meter
m^3	Kubikmeter
Mio.	Million(en)
ÖE	Öleinheiten
sm	Seemeile(n) (1 sm = 1,852 km)
t	Tonne(n)
v.H.	von Hundert

2. Länderkürzel und Ländernamen

B	Belgien
BRD	Bundesrepublik Deutschland
CSFR	Tschechoslowakische Föderative Republik
DDR	Deutsche Demokratische Republik
DK	Dänemark
E	Spanien
F	Frankreich
GB	Großbritannien
IRL	Irland
IS	Island
N	Norwegen
NL	Niederlande
P	Portugal
PL	Polen
S	Schweden
SF	Finnland
SU	Sowjetunion
UdSSR	Union der Sozialistischen Sowjetrepubliken
US(A)	United States (of America)

3. Organisationen, Institutionen, Abkommen und Gesetze

AKN	Aktionskonferenz Nordsee
BBU	Bundesverband Bürgerinitiativen Umweltschutz
BImSchG	Bundesimmissionsschutzgesetz
BLANO	Bund-Länder-Ausschuß Nord- und Ostsee
BLAU	Bund-Länder-Arbeitskreis Umweltchemikalien
BMB	Baltic Marine Biologists
BMFT	Bundesministerium für Forschung und Technologie
BMP	Baltic Monitoring Programme
BT	Bundestag
BVerfG	Bundesverfassungsgericht
CBO	Conference of Baltic Oceanographers
CC	Combating Committee (der HELCOM)
CDU	Christlich Demokratische Union
CSU	Christlich Soziale Union
CVC	Group of Chairmen and Vice-Chairmen (der OSPARCOM)
DIFF	Deutsches Institut für Fernstudien
DGM	Deutsche Gesellschaft für Meeresforschung
DHI	Deutsches Hydrographisches Institut
DOE	Department of the Environment
dpa	Deutsche Presseagentur
DTp	Department of Transport
EEA	Einheitliche Europäische Akte
EG	Europäische Gemeinschaft
EP	Europäisches Parlament
EPB	Environmental Protection Bill
ESF	European Science Foundation
EWG	Europäische Wirtschaftsgemeinschaft
FAO	Food and Agriculture Organization
FDP	Freie Demokratische Partei
GESAMP	Group of Experts on the Scientific Aspects of Marine Pollution

HELCOM	Helsinki Commission
HMIP	Her Majesty's Inspectorate of Pollution
ICES	International Council for the Exploration of the Sea
IKSR	Internationale Kommission zum Schutz des Rheins
IMO	International Maritime Organization
INK	Internationale Nordseeschutzkonferenz
JMP	Joint Monitoring Programme (der OSPARCOM)
KSZE	Konferenz über Sicherheit und Zusammenarbeit in Europa
LANA	Länderarbeitsgemeinschaft Naturschutz
LAWA	Länderarbeitsgemeinschaft Wasser
LDC	London Dumping Convention
MAFF	Ministry of Agriculture, Fisheries and Food
MARPOL	International Convention for the Prevention of Pollution from Ships
MC	Maritime Committee (der HELCOM)
MEPC	Marine Environment Protection Committee (der IMO zur Verwaltung des MARPOL-Abkommens)
MOU	Memorandum of Understanding on Port State Control
NATO	North Atlantic Treaty Organization
NERC	National Environment Research Council
NRA	National Rivers Authority
NSF	Naturskyddsföreningen
NSTF	North Sea Task Force
OECD	Organization for Economic Cooperation and Development
OILPOL	Internationales Übereinkommen zur Verhütung der Verschmutzung der See durch Öl
OSCOM	Oslo-Kommission
OSPARCOM	(Sekretariat der) Oslo- und Paris-Kommissionen
PARCOM	Paris-Kommission
RGW	Rat für gegenseitige Wirtschaftshilfe
RSU	Rat von Sachverständigen für Umweltfragen
SACSA	Standing Advisory Committee for Scientific Advice (der OSCOM)
SLD	Social and Liberal Democrats

SNV	Statens Naturvårdsverk (oberste schwedische Umweltbehörde)
SPD	Sozialdemokratische Partei Deutschlands
STC	Scientific-technological Committee (der HELCOM)
TA	Technische Anleitung
TWG	Technical Working Group (der PARCOM)
UBA	Umweltbundesamt
UNEP	United Nations Environment Programme
UNESCO	United Nations Educational, Scientific and Cultural Organization
WHG	Wasserhaushaltsgesetz
WMO	World Meteorological Organization
WTAG	Wissenschaftlich-technische Arbeitsgruppe (im Rahmen der INK)

4.   Zeitschriften, Veröffentlichungsreihen und rechtliche Dokumentensammlungen

ABl. EG   Amtsblatt der Europäischen Gemeinschaften

APUZ   Aus Politik und Zeitgeschichte

BGBl.   Bundesgesetzblatt

BSEP   Baltic Sea Environment Proceedings

ILM   International Legal Materials

IO   International Organization

PVS   Politische Vierteljahresschrift

5. Verschiedenes

a.a.O.   am angegebenen Ort

Abs.   Absatz

Anl.   Anlage

Art.   Artikel

BAT   Best Available Technology

BATNEEC   Best Available Technology not entailing excessive cost

Bd.   Band

BIP   Bruttoinlandsprodukt

BPEO   Best Practicable Environmental Option

BSB   biologischer Sauerstoffbedarf

BSP   Bruttosozialprodukt

bzw.   beziehungsweise

ca.   circa

DDT   Dichlor-Diphenyl-Trichloräthan

EEZ   Exclusive Economic Zone

EQO   Environmental Quality Objective

etc.   et cetera

HCH   Hexachlorcyclohexan

Herv.   Hervorhebung

Hrsg.   Herausgeber(in)

IHK   Industrie- und Handelskammer

i.Kr.	in Kraft
MS	Manuskript
PCB	Polychlorierte Biphenyle
sog.	sogenannt
Sp.	Spalte
UES	Unified Emission Standard
v.	vom
vgl.	vergleiche
WA	Weltalmanach
ZDF	Zweites Deutsches Fernsehen

Quellen- und Literaturverzeichnis

1. Primärquellen

A. Interviews

Mit Angehörigen folgender Einrichtungen und Organisationen wurden nicht-standardisierte Interviews (zum Teil mehrfach) durchgeführt:

Aktionskonferenz Nordsee, Bremen

Außenministerium der Republik Finnland, Helsinki

Bundesministerium für Umwelt, Naturschutz und Reaktorsicherheit, Bonn

Department of the Environment, London

Department of Transport, London

Deutsches Hydrographisches Institut, Hamburg

Institut für Europäische Umweltpolitik, Bonn

Institut für Meereskunde, Kiel

Institute for European Environmental Policy, London

Helsinki Kommission (HELCOM), Sekretariat, Helsinki

The Marine Forum, London

Ministerium für Natur und Umwelt des Landes Schleswig-Holstein, Kiel

Oslo und Paris Kommissionen (OSPARCOM), Sekretariat, London

Statens Naturvårdsverk, Solna

Sveriges Riksdag, Stockholm

Umweltbundesamt, Berlin

Umweltministerium der Republik Finnland, Helsinki

Universität Linköping, Tema vatten i natur och samhälle (Forschungsbereich Wasser in Natur und Gesellschaft)

University of Sussex, Science Policy Research Unit, Brighton

B. Offizielle gedruckte Materialien

Neben den nachstehend aufgeführten Dokumenten wurde eine Reihe weiterer offizieller, offiziöser oder "grauer" Literatur verwendet; soweit sie herangezogen wird, erfolgt die Quellenangabe unmittelbar in der jeweiligen Anmerkung.

Deutscher Bundestag 1987, Drucksache 11/878: Bericht der Bundesregierung an den Deutschen Bundestag zur Vorbereitung der 2. Internationalen Nordseeschutz-Konferenz (2. INK) vom 21. September 1987, Bonn.

Deutscher Bundestag 1989, Drucksache 11/3847: Bericht der Bundesregierung über den Stand der Arbeiten zur Umsetzung der Beschlüsse der 2. Internationalen Nordseeschutz-Konferenz (2. INK) vom 24. bis 25. November 1987 in London, Bonn.

Deutscher Bundestag, Referat Öffentlichkeitsarbeit (Hrsg.) 1987, Schutz der Nordsee. Öffentliche Anhörung des Bundestagsausschusses für Umwelt, Naturschutz und Reaktorsicherheit am 5. Oktober 1987, Schriftenreihe "Zur Sache" 4/87, Bonn.

DOE 1990, United Kingdom North Sea Action Plan 1985-1995 Presented to the Third North Sea Conference held in The Hague, March 1990, London.

HELCOM 1979, Joint Activities of the Baltic Sea States within the Framework of the Convention on the Protection of the Marine Environment of the Baltic Sea Area 1974-1978, BSEP No.1, Helsinki.

HELCOM 1981a, Report of the Interim Comission (IC) to the Baltic Marine Environment Protection Commission, BSEP No.2, Helsinki.

HELCOM 1981b, Activities of the Commission 1980, BSEP No.3, Helsinki.

HELCOM 1981c, Assessment of the Effects of Pollution on the Natural Resources of the Baltic Sea, 1980, BSEP No.5 B, Helsinki.

HELCOM 1982, Activities of the Commission 1981, BSEP No.7, Helsinki.

HELCOM 1983, Activities of the Commission 1982, BSEP No.8, Helsinki.

HELCOM 1984a, Ten Years After the Signing of the Helsinki Con-vention. National Statements by the Contracting Parties on the Achievements in Implementing the Goals of the Convention on the Protection of the Marine Environment of the Baltic Sea Area, BSEP No.10, Helsinki.

HELCOM 1984b, Guidelines for the Baltic Monitoring Programme for the Second Stage, BSEP No.12, Helsinki.

HELCOM 1984c, Activities of the Commission 1983, BSEP No.13, Helsinki.

HELCOM 1985a, Seminar on Review of Progress Made in Water Protection Measures, BSEP No.14, Helsinki.

HELCOM 1985b, Activities of the Commission 1984, BSEP No.15, Helsinki.

HELCOM 1986, Activities of the Commission 1985, BSEP No.18, Helsinki.

HELCOM 1987a, First Periodic Assessment of the State of the Marine Environment of the Baltic Sea Area, 1980-1985; General Conclusions, BSEP No.17 A, Helsinki.

HELCOM 1987b, Baltic Sea Monitoring Symposium, BSEP No.19, Helsinki.

HELCOM 1987c, First Baltic Sea Pollution Load Compilation, BSEP No.20, Helsinki.

HELCOM 1987d, Activities of the Commission 1986, BSEP No.23, Helsinki.

HELCOM 1987e, Progress Reports on Cadmium, Mercury, Copper and Zinc, BSEP No.24, Helsinki.

HELCOM 1987f, Seminar on Wastewater Treatment in Urban Areas, BSEP No.25, Helsinki.

HELCOM 1988, Activities of the Commission 1987, BSEP No.26, Helsinki.

HELCOM 1989, Activities of the Commission 1988, BSEP No.29, Helsinki.

ICES 1970, Report of the ICES Working Group on Pollution of the Baltic Sea, Cooperative Research Report, Series A, No.15, Charlottenlund.

ICES 1977, Studies of the Pollution of the Baltic Sea, Cooperative Research Report No.63, Charlottenlund.

IHK Lübeck (Hrsg.) 1984, Ostseejahrbuch 1984: Strukturwandel im Außenhandel, Lübeck.

IHK Lübeck (Hrsg.) 1987, Ostseejahrbuch 1987: Verkehrsmarkt Ostsee, Lübeck.

1. INK 1984, Ministerdeklaration (Hrsg.: Der Bundesminister des Innern), Bonn 1985.

2. INK 1987a, Der Qualitätszustand der Nordsee. Ein Bericht der wissenschaftlich-technischen Arbeitsgruppe, (Hrsg.: DOE), London.

2. INK 1987b, (Wissenschaftlich-technische Arbeitsgruppe), Der Qualitätszustand der Nordsee. Zusammenfassung, (Hrsg.: DOE), London.

2. INK 1987c, Erklärung der Minister (Hrsg.: DOE), London 1988.

3. INK 1990a, 1990 Interim Report on the Quality Status of the North Sea, Den Haag.

3. INK 1990b, The Implementation of the Ministerial Declaration of the Second International Conference on the Protection of the North Sea, Den Haag.

3. INK 1990c, Final Declaration of the Third International Conference on the Protection of the North Sea, Den Haag.

IMO 1989, Status of Multilateral Conventions and Instruments in Respect of which the International Maritime Organization or its Secretary-General Performs Depositary or other Functions as at 31 December 1989, London.

Niedersächsisches Umweltministerium (Hrsg.) 1987, Umweltvorsorge Nordsee. Belastung, Gütesituation und Maßnahmen, Hannover.

OECD 1989, Environmental Data Compendium, Paris.

OSPARCOM 1984, The First Decade, London.

OSPARCOM 1990, Progress Report on the Activities of the Oslo and Paris Commissions November 1987-March 1990, London.

Regeringens Proposition 1987/88:85, Miljöpolitiken inför 90talet (Vorschlag der <schwedischen> Regierung 1987/88: 85, Umweltpolitik für die 90er Jahre), Stockholm.

RSU 1980, Umweltprobleme der Nordsee, Stuttgart/Mainz.

Sekretariat des Nordischen Rates (Hrsg.) 1989, Northern Europe's Seas - Northern Europe's Environment. Report to the Nordic Council's International Conference on the Pollution of the Seas, 16-18 October 1989, Stockholm.

SNV (Hrsg.) 1988, Monitor 1988: Östersjön och Västerhavet - livsmiljöer i förändring (Monitor <Schriftenreihe des SNV> 1988: Ostsee und Westmeer - Lebensmilieus in Veränderung), Stockholm.

UBA 1989, Daten zur Umwelt 1988/89, Berlin.

UNECE 1987, Environment Statistics in Europe and North America. An Experimental Compendium, New York.

2. Sekundärliteratur

Andresen, Steinar/Ostreng, Willy (Hrsg.) 1989, International Resource Management: the role of science and politics, London/New York.

Arndt, Claus 1979, Probleme der Ratifikation des Helsinki-Übereinkommens zum Schutz der Meeresumwelt des Ostseegebiets, in: Europa Archiv 34, 1979, 5, 151-156.

Bahro, Rudolf 1977, Die Alternative. Zur Kritik des real existierenden Sozialismus, Frankfurt/M.

Barnes, R.S.K./Hughes, R.N. 1988, An Introduction to Marine Ecology, 2. Aufl., Oxford u.a.

Bigham, D. Alastair 1980, Pollution from land-based sources, in: Douglas J. Cusine/John P. Grant (Hrsg.), The Impact of Marine Pollution, London 1980, 203-240.

Bijlsma, Auke/ten Hallers, Cato C. 1989, Executive Summary to the Proceedings, in: ten Hallers/Bijlsma (Hrsg.) 1989, 9-13.

Bischof, Hendrik 1988, Umweltschutzprobleme in Osteuropa, in: Tudyka (Hrsg.) 1988, 47-80.

Bloomfield, Lincoln P. 1974, In Search of American Foreign Policy, New York.

Boczek, Boleslaw A. 1980, The Baltic Sea: A Study in Marine Regionalism, in: German Yearbook of International Law 23, 1980, 196-230.

Böhme, Eckart 1972, Der Beitrag der Vereinten Nationen zum marinen Umweltschutz, in: Vereinte Nationen 20, 1972, 3, 73-79.

Boehmer-Christiansen, Sonja 1987, Pollution Control or Umweltschutz. English and German Concepts of Pollution, Paper based on a talk given to the CEED Conference on "Environmental Achievements and Policies in Germany, Austria and Switzerland", MS, Brighton.

Boehmer-Christiansen, Sonja 1989, The role of science in the international regulation of pollution, in: Andresen/Ostreng (Hrsg.) 1989, 143-167.

Boehmer-Christiansen, Sonja 1990, Environmental Quality Objectives versus Uniform Emission Standards, in: Freestone/Ijlstra (Hrsg.) 1990, 139-149.

Boyden, Stephen 1987, Western Civilization in Biological Perspective, Oxford.

Buchwald, Konrad/Engelhardt, Wolfgang (Hrsg.) 1978/80, Handbuch für Planung, Gestaltung und Schutz der Umwelt, 4 Bde. (Bde.1 u.2: 1978, Bde.3 u.4: 1980), München/Bern/Wien.

Buchwald, Konrad 1990, Nordsee. Ein Lebensraum ohne Zukunft?, Göttingen.

Byrne, Paul 1989, Great Britain: The "Green Party", in: Ferdinand Müller-Rommel (Hrsg.): New Politics in Western Europe. The Rise and Success of Green Parties and Alternative Lists, Boulder, Col., 101-111.

Caldwell, Lynton Keith 1984, International Environmental Policy. Emergence and Dimensions, Durham, N.C.

Carroll, John E. (Hrsg.) 1988, International Environmental Diplomacy, Cambridge.

Clark, Robert B. 1986, Marine Pollution, Oxford.

Czempiel, Ernst-Otto 1985, Das Internationale System, in: Deutsches Institut für Fernstudien (Hrsg.), Funkkolleg Politik, Studienbegleitbrief 4, Weinheim/Basel, 62-102.

Daguhn, Wilhelm 1978, Die Probleme der Meeresverschmutzung unter besonderer Berücksichtigung der Ostsee, MS (Zulassungsarbeit), Köln.

Damus, Renate 1986, Die Legende von der Systemkonkurrenz. Kapitalistische und realsozialistische Industriegesellschaft, Frankfurt/M /New York.

Davidson, Scott 1990, Atmospheric Depositions, in: Freestone/ Ijlstra (Hrsg.) 1990, 288-299.

de Jong, Folkert 1989, Effluent Waters: National Policies and Concepts, in: ten Hallers/Bijlsma (Hrsg.) 1989, 81-92.

DeRuyt, Jean 1987, L'Acte Unique Européen. Commentaire, Brüssel.

Dicke, Klaus 1985, Mensch, Umwelt und Natur. Zur Prinzipienbildung des Umweltschutzes im Rahmen der Vereinten Nationen, in: Vereinte Nationen 33, 1985, 2, 59-62.

Dietrich, Günter 1974, Ostsee und Nordsee, ein einführender Vergleich, in: Magaard/Rheinheimer (Hrsg.) 1974, 1-3.

DIFF (Hrsg.) 1988a, Problemfelder Internationaler Beziehungen. Einführung aus der Sicht verschiedener Wissenschaften, Tübingen.

DIFF (Hrsg.) 1988b, Problemfelder Internationaler Beziehungen. Internationale Umweltprobleme, Tübingen.

Downing, Paul B./Hanf, Kenneth (Hrsg.), International Comparisons in Implementing Pollution Laws, Boston u.a.

Earl of Cranbrook 1989, The Anglian Water Authority's North Sea Conference Action Plan, in: ten Hallers/Bijlsma (Hrsg.) 1989, 41-47.

Edom, Erhard/Rapsch, Hans-Jürgen/Veh, Gerhard M. 1986, Reinhaltung des Meeres. Nationale Rechtsvorschriften und internationale Übereinkommen, Köln.

Efinger, Manfred/Rittberger, Volker/Zürn, Michael 1988, Internationale Regime in den Ost-West-Beziehungen. Ein Beitrag zur Erforschung der friedlichen Behandlung internationaler Konflikte, Frankfurt/M.

Efinger, Manfred/Zürn, Michael 1989, Umweltschutz und Ost-West-Konfliktformation. Zur Bedeutung problem- und situationsstruktureller Faktoren für die Entstehung internationaler Regime, in: Bernhard Moltmann/Eva Senghaas-Knobloch (Hrsg.), Konflikte in der Weltgesellschaft und Friedensstrategien, Baden-Baden, 224-242.

Efinger, Manfred/List, Martin (i.V.), Stichwort "Ost-West-Beziehungen", in: Andreas Boeckh (Hrsg.), Pipers Wörterbuch zur Politik, Bd.5: Internationale Beziehungen, 2.Aufl., München/Zürich.

Ehlers, Peter 1984, Zehn Jahre Helsinki-Übereinkommen - Ein Bericht, in: Natur und Recht 6, 1984, 4, 138-143.

Ehlers, Peter 1985, Die erste Internationale Nordseeschutz-konferenz, in: Natur und Recht 7, 1985, 3, 102-107.

Ehlers, Peter 1988, Wichtige Fortschritte beim Schutz der Nordsee. Bericht über die 2. Internationale Nordseeschutzkonferenz, in: Natur und Recht 10, 1988, 3, 126-130.

Ehlers, Peter 1990, The History of the International North Sea Conferences, in: Freestone/Ijlstra (Hrsg.) 1990, 3-14.

Ehlers, Peter/Kunig, Philip 1987, Abfallentsorgung auf See. Gegenwärtiger Stand und Perspektiven der Rechtsentwicklung, in: Neue Zeitschrift für Verwaltungsrecht, 1987, 11, 947-951.

Elster, Jon 1985, Making Sense of Marx, Cambridge.

Engelhardt, Wolfgang 1978a, Wasserhaushalt, Grundwasser und Oberflächengewässer des Binnenlandes, in: Buchwald/Engelhardt (Hrsg.) 1978, Bd.2, 59-107.

Engelhardt, Wolfgang 1978b, Meere, in: Buchwald/Engelhardt (Hrsg.) 1978, Bd.2, 108-131.

Engler, Siegbert 1982, Die Gefährdung des Ökosystems Nordsee durch anthropogenen Stoffeintrag, MS (Zulassungsarbeit), Tübingen.

Enyedi, György/Gijswijt, Guus/Rhode, Barbara (Hrsg.) 1987, Environmental Policies in East and West, London.

Ernst, Wolfgang (Hrsg.) 1982, Meeresverschmutzung und Meeresschutz. Naturwissenschaftliche Forschung und rechtliche Instrumente, Frankfurt/M. /New York.

Fischer, Wolfgang 1990, Die Verifikation internationaler Abkommen über Umwelt- und Ressourcenschutz, Forschungszentrum Jülich, Jülich.

Forster, Malcolm John 1989, United Kingdom of Great Britain and Northern Ireland, in: Edward J. Kormondy (Hrsg.), International Handbook of Pollution Control, New York u.a., 233-247.

Franckx, Erik 1990, Maritime Boundaries and Regional Cooperation, in: Freestone/Ijlstra (Hrsg.) 1990, 215-227.

Freestone, David/Ijlstra, Ton (Hrsg.) 1990, The North Sea: Perspectives on Regional Environmental Co-operation, London/Dordrecht/Boston.

Füllenbach, Josef 1977, Umweltschutz zwischen Ost und West, Bonn.

Gebremedhin, Naigzy 1989, Lessons from the UNEP Regional Seas Programme, in: Westing (Hrsg.) 1989, 90-98.

Gerlach, Sebastian A. 1981, Marine Pollution. Diagnosis and Therapy, Berlin/Heidelberg/New York.

Gerlach, Sebastian A. 1983, Meeresverschmutzung in Nordsee und Ostsee, in: Die Umschau, 1983, 6, 178-182.

Gibson, John/Churchill, Robin 1990, Problems of Implementation of the North Sea Declarations: A Case Study of the United Kingdom, in: Freestone/Ijlstra (Hrsg.) 1990, 47-65.

Giddens, Anthony 1984, The Constitution of Society. Outline of the Theory of Structuration, Cambridge.

Glaeser, Bernhard (Hrsg.) 1989, Humanökologie. Grundlagen präventiver Umweltpolitik, Opladen.

Goldman, Marshall I. 1989, Umweltverschmutzung in der Sowjetunion: Die Abwesenheit einer aktiven Umweltbewegung und die Folgen, in: Schreiber (Hrsg.) 1989, 162-183.

Goralczyk, Wojciech 1980, La mer Baltique et les problèmes de coopération des Etats riverains, in: Revue générale de droit international public 84, 1980, 269-283.

Gourlay, K. A. 1988, Poisoners of the Seas, London.

Graßhoff, Klaus 1974, Die Geschichte der internationalen Meeresforschung im Ostseeraum, in: Magaard/Rheinheimer (Hrsg.) 1974, 261-263.

Grolin, Jesper 1985, The Politics of International Marine Pollution Control, Institute for Global Policy Studies, Occasional Papers Nr.2, Amsterdam.

Gündling, Lothar 1990, The Status in International Law of the Principle of Precautionary Action, in: Freestone/Ijlstra (Hrsg.) 1990, 23-30.

Güntheroth, Horst 1986, Die Nordsee: Portrait eines bedrohten Meeres, 3.Aufl., Hamburg.

Haas, Ernst B. 1990, When Knowledge is Power. Three Models of Change in International Organizations, Berkeley.

Haas, Peter M. 1989, Do Regimes Matter? Epistemic Communities and Mediterranean Pollution Control, in: IO 43, 1989, 3, 377-403.

Haas, Peter M. 1990, Saving the Mediterranean. The Politics of International Environmental Cooperation, New York.

Hägerhäll, Bertil 1980, International Cooperation to Protect the Baltic, in: Ambio 9, 1980, 3-4, 183-186.

Haggard, Stephan/Simmons, Beth A. 1987, Theories of International Regimes, in: IO 41, 1987, 3, 491-517.

ten Hallers, Cato C./Bijlsma, Auke (Hrsg.) 1989, Distress Signals. Signals from the environment in policy and decision-making, Proceedings 3rd North Sea Seminar, Rotterdam May 31 until June 2, 1989, Amsterdam.

Hartkopf, Günter/Bohne, Eberhard 1983, Umweltpolitik, Bd.1, Opladen.

Hayward, Peter 1990, The Oslo and Paris Commissions, in: Freestone/Ijlstra (Hrsg.) 1990, 91-100.

Henningsen, Bernd 1986, Der Wohlfahrtsstaat Schweden, Nordeuropäische Studien Bd.2, Baden-Baden.

Hjorth, Ronnie/Loftsson, Elfar 1990, Regimes for the Protection of the Marine Environment in the Baltic Sea and the North Sea Areas, MS, Linköping.

Hohmann, Harald 1989a, Meeresumweltschutz als globale und regionale Aufgabe. Die Anstrengungen von UNEP, IMO und ECE, in: Vereinte Nationen 37, 1989, 2, 53-61.

Hohmann, Harald 1989b, Maßnahmen zur Bekämpfung der Meeresverschmutzung. Völkerrechtliche Regelung und Suche nach Maßnahmen, die einer modernen Konzeption des Meeresumweltschutzes entsprechen, in: H.Donner u.a. (Hrsg.): Umweltschutz zwischen Staat und Markt, Baden-Baden, 513-549.

Hoppe, Werner/Beckmann, Martin 1989, Umweltrecht, München.

Immler, Hans 1989, Vom Wert der Natur. Zur ökologischen Reform von Wirtschaft und Gesellschaft, Opladen.

Jänicke, Martin 1977, Umweltpolitik in Osteuropa. Über ungenutzte Möglichkeiten eines Systems, in: APUZ B23/77, 3-9.

Jänicke, Martin/Mönch, Harald 1988, Ökologischer und wirtschaftlicher Wandel im Industrieländervergleich. Eine explorative Studie über Modernisierungskapazitäten, in: Manfred G. Schmidt(Hrsg.), Staatstätigkeit. International und historisch vergleichende Analysen, PVS-Sonderheft 19, 389-405.

Jaworski, Marek 1979, The Baltic as the Object of Cooperation of Coastal States, in: Polish Institute of International Affairs (Hrsg.), Studies on International Relations 12, 1979, 93-113.

Jenisch, Uwe 1987, Die neuere Seerechtsentwicklung in der Ostsee, in: Außenpolitik 38, 1987, 4, 365-380.

Jenisch, Uwe 1989, Nordsee - Seerecht und Umweltschutz, in: Außenpolitik 40, 1989, 1, 81-98.

Jenisch, Uwe 1990, The Exclusive Economic Zone as an Instrument for Environmental Management in the North Sea Area, in: Freestone/Ijlstra (Hrsg.) 1990, 228-240.

Johnson, Bo 1976, The Baltic Conventions, in: The International and Comparative Law Quarterly, 25, 1976, 1-14.

Johnson, Stanley P./Corcelle, Guy 1989, The Environmental Policy of the European Communities, London u.a.

Johnston, Douglas M. 1988, Marine pollution agreements: sucess and problems, in: Carroll (Hrsg.) 1988, 199-206.

Kasoulides, George 1990, Paris Memorandum of Understanding: A Regional Regime of Enforcement, in: Freestone/Ijlstra (Hrsg.) 1990, 180-192.

Kay, David A./Jacobson, Harold K. (Hrsg.), Environmental Protection. The International Dimension, Totowa.

Kellersohn, Heinrich 1987, Problemraum Nordsee. Eine Meeresregion mit Zukunft?, Köln.

Keohane, Robert O. 1984, After Hegemony. Cooperation and Discord in the World Political Economy, Princeton, N.J.

Kindleberger, Charles P. 1973, The World in Depression 1929-1939, Berkeley.

Kinnear, Ralph/Rhode, Barbara 1987, Europe: Its Environmental Identity, in: Enyedi/Gijswijt/Rhode (Hrsg.) 1987, 5-21.

Kleinhans, Bernd 1988, Seenot. Nordsee in Gefahr, Köln.

Klug, Heinz 1986, Meeres- und Küstenverschmutzung. Ursachen, Ausmaß, Konsequenzen, in: Geographische Rundschau 38, 1986, 12, 646-652.

Kohler-Koch, Beate 1989, Zur Empirie und Theorie internationaler Regime, in: dies. (Hrsg) 1989, 17-85.

Kohler-Koch, Beate (Hrsg.) 1989, Regime in den internationalen Beziehungen, Baden-Baden.

Koschwitz, J. 1975, Das Übereinkommen über den Schutz der Meeresumwelt des Ostseegebiets, in: Jahrbuch für Internationales Recht, 18, 1975, 223-240.

Kosciukiewicz, Boleslaw/Markowski, Zbigniew/Toszyski, Witold 1988, Rechtliche Möglichkeiten und ökonomische Grenzen des Umweltschutzes in Polen, in: Tudyka (Hrsg.) 1988, 127-142.

Kramer, John M. 1989, Die Umweltkrise in Polen, in: Schreiber (Hrsg.) 1989, 197-221.

Krämer, Hans R. (Hrsg.) 1979, Die wirtschaftliche Nutzung der Nordsee und die Europäische Gemeinschaft, Baden-Baden.

Krasner, Stephen D. 1983, Structural Causes and Regime Consequences: Regimes as Intervening Variables, in: ders. (Hrsg.): International Regimes, Ithaca/London, 1-21.

Kratochwil, Friedrich V. 1984, The Force of prescriptions, in: IO 38, 1984, 4, 685-708.

Kratochwil, Friedrich V. 1989, Rules, Norms, and Decisions. On the conditions of practical and legal reasoning in international relations and domestic affairs, Cambridge.

Krieger, Wolfgang 1990, Der mangelnde Nachwuchs im Berufsfeld "Internationale Beziehungen". Ein Defizit bundesdeutscher Bildungspolitik, in: Europa Archiv 45, 1990, 9, 311-318.

Kuiper, Jan/Zevenboom, Wanda/ten Brink, Ben 1989, New Perspectives, in: ten Hallers/Bijlsma (Hrsg.) 1989, 205-211.

Kunig, Philip 1986, Ölverschmutzung durch Schiffe - Das Verhältnis von Recht und Wirklichkeit am Beispiel der Nordsee, in: Natur und Recht 8, 1986, 7, 265-270.

Kunig, Philip 1988, Stichworte "Nordsee" und "Ostsee", in: Otto Kimminich/Heinrich Freiherr von Lersner/Peter-Christoph Storm (Hrsg.), Handwörterbuch des Umweltrechts, Bd.II, Berlin 1988, Sp.62-67 und 141-145.

Kunz, Günter/Noodt, Wolfram 1988, Die Ostsee-Konvention als Beispiel für Ost-West-Zusammenarbeit im Umweltbereich, in: Hanns-D. Jacobson/Heinrich Machowski/Dirk Sager (Hrsg.), Perspektiven für Sicherheit und Zusammenarbeit in Europa, Baden-Baden, 418-428.

Lee, A.J. 1988, The North Sea - setting the scene, in: Newman/ Agg (Hrsg.) 1988, 1-24.

Leitenberg, Milton 1987, Soviet Submarine Operations in Swedish Waters 1980-1986, New York.

Lichtenberg, H. 1982, Strukturen des internationalen und nationalen Rechts zur Verhütung der Meeresverschmutzung, in: Ernst (Hrsg.) 1982, 29-44.

Lindpere, H. 1984, On the international legal regime of the Baltic Sea and some problems of regional co-operation in the protection of the marine environment, in: Soviet Yearbook of Maritime Law 1, 1984, 116-119.

Lisitzin, Evgeny N. 1987, The Union of Soviet Socialist Republics, in: Enyedi/Gijswijt/Rhode (Hrsg.) 1987, 312-333.

List, Martin 1989, Was heißt "Weltgesellschaft"? Versuch einer Bestimmung des Begriffs für den interdisziplinären Gebrauch, in: Bernhard Moltmann/Eva Senghaas-Knobloch (Hrsg.), Konflikte in der Weltgesellschaft und Friedensstrategien, Baden-Baden 1989, 29-62.

List, Martin 1990, Cleaning Up the Baltic, in: V.Rittberger (Hrsg.) 1990, 90-116.

Lozán, José L.u.a. (Hrsg.) 1990, Warnsignale aus der Nordsee, Berlin/Hamburg.

Luhmann, Niklas 1988, Ökologische Kommunikation. Kann die moderne Gesellschaft sich auf ökologische Gefährdungen einstellen?, 2. Auflage, Opladen.

Magaard, Lorenz/Rheinheimer, Gerhard (Hrsg.) 1974, Meereskunde der Ostsee, Berlin/Heidelberg/New York.

MacGarvin, Malcolm 1991, Das Greenpeace-Buch der Nordsee, Stuttgart.

McLaran, Robert I.1989, GESAMP: A Network within a Network within a Network, Paper presented at the 30th International Studies Association Annual Conference, London, 30 March 1989, MS.

Meidner, Rudolf/Hedborg, Anna 1984, Modell Schweden. Erfahrungen einer Wohlfahrtsgesellschaft, Frankfurt/M. /New York.

Meyer, Thomas 1989, Fundamentalismus. Aufstand gegen die Moderne, Reinbek.

Milner, Henry 1989, Sweden. Social Democracy in Practice, Oxford.

Mingst, Karen A. 1981, The Functionalist and Regime Perspectives: The Case of Rhine River Cooperation, in: Journal of Common Market Studies 20, 1981, 2, 161-173.

Mintzel, Alf/Oberreuter, Heinrich (Hrsg.) 1990, Parteien in der Bundesrepublik Deutschland, Schriftenreihe der Bundeszentrale für Politische Bildung Bd.282, Bonn.

Müller, Edda 1986, Innenwelt der Umweltpolitik. Sozial-liberale Umweltpolitik - (Ohn)Macht durch Organisation?, Opladen.

Müller, Edda 1989, Sozial-liberale Umweltpolitik. Von der Karriere eines neuen Politikbereichs, in: APUZ B 47-48/89, 3-15.

v.Münch, Ingo 1978, Die gegenwärtige Situation der Ostsee und die Zusammenarbeit zwischen den Anliegerstaaten, wieder abgedruckt in: ders., Internationales Seerecht. Seeerechtliche Abhandlungen 1958-82, Heidelberg, 1985, 159-200.

Newig, Jürgen/Theede, Hans (Hrsg.) 1985, Die Ostsee. Natur und Kulturraum, Husum.

Newman, P.J./Agg, A.R. (Hrsg.) 1988, Environmental Protection of the North Sea, Oxford.

Nollkaemper, André 1990, The Rhine Action Programme: A Turning-Point in the Protection of the North Sea?, in: Freestone/Ijlstra (Hrsg.) 1990, 123-138.

Nye, Joseph S. 1987, Nuclear learning and U.S.-Soviet security regimes, in: IO 41, 1987, 3, 371-402.

Ökten, Rita, 1986, Die Bedeutung des Umweltschutzes für die Wirtschaft der DDR, Berlin (West).

Ott, Jörg 1988, Meereskunde, Stuttgart.

Palmowski, Tadeusz 1988, An der Schwelle der zweiten Dekade des Helsinki-Abkommens. Der polnische Beitrag zum Schutz der Ostsee, in: Tudyka (Hrsg.) 1988, 143-154.

Paucke, Horst 1987, The German Democratic Republic, in: Enyedi/ Gijswijt/Rhode (Hrsg.) 1987, 148-167.

Pehle, Heinrich 1988, Das Bundesministerium für Umwelt, Naturschutz und Reaktorsicherheit (BMU) - alte Politik im neuen Gewand?, in: Gegenwartskunde 2, 1988, 259-287.

Persson, Göran A. 1989, Sweden, in: Edward J. Kormondy (Hrsg.), International Handbook of Pollution Control, New York u.a., 1989, 219-231.

Platzöder, Renate 1986, Stichwort "Meeresumwelt", in: Otto Kimminich/Heinrich Freiherr von Lersner/Peter-Christoph Storm (Hrsg.), Handwörterbuch des Umwelrrechts, Bd.I, Berlin 1986, Sp.1026-1034.

Posse, Achim Ulrich 1986, Föderative Politikverflechtung in der Umweltpolitik, München.

Prat, Jean-Luc 1990, The Role and Activities of the European Communities in the Protection and the Preservation of the Marine Environment of the North Sea, in: Freestone/Ijlstra (Hrsg.) 1990, 101-110.

Pritchard, Sonia Zaide 1987, Oil Pollution Control, London.

Prittwitz, Volker 1984, Umweltaußenpolitik. Grenzüberschreitende Luftverschmutzung in Europa, Frankfurt/M. /New York.

Prittwitz, Volker 1986, Medio Ambiente y Desarrollo - Una Tipologia, in: Martha Cárdenas (Hrsg.): Politica ambiental y desarrollo. Un debate para América Latina, Bogotá, 45-52.

Prittwitz, Volker 1989, Internationale Umweltregime - Ein Fallvergleich, in: Beate Kohler-Koch (Hrsg.) 1989, 225-245.

Prittwitz, Volker 1990, Das Katastrophenparadox. Elemente einer Theorie der Umweltpolitik, Opladen.

Punnett, R.M. 1989, British Government and Politics, 5. Ausgabe, Aldershot.

Randelzhofer, Albrecht 1987, Völkerrechtliche Verträge, 4. Aufl., München.

Reid, Philip 1990, The Work of the North Sea Task Force, in: Freestone/Ijlstra (Hrsg.) 1990, 80-88.

Reinhardt, Uwe J. 1989, Meeresumweltpolitik. Internationale und europäische Umweltpolitik und die Rolle von UN und EG im Mittelmeer, Mosbach.

Rittberger, Volker/Wolf, Klaus Dieter 1988, Problemfelder internationaler Beziehungen aus politologischer Sicht, in: DIFF (Hrsg.) 1988, 51-77.

Rittberger, Volker (Hrsg.) 1990, International Regimes in East-West Politics, London.

Rosenbladt, Sabine 1986, Der Osten ist grün?, Hamburg.

Rosenau, James N. 1980, Capabilities and Control in an Interdependent World, in: der., The Study of Global Interdependence. Essays on the Transnationalization of World Affairs, London, 35-52.

Rota, Franco P. 1986, Menschen - Staaten - Umwelt. Ethologisch-sozialwissenschaftliche Grundlagen und Skizzen internationaler Umweltpolitik, München.

Rotkirch, Holger 1984, Ten years of environmental cooperation in the Baltic Sea. An evaluation and a look ahead, in: Aqua fennica 14, 1984, 1, 3-13.

Ruggie, John G. 1975, International responses to technology: Concepts and trends, in: IO 29, 1975, 3, 557-583.

Ruloff, Dieter 1988, Weltstaat oder Staatenwelt. Über die Chancen globaler Zusammenarbeit, München.

Russell, Alan M. 1988, The Biotechnology Revolution. An International Perspective, Brighton.

Rytövuori, Helena 1980, Structures of Détente and Ecological Interdependence: Cooperation in the Baltic Sea Area for the Protection of Marine Environment and Living Resources, in: Cooperation and Conflict, 15, 1980, 85-102.

Saetevik, Sunneva 1988, Environmental Cooperation between the North Sea States, London/New York.

Sätre-Åhlander, Ann-Mari 1989, Miljöproblemen i Sovjet (Die Umweltprobleme in der Sowjetunion), The Swedish Institute of International Affairs (Hrsg.): Världspolitikens Dagsfrågor (Tagesfragen der Weltpolitik) 8/1989.

Schnädelbach, Herbert 1985, Vernunft, in: Ekkehard Martens/ders. (Hrsg.), Philosophie. Ein Grundkurs, Reinbek 1985, 77-115.

Schreiber, Helmut (Hrsg.) 1989, Umweltprobleme in Mittel- und Osteuropa, Frankfurt/M. New York.

Schwartze, Andreas 1989, Die Einwirkungsmöglichkeiten der Europäischen Gemeinschaft auf nationales Umweltrecht und ihr Einfluß auf das Schutzniveau, in: H. Donner u.a. (Hrsg.): Umweltschutz zwischen Staat und Markt, Baden-Baden, 551-570.

Schwarzer, Gudrun 1990, Weiträumige grenzüberschreitende Luftverschmutzung. Konfliktanalyse eines internationalen Umweltproblems, Tübinger Arbeitspapiere zur internationalen Politik und Friedensforschung Nr.15, Tübingen.

Sebek, Victor 1983, Bridging the Gap Between Environmental Science and Policy-Making: Why Public Policy Often Fails to Reflect Current Scientific Knowledge, in: Ambio 12, 1983, 2, 118-120.

Sebek, Victor 1990, The North Sea and the Concept of Special Areas, in: Freestone/Ijlstra (Hrsg.) 1990, 157-166.

Senghaas, Dieter 1973, Konfliktformationen in der gegenwärtigen internationalen Gesellschaft, wieder abgedruckt in: ders., Konfliktformationen im internationalen System, Frankfurt/M. 1988, 190-230.

Senghaas, Dieter 1980, Sozialismus. Eine entwicklungsgeschichtliche und entwicklungstheoretische Betrachtung, in: Leviathan 8, 1980, 1, 10-40.

Singer, Peter 1983, The Expanding Circle. Ethics and Sociobiology, Oxford.

Snidal, Duncan 1985, The Limits of Hegemonic Stability Theory, in: IO 39, 1985, 4, 579-614.

Sperling, Walter 1990, Deutsche Demokratische Republik. Ein geographischer Streifzug, in: Mitten in Europa. Die DDR und Berlin, Gütersloh 1990, 140-145.

Starzewska, Anna 1987, The Polish Peoples Republic, in: Enyedi/ Gijswijt/Rhode (Hrsg.) 1987, 294-309.

Strübel, Michael 1988, Umweltpolitik in Europa - Möglichkeiten und Grenzen, in: APUZ B27/88, 15-28.

Strübel, Michael 1989, Umweltregime in Europa, in: Beate Kohler-Koch (Hrsg.) 1989, 247-273.

Taylor, Michael 1976, Anarchy and Cooperation, London.

Tennberg, Monica/Vaahtoranta, Tapani 1991, Finland's Environmental Foreign Policy, in: Esko Liukkonen/Monica Tennberg (Hrsg.), Global Change and Finland, The Finnish Institute of International Affairs Research Report 7/90, Helsinki, 1-27.

Timagenis, G. R. J. 1980, International Control of Marine Pollution, Bd.1, Dobbs Ferry, N.Y.

Tuchman, Barbara 1984, Die Torheit der Regierenden. Von Troja bis Vietnam, Frankfurt/M.

Tudyka, Kurt P. (Hrsg.) 1988, Umweltpolitik in Ost- und Westeuropa, Opladen.

Tukolas, Mikko 1981, The Baltic Sea and Pollution, in: Scandinavian Studies in Law 25, 1981, 207-221.

van der Mensbrugghe, Yves 1990, Legal Status of International North Sea Conference Declarations, in: Freestone/Ijlstra (Hrsg.) 1990, 15-22.

Vedung, Evert 1989, Sweden: The "Miljöpartiet de Gröna", in: Ferdinand Müller-Rommel (Hrsg.), New Politics in Western Europe. The Rise and Success of Green Parties and Alternative Lists, Boulder, Col., 139-153.

Vennekens-Capkova, Jitka 1990, Dangerous Substances: Chameleons in Water Policy, in: Freestone/Ijlstra (Hrsg.) 1990, 150-156.

Voipio, Aarno (Hrsg.) 1981, The Baltic Sea, Amsterdam/Oxford/New York.

Voss, Gerhard 1987, Umweltschutz als Problem der internationalen Politik, in: Deutsche Gesellschaft für Außenpolitik (Hrsg.), Die Internationale Politik 1983/84, München 1987, 44-56.

Weidner, Helmut 1989, Die Umweltpolitik der konservativ-liberalen Regierung. Eine vorläufige Bilanz, in: APUZ B47-48/89, 16-28.

Weißenburger, Ulrich 1989, Der Umweltschutz in der Sowjetunion: Zwang zum Handeln, in: Schreiber (Hrsg.) 1989, 184-196.

Weißenburger, Ulrich 1990, Die sowjetische Umweltpolitik unter Gorbatschow, Berichte des Bundesinstituts für ostwissenschaftliche und internationale Studien 1/1990, Köln.

v.Weizsächer, Ernst/v.Moltke, Klaus/Haigh, Nigel 1988: Towards an integrated approach, in: Newman/Agg (Hrsg.) 1988, 548-562.

Welfens, Maria 1988, Umweltpolitik im Sozialismus: Diagnose, Analyse, Perspektive, in: Tudyka (Hrsg.) 1988, 81-112.

Westing, Arthur H. (Hrsg.) 1989, Comprehensive Security for the Baltic. An Environmental Approach, London.

Wettestad, Jorgen 1989, Uncertain science and matching policies: Science, politics and the organization of North Sea environmental cooperation, in: Andresen/Ostreng (Hrsg.) 1989, 168-197.

Wettestad, Jorgen/Andresen, Steinar 1990, Science and North Sea Policy-Making: Organization and Communication, in: Freestone/Ijlstra (Hrsg.) 1990, 111-122.

Wicke, Lutz 1989, Umweltökonomie. Eine praxisorientierte Einführung, 2.Aufl., München.

Wicke, Lutz/de Maizière, Thomas/de Maizière, Lothar 1990, Öko-soziale Marktwirtschaft für Ost und West, München.

Winter, Gerd 1982, Die Oslo-Konvention und ihre Auswirkungen in der Praxis, in: Ernst (Hrsg.) 1982, 117-134.

Winter, Gerd 1988, Der Schutz der Nordsee als Problem internationaler Übereinkommen und EG-Richtlinien, in: Natur und Recht 10, 1988, 6, 265-272.

Wirdheim, Anders 1989, Vad händer med västerhavet? (Was geschieht mit dem Westmeer?), Stockholm.

Young, Oran R. 1988, International Cooperation. Building Regimes for Natural Resources and the Environment, Ithaca.

de Yturriaga, José Antonio 1975, Convención de Helsinki de 1974 sobre la protección del medio ambiente de la zona del mar Baltico, in: Revista de Instituciones Europeas 2, 1975, 389-404.

de Yturriaga, José Antonio 1979, Regional Conventions on the Protection of the Marine Environment, in: Recueil de Cours 162, 1979, 1, 319-449.

Zimmermann, Klaus 1990, Zur Anatomie des Vorsorgeprinzips, in: APUZ B6/90, 3-14.

ZumBrunnen, Craig 1989, Rechtliche, institutionelle und praktische Aspekte der sowjetischen Wasserreinhaltepolitik, in: Schreiber (Hrsg.) 1989, 115-133.

tuduv-Studie
Reihe Politikwissenschaften

Hans-Georg Ehrhart
Die "deutsche Frage" aus französischer Sicht (1981 - 1987)
1988, Band 22, 320 Seiten, Manuskriptdruck, Paperback, DM 48,80, ISBN 3 88073 287 6

Fritz Glashauser
Die Bildungs- und Kulturpolitik der Bayerischen F.D.P.
Programmpolitik zwischen öffentlicher Darstellung und parteiinterner Willensbildung
1988, Band 23, 396 Seiten, Manuskriptdruck, Paperback, DM 58,80, ISBN 3 88073 283 3

Dietmar Ehm
Devolution in Schottland und Wales
Ethnonationale Vielfalt, Problembereiche staatlicher Entwicklung und territoriale Gestaltungselemente britischer Politik
1988, Band 24, 522 Seiten, Manuskriptdruck, Paperback, DM 73,80, ISBN 3 88073 293 0

Otto A. Randel
Exemplarische Verkehrspolitik in der Bundesrepublik Deutschland
Aufgezeigt am Beispiel der Bundesautobahn BAB A 7 / Teilstück Nesselwang - Landesgrenze
1988, Band 25, 320 Seiten, Manuskriptdruck, Paperback, DM 46,80, ISBN 3 88073 311 2

Wilhelm Bernert
Regulative des parlamentarischen Dialogs als Aufgabe der politischen Bildung
1988, Band 26, 245 Seiten, Manuskriptdruck, Paperback, DM 35,80, ISBN 3 88073 308 2

Reinhard Meier-Walser
Die Außenpolitik der monocoloren Regierung Klaus in Österreich 1966-1970
1988, Band 27, 586 Seiten, Manuskriptdruck, Paperback, DM 79,80, ISBN 3 88073 310 4

Peter Streitle
Die Rolle Kurt von Schuschniggs im österreichischen Abwehrkampf gegen den Nationalsozialismus (1934-1936)
1988, Band 28, 614 Seiten, Manuskriptdruck, Paperback, DM 78,80, ISBN 3 88073 301 5

Franco P. Rota/Peter Streitle
Studientips
Politische Wissenschaft/Internationale Politik
Ein Ratgeber zu Literatur, Recherchen, Arbeits- und Prüfungsstrategien
1988, Band 29, 100 Seiten, Manuskriptdruck, Paperback, DM 14,80, ISBN 3 88073 313 9

Libor Roucek
Die Tschechoslowakei und die Bundesrepublik Deutschland 1949 - 1989
Bestimmungsfaktoren, Entwicklungen und Probleme ihrer Beziehungen
1990, Band 30, 285 Seiten, Manuskriptdruck, Paperback, DM 49,80, ISBN 3 88073 322 8

Gabriele Goderbauer
Theoretiker des Deutschen Vormärz als Vordenker moderner Volksvertretungen
1989, Band 31, 378 Seiten, Manuskriptdruck, Paperback, DM 57,80, ISBN 3 88073 324 4

Philip Pongratz
Revolution und kommunistische Gleichschaltung in Äthiopien
1989, Band 32, 293 Seiten, Manuskriptdruck, Paperback, DM 47,80, ISBN 3 88073 334 1

Elfriede Huber
Anarchistisches Denken
Zwischen europäischer Tradition und amerikanischer Eigenart
1989, Band 33, 324 Seiten, Manuskriptdruck, Paperback, DM 47,80, ISBN 3 88073 337 6

Karl Wilhelm
Wirtschafts- und Sozialgeschichte des Kunstauktionswesens in Deutschland vom 18. Jahrhundert bis 1945
1990, Band 34, 408 Seiten, Manuskriptdruck, Paperback, DM 69,80, ISBN 3 88073 388 4

Ting-Fu Hung
Die Ost- und Deutschlandpolitik der Regierung Kohl/Genscher in den Jahren 1984/85
Unter Berücksichtigung der Diskussion um die Offenheit der Deutschen Frage
1989, Band 35, 345 Seiten, Manuskriptdruck, Paperback, DM 54,80, ISBN 3 88073 341 4

Dietmar Loch
Der schnelle Aufstieg des Front National: Rechtsextremismus im Frankreich der 80er Jahre
1990, Band 36, 181 Seiten, Manuskriptdruck, Paperback, DM 29,80, ISBN 3 88073 353 8

Benjamin Ordartei Botchway
The impact of image and perception on foreign policy
An inquiry into american soviet policy during presidents Carter and Reagan administrations 1977-1988
1989, Band 37, 412 Seiten, Manuskriptdruck, Paperback, DM 59,80, ISBN 3 88073 354 6

Thomas Jäger
Europas neue Ordnung
Mitteleuropa als Alternative?
1990, Band 39, 644 Seiten, Manuskriptdruck, Paperback, DM 92,80, ISBN 3 88073 369 4

Erwin Grandinger
George Bush - Politiker und Präsident der USA
Sein außen- und sicherheitspolitisches Verhaltensprofil sowie der Prozeß seiner Regierungsbildung
1990, Band 40, 297 Seiten, Manuskriptdruck, Paperback, DM 44,80, ISBN 3 88073 377 5

Wolfgang Weis
Hermesbürgschaften
Ein Instrument deutscher Außenpolitik? Eine Fallstudie zum Verhältnis von Außenpolitik und Außenwirtschaftspolitik
1990, Band 41, 336 Seiten, Manuskriptdruck, Paperback, DM 57,80, ISBN 3 88073 380 5

Ding Qing
Reformgeschichte der SED
Die evolutionäre Umwandlung der Führungsrolle der SED in der DDR (1945 - 1971)
1990, Band 42, 334 Seiten, Manuskriptdruck, Paperback, DM 52,80, ISBN 3 88073 381 3

Théophile Owona
Die Souveränität und Legitimität des Staates Kamerun
1991, Band 43, 355 Seiten, Manuskriptdruck, Paperback, DM 55,80, ISBN 3 88073 385 6

Hans-Friedrich Knorr
Die Außen- und Rüstungskontrollpolitik der Sowjetunion
Hypotheken und Innovationen im Rahmen von Glasnost und Perestroika - Zur Friedensfähigkeit der Sowjetunion in den 90er Jahren -
1990, Band 44, 502 Seiten, Manuskriptdruck, Paperback, DM 74,80, ISBN 3 88073 388 0

Thomas Bender
SPD und europäische Sicherheit
Sicherheitskonzept und Struktur des Sicherheitssystems in den achtziger Jahren
1991, Band 45, 264 Seiten, Manuskriptdruck, Paperback, DM 37,80, ISBN 3 88073 391 0

tuduv

Michael Renner
Nachkriegsprotestantismus in Bayern
Untersuchungen zur politischen und sozialen Orientierung der Evangelisch-Lutherischen Kirche
Bayerns und ihres Landesbischofs Hans Meiser in den Jahren 1945 - 1955
1991, Band 46, 445 Seiten, Manuskriptdruck, Paperback, DM 66,80, ISBN 3 88073 395 3

Herbert Reitinger
Die Rolle der Kirche im politischen Prozeß der DDR 1970 bis 1990
1991, Band 47, 130 Seiten, Manuskriptdruck, Paperback, DM 25,80, ISBN 3 88073 399 6

Paul Pasch
**Politik und Wirtschaft - Die wirtschaftliche Entwicklung der West Bank unter
israelischer Besetzung**
eine empirische Studie unter besonderer Berücksichtigung monetärer Aspekte (1967 - 1989)
1991, Band 49, 245 Seiten, Manuskriptdruck, Paperback, DM 38,80, ISBN 3 88073 404 6